银行业专业人员职业资格考试辅导系列

公司信贷(初级)过关必备
(名师讲义+历年真题+考前预测)

圣才学习网　主编

清华大学出版社
北京

内 容 简 介

  本书是银行业专业人员职业资格考试《公司信贷(初级)》的学习辅导用书,具体包括四部分内容:第一部分介绍了银行业专业人员职业资格考试制度,总结了近几年来真题的命题规律,并针对考试提出了有效的复习应试策略;第二部分在对历年考试真题进行研究的基础上全面讲解考试重点、难点内容;第三部分是历年真题及详解,根据最新《公司信贷》教材和考试大纲的要求,对2015年下半年和2016年上半年两套真题的每道题目从难易程度、考查知识点等方面进行了全面、细致的解析;第四部分是考前预测及详解,按照最新考试大纲及近年的命题规律精心编写了两套考前模拟试题,并根据教材对所有试题进行了详细的分析和说明。

  本书以参加银行业专业人员职业资格考试的考生为主要读者对象,特别适合临考前复习使用,同时也可以用作银行业专业人员职业资格考试培训班的教辅资料,以及大、中专院校师生的参考用书。

图书在版编目(CIP)数据

  公司信贷(初级)过关必备(名师讲义+历年真题+考前预测)/圣才学习网主编. —北京:清华大学出版社,2017

  (银行业专业人员职业资格考试辅导系列)

  ISBN 978-7-302-46752-6

  Ⅰ. ①公…　Ⅱ. ①圣…　Ⅲ. ①信贷—银行业务—中国—资格考试—自学参考资料　Ⅳ. ①F832.4

  中国版本图书馆 CIP 数据核字(2017)第 048614 号

责任编辑:杨作梅
装帧设计:杨玉兰
责任校对:吴春华
责任印制:宋　林
出版发行:清华大学出版社
    网　　　址: http://www.tup.com.cn, http://www.wqbook.com
    地　　　址: 北京清华大学学研大厦 A 座　　　**邮　　编:** 100084
    社 总 机: 010-62770175　　　　　　　　　**邮　　购:** 010-62786544
    投稿与读者服务: 010-62776969, c-service@tup.tsinghua.edu.cn
    质量反馈: 010-62772015, zhiliang@tup.tsinghua.edu.cn
印 刷 者: 清华大学印刷厂
装 订 者: 三河市新茂装订有限公司
经　　销: 全国新华书店
开　　本: 190mm×260mm　　　**印　张:** 21　　　**字　数:** 508 千字
版　　次: 2017 年 5 月第 1 版　　　　　　　　**印　次:** 2017 年 5 月第 1 次印刷
印　　数: 1~2000
定　　价: 39.80 元

产品编号:064807-01

为了帮助考生顺利通过银行业专业人员职业资格考试，我们根据最新考试大纲、教材和相关考试用书编写了银行业专业人员职业资格考试辅导系列用书，具体如下。

- 《银行业法律法规与综合能力(初级)过关必备(名师讲义+历年真题+考前预测)》;
- 《风险管理(初级)过关必备(名师讲义+历年真题+考前预测)》;
- 《个人理财(初级)过关必备(名师讲义+历年真题+考前预测)》;
- 《公司信贷(初级)过关必备(名师讲义+历年真题+考前预测)》;
- 《个人贷款(初级)过关必备(名师讲义+历年真题+考前预测)》;
- 《银行管理(初级)过关必备(名师讲义+历年真题+考前预测)》;
- 《银行业法律法规与综合能力(中级)过关必备(名师讲义+历年真题+考前预测)》;
- 《个人理财(中级)过关必备(名师讲义+历年真题+考前预测)》。

本书是银行业专业人员职业资格考试《公司信贷(初级)》的学习辅导用书，根据《公司信贷(初级)》考试科目的最新命题规律和特点，总结分析了考试要点，并对难点进行了重点讲解。

总体来说，本书具有以下几个特点。

1. 备考指南剖析考情，解读命题规律

本部分重点介绍了银行业专业人员职业资格考试，剖析了历年考试的命题规律，并有针对性地给出了相应的学习方法和应试技巧，用以提高考生的应试能力。

2. 整理考试重点，浓缩知识点精华

【考查内容】总体介绍各章考查重点、历年考试题型等，方便考生从整体上把握全书要点。

【备考方法】指明具体的复习思路和学习要点。

【框架结构】清晰勾勒出每章知识的轮廓，使考生明确各知识点在整个体系中的地位和作用，形成脉络分明的复习主线。

【核心讲义】集聚名师数年讲授经验和授课精华，浓缩知识点精华。重要考点后附有精选的例题，以近年考题为切入点，重点阐释各知识点的潜在联系。

【过关练习】根据高频考点，精选习题，难度与真题相近，便于考生检验学习效果，巩固知识点。

3. 精准解析历年真题，深度解读考试重点、难点

本书精选了 2015 年下半年和 2016 年上半年两套真题，按照最新考试大纲、指定教材和法律法规对全部真题的答案进行了详细的分析和说明。解析部分对相关知识点进行了系统归纳和总结，利于考生全面掌握和熟悉相关知识点。

4. 考前预测紧扣大纲，直击考点实战演练

本书根据历年考试真题的命题规律及热门考点，精心编写了两套模拟试题，其试题数量、难易程度、出题风格与考试真题完全一样，紧扣大纲，知识"全"，直击考点，命题"准"，实战演练，提高"快"，方便考生检测学习效果，评估应试能力。

购买本书可享受大礼包增值服务，登录圣才学习网(www.100xuexi.com)，刮开所购图书封面防伪标的密码，即可享受大礼包增值服务：①30 小时视频课程(价值 150 元)；②本书3D 电子书(价值 30 元)；③3D 题库【历年真题+章节题库+考前押题】(价值 30 元)；④手机版【电子书/题库】(价值 60 元)，可在圣才学习网旗下所有网站进行消费。本书提供名师考前直播答疑，手机、电脑均可观看，直播答疑在考前推出(具体时间见网站公告)。

与本书相配套，圣才学习网还提供银行业专业人员职业资格考试网络课程、3D 电子书、3D 题库(免费下载，免费升级)。

圣才学习网编辑部

目　录

第一部分　备考指南

第二部分　核心讲义

第三部分　历年真题及详解

第四部分　考前预测及详解

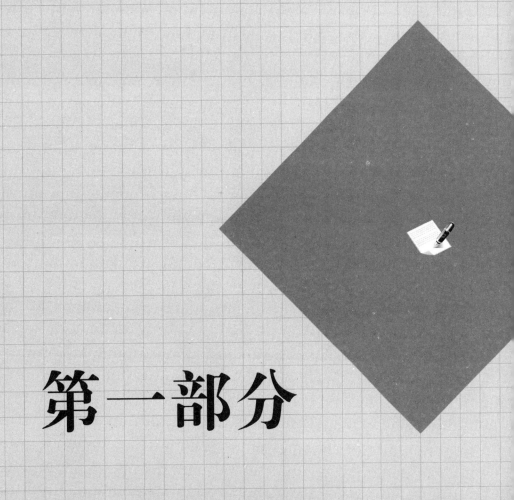

第一部分

备考指南

第一章　考试制度解读

根据《银行业专业人员职业资格制度暂行规定》和《银行业专业人员初级职业资格考试实施办法》的规定，银行业专业人员职业资格考试有关事项如下。

一、考试简介

"银行业专业人员职业资格考试"由"中国银行业从业人员资格认证考试"更名而来。银行业专业人员的职业水平评价分为初级、中级和高级 3 个资格级别。银行业专业人员初级和中级职业资格采用考试的评价方式；高级职业资格的评价办法暂未公布。

银行业专业人员初级职业资格的评价实行全国统一大纲、统一命题、统一组织的考试制度，原则上每年举行两次考试。

二、报名条件

中华人民共和国公民同时具备下列条件的，可以报名参加银行业初级资格考试。
(1) 遵守国家法律、法规和行业规章。
(2) 具有完全民事行为能力。
(3) 取得国务院教育行政部门认可的大学专科以上学历或者学位。

三、考试科目、范围和题型

银行业初级资格考试设《银行业法律法规与综合能力》和《银行业专业实务》两个科目。其中,《银行业专业实务》下设风险管理、个人理财、公司信贷、个人贷款、银行管理 5 个专业类别。

考试范围限定在大纲范围内，但不局限于教材内容。

考试题型目前均为客观题，具体分为单选题、多选题和判断题。

四、考试方式

银行业初级资格考试，采用计算机闭卷答题的方式进行。

五、考试时间和考试地点

(一)考试时间

考试时间原则上安排在每年的第二季度和第四季度。

《银行业法律法规与综合能力》科目和《银行业专业实务》科目 5 个专业类别的考试时间均为两个小时。

(二)考试地点

考试地点原则上设在地级以上城市的大、中专院校或者高考定点学校。

六、成绩认定

考试成绩实行两次为一个周期的滚动管理办法,在连续的两次考试中,参加《银行业法律法规与综合能力》科目和《银行业专业实务》科目 1 个专业类别的考试并合格,即可取得银行业专业人员该专业类别的初级职业资格证书。对参加《银行业专业实务》科目其他专业类别考试并合格的,其专业类别可以在职业资格证书中签注。

第二章　命题规律总结

银行业专业人员职业资格考试的真题每次都是随机抽取的，但是通过对最近几年大量考试真题的研究，我们发现有一些命题规律仍是可以遵循的，具体总结如下。

一、以填空形式考查教材原文

该类题目多是对细节内容的考查，要求考生能够对知识点准确记忆。

【例 2.1】个人理财业务是建立在(　　)关系基础之上的银行业务。[个人理财 2016 年上半年真题]

　　　A．完全信任　　　B．委托-代理　　　C．自愿平等　　　D．行业监督

【答案】B

【解析】个人理财业务是建立在委托-代理关系基础之上的银行业务，是一种个性化、综合化的服务活动。

【例 2.2】进行信贷客户内部评级的评价主体是＿＿＿，评价目标是＿＿＿，评价结果是＿＿＿。(　　)[公司信贷 2016 年上半年真题]

　　　A．商业银行；客户违约风险；信用等级

　　　B．专业评级机构；偿债意愿；违约概率

　　　C．商业银行；偿债意愿；违约概率

　　　D．专业评级机构；客户违约风险；信用等级

【答案】A

【解析】客户信用评级是商业银行对客户偿债能力和偿债意愿的计量和评价，反映客户违约风险的大小。客户评级的评价主体是商业银行，评价目标是客户违约风险，评价结果是信用等级。

【例 2.3】信息科技系统事件是指第三方故意骗取、盗用、抢劫财产、伪造要件、攻击商业银行信息科技系统或逃避法律监管导致的损失事件。(　　)[银行管理 2016 年上半年真题]

　　　A．正确

　　　B．错误

【答案】B

【解析】信息科技系统事件，是指因信息科技系统生产运行、应用开发、安全管理以及由于软件产品、硬件设备、服务提供商等第三方因素，造成系统无法正常办理业务或系统速度异常所导致的损失事件。外部欺诈事件，是指第三方故意骗取、盗用、抢劫财产、伪造要件、攻击商业银行信息科技系统或逃避法律监管导致的损失事件。

二、通过具体情况考查知识点

该类题目比较灵活，需要考生对考点有深刻的理解，并掌握其内在含义，从而能把知识点应用到具体情况中去。

【例2.4】审查人员在审查犯罪分子提交的有明显伪造痕迹的100万元银行承兑汇票时，由于工作马虎，没有识别出来而予以贴现，犯罪分子获取贴现资金后潜逃，银行追赃无果。该工作人员的行为涉嫌构成(   )。[银行业法律法规与综合能力2016年上半年真题]

    A．诈骗罪 　　　　　　　　　　B．对违法票据承兑、付款、保证罪

    C．伪造金融票证罪 　　　　　　D．票据诈骗罪

【答案】B

【解析】对违法票据承兑、付款、保证罪，是指银行或其他金融机构的工作人员在票据业务中，对违反《票据法》规定的票据予以承兑、付款或者保证，造成重大损失的行为。

【例2.5】甲向乙贷款6万元，由丙书面承诺在甲不能履行债务时，由丙承担一般保证责任，借款到期后，甲虽有钱仍想赖账不还，乙找甲催款未果，遂要求丙履行保证责任还款，下列关于保证责任的表述，正确的是(   )。[银行管理2016年上半年真题]

    A．丙应当履行保证责任，代甲还款6万元

    B．丙应当履行保证责任，与乙共同向甲追款，追款未果给乙还款6万元

    C．丙应当履行保证责任，先代甲还款6万元后，再向甲追债

    D．丙目前可以拒绝承担保证责任

【答案】D

【解析】根据我国《担保法》的规定，保证的方式有一般保证和连带责任保证两种。当事人在保证合同中约定，债务人不能履行债务时，由保证人承担保证责任的，为一般保证。一般保证的保证人在主合同纠纷未经审判或者仲裁，并就债务人财产依法强制执行仍不能履行债务前，对债权人可以拒绝承担保证责任。

【例2.6】A公司股东张先生向银行申请个人商用房贷款，下列不能认定为其还款来源的是(   )。[个人贷款2016年上半年真题]

    A．A公司的经营收入

    B．张先生的工资收入

    C．张先生贷款所购商用房的出租收入

    D．张先生名下住房出租收入

【答案】A

【解析】个人商用房贷款要确认借款人收入来源是否稳定，是否具备按时足额偿还贷款本息的能力，收入还贷比是否符合规定；在计算借款人收入时，可将所购商用房未来可能产生的租金收入作为借款人收入。A项属于公司的经营收入，不能作为个人贷款的还款来源。

【例2.7】商业银行将部分企业贷款的贷前调查工作外包给专业调查机构，并根据该机构提供的调查报告，与某企业签订了一份长期抵押贷款合同。不久，因经济形势恶化导致该企业出现违约行为，同时商业银行发现其抵押物价值严重贬损。在这起风险事件中，(   )

应当承担风险损失的最终责任。[风险管理 2014 年下半年真题]

    A．贷款审批人   B．贷款企业

    C．专业调查机构   D．商业银行

【答案】D

【解析】从本质上说，业务操作或服务虽然可以外包，但其最终责任并未被"包"出去。商业银行仍然是外包过程中出现的操作风险的最终责任人，对客户和监管者承担着保证服务质量、安全、透明度和管理汇报的责任。

三、不同形式、多种角度考查同一考点

在考试中，有的考点会从不同角度、以不同形式进行多次考查，考生须格外重视这类考点。

【例 2.8】下列关于商业银行资本的表述，正确的是(   )。[银行业法律法规与综合能力 2014 年下半年真题]

    A．经济资本是一种完全取决于银行盈利大小的资本

    B．会计资本也称为账面资本，即所有者权益

    C．商业银行的会计资本等于经济资本

    D．银行资本等于会计资本、监管资本和经济资本之和

【答案】B

【解析】A 项，经济资本又称风险资本，是指银行内部管理人员根据银行所承担的风险计算的、银行需要保有的最低资本量，与银行盈利大小没有直接联系；C 项，会计资本是账面资本，即所有者权益，经济资本是银行需要保有的最低资本量，两者含义不同；D 项，会计资本、监管资本和经济资本是银行从不同的角度对资本进行的定义。

【例 2.9】下列关于经济资本的表述，正确的有(   )。[银行业法律法规与综合能力 2016 年上半年真题]

    A．经济资本可能大于账面资本，也可能小于账面资本

    B．经济资本是银行持有的可用于抵御风险的现实资本

    C．经济资本的大小与商业银行的整体风险水平成反比

    D．经济资本就是会计资本

    E．经济资本被广泛应用于商业银行的绩效管理、资源配置、风险控制等领域

【答案】AE

【解析】经济资本是描述在一定的置信度水平下(如 99%)，为了应对未来一定期限内资产的非预期损失而应该持有或需要的资本金。BD 两项，经济资本是根据银行资产的风险程度计算出来的虚拟资本，而现实资本和会计资本都是银行实实在在拥有的资本。C 项，经济资本本质上是一个风险概念，又称为风险资本，与商业银行的整体风险水平成正比。

四、多个考点在同一题目中考查

在考试中，有时一道题目会把两个考点或者多个考点结合起来，旨在考查不同考点之

间的联系和区别,因此,对于这类考点,考生须通过对比进行学习。

【例2.10】下列关于基金的前端收费与后端收费的表述,正确的有(   )。[个人理财2015年下半年真题]

    A. 某些基金甚至规定如果在持有基金超过一定期限后才卖出,后端收费的申购费可以完全免除

    B. 前端收费是指投资人在申购基金时缴纳申购费用,按投资资金划分费率

    C. 后端收费是指投资人在赎回时缴纳申购费率,以持有时间划分费率档次

    D. 前端收费与后端收费是针对申购费而言的,也适用于赎回费

    E. 前端收费与后端收费只是针对申购费而言的

【答案】ABC

【解析】前端收费是在申购时支付申购费,而后端收费是在赎回基金时才支付。后端收费的形式是费率随着持有基金时间的增长而递减,某些基金甚至规定如果能在持有基金超过一定期限后才卖出,后端收费可以完全免除。

【例2.11】下列关于分公司和子公司的表述,正确的是(   )。[银行业法律法规与综合能力2014年下半年真题]

    A. 分公司具备法人资格,依法独立承担民事责任,子公司不具备法人资格,其民事责任由公司承担

    B. 分公司和子公司都不具备法人资格,其民事责任由公司承担

    C. 分公司和子公司都具备法人资格,依法独立承担民事责任

    D. 分公司不具备法人资格,其民事责任由公司承担,子公司具备法人资格,依法独立承担民事责任

【答案】D

【解析】根据《公司法》的规定,公司分为有限责任公司和股份有限公司。子公司是一个独立的主体,拥有法人资格,分公司不具备企业法人资格,不具有独立的法律地位,不独立承担民事责任。

五、计算题考查知识点集中,注意理解运用

银行业专业人员职业资格考试的各科目均涉及简单的计算题,其中风险管理科目中的计算题较多且难度较大,考生须牢记公式,多加练习,在理解分析的基础上计算出结果。

【例2.12】根据我国《商业银行资本管理办法(试行)》,某商业银行扣除资本扣减项后的一级资本为120亿元人民币,二级资本为50亿元人民币,风险加权资产为1 700亿元人民币,要达到资本充足率10.5%的要求,则其应增加资本(   )亿元人民币。[银行业法律法规与综合能力2014年上半年真题]

    A. 50   B. 8.5   C. 0.5   D. 10.5

【答案】B

【解析】要达到资本充足率10.5%的要求,该商业银行应持有的符合规定的资本为:10.5%×1 700=178.5(亿元),应增加的资本为:178.5-(120+50)=8.5(亿元)。

【例2.13】某公司2013年度销售收入净额为3 000万元,年初应收账款余额为150万

元,年末应收账款余额为 250 万元,每年按 360 天计算,则该公司应收账款周转天数为( )天。[公司信贷 2014 年上半年真题]

    A．22   B．17   C．24   D．15

【答案】C

【解析】根据公式,应收账款周转次数=销售收入/平均应收账款余额,周转天数=360/周转次数,可得,该公司的应收账款周转天数=360/(3 000/200)=24(天)。

【例 2.14】某生产企业 2013 年年末的速动比率为 1.2,该企业流动资产包括存货、待摊费用、货币资金、交易性金融资产和应收账款五个部分,其中应收账款占整个企业流动负债的比例为 40%,该公司的现金比率为( )。[公司信贷 2016 年上半年真题]

    A．60%   B．无法计算   C．70%   D．80%

【答案】D

【解析】现金比率的计算公式为:现金比率=现金类资产/流动负债,其中现金类资产是速动资产扣除应收账款后的余额,又知速动比率=速动资产/流动负债。因此,现金比率=(速动资产-应收账款)/流动负债=速动资产/流动负债-应收账款/流动负债=速动比率-应收账款/流动负债=1.2-40%=80%。

【例 2.15】商业银行向某客户提供一笔 3 年期的贷款 1 000 万元,该客户在第 1 年的违约率是 0.8%,第 2 年的违约率是 1.4%,第 3 年的违约率是 2.1%。三年到期后,贷款会全部归还的回收率为( )。[风险管理 2014 年上半年真题]

    A．95.757%   B．96.026%   C．98.562%   D．92.547%

【答案】A

【解析】死亡率模型是根据风险资产的历史违约数据,计算在未来一定持有期内不同信用等级的客户/债项的违约概率(即死亡率)。根据死亡率模型,该客户能够在 3 年到期后将本息全部归还的概率为:(1-0.8%)×(1-1.4%)×(1-2.1%)=95.757%。

【例 2.16】如果采用分期付款方式购买一台电脑,期限 6 个月,每月底支付 800 元,年利率为 12%,则可购买一台( )元的电脑。(取最接近数值)[个人理财 2016 年上半年真题]

    A．4 578   B．4 286   C．4 636   D．4 800

【答案】C

【解析】本题中,月利率=12%/12=1%。根据(期末)年金现值的公式,可购买一台电脑的价值为:

$$PV = \frac{C}{r}\left[1 - \frac{1}{(1+r)^t}\right] = \frac{800}{1\%}\left[1 - \frac{1}{(1+1\%)^6}\right] \approx 4\,636(元)$$

六、考查概念、属性

概念题是历年考试的必考项。此外,业务归属、不同相似知识点的差异也经常作为考题出现。对于这类考点,考生除了多看多背外,还可以通过创建表格的形式加强记忆。

【例 2.17】贷款公司可经营的业务包括( )。[银行业法律法规与综合 2016 年上半年真题]

A．办理同业拆借　　　B．办理各项贷款　　　C．办理票据贴现

D．办理贷款项下的结算　　E．办理资产转让

【答案】BCDE

【解析】经批准，贷款公司可经营下列业务：办理各项贷款；办理票据贴现；办理资产转让；办理贷款项下的结算；经中国银行业监督管理委员会批准的其他资产业务。

【例2.18】根据《担保法》的规定，担保的形式包括(　　)。[公司信贷2015年下半年真题]

A．抵押　　B．质押　　C．留置　　D．承诺　　E．定金

【答案】ABCE

【解析】担保的形式有多种，一笔贷款可以有几种担保，担保的具体形式主要有：抵押、质押、保证、留置、定金。

【例2.19】在收集客户信息的过程中，属于定性信息的是(　　)。[个人理财2014年上半年真题]

A．投资偏好　　B．雇员福利　　C．客户的投资规模　　D．资产与负债

【答案】A

【解析】客户信息分为定量信息和定性信息，其中，定性信息包括：①家庭基本信息；②职业生涯发展状况；③家庭主要成员的情况；④客户的期望和目标。BCD三项均属于定量信息。

七、考查法律法规中的具体条款

法律法规的考查难度不大，有的只是考查一些比较重要的数字，如时间、金额、人数、比例等，大多比较简单，这就要求考生对知识点准确识记；有的是给出小的案例，让考生运用法条进行解释，这时就需要考生进行深刻的理解。

【例2.20】根据《商业银行法》的规定，商业银行的注册资本最低限额为(　　)。[银行业法律法规与综合能力2015年下半年真题]

A．认缴资本五千万元人民币　　　B．认缴资本一千万元人民币

C．实缴资本一千万元人民币　　　D．实缴资本五千万元人民币

【答案】D

【解析】设立全国性商业银行的注册资本最低限额为十亿元人民币；设立城市商业银行的注册资本最低限额为一亿元人民币；设立农村商业银行的注册资本最低限额为五千万元人民币。注册资本应当是实缴资本。

【例2.21】在销售境外机构设计发行的理财产品时，商业银行对理财资金的成本与收益(　　)。[个人理财2014年上半年真题]

A．应独立测算　　　　　　　　B．无须测算

C．只需交给投资者进行测算　　D．应要求境外机构提供测算

【答案】A

【解析】根据《商业银行个人理财业务管理暂行办法》第三十九条的规定，商业银行应对理财计划的资金成本与收益进行独立测算，采用科学合理的测算方式预测理财投资组

合的收益率。商业银行不得销售不能独立测算或收益率为零或负值的理财计划。

【例 2.22】根据《商业银行理财产品销售管理办法》的规定，理财产品宣传材料应当在醒目位置提示客户(　　)。[银行管理 2016 年上半年真题]

    A．本理财产品有投资风险，只能保证获得合同明确承诺的收益，您应当充分认识投资风险，谨慎投资

    B．"理财非存款、产品有风险、投资须谨慎"

    C．"如影响您风险承受能力的因素发生变化，请及时完成风险承受能力评估"

    D．"本理财产品有投资风险，只保障理财资金，不保证理财收益，您应当充分认识投资风险，谨慎投资"

【答案】B

【解析】根据《商业银行理财产品销售管理办法》第十七条的规定，理财产品宣传材料应当在醒目位置提示客户，"理财非存款、产品有风险、投资须谨慎"。

【例 2.23】根据商业银行绿色信贷合同管理的要求，对涉及重大环境和社会风险的客户，说法错误的是(　　)。[公司信贷 2015 年下半年真题]

    A．应当设立客户加强环境和社会风险管理的声明和保证条款，设定客户接受贷款人监督等承诺条款

    B．应当订立客户增加抵押、质押和其他担保方式的条款

    C．应当设立客户在管理环境和社会风险方面违约时银行业金融机构的救济条款

    D．在合同中应当要求客户提交环境和社会风险报告

【答案】B

【解析】根据《绿色信贷指引》第十八条的规定，银行业金融机构应当通过完善合同条款督促客户加强环境和社会风险管理。对涉及重大环境和社会风险的客户，在合同中应当要求客户提交环境和社会风险报告，订立客户加强环境和社会风险管理的声明和保证条款，设定客户接受贷款人监督等承诺条款，以及客户在管理环境和社会风险方面违约时银行业金融机构的救济条款。

【例 2.24】如果投保人因为疏忽大意或过失而未履行如实告知义务，保险人无权解除保险合同。(　　)[个人贷款 2016 年上半年真题]

    A．正确

    B．错误

【答案】B

【解析】《保险法》赋予保险公司解除保险合同的权利，即如果投保人故意或过失不履行如实告知义务，足以影响保险人决定是否同意承保或提高保险费率的，保险人有权解除保险合同。

第三章　复习应试策略

一、学习方法

1．重视考试大纲

银行业专业人员职业资格考试大纲是考试命题的依据，也是应考人员备考的重要资料，考试范围限定在大纲范围内，但不局限于教材内容。

考生可以根据给出的考试大纲，更为合理地安排复习时间，也可以根据考试内容分值的多少，来合理地分配自己的时间。比如，前四章占 60%，就要多花些时间。知识面的学习一定要宽，因为考试难度不大，题目一定会在宽度上有所体现。复习时一定要根据考试大纲的知识点、考点来备考，要对考试大纲有很好的了解和分析。

因此，考生备考的第一步便是分析大纲，知晓每个科目的考试内容，这也有利于考生把握各科目的知识脉络。

2．制订学习计划

提前规划学习进度有助于取得理想的考试成绩，银行业专业人员职业资格考试也不例外。从整体来说，银行业专业人员职业资格考试的难度并不大，但是考查的内容却很多，因此非常有必要制订学习计划。学习计划的制订应充分考虑到教材内容的多少和备考时间的长短。一般而言，考生应保证做到对教材的初步全面学习和后期的重点强化。

3．以指定教材为基础

考试大纲可帮助考生把握考试方向，教材则是具体地给出了实实在在的知识点。在重视考试大纲的基础上使用教材能达到事半功倍的效果。

银行业专业人员职业资格考试的整体难度并不大，考试中出现的基本概念、理论都出自教材，只有在教材与大纲和法律法规有冲突的情况下，才以大纲和最新的法律法规为准。很多比较难的计算分析题也是改编于教材中的例题，考生应该反复记忆教材中的重要知识点，对例题要做到彻底理解并能独立进行解答分析。如风险管理，考试中常涉及一些比较复杂的分析和计算题，很多考生屡考不过。万变不离其宗，实际上计算题用到的公式以及分析题用到的原理在教材上都是可以找到的，考生熟悉教材并辅之适当的练习即可顺利通过考试。

总之，教材在考试中举足轻重，是考试成功的关键。考生对教材中的知识点须熟记于心，并能灵活运用。

4．适当进行章节练习

从历年考试情况来看，银行业专业人员职业资格考试的知识点相对固定，考试中反复出现的真题较多。针对上述考试特点，虽然我们不建议考生采用题海战术，但是，在学习教材的过程中，应进行适当的章节练习，以便在巩固知识点的同时，总结高频考点和常见的出题方式。

对教辅的选择也很重要，优秀的辅导用书会帮助考生熟悉考试，抓住考试要点，节省考生的宝贵时间。一般而言，教辅用书以有考点归纳、配有考试真题为佳。

随着电子产品的普及，学习途径也变得越发丰富起来，考生可以利用智能手机、平板电脑购买电子书和题库，随时随地进行练习，以便早日熟悉机考环境。此外，配有视频讲解的电子书更是考生复习备考的好帮手。

5. 重视历年真题

银行业专业人员职业资格考试的真题从不对外公布，因此一份完整的真题显得异常珍贵。通过研习考试真题，我们可以了解本考试科目的出题风格、难度及命题点，所以考生应该格外珍惜历年真题，真题中出现的每一个考点都值得考生仔细研究、反复记忆。

银行业专业人员职业资格考试的技巧性很强，考生需要保持一种做题的感觉，否则，即使知识点掌握得很牢固，也有可能会失败。考生应强化重点题型，提高解题熟练度。建议考生预留出三四套完整的真题到考前一到两周进行模拟训练，以检测学习效果，这时要求考生严格要求自己，把模拟当作实战，切勿分心走神。边做题边翻书更是不可取的。

鉴于考试中真题重复出现的概率比较高，考生对于自己在练习模拟中不会答、错答的真题，一定要做好笔记，多次查看，认真理解相关知识点。

6. 劳逸结合，查缺补漏

进入最后冲刺阶段后，在各个方面都已经复习到位的基础上，考生不要太紧张，应该劳逸结合，切忌疲劳复习，影响考试成绩。考生最好是把整个科目的知识体系从头到尾进行梳理，把之前做错的题目(尤其是真题)再看一遍以加深记忆，这样不仅能提早进入考试的状态，而且又不至于过分紧张。

建议考前最后一周不要再进行题海战术，而主要进行查缺补漏，看看之前做过的错题，补充知识点是为上上策，看着大纲回忆具体内容也是一个非常好的方法。

7. 梳理答题思路

学习永无止境，没有人觉得自己真正准备好了，如果你觉得自己还有很多知识点没有看、很多题没有做，不用担心，万变不离其宗，知道答题思路即可。最佳的状态就是把答题思路融入答题过程中，灵活应对。

在最后的 3 天时间里，建议考生梳理答题思路，针对不同的题型，总结出一套自己的答题模式。这样做可以避免在紧张的考试环境中手足无措，即使在答题的过程中用不到，提前准备也可以避免考生心慌。

二、应试技巧

根据考试真题的特点，我们建议考生可以参考以下几点技巧。

1．细致审题

细节决定成败，考生在答题过程中一定要仔细审题，区分题目是选择肯定项还是否定项。准确审题是取得考试成功的关键。

2．不纠缠难题

遇到不会做的题，建议考生不要用太多的时间思考。考试的时间比较紧张，建议考生遇到难题时做上标记，留待最后解决，珍惜考试时间，不能因小失大，导致最后出现大量题目做不完的情况。

3．使用猜题技巧，不漏答题

即使有难题、自己感觉拿不准的题，也尽量都给出一个答案。毕竟答了就有希望，不答肯定不能得分。这里可以使用猜题技巧：①表示绝对含义的词语所在的选项通常为错误选项。比如，完全、一定、所有等。②表示相对意义的词语所在的选项一般为正确选项。比如，一般、通常、往往、可能、可以等。③寻找题干和选项重复的关键字，一般就是正确答案。

另外，在具体的答题过程中，考生也可以采用排除法，对于与自身经验和常识不符的选项，可逐步排除。

4．合理分配考试时间

在不纠缠难题和不漏答题的基础上，考试时在各题型的时间和精力分配上需要讲究策略，单选题和判断题的题量大，但题目比较简单，因此这两个题型可以占用考试一半左右的时间。多选题虽然题量少，但是难度大，每题都需要仔细审题，因此总体需要的时间与单选题和判断题相当，会做的题目一定注意不要多选、漏选，争取多得分。

如果试卷全部答完后还有时间，可以充分利用时间检查答案。需要提醒考生注意的是，答完卷后别着急交卷，认真检查一遍，除非你有十足的把握，否则不要盲目改答案。

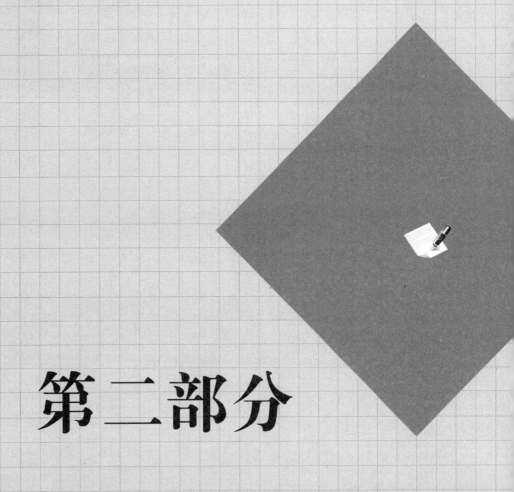

第二部分

核心讲义

第一章 公司信贷概述

【考查内容】

本章主要从公司信贷的基础知识、基本原理和公司信贷管理三个方面对公司信贷的知识进行了概述。其中，考生须重点掌握公司信贷的要素和种类，熟悉公司信贷管理的原则、流程和组织架构，同时对公司信贷理论的发展、信贷资金的运动过程以及绿色信贷的基本内容和要求有大致的了解。

本章的考点在单选题、多选题和判断题这三种题型中均会涉及，对知识点考查较细，看书时需要注重细节。

【备考方法】

本章的知识点考查内容不难，多以记忆性为主，考生可在理解的基础上帮助记忆。例如，公司信贷的要素和种类容易考多选题，考生须理解区分不同划分标准下的公司信贷的种类，帮助准确记忆。而对于公司信贷的流程，考生在掌握每个步骤具体含义的基础上可轻松记忆。

【框架结构】

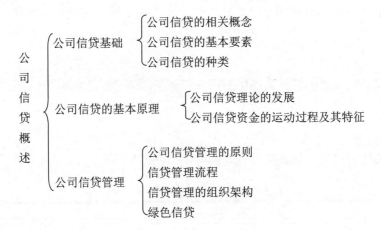

【核心讲义】

一、公司信贷基础

(一)公司信贷的相关概念

公司信贷的相关概念主要包括银行信贷、公司信贷、担保等。具体内容如表1-1所示。

表1-1　公司信贷的相关概念

相关概念		具体内容
银行信贷	广义	是指银行筹集债务资金、借出资金或提供信用支持的经济活动
	狭义	是指银行借出资金或提供信用支持的经济活动，主要包括贷款、担保、承兑、信用证、减免交易保证金、信贷承诺等
公司信贷		是指以银行为提供主体，以法人和其他经济组织等非自然法人为接受主体的资金借贷或信用支持活动
担保		是指银行根据申请人要求，向受益人承诺债务人不履行债务或符合约定条件时，银行按照约定以支付一定货币的方式履行债务或承担责任的行为

(二)公司信贷的基本要素

公司信贷的基本要素主要包括交易对象、信贷产品、信贷金额、信贷期限、贷款利率和费率、清偿计划、担保方式和约束条件等。

1．交易对象

公司信贷业务的交易对象包括银行和银行的交易对手，银行的交易对手主要是经工商行政管理机关(或主管机关)核准登记，拥有工商行政管理部门颁发的营业执照的企(事)业法人和其他经济组织等。

2．信贷产品

信贷产品是指特定产品要素组合下的信贷服务方式，主要包括贷款、担保、承兑、保函、信用证和承诺等。

3．信贷金额

信贷金额是指银行承诺向借款人提供的以货币计量的信贷产品数额。

4．信贷期限

1) 信贷期限的概念

信贷期限的概念有广义和狭义两种。具体内容如表1-2所示。

表1-2　信贷期限的概念

信贷期限		具体内容
广义	指银行承诺向借款人提供以货币计量的信贷产品的整个期间，即从签订合同到合同结束的整个期间	①提款期，是指从借款合同生效之日开始，至合同规定贷款金额全部提款完毕之后为止，或最后一次提款之日为止，期间借款人可按照合同约定分次提款； ②宽限期，是指从贷款提款完毕之日开始，或最后一次提款之日开始，至第一个还本付息之日为止，介于提款期和还款期之间。有时也包括提款期，即从合同生效日起至合同规定的第一笔还款日为止的期间； ③还款期，是指从借款合同规定的第一次还款日起至全部本息清偿日止的期间
狭义		指从具体信贷产品发放到约定的最后还款或清偿的期限

【例 1.1·单选题】下列选项中不属于广义信贷期限的是(   )。[2010 年上半年真题]

A．宽限期　　　　B．还款期　　　　C．用款期　　　　D．提款期

【答案】C

【解析】信贷期限有广义和狭义两种：广义的信贷期限是指银行承诺向借款人提供以货币计量的信贷产品的整个期间，即从签订合同到合同结束的整个期间；狭义的信贷期限是指从具体信贷产品发放到约定的最后还款或清偿的期限。在广义的定义下，贷款期限通常分为提款期、宽限期和还款期。

2) 《贷款通则》有关期限的相关规定

(1) 贷款期限根据借款人的生产经营周期、还款能力和银行的资金供给能力由借贷双方共同商议后确定，并在借款合同中载明。

(2) 自营贷款期限最长一般不得超过 10 年，超过 10 年的应当报中国人民银行备案。

(3) 票据贴现的贴现期限最长不得超过 6 个月，贴现期限为从贴现之日起到票据到期日止。

(4) 不能按期归还贷款的，借款人应当在贷款到期日之前，向银行申请贷款展期，是否展期由银行决定。

(5) 短期贷款展期期限累计不得超过原贷款期限；中期贷款展期期限累计不得超过原贷款期限的一半；长期贷款展期期限累计不得超过 3 年。

3) 电子票据的期限

电子票据的期限延长至一年。

5. 贷款利率和费率

1) 贷款利率

(1) 定义。贷款利率即借款人使用贷款时支付的价格。

(2) 种类。按照不同的分类标准，贷款利率有不同的种类，具体内容如表 1-3 所示。

表 1-3　贷款利率的种类

划分标准	种类	定义
贷款币种不同	本币贷款利率	—
	外币贷款利率	
借贷关系持续期内利率水平是否变动	固定利率	是指在贷款合同签订时即设定好固定的利率，在贷款合同期内，借款人都按照固定的利率支付利息，不"随行就市"
	浮动利率	是指借贷期限内利率随物价、市场利率或其他因素变化相应调整的利率。浮动利率的特点是可以灵敏地反映金融市场上资金的供求状况，借贷双方所承担的利率变动风险较小
利率变动影响因素不同	法定利率	是指由政府金融管理部门或中央银行确定的利率，它是国家实现宏观调控的一种政策工具
	行业公定利率	是指由非政府部门的民间金融组织，如银行协会等确定的利率，该利率对会员银行具有约束力
	市场利率	是指随市场供求关系的变化而自由变动的利率

(3) 我国贷款利率管理的相关情况。

① 管理制度。我国贷款利率管理制度的主要内容如表 1-4 所示。

表 1-4 我国贷款利率管理制度

项　目	内　容
基准利率	是被用作定价基础的标准利率，通常具体贷款中执行的浮动利率采用基准利率加点或确定浮动比例方式。我国中央银行公布的贷款基准利率是法定利率
《人民币利率管理规定》中有关利率的相关规定	短期贷款利率(期限在 1 年以下，含 1 年)，按贷款合同签订日的相应档次的法定贷款利率计息。贷款合同期内，遇利率调整不分段计息
	中长期贷款(期限在 1 年以上)利率一年一定。贷款(包括贷款合同生效日起应分笔拨付资金)根据贷款合同确定的期限，按贷款合同生效日相应档次的法定贷款利率计息，满一年后，再按当时相应档次的法定贷款利率确定下一年度利率
	贷款展期，期限累计计算，累计期限达到新的利率档次时，自展期之日起，按展期日挂牌的同档次利率计息；达不到新的期限档次时，按展期日的原档次利率计息
	逾期贷款或挤占挪用贷款，从逾期或挤占挪用之日起，按罚息利率计收罚息，直到清偿本息为止，遇罚息利率调整则分段计息
	借款人在借款合同到期日之前归还借款时，银行有权按原贷款合同向借款人收取利息
利率市场化	是指金融机构在货币市场经营融资的利率水平。人民银行将按照先外币、后本币，先贷款、后存款，存款先大额长期、后小额短期的基本步骤，逐步建立由市场供求决定金融机构存、贷款利率水平的利率形成机制

【例 1.2·判断题】如果借款人在借款合同到期日之前提前还款，银行有权按照原贷款合同向借款人收取利息。(　　)[2015 年上半年真题]

【答案】正确

【解析】根据《人民币利率管理规定》有关利率的相关规定，借款人在借款合同到期日之前归还借款时，银行有权按原贷款合同向借款人收取利息。

② 利率结构。差别利率是对不同种类、不同期限、不同用途的存、贷款所规定的不同水平的利率，差别利率的总和构成利率结构。利率档次是利率差别的层次。我国中央银行目前主要按期限和用途的差别设置不同的贷款利率水平。我国的贷款利率档次如表 1-5 所示。

表 1-5　贷款利率档次

利率类别		档　次
短期贷款利率	两个档次	6 个月以下(含 6 个月)
		6 个月至 1 年(含 1 年)
中长期贷款利率	三个档次	1 至 3 年(含 3 年)
		3 至 5 年(含 5 年)
		5 年以上
票据贴现利率	—	

续表

利率类别	档 次
外汇贷款利率	我国中央银行目前已不再公布外汇贷款利率，外汇贷款利率在我国已经实现市场化。国内商业银行通常以国际主要金融市场的利率(如伦敦同业拆借利率)为基础确定外汇贷款利率

③ 利率表达方式。利率一般有年利率、月利率、日利率三种形式。
● 年利率也称年息率，以年为计息期，一般按本金的百分比表示；
● 月利率也称月息率，以月为计息期，一般按本金的千分比表示；
● 日利率也称日息率，以日为计息期，一般按本金的万分比表示。
④ 计息方式。计息方式分为多种类型，具体如表1-6所示。

表1-6 计息方式种类

划分标准	种 类
计算利息的周期	按日计息：以日为计息期
	按月计息：以月为计息期
	按季计息：以季度为计息期
	按年计息：以年为计息期
是否计算复利	单利计息：是指在计息周期内对已计算未支付的利息不计收利息
	复利计息：是指在计息周期内对已计算未支付的利息计收利息

2) 费率

费率是指利率以外的银行提供信贷服务的价格，一般以信贷产品金额为基数按一定比率计算，主要包括担保费、承诺费、承兑费、银团安排费、开证费等。

6. 清偿计划

清偿计划一般分为一次性还款和分次还款，分次还款又有定额还款和不定额还款两种方式。定额还款包括等额还款和约定还款，其中等额还款中通常包括等额本金还款和等额本息还款等方式。

7. 担保方式

1) 概念

担保是指借款人无力或未按照约定按时还本付息或支付有关费用时贷款的第二还款来源，是审查贷款项目最主要的因素之一。

2) 类型

按照我国《担保法》的有关规定，担保方式包括保证、抵押、质押、定金和留置五种方式。在信贷业务中经常运用的主要是前三种方式中的一种或几种。

8. 约束条件

1) 提款条件

提款条件主要包括：合法授权、政府批准、资本金要求、监管条件落实、其他提款条件。

2) 监管条件

监管条件主要包括：财务维持、股权维持、信息交流、其他监管条件。

【例 1.3·单选题】公司信贷的基本要素不包括(　　)。[2014 年下半年真题]

    A．信贷产品、金额、期限、利率和费率

    B．还款计划、担保方式

    C．直接融资渠道

    D．交易对象

【答案】C

【解析】公司信贷的基本要素主要包括交易对象、信贷产品、信贷金额、信贷期限、贷款利率和费率、清偿计划、担保方式和约束条件等。

(三)公司信贷的种类

按照不同的分类标准，公司信贷可以划分为不同的类型。具体内容如表 1-7 所示。

表 1-7　公司信贷种类

划分标准	种 类	定 义
按货币种类	人民币贷款	人民币是我国的法定货币，以人民币为借贷货币的贷款称为人民币贷款
	外汇贷款	是指以外汇作为借贷货币的贷款，现有的外汇贷款币种有美元、港元、日元、英镑和欧元
按贷款期限	短期贷款	是指贷款期限在 1 年以内(含 1 年)的贷款
	中期贷款	是指贷款期限在 1 年以上(不含 1 年)5 年以下(含 5 年)的贷款
	长期贷款	是指贷款期限在 5 年以上(不含 5 年)的贷款
按贷款用途	固定资产贷款	是指贷款人向企(事)业法人或国家规定可以作为借款人的其他组织发放的，用于借款人固定资产投资的本外币贷款
	流动资金贷款	是指贷款人向企(事)业法人或国家规定可以作为借款人的其他组织发放的，用于借款人日常生产经营周转的本外币贷款
	并购贷款	是指商业银行向并购方或其子公司发放的，用于支付并购交易价款的贷款
	房地产贷款	是指与房地产的开发、经营、消费活动有关的贷款，包括土地储备贷款、房地产开发贷款、个人住房贷款、商业用房贷款
	项目融资	是指符合以下特征的贷款： ①贷款用途通常是用于建造一个或一组大型生产装置、基础设施、房地产项目或其他项目，包括对在建或已建项目的再融资； ②借款人通常是为建设、经营该项目或为该项目融资而专门组建的企事业法人，包括主要从事该项目建设、经营或融资的既有企事业法人； ③还款资金来源主要依赖该项目产生的销售收入、补贴收入或其他收入，一般不具备其他还款来源
按贷款经营模式	自营贷款	是指银行以合法方式筹集的资金自主发放的贷款，其风险由银行承担，并由银行收回本金和利息

续表

划分标准	种 类	定 义
按贷款经营模式	委托贷款	是指政府部门、企事业单位及个人等委托人提供资金，由银行(受托人)根据委托人确定的贷款对象、用途、金额、期限、利率等代为发放、监督使用并协助收回的贷款。委托贷款的风险由委托人承担，银行(受托人)只收取手续费，不承担贷款风险，不代垫资金
	特定贷款	是指国务院批准并对贷款可能造成的损失采取相应补救措施后责成银行发放的贷款
按贷款偿还方式	一次还清贷款	是指借款人在贷款到期时一次性还清贷款本息。短期贷款通常采取一次还清贷款的还款方式
	分期还清贷款	是指借款人与银行约定在贷款期限内分若干期偿还贷款本金。中长期贷款采用分期偿还方式，中长期消费贷款还需按季或按月偿还贷款
按贷款利率	固定利率贷款	是指在贷款合同签订时即设定好固定的利率，在贷款合同期内，借款人都按照固定的利率支付利息，不需要"随行就市"。短期流动资金贷款均为固定利率贷款，即执行合同约定的利率
	浮动利率贷款	是指贷款利率在贷款期限内随市场利率或官方利率波动按约定时间和方法自动进行调整的贷款
按贷款担保方式	抵押贷款	是指以借款人或第三人财产作为抵押发放的贷款。如果借款人不能按期归还贷款本息，银行将行使抵押权，处理抵押物以收回贷款
	质押贷款	是指以借款人或第三人的动产或权利作为质押物发放的贷款
	保证贷款	是指以第三人承诺在借款人不能偿还贷款时，按约定承担一般保证责任或连带保证责任而发放的贷款。银行一般要求保证人提供连带保证责任
	信用贷款	是指凭借款人信誉发放的贷款。其最大特点是不需要保证和抵押，仅凭借款人的信用就可以取得贷款
按表内业务和表外业务	表内业务	①贷款，是指商业银行或其他信用机构以一定的利率和按期归还为条件，将货币资金使用权转让给其他资金需求者的信用活动
		②票据贴现，是指银行应客户的要求，买进其未到付款日期的票据，并向客户收取一定的利息的业务。贴现业务形式上是票据的买卖，但实际上是信用业务，即银行通过贴现间接贷款给票据金额的支付人
	表外业务	①承兑，是指银行在商业汇票上签章承诺按出票人指示到期付款的行为
		②信用证，是一种由开证银行根据信用证相关法律规范应申请人要求并按其指示向受益人开立的载有一定金额的、在一定期限内凭符合规定的单据付款的书面文件。信用证包括国际信用证和国内信用证

其中，房地产贷款主要包括土地储备贷款、房地产开发贷款、个人住房贷款、商业用房贷款等。具体内容如表 1-8 所示。

表1-8　房地产贷款

贷款类型	概　念
土地储备贷款	是指向借款人发放的用于土地收购及土地前期开发、整理的贷款
房地产开发贷款	是指向借款人发放的用于开发、建造向市场销售、出租等用途的房地产项目的贷款
个人住房贷款	是指向借款人发放的用于购买、建造和大修理各类型住房的贷款
商业用房贷款	是指向借款人发放的用于购置、建造和大修理以商业为用途的各类型房产的贷款

【例1.4·单选题】商业银行一般采用的保证担保是(　　)。[2014年下半年真题]

　　A．一般保证担保

　　B．一般保证和连带保证其中任意一个都行

　　C．连带责任保证担保

　　D．一般保证和连带保证其中任意一个都不行

【答案】C

【解析】保证贷款是指以第三人承诺在借款人不能偿还贷款时，按约定承担一般保证责任或者连带保证责任而发放的贷款。银行一般要求保证人提供连带责任保证。

二、公司信贷的基本原理

(一)公司信贷理论的发展

公司信贷理论的发展大体上经历了真实票据理论、资产转换理论、预期收入理论和超货币供给理论四个阶段。具体内容如表1-9所示。

表1-9　公司信贷理论的发展

四个阶段	理论来源	理论观点	优 缺 点	应　用
真实票据理论	根据亚当·斯密的理论，银行的资金来源主要是同商业流通有关的闲散资金，都是临时性的存款	银行需要有资金的流动性，以应付预料不到的提款需要。因此，最好只发放以商业行为为基础的短期贷款	优点(作用)：为早期商业银行进行合理的资金配置与稳健经营提供了理论基础。 缺点：①银行短期存款的沉淀、长期资金的增加，使银行具备大量发放中长期贷款的能力，局限于短期贷款不利于经济的发展； ②自偿性贷款随经济周期而决定信用量，会加大经济的波动	根据这一理论，长期投资的资金应来自长期资源，如留存收益、发行新的股票以及长期债券；银行不能发放不动产贷款、消费贷款和长期设备贷款等

续表

四个阶段	理论来源	理论观点	优 缺 点	应 用
资产转换理论	1918年,H.G.莫尔顿在《政治经济学杂志》上发表《商业银行与资本形成》一文,提出了该理论	银行能否保持流动性,关键在于银行资产能否转让变现,把可用资金的部分投放于二级市场的贷款与证券,可以满足银行的流动性需要	优点:商业银行的资产范围显著扩大,由于减少非盈利现金的持有,银行效益得到提高。 缺点:①缺乏物质保证的贷款大量发放,为信用膨胀创造了条件; ②在经济局势和市场状况出现较大波动时,证券的大量抛售同样造成银行的巨额损失; ③贷款平均期限的延长会增加银行系统的流动性风险	银行资产转让变现,把可用资金的部分投放于二级市场的贷款与证券,当流动性的需求增大时,可以在金融市场上出售这些资产(包括商业票据、银行承兑汇票、美国短期国库券等)
预期收入理论	1949年,赫伯特·V.普罗克诺在《定期放款与银行流动性理论》一书中提出了该理论	贷款能否到期归还,是以未来的收入为基础的,只要未来收入有保障,长期信贷和消费信贷同样能保持流动性和安全性	优点:二战后,中长期设备贷款、住房贷款、消费贷款等迅速发展起来,成为支持经济增长的重要因素。 缺点:由于收入预测与经济周期有密切关系,同时资产的膨胀和收缩也会影响资产质量,因此可能会增加银行的信贷风险。银行危机一旦爆发,其规模和影响范围会越来越大	稳定的贷款应该建立在现实的归还期限与贷款的证券担保的基础上
超货币供给理论	这一新的银行资产理论出现于20世纪六七十年代	随着货币形式的多样化,非银行金融机构也提供货币,银行信贷市场面临着很大的竞争压力,因此,银行资产应该提供多样化的服务,使银行资产经营向深度和广度发展	优点:银行信贷的经营管理应当与银行整体营销和风险管理结合起来,发挥更大的作用。 缺点:商业银行涉足新的业务领域和盲目扩大的规模也是当前银行风险的一大根源,金融的证券化、国际化、表外化和电子化使金融风险更多地以系统性风险的方式出现,对世界经济的影响更为广泛	银行资产应该超出单纯提供信贷货币的界限,要提供多样化的服务,如购买证券、开展投资中介和咨询、委托代理等配套业务

【例1.5·单选题】根据(   ),商业银行最好发放短期贷款而不发放中长期贷款。[2013年上半年真题]

　　A．资产转换理论　　　　　　　　B．超货币供给理论

　　C．真实票据理论　　　　　　　　D．预期收入理论

【答案】C

【解析】根据亚当·斯密的理论，银行的资金来源主要是同商业流通有关的闲散资金，都是临时性的存款，银行需要有资金的流动性，以应付预料不到的提款需要。因此，最好只发放以商业行为为基础的短期贷款，因为这样的短期贷款有真实的商业票据为凭证作抵押，带有自动清偿性质。因此这种贷款理论被称为"真实票据理论"。

(二)公司信贷资金的运动过程及其特征

1. 概念

信贷资金运动是信贷资金的筹集、运用、分配和增值过程的总称。

2. 信贷资金的运动过程

1) 定义

信贷资金运动就是以银行为出发点，进入社会产品生产过程去执行它的职能，然后又流回到银行的全过程，即是二重支付和二重归流的价值特殊运动。

(1) 二重支付。信贷资金首先由银行支付给使用者，这是第一重支付；由使用者转化为经营资金，用于购买原料和支付生产费用，投入再生产，这是第二重支付。

(2) 二重归流。经过社会再生产过程，信贷资金在完成生产和流通职能以后，又流回到使用者手中，这是第一重归流；使用者将贷款本金和利息归还给银行，这是第二重归流。

2) 与财政资金、企业自有资金和其他资金运动的区别

财政资金、企业自有资金和其他资金都是一收一支的一次性资金运动。

3. 信贷资金的运动特征

1) 定义

信贷资金运动和社会其他资金运动构成了整个社会再生产资金的运动，它的基本特征也是通过社会再生产资金运动形式表现出来的。

2) 特征

(1) 以偿还为前提的支出，有条件的让渡。

信贷资金是以偿还为条件，以收取利息为要求的价值运动，这是贷款区别于拨款的基本特征。

(2) 与社会物质产品的生产和流通相结合。

① 信贷资金总规模必须与社会产品再生产的发展相适应，信贷资金只有现实地转化为企业经营的资金时，才会被社会产品生产过程吸收利用，发挥作用，并获得按期归还的条件。

② 信贷资金运动的基础是社会产品的再生产，信贷资金不断从生产领域流向流通领域，又从流通领域流入生产领域。所以，信贷资金是一种不断循环和周转的价值流。

(3) 产生经济效益才能良性循环。

信贷资金只有取得较好的社会效益和经济效益，才能在整体上实现良性循环。

① 经济效益：通过支持经济效益较好的项目，限制经济效益较差的项目，同时，在支持生产和商品流通的过程中，加速信贷资金的周转，节约信贷资金的支出，都可以创造较好的信贷效益。

② 社会效益：在衡量信贷资金的经济效益时，要从整个国民经济着眼，考核是否做到

以最少的社会消耗，取得最大的社会效益。

(4) 信贷资金运动以银行为轴心。

信贷资金运动的一般规律性，在市场经济基础上，又产生了新的特点。

① 银行成为信贷中心，贷款的发放与收回都是以银行为轴心进行活动的，银行成为信贷资金调节的中介机构。

② 信贷资金运动以银行为轴心，是市场经济的客观要求，也是信贷资金发挥作用的基础条件。

三、公司信贷管理

(一)公司信贷管理的原则

公司信贷管理的原则有以下六点，具体如表 1-10 所示。

表 1-10　公司信贷管理原则

原　则	含义(或内容)	意　义
全流程管理	要将有效的信贷风险管理行为贯穿到贷款生命周期中的每一个环节	可推动银行业金融机构传统贷款管理模式的转型，真正实现贷款管理模式由粗放型向精细化的转变，有助于提高银行业金融机构贷款发放的质量，加强贷款风险管理的有效性，提升银行业金融机构信贷资产的精细化管理水平
诚信申贷	主要包含两层含义： ①借款人恪守诚实守信原则，按照贷款人要求的具体方式和内容提供贷款申请材料，并且承诺所提供材料是真实、完整、有效的； ②借款人应证明其信用记录良好、贷款用途和还款来源明确合法等	贷款申请人应秉承诚实守信原则向贷款人提供真实、完整、有效的申贷材料，这有助于从立法的角度保护贷款人的权益，从而使贷款人能够更有效地识别风险、分析风险，做好贷款准入工作，在贷款的第一环节防范潜在风险
协议承诺	要求银行业金融机构作为贷款人，应与借款人乃至其他相关各方通过签订完备的贷款合同等协议文件，规范各方的有关行为，明确各方的权利和义务，调整各方的法律关系，明确各方的法律责任	①通过强调合同的完备性、承诺的法制化乃至管理的系统化，弥补过去贷款合同的不足； ②一方面要求贷款人在合同等协议文件中清晰规定自身的权利和义务，另一方面要求客户签订并承诺一系列事项，依靠法律来约束客户的行为。一旦违约事项发生，则能够切实保护贷款人的权益
贷放分控	是指银行业金融机构将贷款审批与贷款发放作为两个独立的业务环节，分别管理和控制，以达到降低信贷业务操作风险的目的	①加强商业银行的内部控制，防范操作风险； ②践行全流程管理的理念，建设流程银行，提高专业化操作，强调各部门和岗位之间的有效制约，避免前台部门权力过于集中

续表

原　则	含义(或内容)	意　义
实贷实付	是指银行业金融机构根据借款人的有效贷款需求,主要通过贷款人受托支付的方式,将贷款资金支付给符合合同约定的借款人交易对象的过程。 其关键是让借款人按照贷款合同的约定用途使用贷款资金,减少贷款挪用的风险	①有利于确保信贷资金进入实体经济,在满足有效信贷需求的同时,严防贷款资金被挪用,避免信贷资金违规流入股票市场、房地产市场等; ②有助于贷款人提高贷款的精细化管理水平,加强对贷款资金使用的管理和跟踪; ③为全流程管理和协议承诺提供了操作的抓手和依据,有助于贷款人防范信用风险和法律风险
贷后管理	是指商业银行在贷款发放以后所开展的信贷风险管理工作。 重视贷后管理原则的主要内容是: ①监督贷款资金按用途使用; ②对借款人账户进行监控; ③强调借款合同的相关约定对贷后管理工作的指导性和约束性; ④明确贷款人按照监管要求进行贷后管理的法律责任	有效的贷后管理工作有助于银行业金融机构提高风险管理水平,防范风险,控制信贷资产质量,是银行业金融机构建立长期、长效发展机制的基石

【例1.6·单选题】通过强调合同的完备性、承诺的法制化乃至管理的系统化,弥补过去贷款合同不足的是(　　)。

A．诚信申贷原则　　　　　　　　B．贷放分控原则

C．全流程管理原则　　　　　　　D．协议承诺原则

【答案】D

【解析】整体来看,我国银行业金融机构对贷款合同的管理能力和水平差强人意,由此导致了许多合同纠纷和贷款损失。协议承诺原则通过强调合同的完备性、承诺的法制化乃至管理的系统化,弥补过去贷款合同的不足。

(二)信贷管理流程

科学合理的信贷业务管理过程实质上是规避风险、获取效益,以确保信贷资金的安全性、流动性、营利性的过程。基本操作流程就是要通过既定的操作程序,通过每个环节的层层控制达到防范风险、实现效益的目的。

一般来说,一笔贷款的管理流程分为九个环节,具体如表1-11所示。

表1-11　信贷管理流程的环节及具体要求

环　节	具体要求
贷款申请	借款人需用贷款资金时,应按照贷款人要求的方式和内容提出贷款申请,并恪守诚实守信原则,承诺所提供材料的真实、完整、有效

续表

环　节	具体要求
受理与调查	银行业金融机构在接到借款人的借款申请后,应由分管客户关系管理的信贷员采用有效方式收集借款人的信息,对其资质、信用状况、财务状况、经营情况等进行调查分析,评定资信等级,评估项目效益和还本付息能力
风险评价	银行业金融机构信贷人员将调查结论和初步贷款意见提交审批部门,由审批部门对贷前调查报告及贷款资料进行全面的风险评价,设置定量或定性的指标和标准,对借款人情况、还款来源、担保情况等进行审查,全面评价风险因素
贷款审批	银行业金融机构要按照"审贷分离、分级审批"的原则对信贷资金的投向、金额、期限、利率等贷款内容和条件进行最终决策,逐级签署审批意见
合同签订	强调协议承诺原则。借款申请经审查批准后,银行业金融机构与借款人应共同签订书面借款合同,作为明确借贷双方权利和义务的法律文件
贷款发放	贷款人应设立独立的责任部门或岗位,负责贷款发放审核
贷款支付	贷款人应设立独立的责任部门或岗位,负责贷款支付审核和支付操作
贷后管理	是指银行业金融机构在贷款发放后对合同执行情况及借款人经营管理情况进行检查或监控的信贷管理行为
贷款回收与处置	直接关系到银行业金融机构预期收益的实现和信贷资金的安全,贷款到期按合同约定足额归还本息,是借款人履行借款合同、维护信用关系当事人各方权益的基本要求;银行业金融机构应提前提示借款人到期还本付息;此外,一般还要进行信贷档案管理

(三)信贷管理的组织架构

1. 商业银行信贷管理组织架构的变革

商业银行信贷管理组织架构的变革从 1984 年开始,可分为四个时间段,具体如表 1-12 所示。

表 1-12　商业银行信贷管理组织架构的变革

时　间	方　向	内　容
1984 年至 1993 年	我国开始尝试专业银行企业化改革,经过多年改革与调整,专业银行的组织架构逐步完善	①从纵向来看,专业银行延续了中国人民银行的总分行制; ②从横向来看,专业银行采取了按照产品设置部门的方式,与行政机关的组织架构有明显的相似性
1993 年至 2001 年	专业银行完成了向商业银行的转变,我国商业银行的组织架构也相应地发生了变化	①在纵向结构上,商业银行实行统一法人制度,通过授权的方式,明确了总行与各级分支机构的经营权限,分支机构的经营决策不得超过授权范围; ②在横向管理上,商业银行根据业务发展进行了相应的调整,信贷管理的专业部门随社会经济发展、分工的专业化而不断增减和细化

续表

时 间	方 向	内 容
2001 年	商业银行对风险管理组织架构进行了根本性的改变	①由前台、中台、后台合一的管理模式转变为业务营销与风险控制相分离； ②由按照业务类别分散管理的模式转变为信贷风险集中统一管理的模式； ③由倚重贷前调查转变为贷款全过程管理，初步形成了现代商业银行公司治理组织架构
从 2003 年开始	随着我国商业银行股份制改革的开始和不断深入，银行信贷管理组织架构也在不断地发展变化着	①在纵向管理上，初步建立了全面的业务发展和风险管理体系，总行、分行、支行间的管理进一步清晰，各级分行也实现了与总行业务部门的对接； ②横向管理上，新增特定风险的专职管理部门，同时着眼于建立以客户为中心的组织架构和业务营销模式，按照客户性质的不同成立了公司业务部和零售业务部

我国商业银行应建立真正的以客户为中心、以市场为导向、以经济效益为目标、以风险控制为主线、市场反应灵敏、风险控制有力、运作协调高效、管理机制完善的组织架构。

2. 商业银行信贷业务经营管理组织架构

商业银行信贷业务经营管理组织架构包括：董事会及其专门委员会、监事会、高级管理层和信贷业务前中后台部门，具体职责如表 1-13 所示。

表 1-13　商业银行信贷业务经营管理组织架构的职责

组织架构	职 责
董事会及其专门委员会	①负责审批风险管理的战略政策，确定商业银行可以承受的总体风险水平，确保商业银行能够有效识别、计量、监测和控制各项业务所承担的各种风险；②董事会下设风险政策委员会，审定风险管理战略，审查重大风险活动，对管理层和职能部门履行风险管理和内部控制职责的情况进行定期评估，并提出改进要求
监事会	通过加强与董事会及内部审计、风险管理等相关委员会和有关职能部门的工作联系，全面了解商业银行的风险管理状况，监督董事会和高级管理层做好相关工作
高级管理层	执行风险管理政策，制定风险管理的程序和操作规程，及时了解风险水平及其管理状况，并确保商业银行具备足够的人力、物力和恰当的组织结构、管理信息系统及技术水平，以有效地识别、计量、监测和控制各项业务所承担的各项风险
信贷业务前、中、后台部门	①信贷前台部门，负责客户营销和维护，也是银行的"利润中心"，如公司业务部门、个人贷款业务部门； ②信贷中台部门，负责贷款风险的管理和控制，如信贷管理部门、风险管理部门、合规部门、授信执行部门等； ③信贷后台部门，负责信贷业务的配套支持和保障，如财务会计部门、稽核部门、IT部门等

【例 1.7 · 单选题】下列关于商业银行信贷业务经营管理组织结构的说法，不正确的是（ ）。

    A. 董事会是商业银行的最高风险管理和决策机构

    B. 监事会是我国商业银行所特有的监督部门，对股东大会负责

    C. 信贷前台部门负责客户营销和维护，也是银行的"利润中心"

    D. 高级管理层确定商业银行可以承受的总体风险水平

【答案】D

【解析】D 项，董事会确定商业银行可以承受的总体风险水平；高级管理层的主要职责是执行风险管理政策，制定风险管理的程序和操作规程，及时了解风险水平及其管理状况，并确保商业银行具备足够的人力、物力和恰当的组织结构、管理信息系统及技术水平，以有效地识别、计量、监测和控制各项业务所承担的各项风险。

(四)绿色信贷

监管机构对银行业金融机构绿色信贷的指导和要求如下。

1. 2012 年《绿色信贷指引》

《绿色信贷指引》对银行业金融机构开展绿色信贷提出了明确要求。

2. 2013 年《关于绿色信贷工作的意见》

《关于绿色信贷工作的意见》主要是对《绿色信贷指引》的具体落实，提出积极支持绿色、循环和低碳产业发展，支持银行业金融机构加大对战略性新兴产业、文化产业、生产性服务业、工业转型升级等重点领域的支持力度。

3. 2014 年《绿色信贷实施情况关键评价指标》

该评价指标分为以下两部分。

(1) 定性评价指标主要对照《绿色信贷指引》的各项要求进行评价。

(2) 定量评价指标主要针对银行支持及限制类贷款情况、机构的环境和社会表现、绿色信贷培训教育情况、与利益相关方的互动情况等方面进行评价。

4. 2015 年《能效信贷指引》

能效信贷是指银行业金融机构为支持用能单位提高能源利用效率、降低能源消耗而提供的信贷融资，包括以下两点。

(1) 用能单位能效项目信贷，是指银行业金融机构向用能单位投资的能效项目提供的信贷融资，用能单位是项目的投资人和借款人。

(2) 节能服务公司合同能源管理信贷，是指银行业金融机构向节能服务公司实施的合同能源管理项目提供的信贷融资，节能服务公司是项目的投资人和借款人。

【过关练习】

一、单选题(下列选项中只有一项最符合题目的要求)

1．某银行于 2002 年向王先生办理了一笔房贷,合同约定总利息金额为 15 万元。到 2009 年时，王先生总计偿还利息 4 万元，此时王先生请求提前还贷，则银行(   )。

    A．应按照实际的借款期限收取利息

    B．有权要求王先生支付赔偿金

    C．有权要求王先生偿还剩余 11 万元利息

    D．有权拒绝王先生的请求

【答案】C

【解析】根据《人民币利率管理规定》，借款人在借款合同到期日之前归还贷款时，银行有权按原贷款合同向借款人收取利息。本题贷款合同约定总利息 15 万元，王先生要求提前还款时，银行有权按原合同要求王先生偿还剩余的利息，总计 11 万元。

2．下列不能被用作基准利率的是(   )。

    A．市场利率   B．行业公定利率   C．法定利率   D．民间利率

【答案】D

【解析】基准利率是被用作定价基础的标准利率，被用作基准利率的利率包括市场利率、法定利率和行业公定利率。通常具体贷款中执行的浮动利率采用基准利率加点或确定浮动比例方式，我国中央银行公布的贷款基准利率是法定利率。

3．认为银行可将其闲置可用资金投放于二级市场的贷款与证券的信贷理论是(   )。

    A．资产转换理论   B．超货币供给理论

    C．真实票据理论   D．预期收入理论

【答案】A

【解析】资产转换理论认为，银行能否保持流动性，关键在于银行资产能否顺利实现转让变现，把可用资金的部分投放于二级市场的贷款与证券。当银行流动性需求增大时，可在金融市场上出售这些资产，以满足银行流动性的需要。

二、多选题(下列选项中有两项或两项以上符合题目的要求)

1．商业银行公司信贷管理的原则包括(   )。

    A．全流程管理原则   B．实贷实付原则   C．协议承诺原则

    D．贷放分控原则   E．诚信申贷原则

【答案】ABCDE

【解析】公司信贷管理的原则包括：①全流程管理原则；②诚信申贷原则；③协议承诺原则；④贷放分控原则；⑤实贷实付原则；⑥贷后管理原则。

2．根据真实票据理论，以商业行为为基础的短期贷款的特点包括(   )。

    A．带有自动清偿性质

    B．有利于经济的发展

C．以真实的商业票据为凭证作抵押

D．有利于满足银行资金的流动性需求

E．信用量不随经济周期变化而变动，因此起到稳定经济的作用

【答案】ACD

【解析】B 项，银行短期存款的沉淀、长期资金的增加，使银行具备大量发放中长期贷款的能力，局限于短期贷款不利于经济的发展；E 项，自偿性贷款随经济周期而决定信用量，会加大经济的波动。

3．1949 年，赫伯特·V.普罗克诺提出的预期收入理论所带来的问题不包括(　　)。

A．银行的资金局限于短期贷款，不利于经济的发展

B．自偿性贷款随经济周期而决定信用量，从而加大经济的波动

C．银行危机一旦爆发，其规模和影响范围将会越来越大

D．缺乏物质保证的贷款大量发放，为信用膨胀创造了条件

E．由于收入预测与经济周期有密切关系，因此可能会增加银行的信贷风险

【答案】ABD

【解析】AB 两项是真实票据理论带来的问题；D 项是资产转换理论带来的问题。

三、判断题(请对下列各题的描述做出判断，正确的用 A 表示，错误的用 B 表示)

1．商业银行对逾期或挤占挪用的贷款从发现之日起按照罚息利率计收罚息，直到清偿本息为止。(　　)

【答案】B

【解析】根据《人民币利率管理规定》第二十五条，逾期贷款或挤占挪用贷款，从逾期或挤占挪用之日起，按罚息利率计收罚息，直到清偿本息为止，遇罚息利率调整则分段计息。

2．目前，我国外汇贷款利率并未实现市场化，由中国人民银行定期公布外汇贷款利率。(　　)

【答案】B

【解析】我国中央银行目前已不再公布外汇贷款利率，外汇贷款利率在我国已经实现市场化。国内商业银行通常以国际主要金融市场的利率(如伦敦同业拆借利率)为基础确定外汇贷款利率。

3．信贷资金的运动是一种二收二支的资金运动。(　　)

【答案】A

【解析】信贷资金首先由银行支付给使用者，此为第一重支付；由使用者转化为经营资金，投入再生产，此为第二重支付；经社会再生产过程，信贷资金完成生产流通职能后又回到使用者手中，此为第一重归流；使用者将贷款本息偿还给银行，此为第二重归流。因而称信贷资金的运动是一种二收二支的资金运动。

第二章　公司信贷营销

【考查内容】

本章主要包括公司信贷营销的目标市场分析、营销策略两个部分。其中，考生须了解目标市场分析、选择和定位的方法及市场细分的主要内容，对公司信贷的产品、定价、渠道、促销等营销手段须充分了解，熟悉客户关系管理的应用及提高客户关系管理水平的途径。

【备考方法】

本章介绍性的内容比较多，部分考点比较难记，考生必须熟练掌握，并准确记忆。有的知识点看似简单，实际涉及的小考点多，如公司信贷的产品、定价、渠道、促销等营销策略，市场细分及市场定位等，这些考点都可以作为单独的考题在考试中出现，且多选题记忆性知识点稍多，考生必须牢记考点，才能在短时间内选出正确答案。

【框架结构】

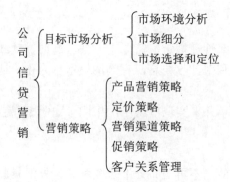

【核心讲义】

一、目标市场分析

(一)市场环境分析

1. 市场环境

市场环境是影响银行市场营销活动的内外部因素和条件的总和。具体内容如表 2-1 所示。

表 2-1 市场环境分析

市场环境		说 明
外部环境	宏观环境	①经济与技术环境，包括当地、本国和世界的经济形势； ②政治与法律环境，包括政治安定程度、政治对经济的影响程度； ③社会与文化环境，包括信贷客户的分布与构成、购买金融商品的模式与习惯、劳动力的结构与素质、社会思潮和社会习惯、主流理论和价值等
	微观环境	①信贷资金的供给状况； ②信贷资金的需求状况，包括三种形态：已实现的需求、待实现的需求和待开发的需求； ③银行同业的竞争状况
内部环境	战略目标分析	是银行在实现其使命过程中所追求的长期结果，反映了银行在一定时期内经营活动的方向和所要达到的水平，如竞争地位、业绩水平、发展速度等
	银行内部资源分析	①人力资源，主要分析人的数量、素质、士气、稳定性、组织协同性和对营销活动的支持能力； ②财务实力，主要分析资本、资金、费用等对营销活动的保障能力； ③物质支持，主要分析银行各种物质支持能否满足未来营销活动的需要； ④技术资源，主要分析银行的研究开发水平，了解银行研究开发的深度和在客户心中的地位、开发费用情况及其直接效果等； ⑤资讯资源，主要分析内外部的资讯收集、整理、挖掘和利用能力能否有效地支持营销活动
	银行自身实力分析	①银行对金融业务的处理能力、快速应变能力、对资源的获取能力、对技术和产品的开发能力、对形势变化的应变能力等系统实力； ②银行的品牌、网络、市场地位、客户资源、社会影响等软实力； ③银行的资本实力，包括现有资本实力、资本补充能力、股东支持力等； ④政府支持

【例 2.1·多选题】下列属于商业银行市场外部环境的有(   )。[2012 年上半年真题]

A．政治与法律环境　　　B．经济与技术环境　　　C．银行的资本实力

D．社会与文化环境　　　E．信贷资金的需求状况

【答案】ABDE

【解析】外部环境包括宏观环境与微观环境。宏观环境包括：①经济与技术环境；②政治与法律环境；③社会与文化环境。微观环境包括：①信贷资金的供给状况；②信贷资金的需求状况；③银行同业的竞争状况。

2．市场环境分析的基本方法

银行主要采用 SWOT 分析方法对其内外部环境进行综合分析。其中，S(Strength)表示优势，W(Weak)表示劣势，O(Opportunity)表示机遇，T(Threat)表示威胁。SWOT 分析法就是按上述的四个方面对银行所处的内外部环境进行分析，并结合机遇与威胁的可能性和重要性，制定出切合本银行实际的经营目标和战略。

(二)市场细分

1. 含义

市场细分是指银行把公司信贷客户按一种或几种因素加以区分，使区分后的客户需求在一个或多个方面具有相同或相近的特征，以便确定客户政策。

2. 目的

市场细分的目的是使银行根据不同子市场的特殊但又相对同质的需求和偏好，有针对性地采取一定的营销组合策略和营销工具，以满足不同客户群的需求。

3. 作用

(1) 有利于选择目标市场和制定营销策略；

(2) 有利于发掘市场机会，开拓新市场，更好地满足不同客户对金融产品的需要；

(3) 有利于集中人力、物力投入目标市场，提高银行的经济效益。

4. 公司信贷客户市场细分

商业银行一般按照企业所处区域、产业、规模、所有者性质和组织形式等方式对公司信贷客户进行细分。具体内容如表 2-2 所示。

表 2-2 公司信贷客户市场细分

划分标准	说　明
按区域	主要考虑客户所在地区的市场密度、交通便利程度、整体教育水平以及经济发达程度等方面的差异，并将整体市场划分成不同的小市场
按产业	一国的国民经济按产业，可划分为第一产业、第二产业和第三产业
	按生命周期不同，可划分为朝阳产业和夕阳产业
	按生产要素的密集程度不同，可划分为劳动密集型产业、资本(资金)密集型产业、技术(知识)密集型产业等
按规模	企业规模的认定标准包括以下几个因素：年营业额、员工人数、固定资产总值、资本总额、资产规模等，一般将企业按其规模划分为大、中、小、微型企业
按所有者性质和组织形式	国有企业，随着我国国有企业改革的推进，商业银行应做好两手准备：①仍应该重点争取需要大量的融资机会和中间产品服务的大型重点国有企业；②应在集体评估的基础上，慎重选择处于困境中的中小型国有企业为服务对象
	民营企业，商业银行应根据民营企业的现实需求设计出合适的银行产品和服务，主要是手续简便、快捷的贷款产品和方便的中间业务
	外商独资企业，这类客户是银行希望得到的业务伙伴，但其对商业银行的金融产品和服务的要求也较高
	合资和合作经营企业，这两类企业都有外资参与，基本上是比较规范的现代股份制企业，经营规模较大，经营业绩良好，是商业银行重点争取的对象；这类客户对商业银行的产品和服务的需求与外资企业相同
	业主制企业即个人独资企业，这类企业是由一个自然人投资，财产为投资者个人所有，投资人以其个人财产对企业债务承担无限责任的经营实体；这类企业对商业银行产品的需求与个人客户有相似之处

5．细分市场评估

银行在按照一定的标准细分市场后，就要对细分市场进行分析，具体内容如表 2-3 所示。

表 2-3　细分市场评估

分析内容	说　明
市场容量	对细分市场的评估首先要进行市场容量分析，即潜在细分市场是否具有适当的规模和发展潜力
结构吸引力	波特认为有 5 种力量决定整个市场或其中任何一个细分市场的长期的内在吸引力。这 5 个群体是：同行业竞争者、潜在的新加入的竞争者、替代产品、购买者和供应商。细分市场的吸引力分析就是对这 5 种威胁银行长期盈利的主要因素做出评估
市场机会	即分析银行所用的资源条件和经营目标是否能够与细分市场的需求相吻合，对市场机会的分析要综合考虑细分市场、银行自身和竞争对手三个方面
获利状况	即分析细分市场能给银行带来的利润
风险	银行在选择细分市场之前，还要对每个细分市场的风险进行分析

(三)市场选择和定位

1．市场选择

1) 目标市场的概念

目标市场是指银行为满足现实或潜在的客户需求，在市场细分基础上确定的将要进入并重点开展营销活动的特定的细分市场。市场细分是目标市场确定的前提和基础，而选择适合自身的目标市场则是市场细分的目的。

2) 目标市场的选择要求

(1) 目标市场应对一定的公司信贷产品有足够的购买力，并能保持稳定，这样才能保证银行有足够的营业额。

(2) 银行公司信贷产品的创新或开发应与目标市场需求变化的方向一致，以便适时地按市场需求变化调整所提供的服务。

(3) 目标市场上的竞争者应较少或相对实力较弱，这样银行才能充分发挥自身的资源优势，占领目标市场并取得成功。

(4) 在该目标市场，以后能够建立有效地获取信息的网络。

(5) 要有比较通畅的销售渠道，这样银行的产品或服务才能顺利进入市场。

【例 2.2·多选题】商业银行确定目标市场时，应综合考虑自身经营实力和特点，选择(　　)目标客户群。

A．能最大限度地满足其需要的　　B．学历最高的

C．对银行最重要的　　D．银行最紧缺的

E．对银行最忠诚的

【答案】AC

【解析】银行在细分市场、明确各细分市场的容量、产品特征、开发潜力的基础上，综合考虑本银行的经营实力和特点，选择本银行能最大限度地满足其需要的，同时对银行最重要的客户，将其确定为银行推销公司信贷产品的目标客户群。

2. 市场定位

1) 市场定位的含义

市场定位，是指商业银行设计并确定自身形象，决定向客户提供何种信贷产品的行为过程，目的是让客户能够更加了解和喜欢银行所代表的内涵，在客户心目中留下别具一格的银行形象和值得建立信贷关系的印象。

2) 市场定位的内容

银行市场定位主要包括产品定位和银行形象定位两个方面。

(1) 产品定位。

产品定位是指根据客户的需要和客户对产品某种属性的重视程度，设计出区别于竞争对手的具有鲜明个性的产品，让产品在未来客户的心目中找到一个恰当的位置。

(2) 银行形象定位。

银行形象定位是指通过塑造和设计银行的经营观念、标志、商标、专用字体、标准色彩、外观建筑、图案、户外广告、陈列展示等手段在客户心目中留下别具一格的银行形象。

3) 市场定位的步骤

银行公司信贷产品的市场定位过程包括四个步骤，具体如表2-4所示。

表 2-4　市场定位的步骤

步　骤	说　明
识别重要属性	识别目标市场客户购买决策的重要因素，包括所要定位的公司信贷产品应该或者必须具备的属性，或者是目标市场客户具有的某些重要的共同表征
制作定位图	银行要保持一种产品的竞争优势只能是通过该产品的附加价值来保持，银行在制作市场定位图时，可选择的维度可以是银行实力、服务质量、信誉等因素
定位选择	按照公司信贷产品的市场规模、产品类型、技术手段等因素，可将定位方式分为三种：①主导式定位；②追随式定位；③补缺式定位
执行定位	市场定位最终需要通过各种沟通手段如广告、员工着装、行为举止以及服务的态度、质量等传递出去，并为客户所认同

【例 2.3·单选题】下列不属于绘制定位图需要考虑的维度变量属性的是(　　)。

　　A. 客观属性　　　B. 主观属性　　　C. 重要属性　　　D. 非重要属性

【答案】D

【解析】绘制定位图所涉及的变量可以是客观属性，也可以是主观属性，但必须都是"重要属性"。

二、营销策略

(一)产品营销策略

产品策略是商业银行公司信贷市场营销的起点，也是商业银行制定和实施其他营销策略的基础和前提。

1. 银行公司信贷产品概述

公司信贷产品指银行向公司客户提供的，能满足客户对资金、银行信用方面的需求的产品或服务。

1) 银行公司信贷产品的特点

银行公司信贷产品具有无形性、不可分性、异质性、易模仿性、动力性等特点。具体内容如表 2-5 所示。

表 2-5　银行公司信贷产品特点

特　点	说　明
无形性	公司信贷产品是触摸不到的、无形的，往往体现为信贷合同等法律文件形式
不可分性	公司信贷产品和银行的全面运作分不开
异质性	对于同一种类的公司信贷产品，不同的银行所提供的服务质量存在着差异
易模仿性	公司信贷产品的无形性使得某产品一问世，很快就会被其他竞争对手所模仿
动力性	公司信贷产品是其所服务项目的动力引擎

2) 银行公司信贷产品的层次

(1) 银行公司信贷产品的三层次理论。按基本的划分方法，信贷产品主要分为核心产品、基础产品和扩展产品三个层次。具体内容如表 2-6 所示。

表 2-6　银行公司信贷产品的三层次理论

层　次	说　明
核心产品	①是指客户从产品中可得到的基本利益或效用，它是公司信贷产品中最基本、最重要的组成部分，也称为利益产品； ②体现了公司信贷产品的本质——消费者所能得到的基本利益，是公司信贷产品的实质内容，在信贷产品的三个层次中居于中心地位
基础产品	是指在核心产品的基础上，为客户提供成套的信贷产品
扩展产品	①又称附加产品，是指在基础产品的基础上，为客户提供的系列化服务；②这类服务虽然是从属产品，但起到方便客户、锦上添花的作用

(2) 银行公司信贷产品的五层次理论。从营销角度可以把公司信贷产品划分为五个层次。具体内容如表 2-7 所示。

表2-7 银行公司信贷产品五层次理论

层 次	含 义
核心产品	即客户所购买的基本服务和利益
基础产品	即公司信贷产品的基本形式,是核心产品借以实现的形式,即各种硬件和软件的集合,包括营业网点和各类业务
期望产品	即购买者购买产品通常希望和默认的一组属性和条件,表现为银行良好和便捷的服务,如银行品牌、服务支持、方便、安全性等
延伸产品	即某种产品衍生增加的服务和收益
潜在产品	即延伸产品继续延伸和转换的最大可能性,从而塑造出更能符合客户需要的新型产品,使客户从银行提供的产品和服务中得到最大限度的愉悦感,成为银行的忠实客户

【例2.4·单选题】根据五层次理论,银行品牌、服务支持、方便和安全性属于( )。

A．基础产品　　 B．期望产品　　 C．延伸产品　　 D．潜在产品

【答案】B

【解析】期望产品是指购买者购买产品通常希望和默认的一组属性和条件,表现为银行良好和便捷的服务,如银行品牌、服务支持、方便、安全性等。

3) 银行公司信贷产品开发的目标和方法

银行公司信贷产品开发的目标和方法如表2-8所示。

表2-8 银行公司信贷产品开发的目标和方法

项 目	内 容
目标	①提高现有市场的份额; ②吸引现有市场之外的新客户; ③以更低的成本提供同样或类似的产品
方法	①仿效法,是指以原有某信贷产品为模式,并结合本行以及目标市场的实际情况和条件,实行必要的调整、修改、补充,从而开发出新的公司信贷产品的方法 ②交叉组合法,是指对两个或多个现有产品加以重新组合,或加以改进将几种产品组合在一起,提供给具有特殊需要的细分市场的客户的一种新产品 ③创新法,是指依据市场上出现的新需求,开发出能满足这种需求的新产品

2．产品组合策略

1) 产品组合的概念

产品组合是指商业银行向客户提供的全部公司信贷产品的有机组合方式,即所有银行公司信贷产品的有机构成。产品组合是由多条产品线组成的,每条产品线又由多种产品类型构成,而每种产品类型又包含了很多类产品项目。

一个银行的产品组合,通常包括产品组合宽度和产品组合深度两个度量化要素。确定产品组合就是要有效地选择其宽度、深度和关联性。具体如表2-9所示。

表 2-9　产品组合的要素

要　素	说　明
产品组合的宽度	是指产品组合中不同产品线的数量，即产品大类的数量或服务的种类
产品组合的深度	是指银行经营的每条产品线内所包含的产品项目的数量
产品组合的关联性	是指银行所有的产品线之间的相关程度或密切程度

2) 产品组合策略的内容

(1) 产品扩张策略。产品扩张策略主要是从拓宽产品组合的宽度和增加产品组合的深度这两个方面入手。具体内容如表 2-10 所示。

表 2-10　产品扩张策略

策　略	定　义	优　点	缺　点
拓宽产品组合的宽度	商业银行可以在现有产品线的基础上增加一条或几条产品线，以进一步扩大银行产品的范围，实现产品线的转移	①可以充分利用商业银行的技术、人才、资源等优势，实现多元化经营，从而扩大市场，吸引更多客户；②可通过业务多元化分散经营风险，增强竞争能力	银行必须具备较高的经营管理水平，抓好产品线的综合管理，否则可能会引起银行的经营混乱，使银行声誉受损
增加产品组合的深度	银行可以在原有的产品线内增设新的产品项目，以丰富银行的产品种类，实现多样化经营	可以使银行产品适应不同的客户或同一客户的不同层次的需求，提高同一产品线的市场占有率，从而增强银行的竞争能力	新项目的开发可能要花费大量的资源，使银行的经营成本上升

(2) 产品集中策略。产品集中策略是指银行通过减少产品线或产品项目来缩小银行的经营范围和种类，实现产品的专业化，其目的是将有限的资源集中在一些更有竞争优势的产品组合上，以产生更大的收益。这种做法和产品扩张策略正好相反。

3) 产品组合策略的形式

产品组合策略有四种形式，具体内容如表 2-11 所示。

表 2-11　产品组合策略的形式

形　式	定　义	特　点
全线全面型	是指商业银行尽量向自己业务范围内的所有顾客提供所需的产品	采取该种策略的银行必须有能力满足整个市场的需求
市场专业型	是指商业银行着眼于向某专业市场提供其所需要的各种产品	强调的是产品组合的广度和关联性，产品组合的深度一般较小
产品线专业型	是指商业银行根据自己的专长，专注于某几类产品或服务的提供，并将它们推销给各类客户	强调的是产品组合的深度和关联性，产品组合的宽度一般较小

续表

形 式	定 义	特 点
特殊产品专业型	是指商业银行根据自身所具备的特殊资源条件和特殊技术专长,专门提供或经营某些具有优越销路的产品或服务项目	产品组合的宽度极小,深度不大,关联性极强。采取该策略时,由于产品或服务的特殊性,决定了商业银行所能开拓的市场是有限的,但竞争的威胁也很小

3. 产品生命周期策略

银行公司信贷产品投入市场后也会经历一个产生、发展与衰亡的过程,其生命周期可以分为四个阶段:介绍期、成长期、成熟期和衰退期。

1) 产品生命周期策略的具体内容

产品生命周期策略的具体内容如表 2-12 所示。

表 2-12 产品生命周期策略

产品生命周期	定 义	特 点				
		客户对银行产品的了解程度	银行产品是否定型	成本费用	仿制/替代产品	销售量(额)
介绍期	是指银行产品投入市场的初期,即试销阶段	不怎么了解	未定型	广告宣传费、研制费用高	—	销售额增长缓慢
成长期	是指银行产品通过试销打开销路,转入成批生产和扩大销售的阶段	有一定的了解	基本定型	广告费用、研制费用减少	仿制品不断出现,产品竞争日趋激烈	销售量迅速上升
成熟期	是指银行产品在市场上的销售已达到饱和的阶段	了解并广泛接受	定型	成本费用较少	仿制品层出不穷,竞争更激烈	销售量增长出现下降趋势
衰退期	是指银行产品已滞销并趋于淘汰的阶段	了解但减少使用	定型	成本费用较少	替代产品大量涌现	销售量急剧下降

2) 不同的生命周期阶段银行可采取的措施

在不同的生命周期阶段,银行可采取的措施如表 2-13 所示。

4. 产品交叉销售策略

产品交叉销售策略的定义、理论作用、现实意义如表 2-14 所示。

表 2-13 产品生命周期策略

阶 段	银行可采取的措施
介绍期	①建立有效的信息反馈机制,主动地收集客户反馈的意见和建议; ②通过广告等多种途径让客户尽量了解银行新产品的用途和特点; ③制定合理的价格
成长期	①不断提高产品质量,改善服务; ②扩大广告宣传,为产品树立良好的形象,提高声誉; ③适当调整价格,增强产品的竞争力; ④利用已有的销售渠道积极开拓新市场,进一步扩大销售
成熟期	①改进产品性能并努力实现产品多样化与系列化,通过包装组合以提高产品的竞争能力; ②开拓市场,采用进攻性战略不断拓展产品市场,包括纵向拓展(即刺激老客户提高使用产品的频率)与横向拓展(即寻找新客户)两种策略; ③综合运用营销组合策略以增加产品销售,如增加销售网点、降低产品价格、改变广告内容等
衰退期	①持续策略,即继续沿用以前的策略吸引部分老客户使用老产品; ②转移策略,即银行可以对各个市场进行比较,将产品转移到一些仍有潜力的市场上继续销售; ③收缩策略,即银行缩短营销战线、精减人员、降低营销费用,把人力、物力、财力集中于某些最为有利的市场上,以获取最大的利润; ④淘汰策略,即彻底地将产品驱逐出市场,用新产品取代老产品以维持或扩大市场占有率,增加产品销售

表 2-14 产品交叉销售策略

项 目	内 容
定义	是指在银行现有客户资源的基础上,识别和发现客户的潜在需求,从而有针对性地销售或定制银行提供的各项金融产品和服务
理论作用	根据产生方式不同来划分,大致有四种协同机会:①运营协同;②客户或市场协同;③财务协同;④管理协同
现实意义	①加强与客户的关系;②交叉销售符合未来混业经营的趋势;③交叉销售能够增加商业银行的利润

(二)定价策略

合理确定贷款价格,既能为银行取得满意的利润,又能为客户所接受,是商业银行公司贷款管理的重要内容。

1. 贷款定价要遵循的原则

贷款定价要遵循四项原则,具体如表 2-15 所示。

表2-15 贷款定价要遵循的原则

原　则	银行可采取的措施
利润最大化	银行在进行公司贷款定价时，首先必须确保贷款收益足以弥补资金成本和各项费用，在此基础上，尽可能实现利润的最大化
扩大市场份额	银行在进行公司贷款定价时，必须充分考虑同业、同类贷款的价格水平，不能盲目实行高价政策，除非银行在某些方面有着特别的优势
保证贷款安全	银行在进行公司贷款定价时，必须遵循风险与收益对称原则，以确保贷款的安全性
维护银行形象	在贷款定价中，要求银行严格遵循国家有关法律、法规和货币政策、利率政策的要求，不能利用贷款价格搞恶性竞争，破坏金融秩序的稳定，损害社会整体利益

2. 贷款价格的构成

1) 贷款利率

贷款利率是一定时期客户向贷款人支付的贷款利息与贷款本金之比率。它是贷款价格的主体，也是贷款价格的主要内容。

2) 贷款承诺费

贷款承诺费是指银行对已承诺贷给客户而客户又没有使用的那部分资金收取的费用。也就是说，银行已经与客户签订了贷款意向协议，并为此做好了资金准备，但客户并没有实际从银行贷出这笔资金，承诺费就是对这笔已做出承诺但没有贷出的款项所收取的费用。承诺费由于是客户为了取得贷款而支付的费用，因而，构成了贷款价格的一部分。

3) 补偿余额

补偿余额是指应银行要求，借款人在银行保持一定数量的活期存款和低利率定期存款。它通常作为银行同意贷款的一个条件而写进贷款协议中。补偿余额也是银行变相提高贷款利率的一种方式，因此，它成为贷款价格的一个组成部分。

4) 隐含价格

隐含价格是指贷款定价中的一些非货币性内容。银行在决定给客户贷款后，为了保证客户能偿还贷款，常常在贷款协议中加上一些附加性条款。附加条款可以是禁止性的，即规定融资限额及各种禁止事项；也可以是义务性的，即规定借款人必须遵守的特别条款。

【例2.5·单选题】贷款价格的构成包括贷款利率、贷款承诺费、补偿余额和隐含价格，其中贷款承诺费是指银行对(　　)的那部分资金收取的费用。

　　A．未承诺贷给客户，客户没有使用

　　B．未承诺贷给客户，客户已经使用

　　C．已承诺贷给客户，客户已经使用

　　D．已承诺贷给客户，客户没有使用

【答案】D

【解析】贷款承诺费是指银行对已承诺贷给客户而客户又没有使用的那部分资金收取的费用。承诺费作为顾客为取得贷款而支付的费用，构成了贷款价格的一部分。

3. 影响贷款价格的主要因素

影响贷款价格的主要因素包括：①贷款成本；②贷款占用的经济资本成本；③贷款的

风险程度；④贷款费用；⑤借款人的信用及与银行的关系；⑥银行贷款的目标收益率；⑦贷款供求状况；⑧贷款的期限；⑨借款人从其他途径融资的融资成本。

4．公司贷款定价的基本方法

下面主要介绍两种公司贷款定价的基本方法，具体如表 2-16 所示。

表 2-16　公司贷款定价的基本方法

方法 项目	成本加成定价法	价格领导模型
定义	成本是定价的基础，在考虑成本的基础上，对贷款做出客户可以接受、银行有利可图的价格	是为了克服成本加成法的诸多局限而出现的一种定价方式
贷款利率的组成	①筹集可贷资金的成本； ②银行非资金性的营业成本； ③银行对贷款违约风险所要求的补偿； ④为银行股东提供一定的资本收益而必须考虑的每笔贷款的预期利润水平	①优惠利率； ②借款人支付的违约风险溢价； ③长期贷款借款人支付的期限风险溢价

5．银行公司信贷产品的定价策略

1) 定价目标

对银行产品的定价，至少有三个目标：①产品如何能够被市场和消费者认可；②如何扩大市场份额和占有率；③利润如何转化，即盈利。

2) 定价策略

常见的定价策略有高额定价策略、渗透定价策略、关系定价策略。具体内容如表 2-17 所示。

表 2-17　定价策略分析

策略	定义	优点
高额定价策略	是指在产品投放市场时将初始价格定得较高，从市场需求中吸引精华客户的策略。银行可以采取高额定价法，吸引对价格不太敏感的客户	可以帮助银行在较短时间内实现预期的盈利目标，收回投资，降低经营风险
渗透定价策略	也称为"薄利多销定价策略"，采用很低的初始价格，打开销路，以便尽早占领较大的市场份额，再相应地提高产品价格，从而保证一定的利润率	①可以更快地吸引客户，抢占市场； ②有利于形成规模优势，降低成本； ③保证银行能够长期、稳定地获得较高利润
关系定价策略	是指把一揽子服务打包定价，对很多服务项目给予价格优惠，从而吸引客户，从客户其他的业务中获得补贴	①可以保持与客户的长期稳定关系； ②将产品组合一起出售给客户，可以发挥规模作业优势，降低成本，提高银行利润

(三)营销渠道策略

1．营销渠道的含义

公司信贷营销渠道是指公司信贷产品从商业银行转移到产品需求者手中所经历的通道。营销渠道作为连接生产者和需求者的基本纽带，是银行扩大产品销量，加速资金周转，降低成本，节约流通费用，提高经济效益的重要因素。

2．公司信贷营销渠道的分类

根据不同的划分标准，公司营销渠道可以划分为不同的种类。具体内容如表 2-18 所示。

表 2-18　公司信贷营销渠道分类

划分标准	类　别	说　明
按营销渠道模式	自营营销渠道	是指银行将产品直接销售给最终需求者，不通过任何中间商。通过广泛设置分支机构开展业务，或派业务人员上门推销银行产品，其模式表示为： 银行 ——银行产品——→ 客户
	代理营销渠道	其模式表示为： 银行 ——银行产品——→ 一个或多个代理行(商) ——银行产品——→ 客户
	合作营销渠道	合作营销已成为银行开展跨国营销的主要业务拓展方式；银团贷款也是典型的合作营销，是指由一家或几家银行牵头，组织多家银行参加，在同一贷款协议中按商定的条件向同一借款人发放的贷款，又称辛迪加贷款
按营销渠道场所	网点营销	网点机构是银行人员面对面向客户销售产品的场所，网点机构营销仍是银行最重要的营销渠道
	电子银行营销	电子银行业务已成为全球银行业服务客户、赢得竞争的高端武器，也是银行市场营销的重要渠道
	登门拜访营销	银行在面对一些重要的大客户时通常采取登门拜访的营销方式，由客户经理登门拜访，了解客户需求，向客户推销合适的产品

3．公司信贷营销渠道策略

按照不同的分类标准，公司信贷营销渠道策略可以分为不同的类型。具体如表 2-19 所示。

表 2-19　公司信贷营销渠道策略

划分依据	策略类型	定　义
银行销售产品是否利用中间商	直接营销渠道策略	指银行将产品直接销售给最终需求者，不通过任何中间商或中间设备的策略
	间接营销渠道策略	指银行通过中间商来销售银行产品，或借助一些中间设备与途径向客户提供产品与金融服务的策略

续表

划分依据	策略类型	定　义
营销渠道的类型多少	单渠道策略	指银行只是简单通过一个渠道来实现金融产品的销售的策略
	多渠道策略	指银行通过不同的销售渠道将相同的金融产品销售给不同市场或不同客户的策略
金融产品的生命周期理论	—	营销策略可以根据金融产品的生命周期理论，在产品所处的不同阶段采取不同的营销渠道
所结合的其他营销策略	营销渠道与产品生产相结合的策略	银行根据所提供产品的特征选择渠道策略
	营销渠道与销售环节相结合的策略	银行根据多渠道、少环节、平等互利的原则，尽量减少销售环节，拓宽营销渠道，更好地减轻客户的负担，促进产品的销售
	营销渠道与促销相结合的策略	银行通过大力开展广告直接宣传或协助中间商做广告以促进金融产品的销售

(四)促销策略

银行的促销方式主要有五种：广告、人员促销、公共宣传、公共关系、销售促进。具体内容如表2-20所示。

表2-20　银行的促销方式

方式	定　义	说　明
广告	是指通过宣传媒介直接向目标市场上的客户对象(包括现有的和潜在的)介绍和销售产品、提供服务的宣传活动	银行广告一般有形象广告和产品广告两种类型
人员促销	是一种以促成销售为目的的口头交谈，即与一个或几个购买者进行交谈，对公司信贷产品的复杂性和专业性进行有针对性的宣传	①在营业地点设置专门咨询服务台，由熟悉业务的职员向客户介绍产品；②建立客户经理制
公共宣传	是指以不付费的方式从宣传媒体获得编辑报道版面，供银行的客户或潜在客户阅读、收听，以达到帮助实施销售的特定目的的活动	通过新闻报道的形式发布
公共关系	是指银行为了与有关的各界公众建立和保持良好的关系，使银行在公众心目中树立良好的形象，以及处理可能发生的对银行的谣言和事件而进行的有效活动	①信息沟通；②游说政府和立法机关；③社会公益赞助活动；④艺术；⑤体育投资等
销售促进	是银行以各种刺激性的促销手段吸引新的尝试者和报答忠诚客户的行为，也是一种非价格竞争手段，通过与客户的实际需要相关联，激发客户使用某种产品的兴趣，并以客户的忠诚度作为奖励的依据	①提供赠品、专有利益、配套服务；②促销策略联盟等

(五)客户关系管理

客户关系管理的具体内容如表 2-21 所示。

表 2-21　客户关系管理

项　目	内　容
定义	是指企业为提高核心竞争力，协调企业与顾客间在销售、营销和服务上的交互，从而提升其管理方式，向客户提供创新式的个性化的客户交互和服务的过程。核心是客户价值管理
最终目标	吸引新客户、保留老客户以及将已有客户转为忠实客户，增加市场份额
对于商业银行的重要性	①促进发展战略实施，创造品牌和运用品牌；②提高产品和服务创新能力，不断寻找新的利润增长点；③组织和流程再造，形成协调、高效的运转机制
提高客户关系管理水平的途径	①了解客户真正需求；②提高客户满意度和忠诚度；③对优质客户实施有针对性的营销；④合理安排营销渠道的分配；⑤加强 IT 系统建设

【过关练习】

一、单选题(下列选项中只有一项最符合题目的要求)

1. 某公司向银行申请 300 万元贷款，银行为取得资金，以 3%的利率吸收存款，分析、发放、管理贷款的非资金营业成本为贷款总额的 2%，因可能的贷款违约风险追加 2%的贷款利率，银行利润率为 1%，则这笔贷款的利率为(　　)。

　　A. 7%　　　　　　B. 5%　　　　　　C. 8%　　　　　　D. 6%

【答案】C

【解析】成本加成定价法下，任何贷款的利率都由四个部分组成；即贷款利率=筹集可贷资金的成本+银行非资金性的营业成本+银行对贷款违约风险所要求的补偿+每笔贷款的预期利润水平=3%+2%+2%+1%=8%。

2. 分析商业银行所用的资源条件和经营目标是否能够与细分市场的需求相吻合，属于(　　)。

　　A. 获利状况分析　　　　　　　　　B. 结构吸引力分析

　　C. 市场容量分析　　　　　　　　　D. 市场机会分析

【答案】D

【解析】银行在按照一定的标准细分完市场之后，就要对细分市场进行分析，分析的内容主要包括：①市场容量分析，即对潜在细分市场是否具有适当的规模和发展潜力进行分析；②结构吸引力分析，即对其吸引力进行评价；③市场机会分析，即分析银行所用的资源条件和经营目标是否能够与细分市场的需求相吻合；④获利状况分析，即分析细分市场能给银行带来的利润；⑤风险分析，即对每个细分市场的风险进行分析。

3. 公司信贷是商业银行主要的盈利来源，下列关于贷款利润、贷款价格与贷款需求三者的关系说法正确的是(　　)。

A．贷款价格高，单笔利润高，贷款需求增加

B．贷款价格低，单笔利润低，贷款需求增加

C．贷款价格高，单笔利润低，贷款需求减少

D．贷款价格高，单笔利润低，贷款需求增加

【答案】B

【解析】公司信贷是商业银行主要的盈利资产，贷款利润的高低与贷款价格有着直接的关系。贷款价格高，利润就高，但贷款的需求会因此减少；相反，贷款价格低，利润就低，贷款的需求将会增加。

二、多选题(下列选项中有两项或两项以上符合题目要求)

1．影响贷款价格的主要因素有(　　)。

A．贷款费用　　　　　　　　B．银行贷款的目标收益率

C．贷款成本　　　　　　　　D．贷款供求状况

E．贷款期限

【答案】ABCDE

【解析】影响贷款价格的主要因素包括：①贷款成本；②贷款占用的经济资本成本；③贷款风险程度；④贷款费用；⑤借款人的信用及与银行的关系；⑥银行贷款的目标收益率；⑦贷款供求状况；⑧贷款的期限；⑨借款人从其他途径融资的融资成本。

2．下列关于影响贷款价格的因素的说法，正确的有(　　)。

A．当贷款供大于求时，银行贷款价格应该提高

B．对银行职员的亲属可以给予适当低于一般贷款的价格

C．借款人的信用越好，贷款风险越小，贷款价格也应越低

D．在贷款定价时，银行必须考虑能否在总体上实现银行的贷款收益率目标

E．贷款期限越长，各种变动出现的可能性就越大，银行承担的风险也越大

【答案】CDE

【解析】A 项，当贷款供大于求时，筹集可贷资金的成本降低，从而银行贷款价格降低；B 项，借款人的信用及与银行的关系是银行贷款定价时必须考虑的重要因素，这里所指的关系，是指借款人与银行正常的业务关系，如借款人在银行的存款情况以及借款人使用银行服务的情况等，而非亲属关系。

3．银行在确立市场定位战略前，首先应明确的事项包括(　　)。

A．经济周期的波动状况　　　　B．竞争对手是谁

C．竞争对手的定位战略是什么　　D．客户构成

E．客户对竞争对手的评价

【答案】BCDE

【解析】银行市场定位战略建立在对竞争对手和客户需求进行分析的基础上。也就是说，银行在确立市场定位战略之前，首先应该明确竞争对手是谁、竞争对手的定位战略是什么、客户构成及其对竞争对手的评价。

4．确定银行产品组合要有效地选择产品组合(　　)。

A．适用性　　B．宽度　　C．深度　　D．关联性　　E．功能

【答案】BCD

【解析】一个银行的产品组合，通常包括产品组合宽度和产品组合深度两个度量化要素。确定产品组合就是要有效地选择其宽度、深度和关联性：①产品组合宽度，是指产品组合中不同产品线的数量，即产品大类的数量或服务的种类；②产品组合的深度，是指银行经营的每条产品线内所包含的产品项目的数量；③产品组合的关联性，是指银行所有的产品线之间的相关程度或密切程度。

三、判断题(请对下列各题的描述做出判断，正确的用 A 表示，错误的用 B 表示)

1．采用高额定价策略的银行公司信贷产品通常要有较高的需求价格弹性。(   )

【答案】B

【解析】采用高额定价策略的银行信贷公司产品的需求价格弹性低，即使价格高也可以拓展很多重要客户。

2．在执行市场定位过程中，要求银行的所有元素(员工、政策、形象等)都能反映一个相似的且能共同传播希望占据的市场位置的形象。(   )

【答案】A

【解析】市场定位最终需要通过各种沟通手段如广告、员工着装、行为举止以及服务的态度、质量等传递出去，并为客户所认同。银行如何定位需要贯彻到所有与客户的内在和外在联系中，这就要求银行的所有元素——员工、政策与形象都能够反映一个相似的并能共同传播希望占据的市场位置的形象。

第三章　贷款申请受理和贷前调查

【考查内容】

本章介绍商业银行借款人、贷款申请受理、贷前调查和贷前调查报告的内容要求这四部分的内容。其中，考生应熟悉借款人应具备的资格和基本条件、借款人的权利和义务，掌握面谈访问的内容和方式、内部意见反馈的步骤以及贷款意向阶段的材料准备和注意事项，掌握贷前调查的方法和内容，熟悉贷前调查报告的基本内容。本章知识点考查形式较为灵活，多以多选题形式考查，考生对相关知识点须准确记忆。

【备考方法】

本章的知识点不多，多需记忆，考点集中。题目大多是对细节的考查，因此考生在备考的过程中要深刻理解并熟记教材中的内容。本章许多知识点是关于实践中银行对贷款业务的操作，故考生在复习过程中可以联系实际，这样有助于提高学习效率。

【框架结构】

```
                    ┌借款人┌借款人应具备的资格和基本条件
                    │      └借款人的权利和义务
贷款                │           ┌面谈访问
申请                │贷款申请受理┤内部意见反馈
受理                │           └贷款意向阶段
和贷                │贷前调查┌贷前调查的方法
前调                │        └贷前调查的内容
查                  │              ┌商业银行固定资产贷款贷前调查报告的内容要求
                    │贷前调查报告的 ┤商业银行项目融资贷前调查报告的内容要求
                    └内容要求       └商业银行流动资金贷款贷前调查报告的内容要求
```

【核心讲义】

一、借款人

(一)借款人应具备的资格和基本条件

1. 借款人应具备的基本条件

公司信贷的借款人应当是经工商行政管理机关(或主管机关)核准登记的企(事)业法人。固定资产贷款、流动资金贷款借款人应具备的条件如表 3-1 所示。

表 3-1 借款人应具备的条件

类别	条件
固定资产贷款	①借款人依法经工商行政管理机关或主管机关核准登记; ②借款人信用状况良好,无重大不良记录; ③借款人为新设项目法人的,其控股股东应有良好的信用状况,无重大不良记录; ④国家对拟投资项目有投资主体资格和经营资质要求的,符合其要求; ⑤借款用途及还款来源明确、合法; ⑥项目符合国家的产业、土地、环保等相关政策,并按规定履行了固定资产投资项目的合法管理程序; ⑦符合国家有关投资项目资本金制度的规定; ⑧贷款人要求的其他条件
流动资金贷款	①借款人依法设立; ②借款用途明确、合法; ③借款人生产经营合法、合规; ④借款人具有持续经营能力,有合法的还款来源; ⑤借款人信用状况良好,无重大不良信用记录; ⑥贷款人要求的其他条件

2. 借款人应符合的要求

1) "诚信申贷"的基本要求

(1) 借款人恪守诚实守信原则,按照贷款人要求的具体方式和内容提供贷款申请材料,并且承诺所提供材料的真实性、完整性和有效性;

(2) 借款人应证明其设立合法、经营管理合规合法、信用记录良好、贷款用途以及还款来源明确合法等。

2) 借款人的主体资格要求

(1) 企业法人依法办理工商登记,取得营业执照和有效年检手续;

(2) 事业法人依照《事业单位登记管理条例》的规定办理登记备案;

(3) 特殊行业须持有相关机关颁发的营业或经营许可证。

3) 借款人经营管理的合法合规性

(1) 符合国家相关法律法规规定;

(2) 符合国家产业政策和区域发展政策;

(3) 符合营业执照规定的经营范围和公司章程;

(4) 新建项目企业法人所有者权益与所需总投资的比例不得低于国家规定的投资项目资本金比例;

(5) 资本金制度不适用于公益性投资项目。

4) 借款人信用记录良好

(1) 借款人必须资信状况良好,有按期偿还贷款本息的能力;

(2) 借款人没有贷款逾期、欠息、五级分类为不良贷款、被起诉查封等情况,长期遵守贷款合同，诚实守信。

5) 贷款用途及还款来源明确合法

(1) 借款人必须以真实有效的商务基础合同、购买合同或其他证明文件为依据，说明贷款的确切用途和实际使用量。不得挪用信贷资金，不使用虚假信息来骗取银行金融机构的信贷资金。对固定资产贷款而言，应有明确对应的、符合国家政策的项目，不得对多个项目打包处理。

(2) 还款资金来源应在贷款申请时明确，一般情况下通过正常经营所获取的现金流量是贷款的首要还款来源。

(二)借款人的权利和义务

1. 借款人的权利

(1) 可以自主向主办银行或者其他银行的经办机构申请贷款并依条件取得贷款；

(2) 有权按合同约定提取和使用全部贷款；

(3) 有权拒绝借款合同以外的附加条件；

(4) 有权向银行的上级监管部门反映、举报有关情况；

(5) 在征得银行同意后，有权向第三方转让债务。

2. 借款人的义务

(1) 如实提供银行要求的资料，向银行如实提供所有开户行、账号及存贷款余额情况，配合银行的调查、审查和检查；

(2) 接受贷款人对其使用信贷资金情况和有关生产经营、财务活动的监督；

(3) 按借款合同约定用途使用贷款；

(4) 按借款合同的约定及时清偿贷款本息；

(5) 将债务全部或部分转让给第三方的，应当取得贷款人的同意；

(6) 有危及银行债权安全的情况时，应当及时通知银行，同时采取保全措施。

【例3.1·判断题】借款人有义务按照银行要求如实提供存贷款余额情况以及开户行、账号情况。(　　)[2015年上半年真题]

【答案】正确

【解析】根据《贷款通则》第十九条的规定，借款人应当如实提供贷款人要求的资料(法律规定不能提供者除外)，应当向贷款人如实提供所有开户行、账号及存贷款余额情况，配合贷款人的调查、审查和检查。

二、贷款申请受理

(一)面谈访问

1. 面谈准备

初次面谈前，调查人员应拟定详细的面谈工作提纲。提纲内容应包括：①客户总体情况；②客户信贷需求；③拟向客户推介的信贷产品等。

2．面谈内容

面谈内容及相关注意事项具体如表 3-2 所示。

表 3-2　面谈内容及相关注意事项

项　目	具体内容
标准原则	信用"6C"标准原则：品德、能力、资本、担保、环境和控制
需了解的信息	①客户的公司状况；②客户的贷款需求状况；③客户的还贷能力；④抵押品的可接受性；⑤客户与银行关系
面谈结束时的注意事项	①如客户的贷款申请可以考虑(但还不确定是否受理)，调查人员应当向客户获取进一步的信息资料，并准备后续调查工作，但不能超越权限做出有关承诺；②如客户的贷款申请不予考虑，调查人员应留有余地地表明银行立场，向客户耐心解释原因，并建议其他融资渠道，或寻找其他业务合作机会

(二)内部意见反馈

1．面谈情况汇报

客户经理在面谈后，应向主管汇报了解到的客户信息，同时通过其他渠道，如银行信贷咨询系统，对客户情况进行初步查询。

2．撰写会谈纪要

面谈后，业务人员须及时撰写会谈纪要，撰写内容主要包括贷款面谈涉及的重要主体、获取的重要信息、存在的问题与障碍以及是否需要做该笔贷款的倾向性意见或建议。

【例 3.2·单选题】初次面谈时，银行调查人员可按照(　　)标准原则，从有关方面集中获取客户相关信息。

　　A．国际信用"4C"　　　　　　　　B．国际信用"6C"

　　C．银行业信用　　　　　　　　　　D．贷款信用

【答案】B

【解析】面谈过程中，调查人员可以按照国际通行的信用"6C"标准原则，即品德(Character)、能力(Capacity)、资本(Capital)、担保(Collateral)、环境(Condition)和控制(Control)，从客户的公司状况、贷款需求、还贷能力、抵押品的可接受性以及客户目前与银行的关系等方面集中获取客户的相关信息。

(三)贷款意向阶段

确立了贷款意向后，客户经理应及时以合理的方式告知客户贷款正式受理，或者根据贷款需求出具正式的贷款意向书，要求客户提供正式的贷款申请书以及更为详尽的材料，拟订下一阶段公司的目标计划，将储备项目纳入贷款项目库。

1．贷款意向书的出具

贷款意向书与贷款承诺的有关内容如表 3-3 所示。

表 3-3 贷款意向书与贷款承诺

项 目	贷款意向书	贷款承诺
法律效力	不具备法律效力	具有法律效力
权限	在项目建议书批准阶段或之前，各银行可以对符合贷款条件的项目出具贷款意向书，一般没有权限限制，超所在行权限的项目须报上级行备案	项目在可行性研究报告批准阶段，各银行应按批准贷款的权限，根据有关规定，对外出具贷款承诺，超所在行权限的项目须报上级行审批
相同点	都是贷款程序中不同阶段的成果，常见于中长期贷款	
出具要求	对于需要贷款的项目应及早介入、及时审查，在出具贷款意向书和贷款承诺时要谨慎处理、严肃对待，不得擅自越权对外出具贷款承诺，以免造成工作上的被动或使银行卷入不必要的纠纷	
注意事项	①银企合作协议涉及的贷款安排一般属于贷款意向书性质；②贷款意向书、贷款承诺书须按内部审批权限批准后方可对外出具	

2. 贷款申请资料的准备

在确立贷款意向后，须向客户索取贷款申请资料，实务操作中，客户经理要根据不同贷款种类和性质收集不同的材料。

1) 对借款申请书的要求

客户需要向银行提供一份正式的借款申请书，具体内容包括借款人概况、申请借款金额、借款币别、借款期限、借款用途、借款利息、还款来源、还款保证、用款计划、还款计划及其他事项。此外，业务人员还应要求法定代表人或其授权人在借款申请书上签字并加盖借款人公章。

2) 对借款人提供其他资料的要求

除借款申请书外，业务人员要求客户提供的基本资料包括以下各项。

(1) 注册登记或批准成立的有关文件及其最新年检证明；

(2) 技术监督局核发的组织机构代码证书及最新年检证明；

(3) 借款人税务登记证；

(4) 借款人的验资证明；

(5) 借款人近三年和最近一期的财务报表；

(6) 借款人贷款卡及最新年检证明；

(7) 借款人预留印鉴卡及开户证明；

(8) 法人代表或负责人身份证明及其必要的个人信息；

(9) 借款人自有资金、其他资金来源到位或能够计划到位的证明文件；

(10) 有关交易合同、协议；

(11) 如借款人为外商投资企业或股份制企业，应提交关于同意申请借款的董事会决议和借款授权书正本。

3) 其他需要提供的资料

根据不同的贷款类型，需要提供其他资料，具体如表 3-4 所示。

表 3-4　不同贷款类型需要提供的其他资料

贷款类型	需提供的资料
保证形式的贷款	①经银行认可，有担保能力的担保人的营业执照复印件； ②担保人经审计的近三年的财务报表； ③如担保人为外商投资企业或股份制企业，应提交关于同意提供担保的董事会决议和授权书正本
抵(质)押形式的贷款	①抵(质)押物清单； ②抵(质)押物价值评估报告； ③抵(质)押物权属证明文件； ④如抵(质)押人为外商投资企业或股份制企业，应出具同意提供抵(质)押的董事会决议和授权书； ⑤借款人同意将抵押物办理保险手续并以银行作为第一受益人
流动资金贷款	①原辅材料采购合同，产品销售合同或进出口商务合同； ②营运计划及现金流量预测； ③如为出口打包贷款，应出具进口方银行开立的信用证； ④如为票据贴现，应出具承兑的汇票(银行承兑汇票或商业承兑汇票)； ⑤如借款用途涉及国家实施配额、许可证等方式管理的进出口业务，应出具相应批件
固定资产贷款	①符合国家有关投资项目资本金制度的规定的证明文件； ②项目可行性研究报告及有关部门对研究报告的批复； ③其他配套条件落实的证明文件； ④如为转贷款、国际商业贷款及境外借款担保项目，应提交国家计划部门关于筹资方式、外债指标的批文； ⑤政府贷款项目还须提交该项目列入双方政府商定的项目清单的证明文件

3. 注意事项

(1) 对企业提交的经审计和未审计的财务报表应区别对待，对企业财务状况的分析应以经权威部门审计的财务报表为主，其他财务资料为辅；

(2) 如为新建项目，对于提供财务报表可不作严格要求，但应及时获取借款人重要的财务数据；

(3) 应认真借阅借款人或担保人公司章程的具体规定，以确定该笔贷款是否必须提交董事会决议；

(4) 借款人提供复印件须加盖公章，业务人员应对借款人提供的复印件与相应的文件正本进行核对，核对无误后，业务人员在复印件上签字确认。

【例 3.3·单选题】贷款意向阶段，对于(　　)的借款人，银行对其提供财务报表可不作严格要求，但应及时获取借款人重要的财务数据。

　　A. 固定资产贷款　　　　　　　　B. 新建项目贷款

　　C. 转贷款　　　　　　　　　　　D. 政府项目贷款

【答案】B

【解析】贷款意向阶段，银行对于借款人提供的资料应注意：对企业提交的经审计和未审计的财务报表应区别对待，对企业财务状况的分析应以经权威部门审计的财务报表为主，其他财务资料为辅；如为新建项目，对于提供财务报表可不作严格要求，但应及时获取借款人重要的财务数据等。

三、贷前调查

(一)贷前调查的方法

贷前调查的方法主要有现场调研和非现场调查两大类，具体内容如表3-5所示。

表 3-5　贷前调查的方法

方法	分类	内容
现场调研	现场会谈	约见尽可能多的、不同层次的成员，包括行政部门、财务部门、市场部门、生产部门及销售部门的主管，应侧重了解其关于企业经营战略和发展的思路、企业内部的管理情况，从而获取对借款人及其高层管理人员的感性认识
	实地考察	业务人员必须亲自参观客户的生产经营场所，目测公司的厂房、库存、用水量、用电量、设备或生产流水线，应侧重调查公司的生产设备运转情况、实际生产能力、产品结构情况、订单、应收账款和存货周转情况、固定资产维护情况、周围环境状况等
非现场调查	搜寻调查	通过各种媒介物搜寻有价值的资料开展调查，媒介物主要包括：有助于贷前调查的杂志、书籍、期刊、互联网资料、官方记录等
	委托调查	通过中介机构或银行自身网络开展调查
	其他方法	通过接触客户的关联企业、竞争对手或个人获取有价值信息，还可通过行业协会(商会)以及政府的职能管理部门(如工商局、税务机关、公安部门等机构)了解客户的真实情况

【例3.4·单选题】进行现场调研过程中，业务人员在实地考察时必须(　　)。

　　A．视察客户存货　　　　　　　B．查阅客户财务资料

　　C．亲自参观客户的生产经营场所　　D．参观客户办公条件

【答案】C

【解析】实地考察时，业务人员必须亲自参观客户的生产经营场所，目测公司的厂房、库存、用水量、用电量、设备或生产流水线。

(二)贷前调查的内容

1. 贷前调查的概念

贷前调查是银行受理借款人申请后，对借款人的信用等级以及借款的合法性、安全性、营利性等情况进行调查，核实抵(质)押物、保证人情况，测定贷款风险度的过程。

2．贷前调查的内容

贷前调查的主要对象就是借款人、保证人、抵(质)押人、抵(质)押物等。贷前调查的具体内容如表 3-6 所示。

表 3-6　贷前调查的内容

调查方面	定　义	内　容
贷款合规性调查	是指银行业务人员对借款人和担保人的资格合乎法律和监管要求的行为进行调查、认定	①认定借款人、担保人的合法主体资格； ②认定借款人、担保人的法定代表人、授权委托人、法人公章、签名的真实性和有效性，并依据授权委托书所载明的代理事项、权限、期限认定授权委托人是否具有签署法律文件的资格、条件； ③对需董事会决议同意借款和担保的，信贷业务人员应调查认定董事会同意借款、担保决议的真实性、合法性和有效性； ④对抵押物、质押物清单所列抵(质)押物品或权利的合法性、有效性进行认定； ⑤对贷款使用合法合规性进行认定； ⑥对购销合同的真实性进行认定； ⑦对借款人的借款目的进行调查
贷款安全性调查	是指银行应当尽量避免各种不确定因素对其资产和贷款等方面的影响，保证银行稳健经营和发展	①对借款人、保证人及其法定代表人的品行、业绩、能力和信誉进行调查，熟知其经营管理水平、公众信誉，了解其履行协议条款的历史记录； ②考察借款人、保证人是否已建立良好的公司治理机制； ③对借款人、保证人的财务管理状况进行调查，对其提供的财务报表的真实性进行审查，对重要数据核对总账、明细账，查看原始凭证与实物是否相符，掌握借款人和保证人的偿债指标、盈利指标和营运指标等重要财务数据； ④对原到期贷款及应付利息清偿情况进行调查，认定不良贷款数额、比例并分析成因；对没有清偿的贷款本息，要督促和帮助借款人制订切实可行的还款计划； ⑤对有限责任公司和股份有限公司对外股本权益性投资和关联公司情况进行调查； ⑥对抵押物的价值评估情况做出调查； ⑦对于申请外汇贷款的客户，业务人员要调查认定借款人、保证人承受汇率、利率风险的能力，尤其要注意汇率变化对抵(质)押担保额的影响程度
贷款效益性调查	是指贷款经营的盈利情况，是商业银行经营管理活动的主要动力	①对借款人过去三年的经营效益情况进行调查，并进一步分析行业前景、产品销路以及竞争能力； ②对借款人当前经营情况进行调查，核实其拟实现的销售收入和利润的真实性和可行性； ③对借款人过去和未来给银行带来收入、存款、贷款、结算、结售汇等综合效益情况进行调查、分析、预测

【例 3.5·单选题】贷款效益性调查内容不包括( )。[2010 年上半年真题]

    A．对借款人过去三年的经营效益情况进行调查

    B．对借款人当前经营情况进行调查

    C．对借款人过去和未来给银行带来收入、存款、结算等综合效益情况进行调查

    D．对原到期贷款及应付利息清偿情况进行调查

【答案】D

【解析】贷款效益性调查内容包括：①对借款人过去三年的经营效益情况进行调查，并进一步分析行业前景、产品销路以及竞争能力；②对借款人当前经营情况进行调查，核实其拟实现的销售收入和利润的真实性和可行性；③对借款人过去和未来给银行带来收入、存款、贷款、结算、结售汇等综合效益情况进行调查、分析、预测。而选项 D 则属于贷款安全性调查。

四、贷前调查报告的内容要求

信贷业务人员要将贷前调查与信用风险分析结果形成贷前调查报告，供风险管理部门或风险评审委员会评审、批准。

(一)商业银行固定资产贷款贷前调查报告的内容要求

商业银行固定资产贷款贷前的调查报告一般包括以下十个方面的内容：①借款人的资信情况；②项目合法性要件取得情况；③投资估算与资金筹措安排情况；④项目情况；⑤项目配套条件落实情况；⑥项目效益情况；⑦项目风险分析；⑧还款能力；⑨担保情况；⑩银行业金融机构收益预测和结论性意见。

(二)商业银行项目融资贷前调查报告的内容要求

1．项目融资的特征

(1) 贷款用途通常是用于建造一个或一组大型生产装置、基础设施、房地产项目或其他项目，包括对在建或已建项目的再融资；

(2) 借款人通常是为建设、经营该项目或为该项目融资而专门组建的企事业法人，包括主要从事该项目建设、经营或融资的既有企事业法人；

(3) 还款资金来源主要依赖该项目产生的销售收入、补贴收入或其他收入，一般不包括其他还款来源。

2．项目融资贷前调查报告的内容要求

项目融资贷前调查报告内容分为非财务分析、财务分析和风险评价三大部分，具体内容如表 3-7 所示。

表3-7　项目融资贷前调查报告

贷前调查内容提纲		具体内容
非财务分析	项目背景	是否符合国家产业政策、技术政策和区域发展规划，企业基本情况，项目必要性分析
	项目建设环境条件	主要包括内部的人力、物力、财力资源条件，外部的建筑施工条件，项目建设的物资供应配套条件
	项目组织与人力资源水平	主要包括组织机构分析及人力资源的配备与流动情况
	技术与工艺流程	主要包括技术工艺与设备选型的先进性、可靠性、适应性、协调性、经济性、环保性分析
	生产规模及原辅材料	主要包括项目规模的主要制约因素，生产经营条件，原辅材料的生产工艺要求、供应数量、储运条件及成本
	市场需求预测	主要包括产品特征分析，潜在市场需求量测算，市场占有率评估等
财务分析	项目投资估算与资金筹措评估	主要包括项目总投资、建设投资、流动资金估算，资金来源及落实情况
	项目建设期和运营期内的现金流量分析	—
	项目盈利能力分析	主要通过内部收益率、净现值、投资与贷款回收期、投资利润率等评价指标进行分析
	项目清偿能力评价	—
	项目不确定性分析	主要包括盈亏平衡分析和敏感性分析
风险评价		以偿债能力分析为核心，重点从项目技术可行性、财务可行性和还款来源可靠性等方面评估项目风险，并做出相应的项目可行性评估结论，以及根据项目预测现金流和投资回收期等因素，合理确定贷款的金额、期限、用途以及用款计划、还款计划、担保方式、封闭运作措施等

(三)商业银行流动资金贷款贷前调查报告的内容要求

流动资金贷款的贷前调查报告一般包括以下九个方面的内容：①借款人的基本情况；②借款人的生产经营及经济效益情况；③借款人的财务状况；④借款人与银行的关系；⑤借款人的流动资金需求分析与测算；⑥对流动资金贷款的用途和必要性分析；⑦还款来源分析；⑧对贷款担保的分析；⑨综合性结论及建议。

【例3.6·单选题】下列属于流动资金贷款贷前调查报告内容的是(　　)。

A．还款来源分析　　　　　　　B．技术与工艺流程

C．不确定性分析　　　　　　　D．市场需求预测

【答案】A

【解析】BCD 三项是项目融资贷前调查报告的内容。

【过关练习】

一、单选题(下列选项中只有一项最符合题目的要求)

1. 下列各项中，可用来考察借款人与银行关系的项目是(　　)。
　　A. 借款人的财务状况　　　　　B. 借款人的经济效益
　　C. 不良贷款的比率　　　　　　D. 借款人的规模

【答案】C

【解析】借款人与银行的关系可通过以下项目考察：①借款人在银行开户情况；②在银行长短期贷款余额、以往借款的还款付息情况(不良贷款比率和收息率)、信用等级、授信限额及额度占用情况；③在银行日平均存款余额、结算业务量、综合收益；④新增贷款后银行新增存款、结算量及各项收益预测；⑤借款人的或有负债情况；⑥借款人已经提供的抵(质)押担保情况；⑦借款人与其他银行的关系、在其他银行的开户与借款情况；⑧人民银行征信反映的贷款情况、担保情况及信用记录情况。

2. 抵押品的可接受性可从其种类、权属、价值、(　　)等方面考察。
　　A. 适用性　　　　　　　　　　B. 重置难易程度
　　C. 变现难易程度　　　　　　　D. 购买难易程度

【答案】C

【解析】初次面谈中，抵押品的可接受性可从其种类、权属、价值、变现难易程度等方面考察。

3. 为确保受理贷款申请的合理性，业务人员在必要情况下应向(　　)征求意见，或按程序汇报主管行领导。
　　A. 央行　　　　　　　　　　　B. 银监会
　　C. 市场信用评级机构　　　　　D. 风险管理部门

【答案】D

【解析】为确保受理贷款申请的合理性，在必要情况下，业务人员还应将有关书面资料送交风险管理部门征求意见，或者按程序汇报主管行领导。

4. 贷前调查时，业务人员应当利用科学、实用的调查方法，通过(　　)的调查手段，分析银行可承受的风险。
　　A. 定性模型　　　　　　　　　B. 定量模型
　　C. 定性与定量相结合　　　　　D. 数据结合推理

【答案】C

【解析】在进行贷前调查的过程中，有大量信息可供业务人员选择，此时业务人员应当利用科学、实用的调查方法，通过定性与定量相结合的调查手段，分析银行可承受的风险，为贷款决策提供重要依据。

5. 应包含项目合法性要件取得情况的贷前调查报告为(　　)。
　　A. 商业银行固定资产贷款贷前调查报告
　　B. 银行流动资金贷款贷前调查报告

C. 担保贷款贷前调查报告

  D. 抵押贷款贷前调查报告

【答案】A

【解析】商业银行固定资产贷款贷前调查报告内容主要包括：①借款人的资信情况；②项目合法性要件取得情况；③投资估算与资金筹措安排情况；④项目情况；⑤项目配套条件落实情况；⑥项目效益情况；⑦项目风险分析；⑧还款能力；⑨担保情况；⑩银行业金融机构收益预测和结论性意见。

二、多选题(下列选项中有两项或两项以上符合题目要求)

1. 商业银行贷款安全性调查的主要内容包括(　　)。

  A. 对借款人提供的财务报表的真实性进行审查

  B. 对抵押物的价值评估情况做出调查

  C. 对借款人对外股本权益性投资情况进行调查

  D. 对借款人在他行借款的利率进行调查

  E. 对借款人生产计划的制订情况进行认定

【答案】ABC

【解析】除 ABC 三项外，商业银行贷款安全性调查的内容还包括：①对借款人、保证人、法定代表人的品行、业绩、能力和信誉进行调查；②考察借款人、保证人是否已建立良好的公司治理机制；③对原到期贷款及应付利息清偿情况进行调查；④对于申请外汇贷款的客户，业务人员要调查认定借款人、保证人承受汇率、利率风险的能力，尤其要注意汇率变化对抵(质)押担保额的影响程度。

2. 初次面谈时，客户的还贷能力主要从(　　)方面考察。

  A. 股东构成   B. 现金流量构成   C. 经济效益

  D. 还款资金来源 E. 保证人的经济实力

【答案】BCDE

【解析】初次面谈时，调查人员对客户还贷能力的了解主要从其主营业务状况、现金流量构成、经济效益、还款资金来源、保证人的经济实力等方面进行。

3. 以下关于项目融资贷前调查报告中风险评价的说法正确的有(　　)。

  A. 以偿债能力分析为核心

  B. 充分考虑政策变化、市场波动等不确定因素对项目的影响

  C. 充分识别和评估融资项目中存在的筹备期风险和建设期风险

  D. 重点从项目技术可行性、财务可行性和还款来源可靠性等方面评估项目风险

  E. 根据项目预测现金流和投资回收期等因素，合理确定贷款金额、期限等

【答案】ABDE

【解析】C 项，风险评价要求充分识别和评估融资项目中存在的建设期风险和经营期风险，包括政策风险、筹资风险、完工风险、产品市场风险、超支风险、原材料风险、营运风险、汇率风险、环保风险和其他相关风险。

三、判断题(请对下列各题的描述做出判断，正确的用 A 表示，错误的用 B 表示)

1. 贷款的效益性是指贷款经营的盈利情况，是商业银行经营管理活动的主要动力。（　　）

【答案】A

【解析】贷款的效益性是指贷款经营的盈利情况，是商业银行经营管理活动的主要动力。贷款的盈利水平是商业银行经营管理水平的综合反映，同时也受外部环境众多因素的影响。

2. 企业法人和事业法人只有经过工商部门的年检并办理年检手续才能够申请办理贷款业务。（　　）

【答案】B

【解析】借款人的主体资格要求包括：①企业法人依法办理工商登记，取得营业执照和有效年检手续；②事业法人依照《事业单位登记管理条例》的规定办理登记备案；③特殊行业须持有相关机关颁发的营业或经营许可证。

3. 搜寻调查是贷款调查中最常用、最重要的一种方法，因为搜寻调查的信息最具权威性、可行性和全面性。（　　）

【答案】B

【解析】现场调研是贷前调查中最常用、最重要的一种方法，同时也是在一般情况下必须采用的方法，通过现场调研可获得对企业最直观的了解。搜寻调查属于非现场调查。

第四章 贷款环境风险分析

【考查内容】

本章主要介绍了贷款环境中存在区域风险和行业风险，并进一步描述了这些风险的识别或分析方法等。本章考点会涉及单选题、多选题和判断题三种题型，考生在备考时要熟记教材中内容，并注意掌握相关知识点的具体内容。

【备考方法】

考生复习本章须重点把握区域风险和行业风险的分析方法，本章既有记忆性的知识点也有理解性的知识点，考生须善于总结归纳相似知识点，在理解的基础上进行强化记忆。此外，考生可以运用对比记忆的方法对各种风险的不同之处进行比较分析，区分记忆，以提高学习效率。

【框架结构】

【核心讲义】

一、区域风险分析

(一)区域风险的概念

区域风险是指受特定区域的自然、社会、经济、文化和银行管理水平等因素影响，而使信贷资产遭受损失的可能性，包括外部因素和内部因素导致的区域风险。

(二)外部因素分析

影响区域风险的外部因素很多，主要的外部因素有：①区域自然条件分析；②区域产业结构分析；③区域经济发展水平分析；④区域市场化程度和执法及司法环境分析；⑤区域经济政策分析；⑥区域政府行为和政府信用分析；⑦区域金融生态环境分析。

(三)内部因素分析

风险内控能力通常会体现在银行的经营指标和数据上，常用来分析的内部指标包括三个方面：信贷资产质量(安全性)、营利性和流动性，具体如表 4-1 所示。

表 4-1　区域风险的内部因素分析

内部因素	常用指标	说　明
信贷资产质量(安全性)	信贷平均损失比率	指标越高，区域风险越大，从静态上反映了目标区域信贷资产整体质量
	信贷资产相对不良率	指标越高，区域风险越高，该指标大于 1 时，说明目标区域信贷风险高于银行一般水平
	不良率变幅	指标为负，说明资产质量上升，区域风险下降；指标为正，说明资产质量下降，区域风险上升
	信贷余额扩张系数	指标小于 0 时，目标区域信贷增长相对较慢，负数较大意味着信贷处于萎缩状态；指标过大则说明区域信贷增长速度过快
	利息实收率	用于衡量目标区域信贷资产的收益实现情况
	加权平均期限	用于衡量目标区域信贷资产的期限结构
营利性	总资产收益率	反映了目标区域的总体盈利能力，指标高时，通常区域风险相对较低
	贷款实际收益率	反映了信贷业务的价值创造能力，指标高时，区域风险相对较低
流动性	流动比率	这三个指标一般用于衡量目标区域流动性状况
	存量存贷比率	
	增量存贷比率	

【例 4.1·单选题】银行信贷专员小王在运用相关指标对 B 区域风险状况进行分析时，发现该银行的信贷资产相对不良率小于 1、不良率变幅为负、贷款实际收益率较高，如果小王仅以上述信息判断，该区域风险(　　)。

A. 较大，不适合发展信贷业务

B. 较小，可发展信贷业务

C. 根据前两项指标判断，信贷资产质量较差，导致区域风险较大；以第三项判断，营利性较高，区域风险较小

D. 根据第一项指标判断，信贷资产质量较差，区域风险较大；以第二、三项判断，信贷区域风险较小

【答案】B

【解析】信贷资产相对不良率小于 1 时，表明该区域信贷风险低于银行一般水平，因而区域风险相对较低；不良率变幅为负时，表明该区域不良资产率在下降，区域风险下降；贷款实际收益率较高，表明该区域信贷业务能创造较大的价值，区域风险相对较低。综合起来，以上三个指标都表明该区域的风险较小，因而可发展信贷业务。

二、行业风险分析

(一)行业风险的概念及其产生

1．行业风险的概念

行业风险是指由于一些不确定因素的存在，导致对某行业生产、经营、投资或授信后偏离预期结果而造成损失的可能性。

2．行业风险的产生

行业风险产生的影响因素主要包括：①经济周期；②产业发展周期；③产业组织结构；④地区生产力布局；⑤国家政策；⑥产业链位置。

(二)行业风险分析

行业风险分析的目的是识别同一行业的企业面临的主要风险，然后评估这些风险将会对行业的未来信用度所产生的影响；行业风险分析的方法有波特五力模型和行业风险分析框架等。

1．波特五力模型

波特五力模型是用来分析企业所在行业竞争特征的一种有效的工具。行业中存在着决定竞争规模和程度的五种力量，这五种竞争力量综合起来，决定了某行业中的企业获取超出资本成本的平均投资收益率的能力。波特五力分析模型的具体内容如表4-2所示。

表4-2　波特五力分析模型

"五力"	说　明
新竞争者进入壁垒	取决于两方面的因素： ①进入新领域的障碍大小，这取决于进入者主观估计进入所能带来的潜在利益、所需花费的代价与所要承担的风险这三者的相对大小情况； ②预期现有企业对于进入者的反应情况，主要取决于有关厂商的财力情况、报复记录、固定资产规模、行业增长速度等
替代品的威胁	体现在以下三个方面： ①被用户方便接受的替代品将限制现有企业产品售价以及获利潜力的提高； ②使现有企业必须提高产品质量，或者通过降低成本来降低售价，或者使其产品具有特色，否则其销量与利润增长的目标就有可能受挫； ③源自替代品生产者的竞争强度，受产品买主转换成本高低的影响
买方的讨价还价能力	满足如下条件的购买者可能具有较强的讨价还价能力： ①购买者的总数较少，每个购买者的购买量较大，占了卖方销售量的很大比例； ②卖方行业由大量相对来说规模较小的企业所组成； ③购买者所购买的基本上是一种标准化产品，同时向多个卖主购买产品在经济上也完全可行； ④购买者有能力实现后向一体化，而卖主不可能实现前向一体化

续表

"五力"	说　明
供方的讨价还价能力	满足如下条件的供方具有比较强的讨价还价能力： ①供方行业为一些具有比较稳固市场地位而不受市场激烈竞争困扰的企业所控制，其产品的买主很多，以至于每一个买主都不可能成为供方的重要客户； ②供方各企业的产品各具有一定特色，以至于买主难以转换或转换成本太高，或者很难找到可与供方企业产品相竞争的替代品； ③供方能够方便地实行前向联合或一体化，而买主难以进行后向联合或一体化
现有竞争者的竞争能力	出现下述情况将意味着行业中现有企业之间竞争的加剧： ①行业进入障碍较低，势均力敌的竞争对手较多，竞争参与者范围广泛； ②市场趋于成熟，产品需求增长缓慢； ③竞争者企图采用降价等手段促销； ④竞争者提供几乎相同的产品或服务，用户转换成本很低； ⑤一个战略行动如果取得成功，其收入相当可观； ⑥行业外部实力强大的公司在接收了行业中实力薄弱企业后，发起进攻性行动，结果使得刚被接收的企业成为市场的主要竞争者； ⑦退出障碍较高

【例 4.2·单选题】 在波特五力模型中，下列选项中不能反映买方具有比较强的讨价还价能力的是(　　)。[2010 年上半年真题]

A．购买者的总数较少，而每个购买者的购买量较大，占了卖方销售量的很大比例

B．卖方行业由大量相对来说规模较小的企业所组成

C．购买者有能力实现后向一体化，而卖方不可能实现前向一体化

D．卖方各企业的产品各具有一定特色，以至于买主难以转换或转换成本太高，或者很难找到可与供方企业产品相竞争的替代品

【答案】D

【解析】一般来说，满足如下条件的购买者可能具有较强的讨价还价能力：①购买者的总数较少，而每个购买者的购买量较大，占了卖方销售量的很大比例；②卖方行业由大量相对来说规模较小的企业所组成；③购买者所购买的基本上是一种标准化产品，同时向多个卖主购买产品在经济上也完全可行；④购买者有能力实现后向一体化，而卖主不可能实现前向一体化。

2．行业风险分析框架

行业风险分析框架从七个方面来评价一个行业的潜在风险，分别是行业成熟度、行业内竞争程度、替代品潜在威胁、成本结构、经济周期(行业周期)、行业进入壁垒、行业政策法规。在不同的行业或者细分市场中，每个方面的影响程度是不同的。

(1) 行业成熟度。行业发展的四个阶段为启动阶段或初级阶段、成长阶段、成熟阶段、衰退阶段。

① 各阶段基本情况。

a．启动阶段的行业一般是指刚刚形成的行业，或者是由于科学技术、消费者需求、产

品成本或者其他方面的变化而使一些产品或者服务成为潜在的商业机会。

b．成长阶段的行业中产品已经形成一定的市场需求，生产出现规模化，并且由于竞争的增加和生产效率的提高，产品价格出现下降，很多企业为了生存会采取大幅打折的策略，引发"价格战争"。在成长阶段的末期，行业中可能出现短暂的"行业动荡期"，很多企业可能无法拥有足够的市场占有率或产品不被接受，也有可能逐渐退出行业。

c．成熟阶段的行业增长较为稳定，成熟期的产品和服务已经非常标准化，行业中的价格竞争非常激烈，新产品的出现速度也非常缓慢。

d．衰退阶段的行业销售额在很长时间内都是处于下降阶段，销售额的下降或许会刺激新产品的发明及创新，并最终带动行业的复苏。衰退时期企业的利润虽然在较长时间内还处于正值，但很多企业会在此时退出行业，导致行业的竞争力同时减弱，但最终长期的销售下降会使得行业的吸引力下降。

② 行业发展各阶段的指标所呈现出的特征如表 4-3 所示。

表 4-3　行业发展各阶段特征

阶段	发展速度	销售	利润	现金流
启动阶段	发展迅速，年增长率可达 100% 以上	由于价格高，销售量很小	销售量低而成本相对很高，利润为负值	低销售，高投资和快速的资本成长需求造成现金流为负值
成长阶段	年增长率会超过20%	销售大幅增长	销售大幅提高，利润转变成正值	销售快速增长，现金需求增加，现金流仍然为负值
成熟阶段	较为稳定，年增长率 5%～10%	价格继续下跌，销售额增长速度放缓	销售持续上升加上成本控制，利润达到最大化	资产增长放缓，营业利润创造稳定的现金增值，现金流最终变为正值
衰退阶段	低速运转，甚至负增长	以较为平稳的速度下降	慢慢地由正变为负	先是正值，然后慢慢减小

【例 4.3·单选题】对行业成熟度四阶段特点的描述不正确的是(　　)。[2013 年下半年真题]

　　A．启动阶段，销售量很小，利润为负值，现金流为负值

　　B．成长阶段，销售量大幅增长，利润为负值，现金流为正值

　　C．衰退阶段，销售量平稳或快速下降，利润由正变负，现金流减小

　　D．成熟阶段，销售量增长放缓，利润为最大化，现金流为正值

【答案】B

【解析】B 项，成长阶段产品价格下降的同时产品质量却取得了明显提高，销售大幅增长；由于销售大幅提高、规模经济的效应和生产效率的提升，利润转变成正值；销售快速增长，现金需求增加，所以这一阶段的现金流仍然为负。

③ 行业发展各阶段的风险分析如表 4-4 所示。

表 4-4 行业发展各阶段的风险分析

阶段	风险程度	说明
启动阶段	最高	意味着企业一旦最终成功将会获得较高收益,该阶段主要的投资来源是倾向于投资股权的风险投资商和其他投资者
成长阶段	中等程度	此阶段的企业拥有所有阶段中最大的机会,但如果发展过于迅速,对现金的需求较大,而且在增长速度放缓到相对平稳的水平之前并不一定会有能力偿还任何营运资本贷款和固定资产贷款
成熟阶段	最低	产品实现标准化并且被大众所接受,扰乱整个行业运作的未知因素并不常见,除了碰到特殊情况(如无法预知的灾难),该阶段行业的成功率相对较高
衰退阶段	相对较高	该行业仍然在创造利润和现金流,短期贷款对银行来说更容易把握也更安全,与处于成长阶段的企业分析相类似,潜在借款人能否继续获得成功是信贷分析的关键

(2) 行业内竞争程度。行业内竞争程度的大小主要受以下七个方面因素影响:①行业分散和行业集中;②高经营杠杆会增加竞争;③产品差异越小,竞争程度越大;④市场成长越缓慢,竞争程度越大;⑤退出市场的成本越高,竞争程度越大;⑥竞争程度一般在动荡期会增加;⑦在经济周期达到谷底时,企业之间的竞争程度达到最大。

(3) 替代品潜在威胁。替代品指的是来自其他行业或者海外市场的产品,替代品对需求和价格的影响越强,风险就越高。

当新兴技术创造出替代品后,来自其他行业中的替代品的竞争不仅会影响价格,还会影响到消费者偏好。

(4) 成本结构。成本结构指的是某一行业内企业的固定成本和可变成本之间的比例。成本结构主要由固定成本、变动成本、经营杠杆和盈亏平衡点四项组成,具体内容如表 4-5 所示。

表 4-5 成本结构分析

成本结构	说明
固定成本	通常不随着生产和销售水平的变化而变化
变动成本	随着生产和销售水平的变化而变化
经营杠杆	是指固定成本占总成本的比例,是营业利润相对于销售量变化敏感度的指示剂;经营杠杆越大,销售量对营业利润的影响就越大;高经营杠杆代表着高风险
盈亏平衡点	是指某一企业销售收入与成本费用相等的那一点。盈亏平衡点与经营杠杆关系:高经营杠杆行业中的企业需要达到较高水平的销售收入来抵消较高的固定成本,因此盈亏平衡点普遍也较高;盈亏平衡点较高,很小的销售下滑便有可能会导致较大的利润下滑,风险越大

(5) 经济周期。经济周期,也称商业周期,是指市场经济体制下经济增长速度或者其他经济活动自然的上升和下降。

① 经济周期的阶段。经济周期普遍包括以下五个阶段。

a．顶峰，经济活动和产出的最高点，也是经济由盛转衰的转折点；

b．衰退，经济活动和产出放缓甚至变为负值；

c．谷底，经济活动的最低点；

d．复苏，经济活动重新开始增长；

e．扩张，经济活动和产量超过之前的顶峰。时间跨度和幅度是经济周期最重要的参数。每个经济周期的时间跨度和幅度是无法预测的，这种不确定因素对销售和供应链受经济周期影响比较大的行业来说带来了很大的风险。

② 经济周期对不同行业的影响。经济周期对不同行业会产生不同的影响，具体如表4-6所示。

表4-6　经济周期对不同行业的影响

行业类型	具体表现
周期性行业	在经济扩张阶段，行业增长较为强劲；在经济衰退阶段，工业产出下降，资金周转不畅；在较为严重的经济衰退或者经济萧条阶段，相对较弱的企业会最终破产而退出市场
反周期性行业	在经济衰退阶段的业务反倒会好过扩张阶段
非周期性行业	通常不受经济周期的影响或者受到经济周期的影响很小

【例4.4·单选题】自20世纪90年代以来，随着我国股市在熊市与牛市之间的周期性震荡，我国券商行业的盈利也随之大幅震荡。在2005年熊市末期，中国券商全线亏损，许多券商倒闭，之后随着我国股市步入牛市，券商的盈利又翻倍猛增，此种风险属于(　　)。

A．成长性风险 　　　　　　　B．市场集中度风险

C．周期性风险 　　　　　　　D．行业壁垒风险

【答案】C

【解析】券商的盈利随着我国股市的周期性波动而大幅波动，属于周期性风险。

(6) 行业进入壁垒。进入壁垒是指行业内既存企业对于潜在企业和刚刚进入这个行业的新企业所具有的某种优势。在进入壁垒较高的行业，企业面临的竞争风险较小，它们维持现有高利润的机会就越大。

(7) 行业政策法规。政策法规主要包括防污控制、水质、产品标准、保护性关税或者是价格控制等。贷款企业受政策法规的影响程度决定了风险水平，企业受政策法规的影响越大，风险越大。

【例4.5·单选题】其他条件相同时，下列各行业中进入壁垒较高的是(　　)。[2013年上半年真题]

A．各公司的绝对成本水平相当的行业

B．顾客无转换成本的行业

C．存在规模经济的行业

D．产品高度同质化的行业

【答案】C

【解析】进入壁垒是指行业内既存企业对于潜在企业和刚刚进入这个行业的新企业所具有的某种优势，换言之，是指想进入或者刚刚进入这个行业的企业与既存企业竞争时可

能遇到的种种不利因素。进入壁垒主要包括规模经济、产品差异、资本需要、转换成本、销售渠道开拓、政府行为与政策、不受规模支配的成本劣势、自然资源、地理环境等方面。

【过关练习】

一、单选题(下列选项中只有一项最符合题目的要求)

1. 一般来说，某区域的市场化程度越____，区域风险越低；信贷平均损失比率越____，区域风险越低。(   )

   A. 高；高   B. 高；低   C. 低；高   D. 低；低

【答案】B

【解析】通常情况下，区域市场化程度越高，市场体系越完备，越能产生正确的市场信号来引导投资，从而使企业经营的风险越低；而目标区域信贷平均损失比率越低，表明该区域信贷资产经营越安全，区域风险越低。

2. M公司为新成立并在深交所中小板上市的高科技公司，目前公司利润增长很快，但非常不稳定，同时公司进行大量广告宣传，导致公司营业费用激增，如银行对该公司授信，可能面临(   )。

   A. 周期性风险   B. 市场集中度风险

   C. 行业壁垒风险   D. 成长性风险

【答案】D

【解析】M公司为新成立的高科技公司，正处于产业生命周期的成长阶段，因而银行对其授信可能面临成长性风险。在成长阶段，公司经营很不稳定，收入、利润往往大幅波动，很容易因经营失败或资不抵债而破产。

3. 下列关于行业风险管理的说法，错误的是(   )。

   A. 行业风险管理是运用相关指标和数学模型，全面反映行业各个方面的风险因素的一种活动

   B. 行业风险管理主要反映的行业风险因素包括周期性风险、成长性风险、地方保护主义、市场集中度风险、行业壁垒风险、宏观政策风险等

   C. 行业风险管理中需对风险进行量化评价

   D. 行业风险管理的最终目的是帮助银行确定授信资产的行业布局和调整战略，并制定具体的行业授信政策

【答案】B

【解析】B项，对地方保护主义的关注属于区域风险管理的内容。

4. 下列关于行业风险分析框架中行业成熟度的说法，错误的是(   )。

   A. 国际上通用的衡量模型主要有三阶段模型与四阶段模型

   B. 四阶段模型将行业的发展分为启动阶段、成长阶段、成熟阶段、衰退阶段

   C. 处在启动阶段行业的企业虽然风险很大，但收益也很大，因而适合贷款授信

   D. 处在成长阶段的行业通常年增长率会超过20%

【答案】C

【解析】C 项，处在启动阶段行业的企业将来获得成功的概率很难估算，所以这一阶段的资金应当主要来自企业所有者或者风险投资者，而不应该是来自商业银行。

二、多选题(下列选项中有两项或两项以上符合题目要求)

1. 下列关于企业"经营杠杆"的表述，正确的有(   )。

A. 保持较高的销售量和维持市场占有率是经营杠杆较高的行业成功的关键

B. 固定成本占总成本的比例越大，经营杠杆越高

C. 通常情况下，高经营杠杆代表着高风险

D. 经营杠杆越高，销售量对营业利润的影响就越大

E. 在经济增长、销售上升时，低经营杠杆行业的增长速度要比高经营杠杆行业的增长速度缓慢

【答案】ABCDE

【解析】经营杠杆是营业利润相对于销售量变化敏感度的指示剂。经营杠杆越大，销售量对营业利润的影响就越大。如果一个行业固定成本占总成本的较大比例，那么这个行业的经营杠杆较高。在高经营杠杆行业中的企业在生产量越高的情况下获得的利润越高，在经济增长、销售上升时，低经营杠杆行业的增长速度要比高杠杆行业的增长速度缓慢得多。通常情况下，高经营杠杆代表着高风险，这些行业需要获得更高的销售量来维持利润，而且利润相对于销售非常敏感。所以，保证较高的销售量和维持市场占有率便成了经营杠杆较高的行业成功的关键。

2. 银行业发展的启动阶段，行业销售、利润和现金流的特征有(   )。

A. 销售：由于价格比较高，销售量很小

B. 利润：由于销售量很低而成本相对很高，利润为负

C. 销售：由于价格比较高，销售量很大

D. 利润：由于销售量很高而成本相对很低，利润为正

E. 现金流为负

【答案】ABE

【解析】启动阶段行业的销售、利润和现金流有以下特点：①在销售方面，由于价格比较高，销售量很小；②在利润方面，因为销售量低而成本相对很高，利润为负值；③在现金流方面，低销售、高投资和快速的资本成长需求造成现金流为负值。

三、判断题(请对下列各题的描述做出判断，正确的用 A 表示，错误的用 B 表示)

1. 在经济周期达到低点时，企业之间的竞争程度达到最高。在营运杠杆较低的行业，这一情况更为严重。(   )

【答案】B

【解析】在经济周期达到谷底时，企业之间的竞争程度达到最高。在营运杠杆较高的行业，这一情况更为严重。

2. 信贷余额扩张系数侧重考察因区域信贷投放速度过快而产生扩张性风险，因此该指标越低越好。(   )

【答案】B

【解析】当信贷余额扩张系数小于 0 时，目标区域信贷增长相对较慢，负数较大意味着信贷处于萎缩状态；指标过大则说明区域信贷增长速度过快。扩张系数过大或过小都可能导致风险上升。该指标侧重考察因区域信贷投放速度过快而产生扩张性风险。

3．区域风险分析关键是要判断影响信贷资金安全的因素都有哪些，该区域最适合什么样的信贷结构，信贷的风险成本收益是否匹配等。（　　）

【答案】A

【解析】分析一个特定区域的风险，关键是要判断信贷资金的安全会受到哪些因素影响，什么样的信贷结构最恰当，风险成本收益能否匹配等。

第五章　借款需求分析

【考查内容】

本章主要介绍了借款需求的概述、内容、借款需求与负债结构的关系以及银监会"三个办法一个指引"中对于借款需求的规范和约束。其中，借款需求的概述包括借款需求分析的意义和借款需求的含义及影响因素，借款需求分析的内容包括销售变化、资产变化、负债和分红变化或其他变化引起的借款需求，银监会三法一引中对于借款需求的规范和约束主要包括固定资产贷款、流动资金贷款和项目融资业务。

本章考点较分散，同一个考点会以不同形式考查，有时同一道题目中也会涉及多个考点。判断题多是对细节的考查，对知识点的考查比较灵活。

【备考方法】

本章介绍性的内容较多，难度并不高。真题大多是对细节的考查，因此考生在备考的过程中要深刻理解并熟记教材中的内容。比如，借款需求分析的内容，考生不仅要了解它的含义，还要理解不同因素的变化导致借款需求变化的原因。本章以理解性的知识点为主，考生须善于总结归纳相似知识点，在理解的基础上进行强化记忆。

【框架结构】

【核心讲义】

一、概述

(一)借款需求的含义

借款需求是指公司由于各种问题造成了资金的短缺，即公司对现金的需求超过了公司的现金储备，从而需要借款。

借款需求与借款目的是两个紧密联系，但又相互区别的概念。借款需求指的是公司为什么会出现资金短缺并需要借款。借款需求的原因可能是由于长期性资本支出以及季节性存货和应收账款增加等导致的现金短缺。而借款目的主要是指借款用途，一般来说，长期贷款用于长期融资，短期贷款用于短期融资。

(二)借款需求分析的意义

借款需求与还款能力和风险评估紧密相连，是决定贷款期限、利率等要素的重要因素。通过了解借款企业在资本运作过程中导致资金短缺的关键因素和事件，银行能够更有效地评估风险，更合理地确定贷款期限，并帮助企业提供融资结构方面的建议。总之，银行在受理贷款中，借款需求分析有利于银行进行全面的风险分析。

【例5.1·多选题】借款需求分析对银行的意义在于(　　)。[2009年上半年真题]

A. 帮助银行有效地评估风险
B. 帮助银行确定合理的贷款结构与贷款利率
C. 为公司提供融资方面的合理建议
D. 确定贷款总供给量
E. 帮助银行增加盈利

【答案】ABC

【解析】借款需求与还款能力和风险评估紧密相连，是决定贷款期限、利率等要素的重要因素。通过了解借款企业在资本运作过程中导致资金短缺的关键因素和事件，银行能够更有效地评估风险，更合理地确定贷款期限，并帮助企业提供融资结构方面的建议。

(三)借款需求的影响因素

借款需求的主要影响因素包括季节性销售增长、长期销售增长、资产效率下降、固定资产重置及扩张、长期投资、商业信用的减少及改变、债务重构、利润率下降、红利支付、一次性或非期望性支出等。

从资产负债表看，季节性销售增长、长期销售增长、资产效率下降可能导致流动资产增加；商业信用的减少及改变、债务重构可能导致流动负债的减少。固定资产重置及扩张、长期投资可能导致长期资产的增加；红利支付可能导致资本净值的减少。

从利润表来看，一次性或非预期的支出、利润率的下降都可能对企业的收入和支出产生影响，进而影响到企业的借款需求。

二、借款需求分析的内容

(一)销售变化引起的需求

1. 季节性销售增长

(1) 季节性资产的融资渠道。季节性资产增加的三个主要融资渠道的内容如表5-1所示。

表 5-1 季节性资产的融资渠道

融资渠道	来　源
季节性负债增加	应付账款和应计费用
内部融资	公司内部的现金和有价证券
银行贷款	季节性资产减少所释放出的现金

(2) 银行对企业季节性销售模式的分析。通过对现金流的预测以及月度或季度的营运资本投资、销售和现金水平等的分析，银行可以获得如下信息。

① 决定季节性销售模式是否创造季节性借款需求；

② 评估营运资本投资需求的时间和金额；

③ 决定合适的季节性贷款结构及偿还时间表。

2. 长期销售增长

(1) 资产增长的模式。核心流动资产指的是在资产负债表上始终存在的那一部分流动资产。当一个公司的季节性销售收入和长期性销售收入同时增长时，流动资产的增长体现为核心流动资产和季节性资产的共同增长。

源自长期销售增长的核心流动资产增长必须由长期融资来实现，具体包括核心流动负债的增长或营运资本投资的增加。企业固定资产增长大多遵循"阶梯式发展模式"，用于支持长期销售增长的资本性支出(主要包括内部留存收益和外部长期融资)。

银行判断公司长期销售收入增长是否产生借款需求的方法一般有以下三种。

① 快速简单的方法是判断持续的销售增长率是否足够高。

② 更为准确的方法是确定是否存在以下三种情况。

a. 销售收入保持稳定、快速的增长；

b. 经营现金流不足以满足营运资本投资和资本支出的增长；

c. 资产效率相对稳定，表明资产增长是由销售收入增加而不是效率的下降引起的。

③ 确定若干年的"可持续增长率"并将其同实际销售增长率相比较。

【例 5.2 · 多选题】银行判断公司长期销售收入增长是否会产生借款需求的方法有( )。[2009 年上半年真题]

A. 判断其持续销售增长率是否足够高

B. 判断利润增长率

C. 判断成本节约率

D. 判断其资产效率是否相对稳定，且销售收入是否保持稳定、快速增长，且经营

现金流不足以满足营运资本投资和资本支出增长

E. 比较若干年的"可持续增长率"与实际销售增长率

【答案】ADE

【解析】银行判断公司长期销售收入增长是否会产生借款需求的方法主要有三种：①快速简单的方法是判断持续的销售增长率是否足够高；②更为准确的方法是确定是否存在以下三种情况：销售收入保持稳定、快速的增长，经营现金流不足以满足营运资本投资和资本支出的增长，资产效率相对稳定；③确定若干年的"可持续增长率"并将其同实际销售增长率相比较。

(2) 可持续增长率的计算。可持续增长率的具体内容如表 5-2 所示。

表 5-2 可持续增长率

定　义	假设条件	影响因素	计算方法
可持续增长率是公司在没有增加财务杠杆的情况下可以实现的长期销售增长率，即主要依靠内部融资即可实现的增长率	①公司的资产使用效率将维持当前水平；②公司的销售净利率将维持当前水平，并且可以涵盖负债的利息；③公司保持持续不变的红利发放政策；④公司的财务杠杆不变；⑤公司未增发股票，增加负债是其唯一的外部融资来源	①利润率：利率越高，销售增长越快；②留存利润：用于分红的利润越少，销售增长越快；③资产使用效率：效率越高，销售增长越快；④财务杠杆：财务杠杆越高，销售增长越快	$SGR=\dfrac{ROE \times RR}{1-POE \times RR}$ 其中：SGR 表示可持续增长率；ROE 为资本回报率，即净利润与所有者权益的比率；RR 为留存比率，RR=1-红利支付率

(3) 可持续增长率的公式变形。如果公司的运营情况基本稳定，可以通过替代可持续增长率的四个影响因素或引入新的假设来衡量与可持续增长率四个影响因素有关的五个重要信息。为了分解并解释每个变量的变化影响，表 5-2 中 ROE 可以分解为如下三个组成因子。

① 利润率，即净利润与销售收入的比率；

② 资产使用效率，即销售收入与总资产的比率；

③ 财务杠杆，即总资产与所有者权益的比率或 1+负债/所有者权益。

由此，可以得到如下表达式：

ROE=利润率×资产使用效率×财务杠杆

$$=\frac{净利润}{销售收入}\times\frac{销售收入}{总资产}\times\frac{总资产}{所有者权益}$$

$$SGR=\frac{\dfrac{净利润}{销售收入}\times\dfrac{销售收入}{总资产}\times\dfrac{总资产}{所有者权益}\times RR}{1-\left(\dfrac{净利润}{销售收入}\times\dfrac{销售收入}{总资产}\times\dfrac{总资产}{所有者权益}\times RR\right)}$$

(4) 可持续增长率的作用。银行通过对实际增长率和可持续增长率的趋势比较，做出合理的贷款决策。具体内容如表 5-3 所示。

表 5-3　实际增长率与可持续增长率比较分析

比较结果	结　论
实际增长率显著超过可持续增长率	公司确实需要贷款
实际增长率低于可持续增长率	公司目前未能充分利用内部资源，银行不予受理贷款申请

(二)资产变化引起的需求

资产变化引起的需求包括三个方面，具体内容如表 5-4 所示。

表 5-4　资产变化引起的需求

资产变化			需　求
资产效率的下降			如果公司的现金需求超过了现金供给，那么资产效率下降和商业信用减少可能成为公司贷款的原因。通常，应收账款、存货的增加，以及应付账款的减少将形成企业的借款需求
固定资产的重置和扩张	重置	银行评估借款公司	①公司的经营周期，资本投资周期，设备的使用年限和目前状况；②影响固定资产重置的技术变化率
		固定资产使用率	固定资产使用率=累计折旧/总折旧固定资产×100% 不足之处：a. 该比率中的固定资产价值代表了一个公司的整个固定资产基础；b. 折旧并不意味着用光，就公司而言，使用完全折旧但未报废的机械设备是很正常的；c. 为了提高生产力，公司可能在设备完全折旧之前就重置资产；d. 固定资产使用价值会因折旧会计政策的变化和经营租赁的使用而被错误理解
		固定资产剩余寿命	固定资产剩余寿命=净折旧固定资产/折旧支出
	扩张		通过分析销售和净固定资产的发展趋势，银行可以初步了解公司的未来发展计划和设备扩张需求之间的关系，主要采用销售收入/净固定资产比率这一指标
股权投资			①长期投资属于一种战略投资，其风险较大，一般多采用股权性融资；②并购融资大多是与杠杆收购相关的高杠杆交易，一旦借款公司借款后没有将资金投资在事先约定的项目上，而是用于购买其他公司的股权，对银行来说将产生很大的风险

(三)负债和分红变化引起的需求

负债和分红变化引起的需求包括三个方面，具体内容如表 5-5 所示。

表 5-5　负债和分红变化引起的需求

变　化	需　求
商业信用的减少和改变	当公司出现现金短缺时，通常会向供应商请求延期支付应付账款。但如果公司经常无法按时支付货款，商业信用就会大幅降低，供货商就会要求公司交货付款，这就可能造成公司的现金短缺，从而形成借款需求

续表

变 化	需 求
债务重构	①银行需要分析公司的财务匹配状况。如果销售收入增长足够快，且核心流动资产的增长主要是通过短期融资而不是长期融资实现的，这时就需要将短期债务重构为长期债务。 ②公司想用一个债权人取代另一个债权人的原因可能是：对现在的银行不满意；想要降低目前的融资利率；想与更多的银行建立合作关系，增加公司的融资渠道；为了规避债务协议的种种限制，想要归还现有的借款。在这种情况下，银行要通过与公司管理层的详细交谈了解债务重构的原因是否真实，并进一步判断是否适合发放贷款
红利的变化	银行可以通过以下几个方面来衡量公司发放红利是否为合理的借款需求： ①公司为了维持在资本市场的地位或者满足股东的最低期望，通常会定期发放股利。如果公司的股息发放压力并不是很大，那么红利就不能成为合理的借款需求原因。 ②通过营运现金流量分析来判断公司的营运现金流是否仍为正的，并且能够满足偿还债务、资本支出和预期红利发放的需要。如果能够满足，则不能作为合理的借款需求原因。 ③对于定期支付红利的公司来说，如果公司未来的发展速度已经无法满足现在的红利支付水平，那么红利发放就不能成为合理的借款需求原因

【例5.3·单选题】红利支付导致公司借款需求的原因在于( )。

A．公司利润收入在红利支付与其他方面使用之间存在矛盾

B．公司利润收入过少

C．公司发展速度过快

D．公司股本过大

【答案】A

【解析】公司的利润收入在红利支付与其他方面使用(资本支出、营运资本增长)之间存在着矛盾。对公开上市的公司来说，将大量现金用于其他目的后，由于缺少足够的现金，可能会通过借款来发放红利。

(四)其他变化引起的需求

其他变化引起的借款需求主要来自两个方面：①利润率下降；②非预期性支出。

三、借款需求与负债结构

(一)季节性销售模式

季节性融资一般是短期的，在季节性营运资本投资增长期间，往往需要通过外部融资来弥补公司资金的短缺，但要保证银行发放的短期贷款只用于公司的短期投资，从而确保银行能够按时收回所发放的贷款。

(二)销售增长旺盛时期

没有流动资产和固定资产的支持，稳定、长期的销售增长是不可能实现的。公司大量的核心流动资产和固定资产投资将超出净营运现金流，必然需要额外的融资。由于对核心资产的大量投资，营运现金流在短期内是不足以完全偿还外部融资的。因此，对于这部分融资需求，表面上看是一种短期融资需求，实际上则是一种长期融资。

(三)资产使用效率下降

公司资产使用效率的下降，即应收账款和存货周转率的下降可能成为长期融资和短期融资需求的借款原因。

(1) 短期的应收账款和存货周转率下降所引起的现金需求(即潜在的借款原因)是短期的。

(2) 长期的应收账款和存货周转率下降所引起的现金需求是长期的。

(3) 固定资产使用效率的下降需要公司管理层判断厂房和设备是否依然具有较高的生产能力，即考虑是否有必要重置这部分固定资产。如果管理层为了提高生产率而决定重置或改进部分固定资产，那么就需要从公司的内部和外部进行融资，并且由于这种支出属于资本性支出，因此是长期融资。

因此，银行在发放贷款时必须有效识别借款需求的本质，从而保证贷款期限与公司借款需求相互匹配。

(四)固定资产重置或扩张

对于厂房和设备等固定资产重置的支出，其融资需求是长期的。

(五)长期投资

用于长期投资的融资应当是长期的。除了维持公司正常运转的生产设备外，其他方面的长期融资需求可能具有投机性，银行应当谨慎受理，以免加大信用风险暴露。

(六)商业信用的减少和改变

商业信用的减少反映在公司应付账款周转天数的下降。如果现金需求超过了公司的现金储备，那么应付账款周转天数的下降就可能会引起借款需求。

对于无法按时支付应付账款的公司，供货商会削减供货或停止供货，公司的经营风险加大，这时银行受理公司的贷款申请风险也是很大的。

对于发展迅速的公司来说，为了满足资产增长的现金需求，公司可能会延迟支付对供货商的应付账款。如果供货商仍然要求按原来的付款周期付款的话，公司就需要通过借款来达到供货商的还款周期要求，此时采用长期融资方式更合适。

(七)债务重构

银行除了评价公司的信誉状况和重构的必要性，还应当判断所要重构的债务是长期的还是短期的。主要的相关因素包括：①借款公司的融资结构状况；②借款公司的偿债能力。

(八)盈利能力不足

在较长时间里，如果公司的盈利能力很弱甚至为负，那么公司就无法维持正常的经营支出，会导致直接借款需求。如果公司的目前盈利能够满足日常的经营支出，但没有足够的现金用于营运资本和厂房设备的投资，银行受理此种贷款申请时也要非常谨慎。

(九)额外的或非预期性支出

非预期性支出导致的借款需求可能是长期的，也可能是短期的。银行在受理该类贷款时，应当根据公司未来的现金积累能力和偿债能力决定贷款的期限。

四、银监会"三个办法一个指引"中对于借款需求的规范和约束

(一)固定资产贷款

固定资产贷款的定义和申请条件等内容如表 5-6 所示。

表 5-6　固定资产贷款

项　目	内　容
定义	是指贷款人向企(事)业法人或国家规定可以作为借款人的其他组织发放的，用于借款人固定资产投资的本外币贷款
《固定资产贷款管理暂行办法》的规定	①贷款人开展固定资产贷款业务应当遵循依法合规、审慎经营、平等自愿、公平诚信的原则； ②贷款人应完善内部控制机制，实行贷款全流程管理，全面了解客户和项目信息，建立固定资产贷款风险管理制度和有效的岗位制衡机制，将贷款管理各环节的责任落实到具体部门和岗位，并建立各岗位的考核和问责机制； ③贷款人应将固定资产贷款纳入对借款人及借款人所在集团客户的统一授信额度管理，并按区域、行业、贷款品种等维度建立固定资产贷款的风险限额管理制度； ④贷款人应与借款人约定明确、合法的贷款用途，并按照约定检查、监督贷款的使用情况，防止贷款被挪用
申请条件	①借款人依法经工商行政管理机关或主管机关核准登记；②借款人信用状况良好，无重大不良记录；③借款人为新设项目法人的，其控股股东应有良好的信用状况，无重大不良记录；④国家对拟投资项目有投资主体资格和经营资质要求的，符合其要求；⑤借款用途及还款来源明确、合法；⑥项目符合国家的产业、土地、环保等相关政策，并按规定履行了固定资产投资项目的合法管理程序；⑦符合国家有关投资项目资本金制度的规定；⑧贷款人要求的其他条件

(二)流动资金贷款

流动资金贷款的定义和申请条件等内容如表 5-7 所示。

表5-7 流动资金贷款

项　目	内　容
定义	是指贷款人向企(事)业法人或国家规定可以作为借款人的其他组织发放的用于借款人日常生产经营周转的本外币贷款
《流动资金贷款管理暂行办法》的规定	①应当遵循依法合规、审慎经营、平等自愿、公平诚信的原则； ②贷款人应完善内部控制机制，实行贷款全流程管理，全面了解客户信息，建立流动资金贷款风险管理制度和有效的岗位制衡机制，将贷款管理各环节的责任落实到具体部门和岗位，并建立各岗位的考核和问责机制； ③贷款人应合理测算借款人营运资金需求，审慎确定借款人的流动资金授信总额及具体贷款的额度，不得超过借款人的实际需求发放流动资金贷款； ④贷款人应根据借款人生产经营的规模和周期特点，合理设定流动资金贷款的业务品种和期限，以满足借款人生产经营的资金需求，实现对贷款资金回笼的有效控制； ⑤贷款人应将流动资金贷款纳入对借款人及其所在集团客户的统一授信管理，并按区域、行业、贷款品种等维度建立风险限额管理制度； ⑥贷款人应根据经济运行状况、行业发展规律和借款人的有效信贷需求等，合理确定内部绩效考核指标，不得制定不合理的贷款规模指标，不得恶性竞争和突击放贷； ⑦贷款人应与借款人约定明确、合法的贷款用途。流动资金贷款不得用于固定资产、股权等投资，不得用于国家禁止生产、经营的领域和用途，也不得挪用，贷款人要按照合同约定检查、监督流动资金贷款的使用情况
申请条件	①借款人依法设立；②借款用途明确、合法；③借款人生产经营合法、合规；④借款人具有持续经营能力，有合法的还款来源；⑤借款人信用状况良好，无重大不良信用记录；⑥贷款人要求的其他条件

【例5.4·单选题】下列对于贷款的管理办法中，属于流动资金贷款特有的是(　　)。

A. 应当遵循依法合规、审慎经营、平等自愿、公平诚信的原则

B. 贷款人应完善内部控制机制，实行贷款全流程管理

C. 贷款人应合理测算借款人营运资金需求，审慎确定借款人的具体贷款的额度

D. 贷款人应按区域、行业、贷款品种等维度建立风险限额管理制度

【答案】C

【解析】根据《流动资金贷款管理暂行办法》的规定，贷款人应合理测算借款人营运资金需求，审慎确定借款人的流动资金授信总额及具体贷款的额度，不得超过借款人的实际需求发放流动资金贷款。ABD三项是对固定资产贷款和流动资金贷款均适用的规定。

(三)项目融资业务

项目融资是指符合以下特征的贷款。

(1) 贷款用途通常是用于建造一个或一组大型生产装置、基础设施、房地产项目或其他项目，包括对在建或已建项目的再融资。

(2) 借款人通常是为建设、经营该项目或为该项目融资而专门组建的企事业法人，包括

主要从事该项目建设、经营或融资的既有企事业法人。

(3) 还款资金来源主要依赖该项目产生的销售收入、补贴收入或其他收入，一般不具备其他还款来源。

【过关练习】

一、单选题(下列选项中只有一项最符合题目的要求)

1. 下列借款需求不合理的是(　　)。

　　A. 公司销售快速增长，无法按时偿还应付账款

　　B. 公司希望换一家贷款银行来降低融资利率

　　C. 公司为了规避债务协议限制，想要归还现有借款

　　D. 公司上年度严重亏损，仍希望按往年惯例发放高额红利

【答案】D

【解析】D项，对于定期支付红利的公司来说，银行要判断其红利支付率和发展趋势。如果公司未来的发展速度已经无法满足现在的红利支付水平，那么红利发放就不能成为合理的借款需求原因。

2. 由于对核心资产的大量投资，营运现金流在短期内是不足以完全偿还外部融资的，对于这部分融资需求，实际是一种(　　)。

　　A. 非预期性支出　　　　　　　　B. 季节性融资

　　C. 短期融资需求　　　　　　　　D. 长期融资需求

【答案】D

【解析】由于对核心资产的大量投资，营运现金流在短期内是不足以完全偿还外部融资的。因此，对于这部分融资需求，表面上看是一种短期融资需求，实际上则是一种长期融资需求。

二、多选题(下列选项中有两项或两项以上符合题目要求)

1. 下列选项中，可能导致企业借款需求增加的有(　　)。

　　A. 利润率由正转负　　　B. 季节性销售增长　　　C. 资产效率的提高

　　D. 固定资产扩张　　　　E. 商业信用减少

【答案】ABDE

【解析】总体来看，借款需求的主要影响因素包括季节性销售增长、长期销售增长、资产效率下降、固定资产重置及扩张、长期投资、商业信用的减少及改变、债务重构、利润率下降、红利支付、一次性或非期望性支出等。

2. 公司若想仅通过内部融资维持高速销售增长，需满足的条件为(　　)。

　　A. 股权结构合理

　　B. 利润水平足够高

　　C. 留存收益足以满足销售增长的资金需要

　　D. 销售增长很大

E．留存收益保持稳定

【答案】BC

【解析】如果一个公司能够通过内部融资维持高速的销售增长，就意味着公司的利润水平足够高，且留存收益足以满足销售增长的资金需要。

3．对于固定资产重置引起的融资需求，除了借款公司自己提出明确的融资需求外，银行还可以通过评估(   )来预测。

A．公司的经营周期　　　B．资本投资周期　　　C．设备的购置成本

D．设备目前状况　　　　E．影响非流动资产周转的因素

【答案】ABD

【解析】拟进行固定资产重置的借款公司在向银行申请贷款时，通常会提出明确的融资需求，但是银行也能通过评估以下几个方面来达到预测需求的目的：①公司的经营周期，资本投资周期，设备的使用年限和目前状况；②影响固定资产重置的技术变化率。

三、判断题(请对下列各题的描述做出判断，正确的用 A 表示，错误的用 B 表示)

1．银行可以通过营运现金流量分析来判断公司的营运现金流是否仍为正，并且能够满足偿还债务、资本支出和预期红利发放的需要。如果能够满足，则发放红利不能作为合理的借款需求原因。(   )

【答案】A

【解析】题干所述属于银行衡量公司发放红利是否为合理的借款需求的方法。除了根据公司的单一借款原因来判断其借款需求外，银行还要结合现金流分析来判断公司是否还有其他的借款原因，并确定借款公司现金短缺的具体原因。

2．公司为补充营运资本投资资金需求而发生的银行贷款一般为长期贷款。(   )

【答案】B

【解析】公司一般会尽可能用内部资金来满足营运资本投资，如果内部融资无法满足全部融资需求，公司就会向银行申请短期贷款。

3．通常，应收账款、存货和应付账款的增加将导致企业的借款需求。(   )

【答案】B

【解析】通常，应收账款和存货的增加、应付账款的减少将导致企业的借款需求。

第六章 客户分析与信用评级

【考查内容】

本章主要从客户品质分析的内容和基本方法、客户财务分析的内容和基本方法、客户信用评级的对象、因素、方法和流程这几个方面对客户分析与信用评级做了概述。对于前两个知识点，考生只需熟悉相关内容，对于客户信用评级的内容则需深刻理解。

本章知识点考查形式多为判断题或单选题，考查内容多为客户信用评级的相关内容，另外，客户财务分析的各项指标也常以单选题的形式出现。

【备考方法】

本章内容以理解性为主，在学习时要反复练习、思考、记忆，做到熟能生巧。在复习时，重点把握客户信用评级的内容，同时可结合本章的表格对相关知识点进行对比理解，加深记忆。

【框架结构】

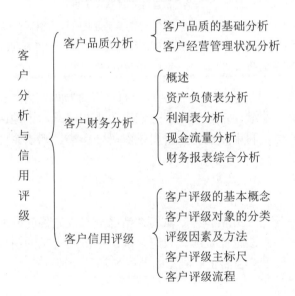

【核心讲义】

一、客户品质分析

(一)客户品质的基础分析

1. 客户历史分析

在对客户进行历史分析时，主要关注以下四个方面的内容：成立动机、经营范围、名称变更和以往重组情况，具体如表6-1所示。

表6-1　客户历史分析

项　目	内　容
成立动机	客户的组建往往基于以下六个方面的动机：①基于人力资源；②基于技术资源；③基于客户资源；④基于行业利润率；⑤基于产品分工；⑥基于产销分工
经营范围	信贷人员需要重点关注以下三个方面的内容： ①经营业务是否超出注册登记的范围，经营特种业务是否取得"经营许可证"，对于超范围经营的客户应当给予足够的警觉。 ②客户经营范围特别是主营业务的演变，对于频繁改变经营业务的客户应当警觉。主营业务的演变有行业转换型、产品转换型、技术转换型、股权变更型和业务停顿型五种情形。 ③客户经营的诸多业务之间是否存在关联性及主营业务是否突出。对于所经营的行业分散、主营业务不突出的客户应警觉
名称变更	客户的名称往往使用时间越久，知名度越高，一般不会轻易变更。对于客户在其发展过程中改变名称，一定要究其原因，尤其是对于频繁改变名称的客户，更要引起警觉
以往重组情况	①客户重组包括重整、改组和合并三种基本方式； ②当客户发生重组情形时，客户或多或少会发生以下情况：股东更替、股东债权人权利变更和调整、公司章程变更、经理人员更换、经营方向改变、管理方法改变、财产处置及债务清偿安排、资产估价标准确定等

【例6.1·单选题】某地区拥有丰富的淡水资源，因而养鱼成为该区域的主业和农民致富的主要渠道。随着鱼产量增加，为解决乡亲们卖鱼难的问题，该地区政府筹资组建起一家股份制成品鱼供销公司，利用企业做风帆引领农民闯市场，则该企业成立的动机是基于（　　）。

　　A．人力资源　　　B．客户资源　　　C．产品分工　　　D．产销分工

【答案】D

【解析】基于产销分工是指原客户产品的经销已形成较完善的网络后便成立新公司专事产品的销售和售后服务。该企业是地区政府为解决渔民卖鱼难的问题，而组建的一家专门从事鱼收购与销售的公司，因而企业成立的动机是基于产销分工。

2．法人治理结构分析

(1) 法人治理结构评价。信贷人员对客户法人治理结构的评价要着重考虑两个因素：控股股东行为的规范和对内部控制人的激励约束。在此基础上，分析董事会的结构、运作及信息的披露。客户法人治理结构评价的内容如表6-2所示。

表 6-2　客户法人治理结构评价

评价内容	关键要素
控制股东行为	①控股股东和客户之间是否存在关联交易，控股股东及其关联方是否占有客户资金，客户是否为控股股东及其关联方提供连环担保； ②股东之间是相互独立还是利益关系人，或者最终的所有者是否为同一人
激励约束机制	①董事长和总经理是如何产生的，董事长、总经理和监事之间是否兼任，是否兼任子公司或关联公司的关键职位； ②董事长和总经理的薪酬结构和形式； ③决策的程序和方式，董事长、总经理和监事之间是如何相互制衡的
董事会结构和运作过程	①董事会的结构，独立董事是如何产生的，是否具有独立性和必备的专业知识； ②董事会是否随时有权质询决策执行情况及采取的形式； ③董事会的业绩评价制度和方式
财务报表与信息披露的透明度	①财务报表和信息的披露是否清楚、完整和达到高标准； ②市场敏感信息披露的时间安排、程序和获得渠道； ③是否被注册会计师出示了非标准保留意见，是否因信息披露受到交易所的谴责

(2) 法人治理关注点。客户法人治理结构的不完善，有可能对其正常的生产经营带来难以预期的负面影响。三类客户的法人治理关注点总结如下。

① 上市客户。

a．股权结构不合理。主要包括流通股的比重低、非流通股过于集中。大股东利用其在董事会上的表决优势侵害中小股东和债权人的利益。

b．关键人控制。客户决策和运作以内部人和关键人为中心，内部人能够轻易地控制股东大会、董事会和监事会，偏离客户最佳利益和侵害债权人利益。

c．信息披露的实际质量难以保证。原因包括：缺乏对信息披露主体的有效法律约束机制；行政干预和资本市场缺乏足够的竞争；客户内部缺乏有效的信息披露实施机制。

② 国有独资客户。

a．所有者缺位。很多依据《公司法》成立的企业虽然由原来的国有企业脱胎而来，但仍保留计划经济的烙印，存在着事实上的所有者"缺位"问题。

b．行政干预。国家既是出资人，又行使行政管理职能，难以避免政府利用行政手段超越出资者职能直接干预客户经营决策等问题，导致客户经营目标多元化。

③ 民营客户。管理决策机制更多地表现为一人决策或者家族决策，其形式上的机构设置没有决定性的影响，决策者个人或者家族的行为与意识代表了客户管理层的素质。

【例 6.2·多选题】在上市客户法人治理结构中，信贷人员应特别予以关注的方面有(　　)。

　　A．股权结构是否合理　　B．是否存在所有者缺位　　C．是否存在关键人控制
　　D．信息披露的实际质量　　E．是否存在行政干预

【答案】ACD

【解析】在上市客户法人治理结构中，信贷人员应对其股权结构是否合理、是否存在关键人控制、信息披露的实际质量特别关注。所有者缺位、行政干预是国有独资客户法人

治理结构分析应关注的方面。

3. 股东背景

股东背景在很大程度上决定着客户的经济性质、经营方向、管理方式及社会形象等。对于客户的股东背景有四个方面需要关注,具体如表6-3所示。

表6-3 股东背景

类 型	客户的权限
家庭背景	通常风险意识较强,经营上精打细算
外资背景	通常管理较多资金、技术较强,但可能通过关联交易转移利润
政府背景	通常具有政策资源上的优势,行业竞争性强,但管理效率不高
上市背景	通常管理较规范,并有集团经营优势,但关联方关系复杂,关联交易较多

4. 高管人员的素质

高级管理层尤其是主要负责人的素质和行业管理经验是信贷人员考查高管人员的重点。对公司高管人员素质的评价主要包括:①教育背景;②商业经验;③修养品德;④经营作风;⑤进取精神。

5. 信誉状况

影响借款人还款能力的信誉状况的途径包括以下3个。

(1) 借款人的不良记录可通过"中国人民银行企业征信系统"查阅,查看客户过去有无拖欠银行贷款等事项。

(2) 客户的对外资信还可以根据借款人在经营中有无偷税漏税,有无采用虚假报表、隐瞒事实等不正当手段骗取银行贷款,以及有无在购销过程中使用欺骗手段骗取顾客的信任等方面反映出来。

(3) 除客户的高管层外,信贷人员还应分析客户的股东(尤其是大股东),了解客户的主要股东的基本素质、财产情况、持股情况等。

(二)客户经营管理状况分析

信贷人员可以从客户的生产流程入手,通过供、产、销三个方面分析客户的经营状况,也可以通过客户经营业绩指标进行分析。

1. 供应阶段分析

供应阶段的核心是进货,信贷人员应重点分析的内容如表6-4所示。

表6-4 供应阶段分析

项 目	说 明
货品质量	客户采购物品的质量主要取决于上游厂商的资质
货品价格	主要取决的因素有:①市场供求关系;②进货渠道;③进货批量;④规格标准;⑤运输费用;⑥客户关系等

续表

项 目	说 明
进货渠道	信贷人员分析客户的渠道可以从四个方面来考虑：①有无中间环节；②供货地区的远近；③运输方式的选择；④进货资质的取得
付款条件	①主要取决的因素有：a. 市场供求；b. 商业信用； ②不仅影响到客户的财务费用和资金周转，而且关系到买卖双方的交易地位

【例6.3·多选题】在进货环节中，客户采用的付款条件主要取决于(   )。

A. 客户关系　　　　B. 客户市场地位　　　　C. 进货方与客户比较优势

D. 市场供求关系　　E. 客户资信状况

【答案】DE

【解析】客户进货采用的付款条件主要取决于市场供求和商业信用两个因素。如果货品供不应求或买方资信不高，供货商大多要求预付货款或现货交易；反之，供货商只接受银行承兑汇票甚至商业承兑汇票。

2．生产阶段分析

生产阶段的核心是技术，这包括生产什么、怎样生产、以什么条件生产，信贷人员应重点调查的内容如表6-5所示。

表6-5　生产阶段分析

项 目	说 明
技术水平	①客户技术水平是其核心竞争力的主要内容； ②信贷人员可以从三个方面分析客户的技术水平：a. 研发能力；b. 内外研发机构协作能力；c. 科研成果
设备状况	①设备性能能反映出生产的技术水平、产品的质量水平、劳动生产率状况； ②分析内容主要包括：设备的用途、性能、使用和管理等方面
环保情况	①环保问题将直接影响银行客户(主要是工业客户)的生存与发展； ②信贷人员可从两方面进行分析：a. 了解客户的生产工艺及原材料消耗的情况；b. 了解国家有关环保的法律法规

【例6.4·判断题】客户产品的性能不仅能反映出生产的技术水平、产品质量水平，而且反映出劳动生产率状况。(   )

【答案】错误

【解析】反映客户生产技术水平、产品质量水平、劳动生产率状况的是客户生产设备的性能，而非产品的性能。

3．销售阶段分析

销售阶段的核心是市场，这包括销售给谁，怎样销售，以什么条件销售等内容。信贷人员应重点调查三个方面。具体内容如表6-6所示。

表6-6 销售阶段分析

类 别	内 容
目标客户	目标客户的选择实际上是一个市场定位问题,选择目标客户要细分市场,瞄准客户群
销售渠道	①是连接厂商与终端客户的桥梁和纽带; ②分为直接销售和间接销售两种销售方式
收款条件	①主要取决于两个因素:市场供求和厂商品牌; ②主要包括三种:预收货款、现货交易和赊账销售

4. 产品竞争力和经营业绩分析

(1) 产品竞争力分析。一个企业的产品(包括服务)特征主要表现在其产品的竞争力方面。产品的竞争力取决于产品品牌等多种因素,但主要还是取决于产品自身的性价比。

(2) 经营业绩分析。经营业绩分析主要表现为分析经营业绩指标、市场占有率指标和主营业务指标,具体分析内容如表6-7所示。

表6-7 经营业绩分析的三类指标

指 标	说 明
经营业绩指标	①通常是指与行业比较的销售增长率; ②高于行业平均的增长率说明客户经营业绩较好
市场占有率指标	①通常是指客户产品的市场份额; ②所占市场份额较大说明客户在行业中的地位较高,其价格策略的调整对行业整体销售状况能产生影响
主营业务指标	①通常是指主营业务收入占销售收入总额的比重; ②比重较大说明客户主营业务突出,经营方向明确

【例6.5·单选题】关于对客户生产经营管理状况的分析,下列说法错误的是(   )。

A. 可从生产流程入手,通过供、产、销三个方面分析客户的经营状况

B. 可从客户经营业绩指标分析

C. 供应阶段应重点分析货品质量和价格、进货渠道、付款条件

D. 生产阶段的核心是生产,应重点对生产条件、效率进行分析

【答案】D

【解析】D 项,生产阶段的核心是技术,包括生产什么、怎样生产、以什么条件生产等,信贷人员应当主要对生产技术水平、设备状况、环保情况进行分析。

二、客户财务分析

(一)概述

1. 客户财务分析的含义

财务分析以客户财务报表为主要依据,运用一定的分析方法,研究评价客户的财务过

程和结果，分析客户的财务状况、盈利能力、资金使用效率和偿债能力，并由此预测客户的发展变化趋势，从而为贷款决策提供依据。

2．客户财务分析的内容

商业银行对借款人最关心的就是其现在和未来的偿债能力。客户财务应侧重从三个方面进行分析：①盈利能力；②营运能力；③资金结构。

在贷款决策中，财务分析除了使用财务报表本身的资料外，还需使用财务指标综合反映借款人的财务状况。这些指标分为四类，具体内容如表6-8所示。

表6-8　财务指标

财务指标	定　义	主要指标
盈利比率	通过计算利润与销售收入的比例来衡量管理部门的效率，进而评价管理部门控制成本获取收益的能力	销售利润率、营业利润率、净利润率、成本费用利润率等、资产收益率、所有者权益收益率
效率比率	通过计算资产的周转速度来反映管理部门控制和运用资产的能力，进而估算经营过程中所需的资金量	总资产周转率、固定资产周转率、应收账款回收期、存货持有天数等
杠杆比率	通过比较借入资金和所有者权益来评价借款人偿还债务的能力	资产负债率、负债与所有者权益比率、负债与有形净资产比率、利息保障倍数等
偿债能力比率	是判断企业负债的安全性和短期负债的偿还能力的比率；偿债能力的大小在很大程度上反映了企业经营的风险程度	资产负债率、流动比率和速动比率等

【例6.6·多选题】在分析客户财务状况时，银行所使用的盈利比率指标主要包括(　　)。

A．销售利润率　　　　B．营业利润率　　　　C．资产收益率

D．净利润率　　　　　E．成本费用利润率

【答案】ABCDE

【解析】在客户财务分析中，盈利比率指标是通过计算利润与销售收入的比例来衡量管理部门的效率，进而评价管理部门控制成本获取收益的能力，主要包括销售利润率、营业利润率、净利润率、资产收益率、成本费用利润率等。

3．财务报表分析的资料

银行在进行财务报表分析时要注意搜集丰富的财务报表资料，以便于正确地做出贷款决策。财务报表资料包括以下内容。

(1) 会计报表。借款人在会计期间编制的各类会计报表，如资产负债表、利润表、现金流量表及其有关附表。

(2) 会计报表附注和财务状况说明书。借款人在编制会计报表的同时，为便于正确理解和分析财务报表，还要编制会计报表附注和财务状况说明书。

(3) 注册会计师查账验证报告。注册会计师验证后的报表可信度较未审计的报表高，注册会计师的意见是依据国家有关法规和一般公认会计准则，采取必要的验证程序后提出的，

具有较强的独立性和权威性。

(4) 其他资料。除上述资料外,其他有关部门的资料,如证券交易所、行业协会、投资咨询机构提供的相关资料均可成为财务报表分析的补充资料。

4. 财务分析的方法

关于财务分析方法的具体内容如表 6-9 所示。

表 6-9　财务分析的方法

类　别	定　义	说　明
趋势分析法	是将客户连续数期的财务报告中的相同项目的绝对数或相对数进行比较,以揭示它们增减变化趋势的一种方法	可以揭示客户财务状况的变化趋势,找出其变化原因,判断这种变化趋势对客户发展的影响,以预测客户未来的发展前景
结构分析法	以财务报表中的某一总体指标为基础,计算其中各构成项目占总体指标的百分比,并比较不同时期各项目所占百分比的增减变动趋势	用于不同客户之间或同行业平均水平之间的财务状况的比较分析,以对客户的财务经营状况及在同行业的地位做出评价
比率分析法(最常用)	在同一张财务报表的不同项目之间、不同类别之间,或在两张不同财务报表如资产负债表和利润表的有关项目之间作比较,用比率来反映它们之间的关系	用于评价客户财务状况和经营状况的好坏
比较分析法	①将客户的有关财务指标数据与同行业平均水平或在不同企业之间进行比较,找出差异及其产生原因;②现在常用方法一般以上市公司的标准作为行业平均水平	用于判断客户管理水平和业绩水平
因素分析法	找出并分析影响客户经营活动的各种因素,包括有利因素、不利因素、外部因素和内部因素等,抓住主要矛盾,即其中起主导作用的影响因素	有的放矢,提出相应的解决办法,做出正确决策

(二)资产负债表分析

1. 资产负债表的构成

资产负债表是反映借款人在某一特定日期财务状况的财务报表。资产、负债和所有者权益是资产负债表的基本内容。资产负债表的具体构成如表 6-10 所示。

2. 资产结构分析

资产结构是指各项资产占总资产的比重。资产结构分析是指通过计算各项资产占总资产的比重,来分析判断借款人资产分配的合理性。在分析资产负债表时,一定要注意借款人的资产结构是否合理，是否与同行业的比例大致相同。

表 6-10　资产负债表的构成

构　成		概　念	组　成
资产	流动资产	一年内或在一个营业周期内变现或者耗用的资产	货币资金、短期投资、应收票据、应收账款、预付账款、存货、待摊费用等项目
	非流动资产	借款人在一年内不能变现的那部分资产	长期投资、固定资产、无形及递延资产和其他长期资产等
负债	流动负债	借款人在生产经营过程中应付给他人的资金,是借款人承担的应在一年或在一个营业周期内偿还的债务	短期借款、应付票据、应付账款、预收账款、应付工资、应交税费、应付利润、其他应付款和预提费用等
	长期负债	借款人为增添设备、购置房地产等扩大经营规模的活动通过举债或发行债券而筹集的资金	长期借款、应付长期债券、长期应付款等
所有者权益		代表投资者对净资产的所有权,净资产是借款人全部资产减去全部负债的净额	投资者投入的资本金;在生产经营过程中形成的资本公积金、盈余公积金和未分配利润

3．资金结构分析

借款人的全部资金来源于两个方面：一是借入资金，包括流动负债和长期负债；二是自有资金，即所有者权益。资金结构是指借款人的全部资金中负债和所有者权益所占的比重及相互关系。借款人资金来源结构状况直接影响其偿债能力。借款人的资金结构应与资产转换周期相适应。

分析资金结构是否合理要重点关注以下内容：①资产负债表结构。从资产负债表的合理结构来看，长期资产应由长期资金和所有者权益支持，短期资产则由短期资金支持。②经营风险水平。经营风险从广义上是指企业控制和管理的全部资产的不确定性。借款人的资金来源中，所有者权益的数额至少应能弥补其资产变现时可能发生的损失。

【例 6.7·判断题】资金结构指借款人的全部资金中负债和所有者权益所占的比重及相互关系。(　　　)[2015 年上半年真题]

【答案】正确

【解析】资产结构是指各项资产占总资产的比重。资金结构是指借款人的全部资金中负债和所有者权益所占的比重及相互关系。

(三)利润表分析

1．利润表的含义

利润表又称损益表，它是通过列示借款人在一定时期内取得的收入，所发生的费用支出和所获得的利润来反映借款人一定时期内经营成果的报表。

2．利润表的作用

通过利润表可以考核借款人经营计划的完成情况，可以预测借款人收入的发展变化趋势，进而预测借款人未来的盈利能力。

3．结构分析法

利润表分析通常采用结构分析法。结构分析法即通常以产品销售收入净额为100%，计算产品销售成本、产品销售费用、产品销售利润等指标各占产品销售收入的百分比，计算出各指标所占百分比的增减变动，分析其对借款人利润总额的影响。

不同企业由于自身情况不同而导致销售收入、营业利润、净利润等数额相差很大，利用结构分析法将不能比较的绝对数转化为可以比较的相对数，就可对不同企业之间的盈利能力做出评价。

除了结构分析，利润表结合资产负债表、现金流量表进行交叉分析。

(四)现金流量分析

1．现金及现金流量的概念

现金流量中的现金被广义化，既包括现金，又包括现金等价物，这是由分析现金流量的意义决定的，是会计核算中实质重于形式的体现。具体内容如表6-11所示。

表6-11　现金及现金流量

现金及现金 等价物	内容	现金流量中的现金包括两部分： ①现金，包括库存现金、活期存款和其他货币性资金； ②短期证券投资，也称为现金等价物，指三个月以内的证券投资
	注意事项	现金流量表中的现金必须不受限制，可自由使用，如已办理质押的活期存款不能用于还款，应该从现金中剔除
现金流量	内容	包括现金流入量、现金流出量和现金净流量；现金净流量为现金流入量和现金流出量之差
	注意事项	现金流量不讨论现金及现金等价物之间的变动(如用多余现金购买债券)，因为这不影响客户的偿债能力，属于现金管理

2．现金流量的计算

(1) 现金净流量的计算公式。

现金净流量=经营活动的现金净流量+投资活动的现金净流量+融资活动的现金净流量

(2) 现金流量的具体内容。

① 经营活动的现金流量。一般来说，销货现金收入、利息与股息的现金收入、增值税销项税款和出口退税、其他业务现金收入能够带来现金流入；购货现金支出、营业费用现金支出、支付利息、缴纳所得税和其他业务现金支出会带来现金的流出。

② 投资活动的现金流量。一般来说，出售证券(不包括现金等价物)、出售固定资产、收回对外投资本金能够带来现金流入；而购买有价证券、购置固定资产会带来现金的流出。

③ 融资活动的现金流量。一般来说，取得短期与长期贷款、发行股票或债券能够带来现金流入；而偿还借款本金的现金、分配现金股利会带来现金的流出。

(3) 现金流量的计算方法。计算现金流量时，以利润表为基础，根据资产负债表期初期末的变动数，进行调整。具体步骤如下。

① 计算资产负债表各科目期初数和期末数的变动情况。

项目变动数(Δ项目)=期末数-期初数

② 确定项目变动数是现金流出还是现金流入。

资产的增加和负债的减少会导致现金流出；资产的减少和负债的增加会导致现金流入。

③ 计算现金流量。

在计算现金流量时，投资活动和融资活动比较简单，较为复杂的是经营活动现金流量的计算。具体如表 6-12 所示。

表 6-12 现金流量的计算方法

现金流量的构成	计算方法
经营活动的现金流量	①直接法，又称为"自上而下"法，从销售收入出发，将利润表中的项目与资产负债表有关项目逐一对应，逐项调整为以现金为基础的项目；
	②间接法，即以利润表中最末一项净收益为出发点，加上没有现金流出的费用和引起现金流入的资产负债表项目的变动值，减去没有现金流入的收入和引起现金流出的资产负债表项目的变动值
投资活动的现金流量	投资活动的现金流出(流入)=Δ固定资产+Δ投资+Δ无形资产 (Δ>0，流出；Δ<0，流入)
融资活动的现金流量	融资活动的现金流出(流入)=Δ长期负债+Δ短期负债+Δ股东权益 (Δ>0，流出；Δ<0，流入)

(五)财务报表综合分析

1. 盈利能力分析(盈利比率)

盈利能力即获取利润的能力。盈利能力越强，客户还本付息的可能性越大，贷款的风险越小。反映借款人盈利能力的指标主要有六个，具体内容如表 6-13 所示。

表 6-13 盈利能力分析

指　标		具体内容
销售利润率 (毛利润率)	计算 公式	销售利润率=销售利润/销售收入净额×100% 销售利润=销售收入净额-销售成本-销售费用-销售税金及附加
	说明	反映每元销售收入净额中所实现的销售利润额，用来评价借款人产品销售收入净额的盈利能力；该指标越高，表明单位净销售收入中销售成本所占的比重越低，销售利润越高
营业利润率	计算 公式	营业利润率=营业利润/销售收入净额×100% 营业利润=销售利润-管理费用-财务费用

续表

指 标		具体内容
营业利润率	说明	反映每元销售收入净额所取得的营业利润;该比率越高,说明借款人盈利水平越高
税前利润率和净利润率	计算公式	税前利润率=利润总额/销售收入净额×100% 利润总额=营业利润+投资净收益+营业外收入-营业外支出 净利润率=净利润/销售收入净额×100% 净利润=利润总额-所得税
	说明	这两个比率越大,说明每元销售收入净额所取得的税前利润和净利润越多;和前两个比率相比较,银行应更重视这两个比率
成本费用利润率	计算公式	成本费用利润率=利润总额/成本费用总额×100% 成本费用总额=销售成本+销售费用+管理费用+财务费用
	说明	每元成本费用支出所能带来的利润总额;它越大,说明同样的成本费用能取得更多利润,或取得同样利润只需花费较少的成本费用
资产收益率	计算公式	资产收益率=税前净利润/资产平均总额×100% 资产平均总额=(期初资产总额+期末资产总额)/2
	说明	资产收益率越高,说明客户资产的利用效率越高,营运能力越强,盈利能力越强
所有者权益收益率	计算公式	所有者权益收益率=利润总额/有形净资产×100%
	说明	该比率越高,表明所有者投资的收益水平越高,营运能力越好,盈利能力越强

【例 6.8·单选题】B 公司 2012 年利润总额 1580 万元,销售成本 1200 万元,销售费用 2390 万元,管理费用 961 万元,财务费用 1050 万元,B 公司的成本费用利润率为(   )。[2013 年下半年真题]

　　A. 35.74%　　　　B. 39.21%　　　　C. 28.21%　　　　D. 44.01%

【答案】C

【解析】成本费用利润率是借款人利润总额与当期成本费用总额的比率。其计算公式为:成本费用利润率=利润总额/成本费用总额×100%,成本费用总额=销售成本+销售费用+管理费用+财务费用。因此 B 公司的成本费用利润率=1580/(1200+2390+961+1050)×100%≈28.21%。

2. 偿债能力分析

偿债能力是指客户偿还到期债务的能力,包括长期偿债能力分析和短期偿债能力分析。

(1) 长期偿债能力分析。长期偿债能力是指客户偿还长期债务的能力,是反映客户财务状况稳定与安全程度的重要标志。一般从考察借款人偿还债务的保障能力,即财务杠杆比率角度,分析借款人偿还长期债务的能力。具体指标如表 6-14 所示。

(2) 短期偿债能力分析。短期偿债能力是指客户以流动资产偿还短期债务即流动负债的能力,它反映客户偿付日常到期债务的能力。反映客户短期偿债能力的比率主要有:流动比率、速动比率和现金比率,这些统称为偿债能力比率。具体内容如表 6-15 所示。

表 6-14 长期偿债能力分析指标

指　标	具体内容	
资产负债率	计算公式	资产负债率=负债总额/资产总额×100%
	说明	对银行来讲，借款人负债比率越低越好
负债与所有者权益比率	计算公式	负债与所有者权益比率=负债总额/所有者权益×100%
	说明	该比率越低，表明客户的长期偿债能力越强，债权人权益保障程度越高；该比率过低，客户不能充分发挥所有者权益的财务杠杆作用
负债与有形净资产比率	计算公式	负债与有形净资产比率=负债总额/有形净资产×100% 有形净资产=所有者权益-无形资产-递延资产
	说明	从长期偿债能力来讲，该比率越低，表明借款人的长期偿债能力越强
利息保障倍数	计算公式	利息保障倍数=(利润总额+利息费用)/利息费
	说明	该比率越高，说明借款人支付利息费用的能力越强

表 6-15 短期偿债能力分析指标

指　标	具体内容	
流动比率	计算公式	流动比率=流动资产/流动负债×100%
	说明	该比率越高，反映借款人短期偿债能力越强，债权人的权益越有保证；过高不仅表明借款人流动资产占用过多，影响资产的使用效率和盈利能力，也可能表明客户的应收账款过多或是存货过多
速动比率	计算公式	速动比率=速动资产/流动负债×100%
	说明	该比率低，说明借款人的短期偿债能力存在问题；过高，则又说明借款人拥有过多的速动资产，可能失去一些有利的投资或获利机会
现金比率	计算公式	现金比率=现金类资产/流动负债×100%
	说明	现金比率越高，表明客户直接支付能力越强。客户保留过多的现金类资产，会丧失许多获利机会和投资机会
营运资金	计算公式	营运资金=流动资产-流动负债
	说明	营运资金越多越好，对借款人短期和长期资产的支持越大。营运资金多少只有在与销售额、总资产或其他变量相结合时才更有意义
现金债务总额比	计算公式	现金债务总额比=经营活动现金净流量/债务总额
	说明	该比率越大，说明企业承担债务的能力越强

在分析客户短期偿债能力时，可将流动比率、速动比率和现金比率三个指标结合起来观察，特别是还可将营运资金指标结合起来进行全面分析，一般能够得到评价借款人短期偿债能力的最佳效果。

【例 6.9·单选题】如果流动比率大于 1，则下列结论一定成立的是(　　)。[2013 年上半年真题]

A. 现金比率大于 1   B. 速动比率大于 1

C. 短期偿债能力绝对有保障   D. 营运资金大于零

【答案】D

【解析】流动比率=流动资产/流动负债×100%。A 项，现金比率=现金类资产/流动负债×100%，现金类资产是速动资产扣除应收账款后的余额，在数值上现金比率小于流动比率；B 项，速动比率=速动资产/流动负债×100%，在数值上速动比率小于流动比率；C 项，从理论上讲，只要流动比率高于1，客户便具有偿还短期债务的能力，但由于有些流动资产是不能及时足额变现的，按照稳健性原则，对此比率的要求会高一些，一般认为在 2 左右比较适宜；D 项，营运资金是指流动资产与流动负债的差额，流动比率大于 1 时，营运资金大于零。

3. 营运能力分析

营运能力是指通过借款人资产周转速度的有关指标反映出来的资产利用的效率，它表明客户管理人员经营、管理和运用资产的能力。营运能力对客户盈利能力的持续增长和偿债能力的不断提高有着决定性的影响。

营运能力分析常用的比率主要有：总资产周转率、流动资产周转率、固定资产周转率、应收账款周转率、存货周转率等，这些统称为效率比率。具体内容如表 6-16 所示。

表 6-16 营运能力分析指标

指 标		具体内容
总资产周转率	计算公式	总资产周转率=销售收入净额/资产平均总额×100%
	说明	该比率越高，说明客户利用其全部资产进行经营的效率越高，客户的盈利能力越强
流动资产周转率	计算公式	流动资产周转率=主营业务收入净额/流动资产平均净值×100% 流动资产周转天数=计算期天数/流动资产周转率
	说明	该周转率越快，周转次数越多，表明企业以相同的流动资产占用实现的主营业务收入越多，说明企业流动资产的运用效率越高，进而使企业的偿债能力和盈利能力均得以增强
固定资产周转率	计算公式	固定资产周转率=销售收入净额/固定资产平均净值×100%
	说明	固定资产周转率高，表明客户固定资产利用较充分，也表明客户固定资产投资得当，固定资产结构合理，能够发挥效率
应收账款周转率	计算公式	应收账款周转率=赊销收入净额/应收账款平均余额×100% 赊销收入净额=销售收入-现销收入-销售退回-销售折让销售折扣
	说明	一定时期内应收账款周转次数越多，说明企业收回赊销账款的能力越强，应收账款的变现能力和流动性越强，管理工作的效率越高
存货周转率	计算公式	存货周转率=销货成本/平均存货余额×100% 存货持有天数=计算期天数/存货周转次数=存货平均余额×计算期天数/销货成本
	说明	①存货周转率越高，客户存货从资金投入到销售收回的时间越短； ②一般而言，存货持有天数增多，或是说明客户存货采购过量，或是呆滞积压存货比重较大，或是存货采购价格上涨；而存货持有天数减少，说明客户可能耗用量或销量增加

【例 6.10·单选题】下列财务比率中，属于效率比率指标的是(   )。[2013 年上半年真题]

　　A．销售利润率　　B．资产负债率　　C．营业利润率　　D．总资产周转率

【答案】D

【解析】效率比率通过计算资产的周转速度来反映管理部门控制和运用资产的能力，进而估算经营过程中所需的资金量。效率比率指标主要包括总资产周转率、固定资产周转率、应收账款回收期、存货持有天数等。AC 两项属于盈利比率指标；B 项属于偿债能力比率指标。

三、客户信用评级

(一)客户评级的基本概念

1．客户信用评级概述

客户信用评级的概念、功能及类别如表 6-17 所示。

表 6-17　客户信用评级的概念、功能及类别

项　目	说　明
概念	①是商业银行对客户偿债能力和偿债意愿的计量和评价，反映客户违约风险的大小； ②客户评级的评价主体是商业银行，评价目标是客户违约风险，评价结果是信用等级
功能	《巴塞尔新资本协议》对客户信用评级功能的要求： ①能够有效区分违约客户，即不同信用等级的客户违约风险随信用等级的下降而呈加速上升的趋势； ②能够准确量化客户违约风险，即能够估计各信用等级的违约概率，并将估计的违约概率与实际违约概率之间的误差控制在一定范围内
类别	外部评级，是专业评级机构对特定债务人的偿债能力和偿债意愿的整体评估，主要依靠专家定性分析，评级对象主要是企业，尤其是大中型企业
	内部评级，是商业银行根据内部数据和标准(侧重于定量分析)，对客户的风险进行评价，并据此估计违约概率及违约损失率，作为信用评级和分类管理的标准

【例 6.11·单选题】进行信贷客户内部评级的评价主体是＿＿＿，评价目标是＿＿＿，评价结果是＿＿＿。(   )[2013 年上半年真题]

　　A．商业银行；偿债意愿；违约概率

　　B．专业评级机构；偿债意愿；违约概率

　　C．商业银行；客户违约风险；信用等级

　　D．专业评级机构；客户违约风险；信用等级

【答案】C

【解析】客户信用评级是商业银行对客户偿债能力和偿债意愿的计量和评价，反映客户违约风险的大小。客户评级的评价主体是商业银行，评价目标是客户违约风险，评价结

果是信用等级。

2. 违约概率(PD)与违约概率模型

(1) 违约概率(PD)。

① 内部评级法下每个评级结果都需要对应一个违约概率。

② 违约概率是指在未来一段时间内借款人发生违约的可能性。

(2) 违约概率模型。

① 违约概率模型的构建和测算是内部评级法的核心，同时也是许多技术问题的焦点。

② 违约概率模型即使用定量和定性风险因素或者指标预测 PD 值的模型。定量指标包括利润、杠杆、偿债能力类财务指标，定性指标则包括股东背景、管理水平、行业特征等。

(二)客户评级对象的分类

客户评级对象可以按照《巴塞尔新资本协议》内部评级法的要求，根据不同潜在风险特征分为五大类：公司、主权、银行、零售和股权。

公司风险暴露是指商业银行对公司、合伙制企业和独资企业及其他非自然人的债权。根据债务人类型及其风险特征，公司风险暴露分为中小企业风险暴露、专业贷款和一般公司风险暴露。具体内容如表 6-18 所示。

表 6-18　公司风险暴露的分类

类　别	说　明
中小企业风险暴露	是指商业银行对年销售额不超过 3 亿元人民币的债务人开展的授信业务形成的债权
专项贷款风险暴露	分为五个子类：①项目融资；②物品融资；③商品融资；④产生收入的房地产；⑤高变动性商用房地产
一般公司风险暴露	①按规模，可分为超大型企业和大中型企业； ②按行业属性划分，可分为制造类企业、建筑类企业、批发零售类企业、交通运输类企业等

(三)评级因素及方法

1. 评级因素

总体来看，商业银行在评级时主要考虑的因素包括以下方面。

(1) 财务报表分析结果。财务报表分析是评估未来现金流量是否充足和借款人偿债能力的中心环节。

(2) 借款人的行业特征。借款人所在行业的特征。在进行评级时，常常要把借款人的财务比例与现行行业标准比例进行比较。

(3) 借款人财务信息的质量。相对来说，经过会计公司审计的借款人的财务报表比较可信。

(4) 借款人资产的变现性。银行在评级时既要重视公司规模，又要重视公司权益的账面或市场价值。

(5) 借款人的管理水平。这种评估是主观的，通过对借款人管理水平的评估能揭示公司在竞争力、经验、诚信和发展战略等方面存在的不足。

(6) 借款人所在国家。特别是当汇兑风险或政治风险较大时，国别风险的分析尤其必要。

(7) 特殊事件的影响。如诉讼、环境保护义务或法律和国家政策的变化。

(8) 被评级交易的结构。充足的担保一般会改善评级等级，特别当担保是现金或容易变现的资产(如国债)时。保证一般也会提高评级，但不会超过对担保人作为借款人时的评级。

2. 客户信用评级方法

商业银行客户信用评级的方法主要包括定性分析法和定量分析法。

(1) 定性分析法。定性分析法主要指专家判断法。专家系统是依赖高级信贷人员和信贷专家自身的专业知识、技能和丰富经验，运用各种专业性分析工具，在分析评价各种关键要素的基础上依据主观判断来综合评定信用风险的分析系统。主要包括以下三种。

① 5C 系统。在目前所使用的定性分析法中，对企业信用分析的 5C 系统使用最为广泛。5C 系统的具体内容如表 6-19 所示。

表 6-19 5C 系统

内　容	说　明
品德(Character)	是对借款人声誉的衡量，主要指企业负责人的品德、经营管理水平、资金运用状况、经营稳健性以及偿还愿望等
资本(Capital)	是指借款人的财务杠杆状况及资本金情况；资本金是经济实力的重要标志，也是企业承担信用风险的最终资源
还款能力(Capacity)	主要从两方面进行分析：一方面是借款人未来现金流量的变动趋势及波动性；另一方面是借款人的管理水平
抵押(Collateral)	借款人应提供一定的、合适的抵押品以减少或避免商业银行贷款损失，特别是在中长期贷款中，如果没有担保品作为抵押，商业银行通常不予放款
经营环境(Condition)	包括商业周期所处阶段、借款人所在行业状况、利率水平等因素

② 5P 系统。使用较为广泛的专家系统还有针对企业信用分析的 5P 系统。5P 分析系统指：个人因素(Personal Factor)、资金用途因素(Purpose Factor)、还款来源因素(Payment Factor)、保障因素(Protection Factor)、企业前景因素(Perspective Factor)。

③ 骆驼(CAMEL)分析系统。针对商业银行等金融机构的骆驼(CAMEL)分析系统，包括：资本充足性(Capital Adequacy)、资产质量(Assets Quality)、管理能力(Management)、营利性(Earning)和流动性(Liquidity)等因素。

【例 6.12·单选题】20 世纪 90 年代以来，在银行业得到高度重视和快速发展的定量分析模型是(　　)。

　　A. 5C　　　　　　B. 5P　　　　　　C. CAMEL 模型　　D. 信用风险量化模型

【答案】D

【解析】20 世纪 90 年代以来，信用风险量化模型在银行业得到了高度重视和快速发展，涌现了一批能够直接计算违约概率的模型，其中具有代表性的有穆迪的 Risk-Calc 和 Credit Monitor、KPMG 的风险中性定价模型和死亡概率模型，在银行业引起了很大反响。

(2) 定量分析法。定量分析法在信用评级中越来越受到重视,较常见的定量分析法主要包括各类违约概率模型分析法。实施内部评级法的商业银行可采用模型估计违约概率。

与传统的定性分析方法相比,违约概率模型能够直接估计客户的违约概率,因此对历史数据的要求更高,需要商业银行建立一致的、明确的违约定义,并且在此基础上积累至少五年的数据。针对我国银行业的发展现状,商业银行将违约概率模型和传统的专家系统相结合,取长补短,有助于提高信用风险评估和计量水平。

(四)客户评级主标尺

1. 主标尺的定义

主标尺是指将所有客户的信用评级对应到违约率区间,即设定一个能够区分客户风险程度、便于客户差别化管理且符合监管要求的全行统一的违约概率和信用等级对应的标准尺度。

2. 主标尺的基本特征

(1) 主标尺应该以债务人真实的违约概率为标准划分。

(2) 主标尺应该将违约概率连续且没有重叠地映射到风险等级,应该涵盖银行整体资产的信用风险。

(3) 风险等级的划分足够精细,可以分辨不同类型的风险等级,相邻等级的违约率不能变化过大,各个违约率区间跨度(差值)应该是单调且最好是按几何级数方式增加。

(4) 客户不能过于集中在单个风险等级,每个风险等级的客户数不能超过总体客户数的一定比例。

(5) 违约率映射要综合考虑银行现有的评级和客户分布。

3. 主标尺的设立要求

(1) 满足监管当局监管指引的要求;

(2) 满足银行内部的管理要求;

(3) 能够与国际公认的评级机构的级别相对应,以便于同行进行比较和资产管理。

【例 6.13·多选题】客户评级主标尺主要有哪些基本特征?(　　　)

    A. 主标尺应该以债务人真实的违约概率为标准划分

    B. 主标尺应该将违约概率连续且没有重叠地映射到风险等级

    C. 风险等级的划分足够精细可以分辨不同类型的风险等级

    D. 客户可以集中在单个风险等级

    E. 违约率映射要综合考虑银行现有的评级和客户分布

【答案】ABCE

【解析】D 项,客户不能过于集中在单个风险等级,每个风险等级的客户数不能超过总体客户数的一定比例。

(五)客户评级流程

客户评级的流程主要有四个:评级发起、评级认定、评级推翻和评级更新。具体内容如表 6-20 所示。

表 6-20 客户评级的流程

环　节	内　容
评级发起	①是指评级人员对客户进行一次新的评级过程; ②操作要求:a. 发起前,商业银行应制定书面的评级发起政策,包括评级发起工作的岗位设置、评级发起的债务人范围、频率及各环节的操作流程等;b. 对同一债务人或保证人在商业银行内部只能有一个评级;评级发起人员应遵循尽职原则以及客观和审慎的原则
评级认定	①是指评级认定人员对评级发起人员评级建议进行最终审核认定的过程; ②评级认定人员不能从贷款发放中直接获益,不应受相关利益部门的影响,不能由评级发起人员兼任
评级推翻	①主要指评级人员对模型评级结果的推翻和评级认定人员对评级发起人员评级建议的否决; ②在对模型表现进行监测时,监测人员对模型评级推翻率的统计会更加关注前者;内部评级体系一般都会依据评级专家的经验来决定是否对评级进行推翻
评级更新	①是指商业银行定期对现有客户进行重新评价的过程,即对现有客户的再次评级发起; ②操作要求: a. 在评级更新过程中,商业银行应建立书面的评级更新政策,包括评级更新的条件、频率、程序和评级有效期; b. 商业银行对非零售风险暴露的债务人和保证人评级应至少每年更新一次,对风险较高的债务人,商业银行应适当提高评级更新频率; c. 评级有效期内需要更新评级时,评级频率不受每年一次的限制,评级有效期自评级更新之日重新计算

【例 6.14 · 多选题】下列关于评级推翻的描述中,错误的有(　　)。

A. 商业银行应监控评级专家推翻内部评级体系所输出的评级结果的流程

B. 商业银行应明确评级人员推翻评级结果的程序、有权推翻人和推翻程度

C. 商业银行应明确要求评级推翻人提供评级推翻的充分依据

D. 基于计量模型的内部评级体系,不能依据评级专家的经验来决定是否对评级进行推翻

E. 在商业银行的非零售信贷管理系统中应强制要求提供评级推翻的依据,该依据应全面考虑评级模型中的所有因素

【答案】DE

【解析】D 项,无论是基于计量模型还是基于专家判断的内部评级体系,一般都会依据评级专家的经验来决定是否对评级进行推翻;E 项,在商业银行的非零售信贷管理系统中应强制要求提供评级推翻的依据,该依据不应重复考虑评级模型中已有的因素。

【过关练习】

一、单选题(下列选项中只有一项最符合题目的要求)

1. 原材料供给不仅是企业资产循环的基础性环节，也是企业真实融资需求分析的重要方面。银行在对企业开展存货融资或预付款融资时，以下不属于对企业供应阶段分析内容的是(   )。

　　A. 原材料价格　　　　　　　　　B. 付款条件

　　C. 目标客户　　　　　　　　　　D. 进货渠道

【答案】C

【解析】供应阶段的核心是进货，信贷人员应重点分析以下方面：①货品质量；②货品价格；③进货渠道；④付款条件。

2. 在利润表结构分析中就是以(   )为100%，计算出各指标所占百分比的增减变动，分析对借款人利润总额的影响。

　　A. 产品销售费用　　　　　　　　B. 产品销售利润

　　C. 产品销售成本　　　　　　　　D. 产品销售收入净额

【答案】D

【解析】在利润表结构分析中就是以产品销售收入净额为100%，计算产品销售成本、产品销售费用、产品销售利润等指标各占产品销售收入的百分比，计算出各指标所占百分比的增减变动，分析其对借款人利润总额的影响。

3. 以下关于现金流量的说法，正确的是(   )。

　　A. 已办理质押的活期存款不能用于还款，但可以计入现金中

　　B. 现金流量包括现金流入量、现金流出量和现金净流量

　　C. 现金流量包括现金及现金等价物之间的变动

　　D. 现金流量中的现金包括：库存现金、活期存款、其他货币性资金以及长期证券投资

【答案】B

【解析】现金流量包括现金流入量、现金流出量和现金净流量；现金净流量为现金流入量和现金流出量之差。A项，已办理质押的活期存款不能用于还款，因此应该从现金中剔除；C项，现金流量不讨论现金及现金等价物之间的变动，因为这不影响客户的偿债能力，属于现金管理；D项，现金流量中的现金包括：库存现金、活期存款、其他货币性资金以及三个月以内的证券投资。

二、多选题(下列选项中有两项或两项以上符合题目要求)

1. 要比较全面地分析借款人短期偿债能力时，需将下列指标结合起来观察(   )。

　　A. 速动比率　　　　　　B. 流动比率　　　　　　C. 现金比率

　　D. 资产负债率　　　　　E. 营运资金

【答案】ABCE

【解析】在分析客户短期偿债能力时，可将流动比率、速动比率和现金比率三个指标结合起来观察，还可将营运资金指标结合起来进行全面分析，一般能够得到评价借款人短期偿债能力的更佳效果，因为营运资金是借款人偿债资金保证的绝对量，而流动比率、速动比率和现金比率是相对数。D项是反映借款人长期偿债能力的指标。

2. 下列关于成本费用利润率的描述，正确的有(   )。

A．成本费用利润率=成本费用总额/利润总额×100%

B．该比率反映的是每元成本费用支出所能带来的利润总额

C．该比率越大，说明同样的成本费用能取得更多利润

D．该比率越大，说明取得同样利润所花费的成本费用越多

E．成本费用利润率=利润总额/成本费用总额×100%

【答案】BCE

【解析】成本费用利润率是借款人利润总额与当期成本费用总额的比率。其计算公式为：成本费用利润率=利润总额/成本费用总额×100%，该比率反映每元成本费用支出所能带来的利润总额。比率越大，说明同样的成本费用能取得更多利润，或取得同样利润只需花费较少的成本费用。

3. 下列关于产品竞争力的说法，正确的有(   )。

A．企业产品(服务)特征主要表现在其产品的竞争力方面

B．企业产品竞争力越强，越容易获得市场认同

C．产品竞争力主要取决于产品自身的性价比

D．产品竞争力主要取决于产品品牌

E．能否合理、有效、及时地进行产品创新对设计和开发周期短的公司更为重要

【答案】ABC

【解析】D项，企业产品的竞争力虽然也与产品品牌等多种因素有关，但主要还是取决于产品自身的性价比；E项，能否合理、有效、及时地进行产品创新对于设计和开发周期较长的公司更为重要。

三、判断题(请对下列各题的描述做出判断，正确的用A表示，错误的用B表示)

1. 负债与有形净资产比率是用来表示有形净资产对债权人权益的保障程度的指标。从长期偿债能力来讲，该比率越低，说明借款人的长期偿债能力越强。(   )

【答案】A

【解析】负债与有形净资产比率是指负债与有形净资产的比例关系，用于表示有形净资产对债权人权益的保障程度，其计算公式审慎地考虑了企业清算时的情况，更能合理地衡量借款人清算时对债权人权益的保障程度。从长期偿债能力来讲，该比率越低，表明借款人的长期偿债能力越强。

2. 一般来说，客户所经营的行业分散有利于分散风险,商业银行应优先给予信贷。(   )

【答案】B

【解析】信贷人员要注意客户经营的诸多业务之间是否存在关联性，对于所经营的行业分散、主营业务不突出的客户应警觉。

3．赊账销售对厂商不利的方面主要是占压了资金，但有利的方面是可以扩大销量，收账风险很小。(   )

【答案】B

【解析】收款条件主要包括三种：预收货款、现货交易和赊账销售。赊账销售对厂商不利的方面主要是占压了资金，存在收账风险，但有利的方面是可以扩大销量。

第七章　贷款担保

【考查内容】

　　本章围绕贷款担保的相关内容进行考查，一共分为四个部分。第一部分，考生要掌握贷款担保的分类、范围、原则和作用；其余三部分从贷款保证、抵押和质押这三个方面对贷款担保进行考查。考生在备考过程中，要注意理解掌握贷款保证人的资格和条件，保证贷款的主要风险和风险防范措施、融资性担保公司和银担业务合作；贷款抵押和贷款质押的设定条件、风险和风险防范措施也是考试的重点，考生需要多下功夫记忆；此外，质押与抵押的区别也是考生需要格外注意的地方。

【备考方法】

　　本章内容较多，考查形式以多选题居多，真题大多是对细节的考查，本章涉及内容大多为记忆性知识点，难度不大，需要反复练习，对相似知识点切勿混淆。考生需重点记忆历年真题中反复出现的考点，多进行表格归纳总结，做到了然于胸。

【框架结构】

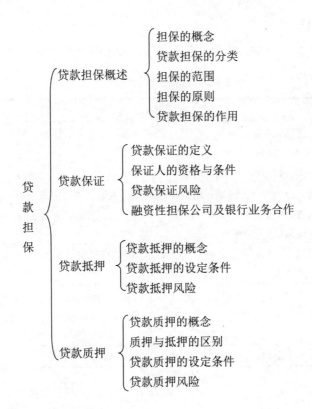

贷款担保
- 贷款担保概述
  - 担保的概念
  - 贷款担保的分类
  - 担保的范围
  - 担保的原则
  - 贷款担保的作用
- 贷款保证
  - 贷款保证的定义
  - 保证人的资格与条件
  - 贷款保证风险
  - 融资性担保公司及银行业务合作
- 贷款抵押
  - 贷款抵押的概念
  - 贷款抵押的设定条件
  - 贷款抵押风险
- 贷款质押
  - 贷款质押的概念
  - 质押与抵押的区别
  - 贷款质押的设定条件
  - 贷款质押风险

【核心讲义】

一、贷款担保概述

(一)担保的概念

贷款担保是指为提高贷款偿还的可能性,降低银行资金损失的风险,银行在发放贷款时要求借款人提供担保,以保障贷款债权实现的法律行为。

(二)贷款担保的分类

1. 贷款担保的分类

贷款担保可分为人的担保和财产担保两种。具体内容如表 7-1 所示。

表 7-1　贷款担保分类

类　型	概　念
人的担保	主要是指由作为第三人的自然人或法人向银行提供的保证
财产担保	主要是将债务人或第三人的特定财产抵押给银行,分为不动产、动产和权利财产(如股票、债券、保险单等)担保

2. 贷款担保的形式

担保的形式有多种,一笔贷款可以有几种担保。贷款担保的具体内容如表 7-2 所示。

表 7-2　贷款担保的形式

担保形式	内　容
抵押	抵押是指借款人或第三人在不转移财产占有权的情况下,将财产作为债权的担保,银行持有抵押财产的担保权益,当借款人不履行借款合同时,银行有权以该财产折价或者以拍卖、变卖该财产的价款优先受偿
质押	质押是指债权人与债务人或债务人提供的第三人以协商订立书面合同的方式,移转债务人或者债务人提供的第三人的动产或权利的占有,在债务人不履行债务时,债权人有权以该财产价款优先受偿
保证	保证是指保证人和债权人约定,当债务人不履行债务时,保证人按照约定履行债务或者承担责任的行为
留置	留置是指债权人按照合同约定占有债务人的动产,债务人不按照合同约定的期限履行债务的,债权人有权按照规定留置该财产,以该财产折价或者以拍卖、变卖该财产的价款优先受偿
定金	定金较少用于银行信贷业务中

(三)担保的范围

担保的范围分为法定范围和约定范围。《担保法》规定的法定范围如表 7-3 所示。

表 7-3 担保的法定范围

范　围	内　容
主债权	是指由借款合同、银行承兑协议、出具保函协议书等各种信贷主合同所确定的独立存在的债权
利息	是指由主债权所派生的利息
违约金	是指由法律规定或合同约定的债务人不履行或不完全履行债务时,应付给银行的金额
损害赔偿金	是指债务人因不履行或不完全履行债务给银行造成损失时,应向银行支付的补偿费
实现债权的费用	是指债务人在债务履行期届满而不履行或不完全履行债务,银行为实现债权而支出的合理费用
质物保管费用	是指在质押期间,因保管质物所发生的费用

(四)担保的原则

《担保法》规定,担保活动应当遵循平等、自愿、公平、诚实信用的原则,具体内容如表 7-4 所示。

表 7-4 担保原则

原　则	内　容
平等原则	是指参加民事活动的当事人在法律上的地位一律平等,任何一方不得把自己的意志强加给对方,同时法律也对双方提供平等的保护。主要体现在两个方面: ①所有的民事主体,在从事担保活动中,适用同一法律,具有平等的地位; ②民事主体在从事担保活动时必须平等协商
自愿原则	是指公民、法人或者其他组织有权根据自己的意愿决定是否参加民事活动,参加何种民事活动,根据自己的意愿依法处分自己的财产和权利。主要体现在四个方面: ①当事人有权依法从事担保活动或不从事担保活动; ②当事人有权选择保证、抵押、质押或者定金的担保方式,有权约定排除留置的适用,也有权选择为谁提供担保; ③担保主体有权选择订立担保合同的方式; ④当事人有选择担保相对人的自由
公平原则	是指当事人之间在设定民事权利和义务、承担民事责任等方面应当公平、合情合理。主要体现在三个方面: ①担保合同的内容不能显失公平,否则可以依据《合同法》的规定请求人民法院或仲裁机构予以变更或撤销; ②人民法院处理担保纠纷时,应严格依照当事人的过错判定当事人应负担的责任; ③在担保法律关系的当事人都没有过错的情况下,所发生的损失由各方合理分担

续表

原 则	内 容
诚实信用原则	是指当事人在担保活动中要言行一致、表里如一，恪尽担保合同约定的义务。主要体现在三个方面： ①担保合同的订立必须符合诚实信用原则，如果一方是采用了不诚实的手段诱骗他人为自己的债务提供担保，则受害人有权请求法院予以撤销或不承担法律责任； ②担保合同的履行必须符合诚实信用原则，当事人在行使担保合同的权利和履行担保合同的义务时，应遵从诚实信用原则，不能滥用权利和以违背诚实信用的方式行使权利与承担义务； ③如果担保中的当事人一方明知他人受到欺诈、胁迫或因其他原因，在违背真实意思的情况下为自己提供担保的，这种不诚实的受益是不被允许的

(五)贷款担保的作用

贷款担保的作用主要表现为以下四个方面：①协调和稳定商品流转秩序，使国民经济健康运行；②降低银行贷款风险，提高信贷资金使用效率；③促进借款企业加强管理，改善经营管理状况；④巩固和发展信用关系。

二、贷款保证

(一)贷款保证的定义

保证是指保证人和债权人约定，当债务人不履行债务时，保证人必须按照约定履行债务或者承担责任的行为。贷款保证是债权债务关系当事人以外的第三人担保债务人履行债务的一种担保制度。

【例 7.1·判断题】保证就是由任意第三人担保债务人履行债务的一种担保制度。( )[2009 年上半年真题]

【答案】错误

【解析】保证是指保证人和债权人约定，当债务人不履行债务时，保证人必须按照约定履行债务或者承担责任的行为。贷款保证就是债权债务关系当事人以外的第三人担保债务人履行债务的一种担保制度。

(二)保证人的资格与条件

1. 保证人的资格

我国《担保法》对保证人的资格做了明确的规定，只有那些具有代主债务人履行债务能力及意愿的法人、其他组织或者公民才能作保证人。

1) 应满足的必要条件。
(1) 必须是具有民事行为能力的人；
(2) 必须具有代为履行主债务的资力。

2) 应满足的限制条件

(1) 国家机关不得作保证人，但经国务院批准对特定事项作保证人的除外；

(2) 禁止政府及其所属部门要求银行等金融机构或者企业为他人提供担保；

(3) 医院、学校等以公共利益为目的的事业单位、社会团体不得作保证人；

(4) 企业法人的分支机构或职能部门不能作保证人，有该法人书面授权的，可在授权范围内提供保证。

【例 7.2·单选题】 下列主体中(　　)不具备贷款保证人资格。[2013 年下半年真题]

    A．IT 企业　　　　B．出版社　　　　C．地方政府部门　　D．会计师事务所

【答案】 C

【解析】 根据《担保法》第八条的规定，国家机关不得为保证人，但经国务院批准为使用外国政府或者国际经济组织贷款进行转贷的除外。

2．保证人的评价

信贷人员应对保证人进行严格调查、评价，对保证人的评价包括确认保证人的主体资格、评价保证人的代偿能力和保证限额分析等几个方面。

1) 审查保证人的主体资格

(1) 经商业银行认可的具有较强代为清偿能力的、无重大债权债务纠纷的单位和个人可以为保证人：金融机构、从事符合国家法律、法规的生产经营活动的企业法人、从事经营活动的事业法人、其他经济组织、自然人、担保公司。

(2) 商业银行不接受下列单位作为保证人：①国家机关，除经国务院批准为使用外国政府或者国际经济组织贷款进行转贷的；②以公益为目的的事业单位、社会团体：学校、幼儿园、医院、科学院、图书馆、广播电台、电视台等；③无企业法人的书面授权或者超出授权范围提供保证的企业法人的分支机构；④企业法人的职能部门。

2) 评价保证人的代偿能力

对符合主体资格要求的保证人应进行代偿能力评价。

3) 保证人保证限额分析

保证人保证限额，是指根据客户信用评级办法测算出的保证人信用风险限额减去保证人对商业银行的负债(包括或有负债)得出的数值。

4) 保证率的计算

计算出保证限额后，还应计算保证率，以便进一步衡量保证担保的充足性。

计算公式：保证率=申请保证贷款本息/可接受保证限额×100%。

5) 评价结果及处理

经评价符合保证人条件的信贷人员撰写"商业银行担保评价报告"随信贷审批材料一并报送评价审查人员。如不符合条件，应及时将保证人材料退还，并要求债务人另行提供保证人或提供其他担保方式。

(三)贷款保证风险

1．贷款保证存在的主要风险因素

贷款保证存在的主要风险因素包括：①保证人不具备担保资格；②保证人不具备担保

能力；③虚假担保人；④公司互保；⑤保证手续不完备，保证合同产生法律风险；⑥超过诉讼时效，贷款丧失胜诉权。

2. 贷款保证的风险防范

1) 核保

(1) 核保的定义。核实保证简称"核保"，是指去核实保证人提供的保证是在自愿原则的基础上达成的，是保证人真实意思的表示。

(2) 商业银行应注意验证核实的事项。

① 法人和法人代表签字印鉴的真伪；

② 企业法人出具的保证是否符合该法人章程规定的宗旨或授权范围；

③ 股份有限公司或有限责任公司的企业法人提供的保证，需要取得董事会决议同意或股东大会同意；

④ 中外合资、合作企业的企业法人提供的保证需要提交董事会出具的同意担保的决议及授权书，董事会成员签字的样本，同时提供由中国注册会计师事务所出具的验资报告或出资证明；

⑤ 核保必须双人同去；

⑥ 核保人必须亲眼所见保证人在保证文件上签字盖章，并做好核保证实书，留银行备查。

2) 签订好保证合同

商业银行经过对保证人的调查核保，认为保证人具备保证的主体资格，同意贷款后，在签订借款合同的同时，还要签订保证合同，作为主合同的从合同。具体内容如表 7-5 所示。

表 7-5　保证合同

项　　目	说　　明
形式	保证合同要以书面形式订立，可以单独订立，包括当事人之间的具有担保性质的信函、传真等，也可以是主合同中的担保条款
订立方式	保证人与商业银行可以就单个主合同分别订立保证合同，也可以协商在最高贷款限额内就一定期间连续发生的贷款订立一个保证合同
内容	应包括被保证的主债权(贷款)种类、数额、贷款期限、保证的方式、保证担保的范围、保证的期限及双方认为需要约定的其他事项

3) 贷后管理

在贷后管理中，须注意以下容易发生问题的环节。

(1) 保证人的经营状况是否变差，其债务是否增加，包括向银行借款或又向他人提供担保；

(2) 银行与借款人协商变更借款合同应经保证人同意，否则可能保证无效，表现为办理贷款展期手续时，未经保证人同意，展期后的贷款，保证人不承担保证责任。

【例 7.3·单选题】 关于保证合同的形式，下列表述正确的是(　　)。[2014 年上半年真题]

　　A. 一般以口头形式订立

　　B．不可以以主合同担保条款的形式存在

　　C．可以单独订立书面合同

　　D．具有担保性质的信函、传真不属于保证合同

【答案】C

【解析】保证合同要以书面形式订立，以明确双方当事人的权利和义务。根据《担保法》的规定，书面保证合同可以单独订立，包括当事人之间的具有担保性质的信函、传真等，也可以是主合同中的担保条款。

(四)融资性担保公司及银行业务合作

1．融资性担保公司及其管理

1) 融资性担保的概念

融资性担保是指担保人与银行业金融机构等债权人约定，当被担保人不履行对债权人负有的融资性债务时，由担保人依法承担合同约定的担保责任的行为。

2) 融资性担保公司的概念

融资性担保公司是指依法设立，经营融资性担保业务的有限责任公司和股份有限公司。

融资性担保公司由省、自治区、直辖市人民政府实施属地管理。

其公司注册资本的最低限额，不得低于人民币500万元。注册资本为实缴货币资本。

3) 融资性担保公司的担保业务及注意事项

融资性担保公司担保的业务范围及注意事项如表7-6所示。

表7-6　融资性担保公司的业务范围及注意事项

项　目	内　容
业务范围	经监管部门批准，可以经营下列部分或全部融资性担保业务： ①贷款担保；②票据承兑担保；③贸易融资担保；④项目融资担保；⑤信用证担保；⑥其他融资性担保业务
	融资性担保公司经监管部门批准，可以兼营下列部分或全部业务： ①诉讼保全担保；②投标、预付款、工程履约、尾付款如约偿付等履约担保业务；③与担保业务有关的融资咨询、财务顾问等中介服务；④以自有资金进行投资；⑤监管部门规定的其他业务
	融资性担保公司不得从事下列活动： ①吸收存款；②发放贷款；③受托发放贷款；④受托投资；⑤监管部门规定不得从事的其他活动
注意事项	①对单个被担保人提供的融资性担保责任余额不得超过净资产的10%； ②对单个被担保人及其关联方提供的融资性担保责任余额不得超过净资产的15%； ③对单个被担保人债券发行提供的担保责任余额不得超过净资产的30%

【例7.4·单选题】融资性担保公司对单个被担保人及其关联方提供的融资性担保责任余额不得超过净资产的(　　)。

　　　　A．10%　　　　　B．15%　　　　　C．20%　　　　　D．30%

【答案】B

【解析】根据《融资性担保公司管理办法》的规定，融资性担保公司对单个被担保人提供的融资性担保责任余额不得超过净资产的 10%；对单个被担保人及其关联方提供的融资性担保责任余额不得超过净资产的 15%；对单个被担保人债券发行提供的担保责任余额不得超过净资产的30%。

2. 银行业金融机构与融资性担保机构的业务合作及其风险防范

银行业金融机构与融资性担保机构的业务合作及其风险防范的具体内容如表 7-7 所示。

表7-7　银行业金融机构与融资性担保机构的业务合作及其风险防范

项　目	内　容
银行业金融机构与融资性担保机构的业务合作	①银行业金融机构应将融资性担保机构持有经营许可证作为开展合作的一个必要条件，并根据担保机构公司治理、风险管控、依法合规经营情况以及资本、信用、经营业绩等实际情况确定合作的深度与广度； ②双方要根据市场原则，协商一致，建立公平诚信、互惠互利的协作关系
风险防范	①银行业金融机构对融资性担保机构担保的贷款要重点审查第一还款来源，加强对借款人资信、经营等情况及实际偿债能力的分析，从源头上防范信贷风险； ②要加强贷款"三查"，特别是贷后管理，落实贷款新规，严格执行受托支付规定，防止贷款被挪用、占用

三、贷款抵押

(一)贷款抵押的概念

贷款抵押是指债务人或第三人对债权人以一定财产作为清偿债务担保的法律行为。提供抵押财产的债务人或第三人称为抵押人；所提供抵押财产称为抵押物；债权人则称为抵押权人。

(二)贷款抵押的设定条件

1. 抵押的范围

债务人在向商业银行提出信贷申请时，信贷人员应要求其提供担保方式意向。

(1) 根据《物权法》的规定，债务人或者第三人有权处分的下列财产可以抵押：①建筑物和其他土地附着物；②建设用地使用权；③以招标、拍卖、公开协商等方式取得的荒地等土地承包经营权；④生产设备、原材料、半成品、产品；⑤正在建造的建筑物、船舶、航空器；⑥交通运输工具；⑦法律、行政法规未禁止抵押的其他财产。

(2) 不得抵押的财产有：①土地所有权；②耕地、宅基地、自留地、自留山等集体所有的土地使用权，但法律规定可以抵押的除外；③学校、幼儿园、医院等以公益为目的的事业单位、社会团体的教育设施、医疗卫生设施和其他社会公益设施；④所有权、使用权不明或者有争议的财产；⑤依法被查封、扣押、监管的财产；⑥法律、行政法规规定不得抵押的其他财产。

【例 7.5·单选题】某公司拟以其所有的通勤车、厂房、被法院封存的存货及其租用的机器作抵押向银行申请借款，下列财产中可以用来抵押的是(　　)。[2013 年下半年真题]

A．通勤车、厂房　　　　　　　　B．全部财产

C．厂房、存货　　　　　　　　　D．通勤车、厂房、存货

【答案】A

【解析】根据《物权法》的规定，下列财产可以抵押：①建筑物和其他土地附着物；②建设用地使用权；③以招标、拍卖、公开协商等方式取得的荒地等土地承包经营权；④生产设备、原材料、半成品、产品；⑤正在建造的建筑物、船舶、航空器；⑥交通运输工具；⑦法律、行政法规未禁止抵押的其他财产。

2．贷款抵押额度的确定

1) 抵押物的认定

银行对选定的抵押物要逐项验证产权。

(1) 实行租赁经营责任制的企业，要有产权所有者同意的证明；

(2) 集体所有制企业和股份制企业用其财产作抵押时，除应该核对抵押物所有权外，还应验证董事会或职工代表大会同意的证明；

(3) 用共有财产作抵押时，应验证共有人同意抵押的证明，并以抵押人所有的份额为限。

2) 抵押物的估价

抵押物的估价是评估抵押物的现值。银行对抵押物的价值都要进行评估。具体内容如表 7-8 所示。

表 7-8　抵押物的估价

项　　目	内　　容
估价方法	①对于房屋建筑的估价，主要考虑房屋和建筑物的用途及经济效益、新旧程度和可能继续使用的年限、原来的造价和现在的造价等因素； ②对于机器设备的估价，主要考虑无形损耗和折旧，估价时应扣除折旧； ③对可转让的土地使用权的估价，取决于该土地的用途、土地的供求关系
抵押率的确定	确定抵押率的依据主要有以下两个方面： ①抵押物的适用性、变现能力； ②抵押物价值的变动趋势，一般可从实体性贬值、功能性贬值和经济性贬值这三个方面进行分析。 其计算公式为： 抵押率=担保债权本息总额/抵押物评估价值额×100%

3) 抵押贷款额度的确认

抵押贷款额度计算公式为：抵押贷款额=抵押物评估值×抵押贷款率。

抵押人所担保的债权不得超出其抵押物的价值。财产抵押后，该财产的价值大于所担保债权的余额部分，可以再次抵押，但不得超出其余额部分。

4) 抵押合同的签订

贷款发放前,抵押人与银行要以书面形式签订抵押合同。抵押合同应当包括以下内容:
①被担保的主债权种类、数额;②债务人履行债务的期限;③抵押财产的名称、数量、质量、状况、所在地、所有权权属或者使用权权属;④担保的范围。

3. 抵押的效力

抵押效力的具体内容如表 7-9 所示。

表 7-9　抵押的效力

内　容	概　念
抵押担保的范围	包括主债权及利息、违约金、损害赔偿金和实现抵押权的费用,如果抵押合同另有规定的,按照规定执行
抵押物的转让	在抵押期间,抵押人转让抵押物,应注意以下三点: ①抵押人应通知银行并告知受让人转让物已抵押的情况;抵押人未通知,转让行为无效; ②若转让抵押物的价款明显低于其价值,银行可以要求抵押人提供相应的担保;抵押人不提供的,不得转让抵押物; ③抵押人转让抵押物所得的价款,应向银行提前清偿所担保的债权,超过债权数额的部分,归抵押人所有,不足部分由债务人清偿。同时,抵押权不得与其担保的债权分离而单独转让或者作为其他债权的担保
抵押物的保全	①在抵押期间,银行若发现抵押人对抵押物使用不当或保管不善,足以使抵押物价值减少时,有权要求抵押人停止其行为; ②若抵押物价值减少时,银行有权要求抵押人恢复抵押物的价值,或者提供与减少的价值相等的担保; ③若抵押人对抵押物价值减少无过错,银行只能在抵押人因损害而得到的赔偿范围内要求提供担保。其抵押物未减少的部分,仍作为债权的担保
抵押权的实现	抵押担保虽然具有现实性和凭物性,但抵押权是与其担保的债权同时存在的,抵押贷款到期,若借款人能足额按时归还本息,则抵押自动消失;若借款人不能按时归还贷款本息,或银行同意展期后仍不能履行,抵押权才真正得以实现

【例 7.6·单选题】关于贷款抵押物的保全,下列表述中错误的是(　　)。[2014 年下半年真题]

    A. 在抵押期间,若抵押物价值减少时,银行无权要求抵押人恢复抵押物的价值,或者追加等值的担保

    B. 在抵押期间,银行若发现抵押人对抵押物使用不当或保管不善,足以使抵押物价值减少时,有权要求抵押人停止其行为

    C. 抵押权与其担保的债权同时存在,债权消失的,抵押权也消失

    D. 在抵押期间,若抵押物价值减少时,银行有权要求抵押人恢复抵押物的价值,或者提供与减少的价值相等的担保

【答案】A

【解析】A 项,在抵押期间,若抵押物价值减少时,银行有权要求抵押人恢复抵押物

的价值，或者提供与减少的价值相等的担保；若抵押人对抵押物价值减少无过错的，银行只能在抵押人因损害而得到的赔偿范围内要求提供担保，其抵押物未减少的部分，仍作为债权的担保。

(三)贷款抵押风险

1. 贷款抵押风险分析

1) 抵押物虚假或严重不实

抵押权建立的前提是抵押物必须实际存在，且抵押人对此拥有完全的所有权。

2) 未办理有关登记手续

双方当事人不但要签订抵押合同，而且要办理抵押物登记，否则抵押合同无效。

3) 将共有财产抵押而未经共有人同意

对以共有财产抵押的，应该经得各共有人的同意才能设立，否则抵押无效。

4) 以第三方的财产作抵押而未经财产所有人同意

未经所有权人同意就擅自抵押的，不但抵押关系无效，而且构成侵权。

5) 资产评估不真实

资产评估不真实，导致抵押物不足值。

6) 未抵押有效证件或抵押的证件不齐

抵押中的财产一般都由抵押人控制，如果抵押权人未控制抵押物的有效证件，抵押的财产就有可能失控，就可能造成同一抵押物的多头抵押和重复抵押。

7) 因主合同无效，导致抵押关系无效

抵押权的存在须以一定债权关系的存在为前提和基础。抵押权是一种从权利。

8) 抵押物价值贬损或难以变现

如果抵押人以易损耗的机器或交通运输工具作抵押，抵押物易受损失，且价值贬值快，可能削弱抵押担保能力。

2. 贷款抵押的风险防范

1) 对抵押物进行严格审查

(1) 要确保抵押物的真实性，审查有关权利凭证，进行实地核查；

(2) 确保抵押物的合法性，防止法律禁止抵押的财产用于抵押；

(3) 认真查验抵押物的权属，确保抵押物的有效性。

2) 对抵押物的价值进行准确评估

这是保证抵押物足值的关键。抵押物价值评估是一项经常性的工作。

3) 做好抵押物登记，确保抵押效力

须依法登记的抵押物，抵押合同自登记之日起生效。法律规定自登记之日起生效的合同，必须办理抵押登记，否则合同就无效。

4) 抵押合同期限应覆盖贷款合同期限

抵押期限应等于或大于贷款期限，凡变更贷款主合同的，一定要注意新贷款合同与原贷款抵押合同期限的差异，不能覆盖贷款合同期限的要重新签订抵押合同。

四、贷款质押

(一)贷款质押的概念

质押是贷款担保方式之一，它是债权人所享有的通过占有由债务人或第三人移交的质物而使其债权优先受偿的权利。设立质权的人，称为出质人；享有质权的人，称为质权人；债务人或者第三人移交给债权人的动产或权利为质物。以质物作担保所发放的贷款为质押贷款，质押担保的范围包括主债权及利息、违约金、损害赔偿金、质物保管费用和实现质权的费用。

(二)质押与抵押的区别

虽然质押与抵押都是担保的重要形式，本质上都属于物权担保，但两者有着重要的区别。具体内容如表 7-10 所示。

表 7-10　质押与抵押的区别

区别的要点	质　押	抵　押
标的物的范围不同	动产和财产权利，动产质押最常见	动产和不动产，以不动产最为常见
标的物的占有权是否发生转移不同	转移	不转移
对标的物的保管义务不同	质权人对质物负有善良管理人的注意义务	抵押权人没有保管标的物的义务
受偿顺序不同	一物只能设立一个质押权，没有受偿的顺序问题	一物可设立数个抵押权，当数个抵押权并存时，有受偿的先后顺序之分
能否重复设置担保不同	不可能存在同一质物上重复设置质权	抵押物价值大于所担保债权的余额部分，可以再次抵押
对标的物孳息的收取权不同	在质押期间，质权人依法有权收取质物所生的天然孳息和法定孳息	在抵押期间，抵押物所生的天然孳息和法定孳息均由抵押人收取；债务履行期满，债务人不履行债务致使抵押物被法院依法扣押的情况下，自扣押之日起，抵押权人有权收取孳息

(三)贷款质押的设定条件

贷款质押中质物的占有权原则上应转移给质权人，贷款质押以转移质物占有和权利凭证交付之日起生效或登记之日起生效。

1. 质押的范围

(1) 商业银行可接受的财产质押包括：①出质人所有的、依法有权处分并可移交质权人占有的动产；②汇票、支票、本票、债券、存款单、仓单、提单；③依法可以转让的基金份额、股权；④依法可转让的商标专用权、专利权、著作权中的财产权等知识产权；⑤依法可以质押的其他权利，包括合同债权、不动产受益权和租赁权、项目特许经营权、应收账款、侵权损害赔偿、保险赔偿金的受益转让权等。

(2) 商业银行不可接受的财产质押包括：①所有权、使用权不明或有争议的财产；②法律法规禁止流通的财产或者不可转让的财产；③国家机关的财产；④依法被查封、扣押、监管的财产；⑤租用的财产；⑥其他依法不得质押的其他财产。

2. 质押材料

出质人向商业银行申请质押担保，应提送信贷申请报告、担保意向书及以下材料。

(1) 质押财产的产权证明文件。

(2) 出质人资格证明：

① 法人：经工商行政管理部门年检合格的企业法人营业执照、事业法人营业执照。

② 法人分支机构：经工商行政管理部门年检合格的营业执照、授权委托书。

(3) 出质人须提供有权做出决议的机关做出的关于同意提供质押的文件、决议或其他具有同等法律效力的文件或证明。

(4) 财产共有人出具的同意出质的文件。

3. 质物的合法性

商业银行对质物合法性的相关审查，具体内容如表7-11所示。

表7-11 质物的合法性

审查内容	具体内容
出质人对质物、质押权利占有的合法性	①用动产出质的，应通过审查动产购置发票、财务账簿，确认其是否为出质人所有；②用权利出质的，应核对权利凭证上的所有人与出质人是否为同一人。如果不是，则要求出示取得权利凭证的合法证明，如判决书或他人同意授权质押的书面证明；③审查质押的设定是否已由出质人有权决议的机关做出决议；④如质押财产为共有财产，出质是否经全体共有人同意
质物、质押权利的合法性	①所有权、使用权不明或有争议的动产，法律规定禁止流通的动产不得作为质物；②凡出质人以权利凭证出质，必须对出质人提交的权利凭证的真实性、合法性和有效性进行确认。确认时向权利凭证签发或制作单位查询，并取得该单位出具的确认书；③凡发现质押权利凭证有伪造、变造迹象的，应重新确认，经确认确实为伪造、变造的，应及时向有关部门报案；④海关监管期内的动产作质押的，须由负责监管的海关出具同意质押的证明文件；⑤对于用票据设定质押的，还必须对背书进行连续性审查；⑥对以股票设定质押的，必须是依法可以流通的股票

4. 质押价值、质押率的确定

1) 质押价值的确定

(1) 对于有明确市场价格的质押品，其公允价值即为该质押品的市场价格。

(2) 对于没有明确市场价格的质押品，如非上市公司法人股权等，则应当在以下价格中选择较低者为质押品的公允价值。

① 公司最近一期经审计的财务报告中写明的质押品的净资产价格；

② 以公司最近的财务报告为基础，测算公司未来现金流入量的现值，估算质押品价值；

③ 如果公司正处于重组、并购等股权变动过程中，以双方的谈判价格作为参考。

2) 质押率的确定

确定质押率的依据主要有以下两项。

(1) 质物的适用性、变现能力；

(2) 质物、质押权利价值的变动趋势，一般可从以下三个方面进行分析：①质物的实体性贬值；②功能性贬值；③质押权利的经济性贬值或增值。

5．质押的效力

质押的效力主要涉及以下两个方面的内容：①债权人有权以该质押财产折价或以拍卖、变卖该财产的价款优先受偿；②质押担保的范围。

(四)贷款质押的风险及其防范

质物具有价值稳定性好、银行可控制性强、易于直接变现处理用于抵债的特点，因此它是银行最愿意受理的担保贷款方式。

1．贷款质押风险

贷款质押风险的种类如表 7-12 所示。

表 7-12　贷款质押风险

风险种类	内　容
虚假质押风险	贷款质押的最主要风险因素，如不法企业用变造或伪造的银行定期存单到银行骗取贷款等
司法风险	如果借款人与其他债权人有经济纠纷，司法部门凭生效的法律文书来银行冻结或扣划存款，银行难以对抗，银行须将质押资金转为定期存单保管，或将其转入银行名下的保证金账户
汇率风险	当外币有升值趋势，或外币利率相对高于人民币利率时，常常会发生企业以外币质押向银行借人民币的情况
操作风险	主要是对质物的保管不当，如质物没有登记、交换、保管手续，造成丢失；对用于质押的存款没有办理内部冻结看管手续等

【例 7.7·单选题】贷款质押的最主要风险因素是(　　)。[2010 年上半年真题]

A．虚假质押风险　　　　　　　　B．司法风险

C．汇率风险　　　　　　　　　　D．操作风险

【答案】A

【解析】目前银行办理的质押贷款在业务中主要的风险有：虚假质押风险、司法风险、汇率风险和操作风险。其中，虚假质押风险是贷款质押的最主要风险因素。

2. 贷款质押风险的防范

1) 防范虚假质押风险

(1) 银行查证质押票证时，有密押的应通过联行核对；无密押的应派人到出证单位或其托管部门作书面的正规查询；

(2) 动产或权利凭证质押，银行要亲自与出质人一起到其托管部门办理登记，将出质人手中的全部有效凭证质押在银行保管；

(3) 核查质押动产在品种、数量、质量等方面是否与质押权证相符；

(4) 审查质押贷款当事人行为的合法性；接受共有财产质押，必须经所有共有人书面同意；对调查不清，认定不准所有权及使用权的财产或权利，不能盲目接受其质押；

(5) 为防范质物司法风险，银行必须严格审查各类质物适用的法律、法规，确保可依法处置质物；对难以确认真实、合法、合规性的质物或权利凭证，应拒绝质押。

2) 防范质押操作风险

(1) 银行必须确认质物是否需要登记；

(2) 按规定办理质物出质登记，并收齐质物的有效权利凭证，同时与质物出质登记、管理机构和出质人签订三方协议，约定保全银行债权的承诺和监管措施；

(3) 银行要将质押证件作为重要有价单证归类保管，一般不应出借。

【过关练习】

一、单选题(下列选项中只有一项最符合题目的要求)

1. 根据《民法通则》的规定，就一笔保证贷款而言，如果逾期时间超过(　　)，期间借款人未曾归还贷款本息，而贷款银行又未采取其他措施使诉讼时效中断，那么该笔贷款诉讼时效期间已超过，将丧失胜诉权。

　　A. 2 年　　　　　B. 6 个月　　　　C. 3 年　　　　D. 1 年

【答案】A

【解析】《民法通则》第一百三十五条规定，向人民法院请求保护民事权利的诉讼时效期间为 2 年，法律另有规定的除外。第一百三十七条规定，诉讼时效期间从知道或者应当知道权利被侵害时起计算。因此，就一笔保证贷款而言，如果逾期时间超过 2 年，2 年期间借款人未曾归还贷款本息，而贷款银行又未采取其他措施使诉讼时效中断，那么该笔贷款诉讼时效期间已超过，将丧失胜诉权。

2. 国家机关可作为保证人的一种特殊情况是(　　)。

　　A. 上级部门批准后，为外企保证

　　B. 上级部门批准后，为涉外企业保证

　　C. 国务院批准后，为使用外国政府或国际经济组织贷款进行转贷

　　D. 发改委批准后，为涉外企业保证

【答案】C

【解析】根据《担保法》的规定，国家机关不得作保证人，经国务院批准可对特定事项作保证人。

3．在质押期间，(   )有权收取质押物所生的天然孳息与法定孳息。

　　A．质押人　　　B．质权人　　　C．担保人　　　D．借款人

【答案】B

【解析】根据《担保法》的有关规定，对于质押，在质押期间，质权人依法有权收取质物所生的天然孳息与法定孳息。

4．以票据申请质押贷款的，必须对(   )进行连续性审查。

　　A．票据　　　　B．出票人　　　C．所有人　　　D．背书

【答案】D

【解析】根据相关法律规定，用于质押的质物、质押权利必须合法，对于用票据设定质押的，必须对背书进行连续性审查。

二、多选题(下列选项中有两项或两项以上符合题目要求)

1．商业银行对选定的抵押物要逐项验证产权，下列表述正确的有(   )。

　　A．对用共有财产作抵押的，应以抵押人所有的份额为限并取得共有人同意抵押的证明

　　B．对集体所有制企业用其机器设备作抵押的，还应验证职工代表大会同意的证明

　　C．对国有企业用自有财产抵押的，应验证党委会决议

　　D．对实行租赁经营责任制的企业用其资产抵押的，要有产权单位同意的证明

　　E．对股份制企业用其房产抵押的，应验证董事会同意的证明文件

【答案】ABDE

【解析】作为贷款担保的抵押物，必须是归抵押人所有的财产，或者是抵押人有权支配的财产，因此银行对选定的抵押物要逐项验证产权。实行租赁经营责任制的企业，要有产权单位同意的证明；集体所有制企业和股份制企业用其财产作抵押时，除应该核对抵押物所有权外，还应验证董事会或职工代表大会同意的证明；用共有财产作抵押时，应取得共有人同意抵押的证明，并以抵押人所有的份额为限。C 项有误，因为国有企业的财产不得作为抵押物。

2．贷款担保的作用主要体现在以下哪些方面？(   )

　　A．协调和稳定商品流转秩序，使国民经济健康运行

　　B．降低银行贷款风险

　　C．降低信贷资金使用效率

　　D．促进借款企业加强管理，改善经营管理状况

　　E．巩固和发展信用关系

【答案】ABDE

【解析】在我国市场经济建立和发展过程中，银行开展担保贷款业务具有重要的意义。担保的作用主要表现在以下四个方面：①协调和稳定商品流转秩序，使国民经济健康运行；②降低银行贷款风险，提高信贷资金使用效率；③促进借款企业加强管理，改善经营管理状况；④巩固和发展信用关系。

3．融资性担保公司经监管部门批准，可以经营下列(   )融资性担保业务。

　　A．贷款担保　　　　　　B．票据承兑担保　　　　　C．贸易融资担保

　　D．项目融资担保　　　　E．诉讼保全担保

【答案】ABCD

【解析】融资性担保公司经监管部门批准，可以经营下列部分或全部融资性担保业务：①贷款担保；②票据承兑担保；③贸易融资担保；④项目融资担保；⑤信用证担保；⑥其他融资性担保业务。

4. 对可转让土地使用权抵押物估价主要考虑的因素包括(　　)。

　　A. 土地用途　　　　　　　B. 市场价格　　　　　　　C. 无形损耗

　　D. 土地供求关系　　　　　E. 预计市场涨落

【答案】AD

【解析】对可转让的土地使用权的估价，取决于该土地的用途、土地的供求关系。此外，估价的时间性和地区性，也都会对评估结果产生一定的影响。

5. 票据背书连续性的内容包括(　　)。

　　A. 每一次背书记载事项、各类签章完整齐全

　　B. 每一次背书不得附有条件

　　C. 各背书相互衔接

　　D. 办理了质押权背书手续，并记明"担保"字样

　　E. 票据依法可流通

【答案】ABC

【解析】对于用票据设定质押的，必须对背书进行连续性审查，审查的内容有：①每一次背书记载事项、各类签章完整齐全并不得附有条件，各背书相互衔接的，即前一次转让的被背书人必须是后一次转让的背书人；②票据质押办理质押权背书手续，办理了质押权背书手续的票据应记明"质押""设质"等字样。

三、判断题(请对下列各题的描述做出判断，正确的用 A 表示，错误的用 B 表示)

1. 以海关监管期内的动产作质押的，需要负责监管的海关出具同意质押的证明文件。(　　)

【答案】A

【解析】用动产出质的，应通过审查动产购置发票、财务账簿，确认其是否为出质人所有。海关监管期内的动产作质押的，须由负责监管的海关出具同意质押的证明文件。

2. 抵押人可以同时或者先后就同一项财产向两个以上的债权人进行抵押，但所担保物一般不得超出抵押物价值。(　　)

【答案】A

【解析】在抵押担保中，抵押物价值大于所担保债权的余额部分，可以再次抵押，即抵押人可以同时或者先后就同一项财产向两个以上的债权人进行抵押，但所担保物一般不得超出抵押物价值。

3. 对于担保贷款，当借款人财务状况恶化、违反借款合同或无法偿还银行本息时，银行可以通过执行担保来收回贷款本息。(　　)

【答案】A

【解析】银行与借款人及其他第三人签订担保协议后，当借款人财务状况恶化、违反借款合同或无法偿还本息时，银行可以通过执行担保来收回贷款本息。担保为银行提供了一个可以影响或控制的潜在还款来源，从而增加了贷款最终偿还的可能性。

第八章 贷款审批

【考查内容】

本章主要从审批原则、审查事项及审批、授信额度三方面对贷款审批进行考查。其中，贷款审批原则包括信贷授权和审贷分离两个方面；贷款审查事项及审批要素包括贷款审查的基本要求和贷款审批要素的审定要点以及管理过程中需要注意的问题；授信额度包括授信额度的含义、主要决定因素以及确定授信额度的具体流程。三部分内容都是考试中的重点，要求考生能够熟练掌握。

【备考方法】

本章的内容不多，但都比较重要。考生掌握贷款审批的原则，对贷款审查事项及审批要素要特别注意，一般出现判断题的概率较大，建议考生通过对真题进行反复练习来加深记忆，进而达到巩固知识点的目的。

【框架结构】

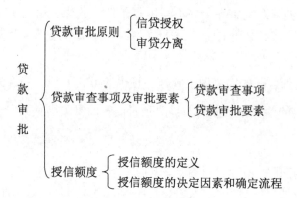

【核心讲义】

一、贷款审批原则

(一)信贷授权

1. 信贷授权

信贷授权的定义、意义以及分类的具体内容如表 8-1 所示。

表 8-1 信贷授权

项 目		内 容
定义		①指银行业金融机构对其所属业务职能部门、分支机构和关键业务岗位开展授信业务权限的具体规定; ②该信贷包括贷款、贴现、透支、保理、承兑、担保、信用证、信贷证明等银行业金融机构表内外授信业务
意义		①信贷授权是银行业金融机构信贷管理和内部控制的基本要求,旨在健全内部控制体系,增强防范和控制风险的能力,并有利于优化流程、提高效率,以实现风险收益的最优化; ②集中管理是为了控制风险,合理授权则是为了在控制风险的前提下提高效率
分类	直接授权	是指银行业金融机构总部对总部相关授信业务职能部门或直接管理的经营单位授予全部或部分信贷产品一定期限、一定金额内的授信审批权限
	转授权	是指受权的经营单位在总部直接授权的权限内,对本级行各有权审批人、相关授信业务职能部门和所辖分支机构转授一定的授信审批权限
	临时授权	是指被授权者因故不能履行业务审批职责时,临时将自己权限范围内的信贷审批权限授予其他符合条件者代为行使,并到期自动收回

2. 信贷授权的原则与方法

1) 信贷授权的原则

信贷授权应遵循四个基本原则,具体内容如表 8-2 所示。

表 8-2 信贷授权应遵循的原则

原 则	内 容
授权适度原则	银行业金融机构应兼顾信贷风险控制和提高审批效率两方面的要求,合理确定授权金额及行权方式,以实现集权与分权的平衡
差别授权原则	应根据各业务职能部门和分支机构的经营管理水平、风险控制能力、主要负责人业绩以及所处地区经济环境等,实行有区别的授权
动态调整原则	应根据各业务职能部门和分支机构的经营业绩、风险状况、制度执行以及经济形势、信贷政策、业务总量、审批手段等方面的情况变化,及时调整授权
权责一致原则	业务职能部门和分支机构超越授权,应视越权行为性质和所造成的经济损失,追究主要负责人及直接责任人的责任

【例 8.1·单选题】商业银行根据各业务职能部门和分支机构的经营业绩、风险状况、制度执行以及经济形势、信贷政策、业务总量、审批手段等方面的情况变化,及时调整授权,这是信贷授权应遵循的( )原则。[2013 年下半年真题]

　　A．授权适度　　B．权责一致　　C．动态调整　　D．差别授权

【答案】C

【解析】A 项,授权适度原则是指银行业金融机构应兼顾信贷风险控制和提高审批效率两方面的要求,合理确定授权金额及行权方式,以实现集权与分权的平衡;B 项,权责

一致原则是指业务职能部门和分支机构超越授权，应视越权行为性质和所造成的经济损失，追究主要负责人及直接责任人的责任；D 项，差别授权原则是指应根据各业务职能部门和分支机构的经营管理水平、风险控制能力、主要负责人业绩以及所处地区经济环境等，实行有区别的授权。

2) 信贷授权确定的方法

银行业金融机构对业务职能部门和分支机构的信贷授权，原则上应根据其风险管理水平、资产质量、所处地区的经济环境、主要负责人的信贷从业经验等因素，设置一定的权重，采用风险指标量化评定的方法合理确定。此外，在确定信贷授权时，还应适当考虑公司信贷、小企业信贷、个人信贷的业务特点。

3) 信贷授权的方式

信贷授权的方式如表 8-3 所示。

表 8-3　信贷授权的方式

项　目	内　容
载体	①授权可以采用授权书、规章制度、部门职责、岗位职责等书面形式。 ②授权书应当载明以下内容：授权人全称和法定代表人姓名；受权人全称和负责人姓名；授权范围和权限；关于转授权的规定；授权书生效日期和有效期限；对限制越权的规定；其他需要规定的内容。 ③授权的有效期限一般为 1 年
形式	①按受权人划分，信贷授权可授予总部授信业务审批部门及其派出机构、分支机构负责人或独立授信审批人等； ②按授信品种划分，可按风险高低进行授权； ③按行业进行授权，根据银行信贷行业投向政策，对不同的行业分别授予不同的权限； ④按客户风险评级授权，根据银行信用评级政策，对不同信用等级的客户分别授予不同的权限； ⑤按担保方式授权，根据担保对风险的缓释作用，对采用不同担保方式的授信业务分别授予不同的权限

【例 8.2·判断题】商业银行可以根据银行信贷行业投向政策，对不同行业分别授予不同权限的信贷授权。(　　)[2015 年上半年真题]

【答案】正确

【解析】银行按行业进行授权是指根据银行信贷行业投向政策，对不同的行业分别授予不同的权限的信贷授权形式，如对产能过剩行业、高耗能、高污染行业应适当上收审批权限。

(二)审贷分离

1. 审贷分离的含义

1) 审贷分离的定义

审贷分离是指将信贷业务办理过程中的调查和审查环节进行分离，分别由不同层次机构和不同部门(岗位)承担，以实现相互制约并充分发挥信贷审查人员专业优势的信贷管理制度。

2) 审贷分离的意义

(1) 信贷审查人员独立判断风险，保证信贷审查审批的独立性和科学性；

(2) 信贷审查人员相对固定，有利于提高专业化水平，实现专家审贷，弥补客户经理在信贷专业分析技能方面的不足，减少信贷决策失误；

(3) 从全局角度来讲，审贷分离对促进银行业金融机构的信贷管理机制改革、提高信贷管理水平以及提高信贷资产质量具有重要的现实意义。

2．审贷分离的一般操作规程

1) 审贷分离的形式

审贷分离的形式，具体内容如表 8-4 所示。

表 8-4 审贷分离的形式

形 式	含 义
岗位分离	在基层经营单位，无法设立独立的部门履行信贷审查的职能，一般设置信贷调查岗和信贷审查岗，由信贷审查岗履行信贷审查的职能
部门分离	在较高层级的单位，应分别设置信贷业务经营部门和授信审查部门，前者履行贷前调查和贷款管理职能，后者履行信贷审查职能
地区分离	商业银行设立地区信贷审批中心，负责某个地区辖内机构超权限的贷款审批，旨在通过地区分离、异地操作来保证贷款审批的独立性

2) 信贷调查岗与信贷审查岗的职责划分

(1) 信贷调查岗的职责

① 积极拓展信贷业务，搞好市场调查，优选客户，受理借款人申请。

② 对借款人申请信贷业务的合法性、安全性、营利性进行调查。

③ 对客户进行信用等级评价，撰写调查报告，提出贷款的期限、金额、利率(费率)和支付方式等明确意见。

④ 办理核保、抵(质)押登记及其他发放贷款的具体手续。

⑤ 贷款业务办理后对借款人执行借款合同的情况和经营状况进行检查和管理。

⑥ 督促借款人按合同约定使用贷款，按时足额归还贷款本息，并负责配合催收风险贷款。

⑦ 信贷调查岗位人员提交贷前调查报告，并承担调查失误、风险分析失误和贷后管理不力的责任。

(2) 信贷审查岗的职责。信贷审查岗职责的具体内容如表 8-5 所示。

3．审贷分离实施要点

审贷分离实施要点的具体内容如表 8-6 所示。

表 8-5　信贷审查岗的职责

概　念	含　义
表面真实性审查	对财务报表、商务合同等资料进行表面真实性审查，对明显虚假的资料提出审查意见
完整性审查	审查授信资料是否完整有效，包括授信客户贷款卡等信息资料、项目批准文件以及需要提供的其他证明资料等
合规性审查	审查借款人、借款用途的合规性，审查授信业务是否符合国家和本行信贷政策以及资金投向政策，审查授信客户经营范围是否符合授信要求
合理性审查	审查借款行为的合理性，审查贷前调查中使用的信贷材料和信贷结论在逻辑上是否具有合理性
可行性审查	审查授信业务主要风险点及风险防范措施、偿债能力、授信安排、授信价格、授信期限、担保能力等，审查授信客户和授信业务风险

表 8-6　审贷分离的实施要点

实施要点	内　容
审查人员与借款人原则上不单独直接接触	①审查人员审查所需的资料、数据等由信贷调查人员从借款人处取得； ②对特大项目、复杂事项等确需审查人员接触借款人的，应经一定程序的批准，在客户经理的陪同下实地进行调查
审查人员无最终决策权	①审查人员即使对贷款发放持否定态度，也应按正常的信贷流程继续进行审批； ②最终审批人参考审查员意见后，对是否批准贷款提出明确的意见； ③信贷决策权应由贷款审查委员会或最终审批人行使
审查人员应真正成为信贷专家	审查人员应具备经济、财务、信贷、法律、税务等专业知识，并有丰富的实践经验
实行集体审议机制	①我国商业银行一般采取贷款集体审议决策机制，多数银行采取设立各级贷款审查委员会(以下简称贷审会)的方式行使集体审议职能； ②审议表决应遵循"集体审查审议、明确发表意见、绝对多数通过"的原则； ③贷审会投票未通过的信贷事项，有权审批人不得审批同意； ④对贷审会通过的授信，有权审批人可以否定
按程序审批	授信审批应按规定权限、程序进行，不得违反程序、减少程序或逆程序审批授信业务

二、贷款审查事项及审批要素

(一)贷款审查事项

1. 贷款审查事项的含义

贷款审查事项是指在贷款审查过程中应特别关注的事项，关注审查事项有助于保证贷款审查的有效性，保证审查结果的合理性。

2．贷款审查事项的基本内容

贷款审查事项的基本内容如表 8-7 所示。

表 8-7　贷款审查事项的基本内容

审查事项	内　容
信贷资料完整性及调查工作与申报流程的合规性审查	①借款人、担保人(物)及具体贷款业务有关资料是否齐备，申报资料及其内容应合法、真实、有效； ②贷款业务内部运作资料是否齐全，是否按规定程序操作，调查程序和方法是否合规，调查内容是否全面、有效，调查结论及意见是否合理
借款人主体资格及基本情况审查	①借款人主体资格及经营资格的合法性，贷款用途是否在其营业执照规定的经营范围内； ②借款人股东的实力及注册资金的到位情况，产权关系是否明晰，法人治理结构是否健全； ③借款人申请贷款是否履行了法律法规或公司章程规定的授权程序； ④借款人的银行及商业信用记录以及法定代表人和核心管理人员的背景、主要履历、品行和个人信用记录
信贷业务政策符合性审查	①借款用途是否合法合规，是否符合国家宏观经济政策、产业行业政策、土地、环保和节能政策以及国家货币信贷政策等； ②客户准入及借款用途是否符合银行区域、客户、行业、产品等信贷政策； ③借款人的信用等级评定、授信额度核定、定价、期限、支付方式等是否符合银行信贷政策制度
财务因素审查	主要审查借款人基本会计政策的合理性，财务报告的完整性、真实性和合理性及审计结论，通过财务数据间的比较分析、趋势分析及同业对比分析等手段判断客户的真实生产经营状况，并尽量通过收集必要的信息，查证客户提供的财务信息的真实性、合理性
非财务因素审查	主要包括借款人的企业性质、发展沿革、品质、组织架构及公司治理、经营环境、所处的行业市场分析、行业地位分析、产品定价分析、生产技术分析、客户核心竞争能力分析等
担保审查	对保证、抵押、质押等担保方式的合法、足值、有效性进行审查
充分揭示信贷风险	①分析、揭示借款人的财务风险、经营管理风险、市场风险及担保风险等； ②提出相应的风险防范措施
提出授信方案及结论	在全面论证、平衡风险收益的基础上，提出审查结论

(二)贷款审批要素

1．贷款审批要素的含义

贷款审批要素广义上是指贷款审批方案中应包含的各项内容，具体包括授信对象、贷款用途、贷款品种、贷款金额、贷款期限、贷款币种、贷款利率、担保方式、发放条件与支付方式、还款计划安排及贷后管理要求等。

2. 主要贷款审批要素的审定要点

主要贷款审批要素的审定要点具体如表 8-8 所示。

表 8-8   主要贷款审批要素的审定要点

审定要点	内　容
授信对象	①固定资产贷款和流动资金贷款的授信对象是企事业法人或国家规定可以作为借款人的其他组织; ②项目融资的授信对象是主要为建设、经营该项目或为该项目融资而专门组建的企事业法人,包括主要从事该项目建设、经营或融资的既有企事业法人; ③个人贷款的授信对象是符合规定条件的自然人
贷款用途	贷款应该有明确、合理的用途。贷款审批人员应该分析授信申报方案所提出的贷款用途是否明确、具体,防止贷款资金被挪用
授信品种	①授信品种应与授信用途相匹配; ②授信品种应与客户结算方式相匹配; ③授信品种还应与客户风险状况相匹配; ④授信品种还应与银行信贷政策相匹配
贷款金额	贷款金额应依据借款人合理资金需求量和承贷能力来确定。贷款金额除考虑借款人的合理需求,还应控制在借款人的承贷能力范围内,这样才能确保需求合理,风险可控
贷款期限	①贷款期限应符合相应授信品种有关期限的规定; ②贷款期限一般应控制在借款人相应经营的有效期限内; ③贷款期限应与借款人资产转换周期及其他特定还款来源的到账时间相匹配; ④贷款期限还应与借款人的风险状况及风险控制要求相匹配
贷款币种	贷款币种应尽可能与贷款项下交易所使用的结算币种及借款人还款来源币种相匹配,并充分考虑贷款币种与还款来源币种错配情况下所面临的相关风险及风险控制
贷款利率	①贷款利率应符合中国人民银行关于贷款利率的有关规定以及银行内部信贷业务利率的相关规定; ②贷款利率水平应与借款人及信贷业务的风险状况相匹配,体现收益覆盖风险的原则; ③贷款利率的确定还应考虑所在地同类信贷业务的市场价格水平
担保方式	①担保方式应满足合法合规性要求; ②担保应具备足值性; ③担保应具备可控性; ④担保须具备可执行性及易变现性,并考虑可能的执行与变现成本

续表

审定要点	内 容
发放条件	①固定资产贷款和项目融资的发放条件应包括与贷款同比例的资本金已足额到位、项目实际进度与已投资额相匹配等要求； ②固定资产贷款在发放和支付过程中，借款人出现以下情形的，贷款人应与借款人协商补充贷款发放和支付条件，或根据合同约定停止贷款资金的发放和支付：a. 信用状况下降；b. 不按合同约定支付贷款资金；c. 项目进度落后于资金使用进度；d. 违反合同约定，以化整为零的方式规避贷款人受托支付
支付要求	应按照按需放款的要求，视情况不同采取受托支付或是自主支付，采取受托支付的，还要明确规定起点金额和支付管理要求
贷后管理要求	可针对借款人及相关授信业务的风险特征，提出相应的贷后管理要求。此外，还可对贷款存续期间借款人的资产负债率、流动比率、速动比率、销售收入增减幅度、利润率、分红比率等相关财务指标提出控制要求

【例 8.3·单选题】在贷款担保中，下列哪项不是担保方式必须满足的要求？（　　　）

　　A. 合法合规性　　B. 营利性　　　C. 可执行性　　　D. 易变现性

【答案】B

【解析】担保方式应满足：①合法合规性；②足值性；③可控性；④可执行性及易变现性。

3. 贷款审批要素管理中需要注意的问题

(1) 向未经法人授权的非法人的分公司、未满 18 周岁的未成年人等不符合贷款主体资格的对象授信；

(2) 贷款期限设置与借款人现金流、经营周期或实际需求不匹配；

(3) 未按企业规模、还款来源或实际融资需求合理设定授信额度，授信额度与借款人的经营规模或收入水平不匹配；

(4) 对部分贷款风险分析不够到位，过分依赖第二还款来源，忽视对客户本身的历史背景、关联交易、经营能力和行业产品的深入分析，对一些违背规章制度、交易背景存疑贷款的决策不够审慎；

(5) 对借款人在贷款期间的最低财务指标没有设定；

(6) 贷款用途描述不清、似是而非，发放无指定用途贷款，或者发放个人股权投资性贷款。

三、授信额度

(一)授信额度的定义

授信额度是指银行在客户授信限额以内，根据客户的还款能力和银行的客户政策最终决定给予客户的授信总额，通过银企双方签署的合约形式加以明确的，包括信用证开证额度、提款额度、各类保函额度、承兑汇票额度、现金额度等。

1．单笔贷款授信额度

1) 定义

单笔贷款授信额度主要指用于每个单独批准在一定贷款条件(收入的使用、最终到期日、还款时间安排、定价、担保等)下的贷款授信额度。

2) 适用范围

单笔贷款授信额度适用于以下两种情况。

(1) 被指定发放的贷款本金额度，一旦经过借贷和还款后，就不能再被重复借贷。

(2) 被批准于短期贷款、长期循环贷款和其他类型的授信贷款的最高的本金风险敞口额度。

【例8.4·单选题】下列关于单笔贷款授信额度的说法，不正确的是(　　)。

    A．主要是指用于每个单独批准在一定贷款条件下的贷款授信额度

    B．经过借贷和还款后，可重复借贷

    C．被批准于短期贷款，长期循环贷款和其他类型的授信贷款的最高的本金风险敞口额度

    D．单笔贷款的贷款条件包括收入的使用、最终到期日、还款时间安排、定价、担保等

【答案】B

【解析】单笔贷款授信额度主要指用于每个单独批准在一定贷款条件(收入的使用、最终到期日、还款时间安排、定价、担保等)下的贷款授信额度。根据贷款结构，单笔贷款授信额度适用于：①被指定发放的贷款本金额度，一旦经过借贷和还款后，就不能再被重复借贷；②被批准于短期贷款、长期循环贷款和其他类型的授信贷款的最高的本金风险敞口额度。

2．借款企业的信用额度

借款企业的信用额度是指银行授予某个借款企业的所有授信额度的总和。

3．集团借款企业额度

集团借款企业额度指授予各个集团成员(包括提供给不同的子公司和分支机构)的授信额度的总和。

(二)授信额度的决定因素和确定流程

授信额度的决定因素和确定流程的具体内容如表8-9所示。

表 8-9　授信额度的决定因素和确定流程

项　目	授信额度的决定因素	授信额度的确定流程
内容	①了解并测算借款企业的需求，对借款原因进行分析； ②客户的还款能力，主要取决于客户的现金流，银行在实际操作中可以通过对季节性或长期贷款的信用分析和财务预测来评估还款能力，集中分析客户未来现金流量的风险； ③借款企业对借贷金额的需求； ④银行或借款企业的法律或监督条款的限制，以及借款合同条款对公司借贷活动的限制； ⑤贷款组合管理的限制； ⑥银行的客户政策，这取决于银行的风险偏好和银行对未来市场的判断，将直接影响客户授信额度的大小； ⑦关系管理因素，相对于其他银行或债权人，银行愿意提供给借款企业的贷款数额和关系盈利能力	①通过与有潜力信用额度的借款企业的讨论，以及借贷理由分析，分析借款原因和借款需求； ②明晰了短期和长期借款存在的理由后，长期贷款的进程可以在这一时点上进行大致的评估； ③讨论借款原因和具体需求额度，评估借款企业可能产生的特殊情况； ④进行信用分析去辨别和评估关键的宏观、行业和商业风险，以及所有影响借款企业的资产转换周期和债务清偿能力的因素； ⑤进行偿债能力分析，评估满足未来债务清偿所需的现金流量； ⑥整合所有的授信额度作为借款企业的信用额度，包括现存所有的有效授信额度以及新的正在申请批准的信贷额度，完成最后授信评审并提交审核

【过关练习】

一、单选题(下列选项中只有一项最符合题目的要求)

1. 下列关于贷款审批要素中授信品种的表述，错误的是(　　)。
   A. 授信品种应与授信用途相匹配
   B. 授信品种应与客户结算方式相匹配
   C. 风险相对较高的授信品种仅适用于资信水平低的客户
   D. 授信品种应符合所在银行的信贷政策及管理要求

【答案】C

【解析】授信品种应符合以下要求：①与授信用途相匹配，即授信品种的适用范围应涵盖该笔业务具体的贷款用途；②与客户结算方式相匹配，即贷款项下业务交易所采用的结算方式应与授信品种适用范围一致；③与客户风险状况相匹配，由于不同的授信品种通常具有不同的风险特征，风险相对较高的授信品种通常仅适用于资信水平相对较高的客户；④与银行信贷政策相匹配，符合所在银行的信贷政策及管理要求。

2. 当下列哪种情况发生时，银行应该停止贷款资金的发放和支付？(　　)
   A. 项目进度快于资金的使用进度或与资金使用进度一致
   B. 借款人信用状况上升

C. 以化整为零的方式规避贷款人受托支付

    D. 按合同约定支付贷款资金

【答案】C

【解析】借款人出现以下情形的,贷款人应与借款人协商补充贷款发放和支付条件,或根据合同约定停止贷款资金的发放和支付:①信用状况下降;②不按合同约定支付贷款资金;③项目进度落后于资金使用进度;④违反合同约定,以化整为零的方式规避贷款人受托支付。

3. 下列银行确立授信额度的步骤中,位于"偿债能力分析"之后的是( )。

    A. 分析借款原因与借款需求

    B. 讨论借款原因和具体需求额度,评估借款企业可能产生的特殊情况

    C. 评估关键风险和影响借款企业资产周转和债务清偿能力因素

    D. 整合所有的授信额度作为借款企业的信用额度,完成最后授信评审并提交审核

【答案】D

【解析】银行确立授信额度的步骤为:①分析借款原因和借款需求;②在一些情况下,大致评估长期贷款的进程;③讨论借款原因和具体需求额度;④评估关键风险和所有影响借款企业的资产转换周期和债务清偿能力的因素;⑤进行偿债能力分析;⑥整合所有的授信额度作为借款企业的信用额度,完成最后授信评审并提交审核。

4. 在信贷授权的形式中,对固定资产贷款、并购贷款、流动资金贷款等品种给予不同的权限,是按( )进行划分的。

    A. 授权人   B. 行业   C. 授信品种   D. 客户风险评级

【答案】C

【解析】信贷授权按授信品种划分时,可按风险高低进行授权,如对固定资产贷款、并购贷款、流动资金贷款等品种给予不同的权限。

二、多选题(下列选项中有两项或两项以上符合题目要求)

1. 商业银行确定信贷授权权限应考虑的主要因素有( )。

    A. 借款人的经济性质   B. 被授权人的资产质量

    C. 被授权人的风险管理能力   D. 贷款规模

    E. 被授权人所处区域的经济信用环境

【答案】BCE

【解析】银行业金融机构应建立统一的法人授权体系,对机构、人员和岗位进行权限管理。根据受权人的风险管理能力、所处区域经济信用环境、资产质量等因素,按地区、行业、客户、产品等进行授信业务差别授权,合理确定授权权限。

2. 作为信贷授权的一种重要载体,授权书中应该载明的内容有( )。

    A. 授权人全称和法定代表人姓名

    B. 受权人全称和负责人姓名

    C. 授权范围和权限

    D. 授权书生效日期和有效期限

    E. 对限制越权的规定

【答案】ABCDE

【解析】授权书应当载明以下内容：①授权人全称和法定代表人姓名；②受权人全称和负责人姓名；③授权范围和权限；④关于转授权的规定；⑤授权书生效日期和有效期限；⑥对限制越权的规定；⑦其他需要规定的内容。

3．下列属于信贷审查岗位职责的有(   )。

A．积极拓展信贷业务，搞好市场调查，优选客户，受理借款人申请

B．对财务报表等资料进行表面真实性审查，对明显虚假的资料提出审查意见

C．办理核保、抵(质)押登记及其他发放贷款的具体手续

D．审查授信资料是否完整有效

E．审查贷前调查中使用的信贷材料和信贷结论在逻辑上是否具有合理性

【答案】BDE

【解析】AC 两项属于信贷业务岗位的职责；BDE 三项分别属于信贷审查岗位职责中的表面真实性审查、完整性审查和合理性审查。

4．下列关于信贷授权的说法，正确的有(   )。

A．信贷授权指银行业金融机构对其所属业务职能部门、分支机构和关键业务岗位开展授信业务权限的具体规定

B．信贷授权是银行业金融机构信贷管理和内部控制的基本要求

C．信贷授权有利于优化流程、提高效率，以实现风险收益的最优化

D．信贷授权大致可分为直接授权和转授权两种类型

E．对内合理授权是银行业金融机构对外合格授信的前提和基础

【答案】ABCE

【解析】D 项，信贷授权大致可分为以下三种类型：①直接授权；②转授权；③临时授权。

三、判断题(请对下列各题的描述做出判断，正确的用 A 表示，错误的用 B 表示)

1．转授权是指商业银行总部对总部相关授信业务职能部门或直接管理的经营单位授予全部或部分信贷产品一定期限、一定金额内的授信审批权限。(   )

【答案】B

【解析】转授权，是指受权的经营单位在总部直接授权的权限内，对本级行各有权审批人、相关授信业务职能部门和所辖分支机构转授一定的授信审批权限。根据贷款新规规定，贷款人应建立健全内部审批授权与转授权机制。审批人员应在授权范围内按规定流程审批贷款，不得越权审批。

2．在商业银行信贷授权管理中，对内授权与对外授信密切相关。对内合理授权是商业银行对外合格授信的前提和基础。(   )

【答案】A

【解析】信贷授权是银行业金融机构信贷管理和内部控制的基本要求，旨在健全内部控制体系，增强防范和控制风险的能力，并有利于优化流程、提高效率，以实现风险收益的最优化。对内授权与对外授信密切相关。对内合理授权是银行业金融机构对外合格授信的前提和基础。

3. 信贷授权中的"信贷"主要包括贷款、贴现、透支、保理、承兑等银行业金融机构表内外授信业务。(　　)

【答案】A

【解析】信贷授权是指银行业金融机构对其所属业务职能部门、分支机构和关键业务岗位开展授信业务权限的具体规定。这里的信贷包括贷款、贴现、透支、保理、承兑、担保、信用证、信贷证明等银行业金融机构表内外授信业务。

第九章　贷款合同与发放支付

【考查内容】

本章考查的内容主要有贷款合同与管理、贷款的发放和支付。其中，贷款合同与管理主要涉及贷款合同签订的流程、贷款合同管理存在的问题及实施要点；贷款的发放主要从贷放分控和贷款发放管理两个方面进行考查；贷款支付主要考查实贷实付、受托支付以及自主支付的相关内容要求。本章涉及的考题比较多，考查形式灵活，考生在备考过程中，要重点掌握贷款合同的签订流程和管理要点，掌握贷款发放的条件、原则和审查流程，以及贷款支付的类型、各类支付方式的条件和操作要点。

【备考方法】

本章知识点不多，且考点较为集中，难度不大。认真学习教材是重点。本章内容需要考生熟悉教材知识，不死记硬背，要在理解的基础上融会贯通，可结合本书建立的系统的知识框架来复习，使得复习有的放矢。建议考生在备考过程中要注意有针对性地做题，明确思路，掌握规律，熟悉方法，举一反三。

【框架结构】

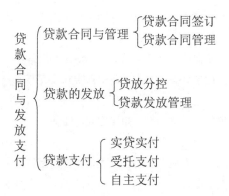

【核心讲义】

一、贷款合同与管理

(一)贷款合同签订

1. 贷款合同概述

(1) 贷款合同的定义。贷款合同是从贷款人主体角度提出的，一般是指可以作为贷款人的银行业金融机构与法人、其他组织之间就贷款的发放与收回等相关事宜签订的规范借贷双方权利义务的书面法律文件。

(2) 贷款合同的内容。

① 当事人的名称(姓名)和住所、贷款种类、币种、贷款用途、贷款金额、贷款利率、贷款期限、还款方式、借贷双方的权利与义务、担保方式、违约责任等;

② 提款条件以及贷款资金支付接受贷款人管理等与贷款使用相关的条款,提款条件应包括与贷款同比例的资本金已足额到位、项目实际进度与已投资额相匹配等要求;

③ 借款人出现未按约定用途使用贷款、未按约定方式支用贷款资金、未遵守承诺事项、申贷文件信息失真、突破约定的财务指标约束等情形时借款人应承担的违约责任和贷款人可采取的措施。

(3) 贷款合同的分类。贷款合同分为格式合同和非格式合同两种。

(4) 贷款合同的制定原则。贷款合同的制定应遵守以下原则:①不冲突原则;②适宜相容原则;③维权原则;④完善性原则。

2. 贷款合同的签订

贷款合同签订的流程如表 9-1 所示。

表 9-1 贷款合同签订的流程

步 骤	注意事项
填写合同	①合同文本应该使用统一的格式,对单笔贷款有特殊要求的,可以在合同中的其他约定事项中约定; ②合同填写必须做到标准、规范、要素齐全、数字正确、字迹清晰、不错漏、不潦草、防止涂改; ③需要填写空白栏且空白栏后有备选项的,在横线上填好选定的内容后,对未选的内容应加横线表示删除;合同条款有空白栏,但根据实际情况不准备填写内容的,应加盖"此栏空白"字样的印章; ④贷款金额、贷款期限、贷款利率、担保方式、还款方式、划款方式等条款要与贷款最终审批意见一致
审核合同	合同填写完毕后,填写人员应及时将合同文本交合同复核人员进行复核。同笔贷款的合同填写人与合同复核人不得为同一人。 ①合同复核人员负责根据审批意见复核合同文本及附件填写的完整性、准确性、合规性,包括:文本书写是否规范;内容是否与审批意见一致;合同条款填写是否齐全、准确;文字表达是否清晰;主从合同及附件是否齐全等。 ②合同文本复核人员应就复核中发现的问题及时与合同填写人员沟通,并建立复核记录,交由合同填写人员签字确认

续表

步 骤	注意事项
签订合同	合同填写并复核无误后，贷款发放人应负责与借款人(包括共同借款人)、担保人(抵押人、出质人、保证人)签订合同。 ①在签订(预签)有关合同文本前，应履行充分告知义务，告知借款人(包括共同借款人)、保证人等合同签约方关于合同内容、权利义务、还款方式以及还款过程中应当注意的问题等。 ②借款人、保证人为自然人的，应在当面核实签约人身份证明之后由签约人当场签字；如果签约人委托他人代替签字，签字人必须出具委托人委托其签字并经公证的委托授权书。对保证人为法人的，保证方签字人应为其法定代表人或其授权代理人，授权代理人必须提供有效的书面授权文件。 ③对采取抵押担保方式的，应要求抵押物共有人在相关合同文本上签字。 ④借款人、担保人等签字后，贷款发放人应将有关合同文本、贷款调查审批表和合同文本复核记录等材料送交银行有权签字人审查，有权签字人审查通过后在合同上签字或加盖按个人签字笔迹制作的个人名章，之后按照用印管理规定负责加盖银行贷款合同专用章。 ⑤银行可根据实际情况决定是否办理合同公证

【例 9.1·判断题】商业银行贷款发放人员在填写贷款合同时，贷款金额、贷款期限、贷款利率、担保方式、还款方式、划款方式等条款要与贷款调查报告一致。(   )[2015 年上半年真题]

【答案】错误

【解析】贷款发放人员在填写有关合同文本的过程中，应注意贷款金额、贷款期限、贷款利率、担保方式、还款方式、划款方式等条款要与贷款最终审批意见一致。

(二)贷款合同管理

1. 贷款合同管理的定义及模式

(1) 贷款合同管理的定义。贷款合同管理是指按照银行业金融机构内部控制与风险管理的要求，对贷款合同的制定、修订、废止、选用、填写、审查、签订、履行、变更、解除、归档、检查等一系列行为进行管理的活动。

(2) 贷款合同管理模式。一般采取银行业金融机构法律工作部门统一归口管理和各业务部门、各分支机构分级划块管理相结合的管理模式。

法律工作部门对贷款合同的制定、签订和履行负有监督、检查和指导的职责；各业务部门和各分支机构作为合同具体管理单位，负责本部门、本机构的合同签订和履行。

2. 贷款合同管理中存在的问题

贷款合同管理中所存在的问题具体如表 9-2 所示。

3. 加强合同管理的实施要点

加强合同管理的实施要点，具体如表 9-3 所示。

表9-2　贷款合同管理中存在的问题

问　题	说　明
贷款合同存在不合规、不完备等缺陷	①对借款人未按照约定用途使用贷款资金约束不力； ②未明确约定银行提前收回贷款以及解除合同的条件； ③未明确约定罚息的计算方法； ④担保方式的约定不明确、不具体
合同签署前审查不严	此问题导致的法律风险表现为对借款人的主体资格和履约能力审查不严
签约过程违规操作	①对借款人基本信息重视程度不够； ②对有权签约人主体资格审查不严； ③抵押手续不完善或抵押物不合格
履行合同监管不力	①借款合同的变更不符合法律规定； ②扣款侵权，引发诉讼
合同救济超时	①根据《民法通则》的规定，债权适用2年诉讼时效规定，即自知道或应当知道权利被侵害之日起2年内，权利人不向法院请求保护其民事权利，便丧失请求人民法院依诉讼程序强制义务人履行义务的胜诉权； ②根据《物权法》的规定，抵押权人应当在主债权诉讼时效期间行使抵押权，未行使的，人民法院不予保护

表9-3　加强合同管理的实施要点

实施要点	具体要求
修订和完善贷款合同等协议文件	—
建立和完善有效的贷款合同管理制度	—
加强贷款合同规范性审查管理	①合同文本选用正确； ②在合同中落实的审批文件所规定限制性条件准确、完备； ③格式合同文本的补充条款合规； ④主从合同及凭证等附件齐全且相互衔接； ⑤合同的填写符合规范要求； ⑥一式多份合同的形式内容一致； ⑦其他应当审查的规范性内容
实施履行监督、归档、检查等管理措施	①为保障合同的及时、有效履行，防止违约行为的发生，银行业金融机构应对贷款合同的履行进行监督； ②银行业金融机构应建立完善的档案管理制度，定期对合同的使用、管理等情况进行检查，对检查中发现的问题应当及时整改
做好有关配套和支持工作	①做好内部管理部门和岗位的设置和分工； ②做好教育培训工作； ③做好借款人等有关方面的解释宣传工作

【例9.2·单选题】下列关于贷款合同管理的说法，不正确的是(　　)。

A．是对贷款合同的制定、修订、选用等一系列行为进行管理的活动

B．是按银行业金融机构内部控制与风险管理的要求，对贷款合同进行管理的

C．贷款合同管理工作隶属于银行业金融机构内部管理工作

D．通过签订合同建立法律关系的行为是一种民事法律行为

【答案】C

【解析】贷款合同本身的特征决定了贷款合同管理工作不同于银行业金融机构内部管理工作，涉及大量的法律专业问题，应由专门的法律工作部门或岗位归口管理。

二、贷款的发放

(一)贷放分控

1．贷放分控概述

(1) 定义。贷放分控是指银行业金融机构将贷款审批与贷款发放作为两个独立的业务环节，分别进行管理和控制，以达到降低信贷业务操作风险的目的。

(2) 传统贷放存在的问题。我国传统信贷管理文化将贷款发放与支付视作贷款审批通过后的一个附属环节，认为审批通过后即可放款。

① 有的对提款条件的审查不够严格；

② 有的允许借款人在获得贷款资金后再去落实贷款前提条件、补齐相关手续文件；

③ 有的即使知道客户会将贷款用于合同约定之外的其他用途，但出于维护客户关系的目的，只要贷款不用于明显违规的地方，也往往予以默许；

④ 有的甚至是"有条件审批、无条件放款"，业务经营部门往往以市场竞争、客户需要等为由，不加任何限制和审核约束，或虽经审核但流于形式，未严格把关就直接通过会计部门发放至借款人账户。

2．贷放分控的操作要点

(1) 设立独立的放款执行部门。

(2) 明确放款执行部门的职责。

放款执行部门的主要职能及其审核的主要内容具体如表 9-4 所示。

表 9-4　放款执行部门的职能及其审核内容

项　目	具体内容
主要职能	①审核银行内部授信流程的合法性、合规性、完整性和有效性； ②核准放款前提条件，主要审核贷款审批书中提出的前提条件是否逐项得到落实； ③其他职责
主要审核内容	①审核合规性要求的落实情况； ②审核限制性条款的落实情况； ③核实担保的落实情况； ④审核审批日至放款核准日期间借款人重大风险变化情况； ⑤审核资本金同比例到位的落实情况； ⑥审核申请提款金额是否与项目进度相匹配； ⑦审核提款申请是否与贷款约定用途一致

(3) 建立并完善对放款执行部门的考核和问责机制。

【例9.3·单选题】贷放分控中的"贷"，不包括的环节是(　　)。

  A．贷款调查 B．贷款审查 C．贷款审批 D．贷款发放

【答案】D

【解析】贷放分控是指银行业金融机构将贷款审批与贷款发放作为两个独立的业务环节，分别进行管理和控制，以达到降低信贷业务操作风险的目的。贷放分控中的"贷"，是指信贷业务流程中贷款调查、贷款审查和贷款审批等环节，尤其是指贷款审批环节，以区别于贷款发放与支付环节。

(二)贷款发放管理

1．贷款发放的原则

贷款发放的原则有三个：①计划、比例放款原则；②进度放款原则；③资本金足额原则。

2．贷款发放的条件

(1) 先决条件。贷款放款的先决条件文件的具体内容如表9-5所示。

表9-5　贷款放款的先决条件文件

文件种类	内　容
贷款类文件	①借贷双方已正式签署的借款合同； ②银行之间已正式签署的贷款协议(多用于银团贷款)
公司类文件	①企业法人营业执照、批准证书、成立批复； ②公司章程； ③全体董事的名单及全体董事的签字样本； ④就同意签署并履行相关协议而出具的《董事会决议》(包括保证人)； ⑤就授权有关人士签署相关协议而出具的《授权委托书》以及有关人士的签字样本(包括保证人)； ⑥其他必要文件的真实副本或复印件
与项目有关的协议	①已正式签署的合营合同； ②已正式签署的建设合同或建造合同； ③已正式签署的技术许可合同； ④已正式签署的商标和商业名称许可合同； ⑤已正式签署的培训和实施支持合同； ⑥已正式签署的土地使用权出让合同； ⑦其他必要文件合同
担保类文件	①已正式签署的抵(质)押协议； ②已正式签署的保证协议； ③保险权益转让的相关协议或文件； ④其他必要性文件

续表

文件种类	内　容
与登记、批准、备案、印花税有关的文件	①借款人所属国家主管部门就担保文件出具的同意借款人提供该担保的文件； ②海关部门就同意抵押协议项下进口设备抵押出具的批复文件； ③房地产登记部门就抵押协议项下房地产抵押颁发的房地产权利及其他权利证明； ④工商行政管理局就抵押协议项下机器设备抵押颁发的企业动产抵押物登记证； ⑤车辆管理部门就抵押协议项下车辆抵押颁发的车辆抵押登记证明文件； ⑥已缴纳印花税的缴付凭证； ⑦贷款备案证明
其他类文件	①政府主管部门出具的同意项目开工批复； ②项目土地使用、规划、工程设计方案的批复文件； ③贷款项目(概)预算资金(包括自筹资金)已全部落实的证明； ④对建设项目的投保证明； ⑤股东或政府部门出具的支持函； ⑥会计师事务所出具的验资报告和注册资本占用情况证明； ⑦法律意见书； ⑧财务报表； ⑨其他的批文、许可或授权、委托、费用函件等

除首次放款外，以后的每次放款无须重复提交许多证明文件和批准文件等，通常只需提交以下文件：①提款申请书；②借款凭证；③工程检验师出具的工程进度报告和成本未超支的证明；④贷款用途证明文件；⑤其他贷款协议规定的文件。

【例 9.4·多选题】关于贷款发放的先决条件，下列说法正确的有(　　)。

A．通常不列入借款合同

B．主要体现为贷款类文件，公司类文件，与项目有关的协议，担保类文件，与登记、批准、备案、印花税有关的文件等

C．贷款类文件主要指借款合同或贷款协议

D．公司类文件主要指企业法人营业执照、批准证书、公司章程、全体董事名单及签字样本等

E．与项目有关的协议主要包括已正式签署的合营合同、建设合同或建造合同、商标和商业名称许可合同、培训和实施支持合同等

【答案】BCDE

【解析】A 项，贷款发放的重要先决条件，应在借款合同内加以规定。银行应按照借款合同的规定，逐条核对是否已完全齐备或生效，以确保贷款发放前符合所有授信批准的要求，落实全部用款前提条件。

(2) 担保手续的完善。在向借款人发放贷款前，银行必须按照批复的要求，落实担保条件，完善担保合同和其他担保文件及有关法律手续。具体操作如表9-6所示。

表9-6 担保手续的完善

分 类	内 容
提供抵(质)押担保	①可以办理登记或备案手续的，先完善有关登记、备案手续； ②抵(质)押物无明确的登记部门，则应先将抵(质)押物的有关产权文件及其办理转让所需的有关文件正本交由银行保管，并且将抵(质)押合同在当地的公证部门进行公证； ③特别注意抵押合同的生效前提条件
以金融机构出具的不可撤销保函或备用信用证作担保	应在收妥银行认可的不可撤销保函或备用信用证正本后，才能允许借款人提款
有权出具不可撤销保函或备用信用证的境外金融机构以外的其他境外法人、组织或个人担保的保证	必须就保证的可行性、保证合同等有关文件征询银行指定律师的法律意见，获得书面法律意见，并完善保证合同、其他保证文件及有关法律手续后，才能允许借款人提款

3. 贷款发放审查

(1) 贷款合同审查。银行应对借款人提款所对应的合同进行认真核查，包括合同真伪的识别、合同提供方的履约能力调查，防止贷款挪用及产生对贷款不能如期偿还的不利因素。

信贷业务中涉及的合同主要有借款合同、保证合同、抵押合同、质押合同等。具体内容如表9-7所示。

表9-7 信贷业务涉及的合同

类 型	审查时应注意的条款
借款合同	①贷款种类；②借款用途；③借款金额；④贷款利率；⑤还款方式；⑥还款期限；⑦违约责任；⑧双方认为需要约定的其他事项
保证合同	①被保证的贷款数额；②借款人履行债务的期限；③保证的方式；④保证担保的范围；⑤保证期间；⑥双方认为需要约定的其他事项
抵押合同	①抵押贷款的种类和数额；②借款人履行贷款债务的期限；③抵押物的名称、数量、质量、状况、所在地、所有权权属或使用权权属及抵押的范围；④当事人认为需要约定的其他事项
质押合同	①被质押的贷款数额；②借款人履行债务的期限；③质物的名称、数量、质量；④质押担保的范围；⑤质物移交的时间；⑥质物生效的时间；⑦当事人认为需要约定的其他事项

(2) 提款期限审查。在长期贷款项目中，通常会包括提款期、宽限期和还款期。银行应审查借款人是否在规定的提款期内提款。

(3) 用款申请材料检查。用款申请材料的检查具体涉及以下几项，包括：①审核借款凭证；②变更提款计划及承担费的收取；③检查和监督借款人的借款用途和提款进度。具体如表9-8所示。

表 9-8 用款申请材料检查的程序

项 目	内 容
审核借款凭证	①借款人办理提款，应在提款日前填妥借款凭证。借款人名称、提款日期、提款用途等各项都必须准确、完整地填写，并加盖借款人在银行的预留印鉴。业务人员要根据借款合同认真审核，确认贷款用途、金额、账号、预留印鉴等正确、真实无误后，在借款人填妥借款凭证的相应栏目签字，交由有关主管签字后进行放款的转账处理。 ②除非借款合同另有规定，银行不能代客户填写借款凭证，一般情况下，应要求借款人填妥借款凭证送银行审核后办理放款转账
变更提款计划及承担费的收取	①借款人在借款合同签订后，如需改变提款计划，则应按照借款合同的有关条款规定办理，或在原计划提款日以前的合理时间内向银行提出书面申请，并得到银行同意。 ②当借款人变更提款计划时，公司业务部门应根据合同办理，可按改变的提款计划部分的贷款金额收取承担费
检查和监督借款人的借款用途和提款进度	借款人提款用途通常包括：土建费用、工程设备款、购买商品费用、在建项目进度款、支付劳务费用、其他与项目工程有关的费用、用于临时周转的款项

(4) 账户审查。银行应审查有关的提款账户、还本付息账户或其他专用账户是否已经开立，账户性质是否已经明确，避免出现贷款使用混乱或被挪作他用。

(5) 提款申请书、借款凭证审查。银行应当对提款申请书中写明的提款日期、提款金额、划款途径等要素进行核查，确保提款手续正确无误。

银行应审查借款人提交的借款凭证是否完全符合提款要求，确认贷款用途、日期、金额、账号、预留印鉴正确、真实、无误。

【例 9.5·多选题】贷款发放审查主要是对(   )审查。

　A. 贷款合同的真伪、合同提供方的履约能力

　B. 借款人是否在规定的提款期限内提款

　C. 用款申请材料

　D. 有关提款账户是否开立、账户性质是否明确

　E. 提款申请书、借款凭证审查

【答案】ABCDE

【解析】贷款发放审查的内容主要有：①贷款合同审查；②提款期限审查；③用款申请材料检查；④账户审查；⑤提款申请书、借款凭证审查。其中，贷款合同审查主要是对合同真伪的识别、合同提供方的履约能力调查；提款期限审查主要是审查借款人是否在规定的提款期内提款；账户审查主要是对有关提款账户、还本付息账户或其他专用账户是否已经开立，账户性质是否已经明确进行审查。

4. 放款操作程序

(1) 操作程序。

① 借款人按合同要求提交提款申请和其他有关资料。

② 银行受理借款人提款申请书。

③ 签订贷款合同。

④ 有关用款审批资料按内部审批流程经有权签字人签字同意。

⑤ 按账务处理部门的要求提交审批及相关用款凭证办理提款手续。

⑥ 所提贷款款项入账后，向账务处理部门索取有关凭证，入档案卷保存。

⑦ 建立台账并在提款当日记录；如果借款人、保证人均在同一地区，在其信贷登记系统登记，经审核后进行发送。

⑧ 如为自营外汇贷款还需填写"国内外汇贷款债权人集中登记表""国内外汇贷款变动反馈表"并向国家外汇管理局报送。

(2) 注意事项。银行在办理放款手续时，应注意：

① 借款人是否已办理开户手续；

② 提款日期、金额及贷款用途是否与合同一致；

③ 是否按中国人民银行信贷登记咨询系统的要求及时更新数据信息并发送；

④ 是否按国家外汇管理局的要求报送数据。

5. 停止发放贷款的情况

银行可以对借款人采取终止提款措施的情况有如下几种。

(1) 挪用贷款的情况。挪用贷款的情况一般包括：

① 用贷款进行股本权益性投资；

② 用贷款在有价证券、期货等方面从事投机经营；

③ 未依法取得经营房地产资格的借款人挪用贷款经营房地产业务；

④ 套取贷款相互借贷牟取非法收入；

⑤ 借款企业挪用流动资金搞基本建设或用于财政性开支或者用于弥补企业亏损，或者用于职工福利。

(2) 其他违约情况。其他违约情况包括：

① 未按合同规定清偿贷款本息；

② 违反国家政策法规，使用贷款进行非法经营。

(3) 违约后的处理。违约后，银行有权分别或同时采取下列措施。

① 要求借款人限期纠正违约事件；

② 停止借款人提款或取消借款人尚未提用的借款额度；

③ 宣布贷款合同项下的借款本息全部立即到期，根据合同约定立即从借款人在银行开立的存款账户中扣款用于偿还被银行宣布提前到期的所欠全部债务；

④ 宣布借款人在与银行签订的其他贷款合同项下的借款本息立即到期，要求借款人立即偿还贷款本息及费用。

【例 9.6·多选题】下列情形中，银行可以对借款人采取终止提款措施的有(　　)。[2010年上半年真题]

　　A. 贷款用于股市、期市投资

　　B. 贷款用途违反国家法律规定

　　C. 违反合同约定将贷款用于股本权益性投资

D. 未依法取得经营房地产资格的借款人挪用贷款经营房地产业务

E. 套取贷款相互借贷牟取非法收入

【答案】ABCDE

【解析】银行可以对借款人采取终止提款措施的情况包括挪用贷款的情况和其他违约情况。前者具体包括：①用贷款进行股本权益性投资；②用贷款在有价证券、期货等方面从事投机经营；③未依法取得经营房地产资格的借款人挪用贷款经营房地产业务；④套取贷款相互借贷牟取非法收入；⑤借款企业挪用流动资金进行基本建设或用于财政性开支或者用于弥补企业亏损，或者用于职工福利。后者具体包括：①未按合同规定清偿贷款本息；②违反国家政策法规，使用贷款进行非法经营等。

三、贷款支付

(一)实贷实付

1. 实贷实付的含义

实贷实付是指银行业金融机构根据贷款项目进度和有效贷款需求，在借款人需要对外支付贷款资金时，根据借款人的提款申请以及支付委托，将贷款资金主要通过贷款人受托支付的方式，支付给符合合同约定的借款人交易对象的过程。

其核心要义有以下四个方面：①满足有效信贷需求是实贷实付的根本目的；②按进度发放贷款是实贷实付的基本要求；③受托支付是实贷实付的重要手段；④协议承诺是实贷实付的外部执行依据。

2. 推行实贷实付的现实意义

推行实贷实付的现实意义是：①有利于将信贷资金引入实体经济；②有利于加强贷款使用的精细化管理；③有利于银行业金融机构管控信用风险和法律风险。

(二)受托支付

1. 贷款人受托支付的含义

(1) 含义。贷款人受托支付是指贷款人在确认借款人满足贷款合同约定的提款条件后，根据借款人的提款申请和支付委托，将贷款资金通过借款人账户支付给符合合同约定用途的借款人交易对象。

(2) 意义。

① 贷款人受托支付是实贷实付原则的主要体现方式，是有效控制贷款用途、保障贷款资金安全的有效手段。

② 贷款人受托支付有利于保护借款人权益，借款人可以在需要资金时才申请提款，无须因贷款资金在账户闲置而支付额外的贷款利息，也不必为了维护与银行的关系而保留一定的贷款余额。

2．明确受托支付的条件

(1) 流动资金贷款。流动资金贷款受托支付的条件是：

① 与借款人新建立信贷业务关系且借款人信用状况一般；

② 支付对象明确且单笔支付金额较大；

③ 贷款人认定的其他情形

(2) 固定资产贷款。固定资产贷款受托支付的刚性条件：对单笔金额超过项目总投资5%或超过500万元人民币的贷款资金支付，应采用贷款人受托支付方式。

3．受托支付的操作要点

受托支付的操作要点是：

(1) 明确借款人应提交的资料要求；

(2) 明确支付审核要求；

(3) 完善操作流程；

(4) 合规使用放款专户。

(三)自主支付

1．自主支付的含义

(1) 含义。自主支付是指贷款人在确认借款人满足合同约定的提款条件后，根据借款人的提款申请将贷款资金发放至借款人账户后，由借款人自主支付给符合合同约定用途的借款人交易对象。

(2) 注意事项。

① 受托支付是监管部门倡导和符合国际通行做法的支付方式，是贷款支付的主要方式，自主支付是受托支付的补充；

② 自主支付对于借款人使用贷款设定了相关的措施限制，以确保贷款用于约定用途。

2．自主支付的操作要点

自主支付的操作要点：①明确贷款发放前的审核要求；②加强贷款资金发放和支付后的核查；③审慎合规地确定贷款资金在借款人账户的停留时间和金额。

【过关练习】

一、单选题(下列选项中只有一项最符合题目的要求)

1. 商业银行应按已批准的贷款项目年度投资计划所规定的建设内容、费用，准确、及时地提供贷款，这符合银行贷款发放的(   )原则的要求。

    A．计划、比例放款　　　　　　　B．实贷实付

    C．资本金足额　　　　　　　　　D．适宜相容

【答案】A

【解析】贷款发放的原则包括：①计划、比例放款原则，借款人用于建设项目的其他资金(自筹资金和其他银行贷款)应与贷款同比例支用；②进度放款原则，在中长期贷款发放过程中，银行应按照完成工程量的多少进行付款；③资本金足额原则，银行须审查建设项目的资本金是否已足额到位，即使因特殊情况不能按时足额到位，贷款支取的比例也应同步低于借款人资本金到位的比例。

2. 下列关于借款人自主支付的表述，错误的是(   )。

　　A．自主支付是受托支付的补充

　　B．自主支付应遵守实贷实付原则

　　C．自主支付方式排斥贷款人对贷款资金用途的控制

　　D．在固定资产贷款中，自主支付应遵守贷款与资本金同比例到位的要求

【答案】C

【解析】C 项，借款人自主支付方式并不排斥贷款人对贷款资金用途的控制。在借款人自主支付方式下，贷款人也可以与借款人协商采取措施，对贷款资金支付进行监督和控制。

3. 商业银行对于投资额大、技术复杂、按照项目进度分期付款的固定资产贷款项目，在借款人提取贷款时，一般应要求借款人提供(   )。

　　A．银团贷款代理行签署确认的项目进度和质量的书面文件

　　B．有监理、评估、质检等第三方机构参与签署的确认项目进度和质量的书面文件

　　C．施工单位签署确认的项目进度和质量的书面文件

　　D．当地政府签署确认的项目进度和质量的书面文件

【答案】B

【解析】对于投资额大、技术复杂、按照项目进度分期付款的固定资产投资项目，贷款人一般要求借款人提供有监理、评估、质检等第三方机构参与签署的确认项目进度和质量的书面文件，包括但不限于借款人、承包商以及第三方机构共同签署的单据等。

4. 下列关于放款执行部门的说法，不正确的是(   )。

　　A．放款执行部门负责贷款发放和支付审核

　　B．放款执行部门应独立于前台营销部门

　　C．放款执行部门接受中台授信审批部门的直接领导

　　D．设立独立的放款执行部门或岗位，可实现对放款环节的专业化和有效控制

【答案】C

【解析】根据《固定资产贷款管理暂行办法》第二十一条，贷款人应设立独立的责任部门或岗位，即放款执行部门，负责贷款发放和支付审核。它首先应独立于前台营销部门，其次还应独立于中台授信审批部门。设立独立的放款执行部门或岗位，可实现对放款环节的专业化和有效控制。

二、多选题(下列选项中有两项或两项以上符合题目要求)

1. 商业银行信贷批复文件中可附带的限制性条款包括(   )。

　　A．偿债优先权的要求　　B．资本性支出的限制　　C．配合贷后管理的要求

　　D．对外担保的限制　　E．股东分红的限制

【答案】ABCDE

【解析】除 ABCDE 五项外，商业银行信贷批复文件中可附带的限制性条款还包括：①办理具体贷款业务品种、额度、期限及保证金比例的要求；②贷款担保方面的要求；③对资产负债率等核心偿债能力、流动性、营利性等财务指标的要求；④贷款支付金额、支付对象的要求；⑤资本出售的限制；⑥兼并收购的限制；⑦交叉违约的限制；⑧确定借款人的交易对手名单、交易商品，必要时限定交易商品价格波动区间和应收账款账龄；⑨锁定借款人贷款对应的特定还款来源，提出明确还款来源、监督客户物流与现金流的具体措施，并落实贷款的贷后管理责任人；⑩其他限制性条件。

2．贷放分控的操作要点主要包括(　　)。

  A．设立独立的放款执行部门

  B．明确放款执行部门的职责

  C．审核银行内部授信流程的合法性、合规性、完整性和有效性

  D．建立并完善对放款执行部门的考核和问责机制

  E．核准放款前提条件

【答案】ABD

【解析】CE 两项属于放款执行部门的职责。

3．借款人如出现违约，银行有权采取的措施有(　　)。

  A．加罚利息

  B．限期纠正

  C．停止或取消借款人尚未提用的借款额度

  D．宣布贷款合同项下的借款本息全部立即到期

  E．宣布与借款人签订的其他贷款合同项下的借款本息立即到期

【答案】BCDE

【解析】借款人如出现违约，银行有权分别或同时采用下列措施：①要求借款人限期纠正违约事件；②停止借款人提款或取消借款人尚未提用的借款额度；③宣布贷款合同项下的借款本息全部立即到期，根据合同约定立即从借款人在银行开立的存款账户中扣款用于偿还被银行宣布提前到期的所欠全部债务；④宣布借款人在与银行签订的其他贷款合同项下的借款本息立即到期，要求借款人立即偿还贷款本息及费用。

4．关于贷款批准后、发放贷款前担保手续的完善，下列说法正确的有(　　)。

  A．在向借款人发放贷款前，银行必须按照贷款审批批复落实担保条件

  B．对于抵(质)押担保的，如可能必须先办理登记、备案手续，否则银行必须亲自保管抵(质)押物的有关产权文件及其办理转让所需文件的正本

  C．对于抵(质)押担保的，要特别注意抵押合同生效的前提条件

  D．对于以金融机构出具的不可撤销保函或备用信用证担保的，须在收妥其正本并经银行认可后方可放款

  E．对于境外法人、组织或个人担保的保证，必须就保证可行性、保证合同有关文件征询银行指定律师的法律意见

【答案】ABCD

【解析】E 项，对于有权出具不可撤销保函或备用信用证的境外金融机构以外的其他境外法人、组织或个人担保的保证，必须就保证的可行性、保证合同等有关文件征询银行指

定律师的法律意见。

三、判断题(请对下列各题的描述做出判断，正确的用 A 表示，错误的用 B 表示)

1. 审慎合规地确定贷款资金在借款人账户的停留时间和金额是贷款自主支付的操作要点之一。(　　)

【答案】A

【解析】自主支付的操作要点包括：①明确贷款发放前的审核要求；②加强贷款资金发放和支付后的核查；③审慎合规地确定贷款资金在借款人账户的停留时间和金额。

2. 商业银行在与借款人、担保人签订贷款合同文本前，贷款审批人应履行充分告知义务，告知借款人、保证人等合同签约方关于合同内容、权利义务、还款方式以及还款过程中应当注意的问题等。(　　)

【答案】B

【解析】在签订(预签)有关合同文本前，贷款发放人应履行充分告知义务，告知借款人(包括共同借款人)、保证人等合同签约方关于合同内容、权利义务、还款方式以及还款过程中应当注意的问题等。

3. 借款企业用贷款在有价证券、期货等方面从事投机经营的，属于挪用银行贷款的行为。(　　)

【答案】A

【解析】挪用贷款的情况一般包括：①用贷款进行股本权益性投资；②用贷款在有价证券、期货等方面从事投机经营；③未依法取得经营房地产资格的借款人挪用贷款经营房地产业务；④套取贷款相互借贷牟取非法收入；⑤借款企业挪用流动资金搞基本建设或用于财政性开支或者用于弥补企业亏损，或者用于职工福利。

第十章 贷后管理

【考查内容】

本章从借款人的贷后监控、担保管理、风险预警、信贷业务到期处理和档案管理五个方面对贷后管理的相关内容进行考查。

本章考点比较多，考生须掌握借款人贷后监控的基本内容，包括对借款人经营状况、管理状况、财务状况、还款账户及与银行往来情况的监控；此外，还须掌握保证人管理、抵(质)押品管理以及担保的补充机制；风险预警的程序、方法、指标体系和处置；信贷业务到期处理的方法等。贷后管理中对档案管理的原则和要求，对贷款文件、贷款档案、客户档案的管理内容及要求也是在考试中要求考生熟悉的内容。

【备考方法】

本章知识点比较多，但多是对贷后管理的概括介绍，难度并不高，是对考生的理解记忆能力的检验。考生在备考时要熟记教材中的内容，并注意掌握重要知识点的延伸考点，加强记忆，避免疏漏。另外，本章的学习还应反复记忆每个细节，如风险预警的程序以及处置方法等。

【框架结构】

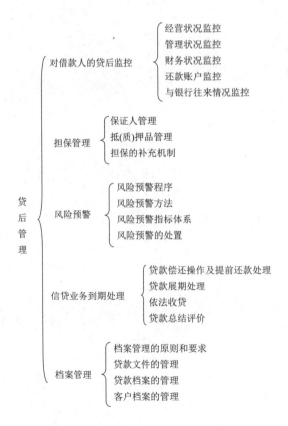

【核心讲义】

一、对借款人的贷后监控

(一)经营状况监控

经营状况监控包括两方面的内容：①企业在日常的商务活动中是否出现不讲诚信的行为，是否出现隐瞒经营情况的现象及其他各种异常情况；②对异常的经营情况和财务变动进行调查和分析，找出问题根源。

1. 经营风险的体现

经营风险主要体现在以下方面。

(1) 经营活动发生显著变化，出现停产、半停产或经营停止状态；

(2) 业务性质、经营目标或习惯做法改变；

(3) 主要数据在行业统计中呈现出不利的变化或趋势；

(4) 兼营不熟悉的业务、新的业务或在不熟悉的地区开展业务；

(5) 不能适应市场变化或客户需求的变化；

(6) 持有一笔大额订单，不能较好地履行合约；

(7) 产品结构单一；

(8) 对存货、生产和销售的控制力下降；

(9) 对一些客户或供应商过分依赖，可能引起巨大的损失；

(10) 在供应链中的地位关系变化，如供应商不再供货或降低信用额度；

(11) 购货商减少采购；

(12) 企业的地点发生不利的变化或分支机构分布趋于不合理；

(13) 收购其他企业或者开设新销售网点，对销售和经营有明显影响，如收购只是出于财务动机，而与核心业务没有密切关系；

(14) 出售、变卖主要的生产性、经营性固定资产；

(15) 厂房和设备未得到很好的维护，设备更新缓慢，缺乏关键产品生产线；

(16) 建设项目的可行性存在偏差，或计划执行出现较大的调整，如基建项目的工期延长，或处于停缓状态，或预算调整；

(17) 借款人的产品质量或服务水平出现明显下降；

(18) 流失一大批财力雄厚的客户；

(19) 遇到台风、火灾、战争等严重自然灾害或社会灾难；

(20) 企业未实现预定的盈利目标。

【例 10.1·多选题】下列情况中，可能给企业带来经营风险的有(　　)。[2009 年上半年真题]

　　A. 客户需求为便携性 PC，企业仍生产台式机

　　B. 持有一笔占公司年订单量 60%的订单，能按时保质完成

　　C. 企业只生产台式机

D. 以前产品的产、供、销都由本企业自行提供，最近企业转型，只负责产品的生产

E. 只依赖于一家供应商

【答案】ACDE

【解析】对于银行信贷来说，企业的经营风险部分体现在：①不能适应市场变化或客户需求的变化；②持有一笔大额订单却不能较好地履行合约；③产品结构单一；④对存货、生产和销售的控制力下降；⑤对一些客户或供应商过分依赖，可能引起巨大的损失等方面。A 项，企业生产不能适应客户需求变化；C 项，企业的产品结构过于单一；D 项，企业对存货、销售的控制力下降；E 项，企业对供应商过分依赖，这些都可能为企业带来经营风险。

2. 不同类型贷款经营监控

不同类型贷款经营监控的具体内容如表 10-1 所示。

表 10-1　不同类型贷款经营监控

类　型	内　容
固定资产贷款	贷款人应定期对借款人和项目发起人的履约情况及信用状况、项目的建设和运营情况、宏观经济变化和市场波动情况、贷款担保的变动情况等内容进行检查与分析，建立贷款质量监控制度和贷款风险预警体系
项目融资业务	在贷款存续期间，贷款人应当持续监测项目的建设和经营情况，根据贷款担保、市场环境、宏观经济变动等因素，定期对项目风险进行评价，并建立贷款质量监控制度和风险预警体系
流动资金贷款	贷款人应加强贷款资金发放后的管理，针对借款人所属行业及经营特点，通过定期与不定期的现场检查与非现场监测，分析借款人经营、财务、信用、支付、担保及融资数量和渠道变化等状况，掌握各种影响借款人偿债能力的风险因素

(二)管理状况监控

1. 企业管理风险

企业管理风险主要体现在以下方面。

(1) 企业发生重要人事变动；

(2) 最高管理者独裁，领导层不团结，高级管理层之间出现严重的争论和分歧；职能部门矛盾尖锐，互相不配合，管理层素质偏低；

(3) 管理层对环境和行业中的变化反应迟缓或管理层经营思想变化，表现为极端的冒进或保守；

(4) 管理层对企业的发展缺乏战略性的计划，缺乏足够的行业经验和管理能力，导致经营计划没有实施及无法实施；

(5) 董事会和高级管理人员以短期利润为中心，不顾长期利益而使财务发生混乱、收益质量受到影响；

(6) 借款人的主要股东、关联企业或母子公司等发生重大的不利变化；

(7) 中层管理层薄弱，企业人员更新过快或员工不足。

2. 管理状况监控

管理状况监控方面，重点关注借款人的组织架构、公司治理、内部控制及法定代表人和经营管理团队的资信等情况，包括：客户管理者的人品、诚信度、授信动机、盈利能力以及道德水准等。

对中小企业，须准确考核企业实际控制人的情况，包括：①客户业主或主要股东个人及其家庭其他投资、资产负债及或有负债情况；②客户业主或主要股东家庭成员情况、家庭居住情况，婚姻状况，家庭大致日常收入、生活开支情况；③客户业主或主要股东个人资信情况，企业和个人征信信息；④客户在工商、税务、海关等部门的信用记录等。

(三)财务状况监控

1. 企业财务风险的体现

企业的财务风险主要体现在：①企业不能按期支付银行贷款本息；②经营性净现金流量持续为负值；③产品积压、存货周转率大幅下降；④应收账款异常增加；⑤流动资产占总资产比重大幅下降；⑥短期负债增加失当，长期负债大量增加；⑦银行账户混乱，到期票据无力支付；⑧企业销售额下降，成本提高，收益减少，经营亏损；⑨不能及时报送会计报表，或会计报表有造假现象；⑩财务记录和经营控制混乱。

2. 核实企业提供的财务报表和其他财务信息

银行应核实的企业提供的财务报表包括：①报表如为复印件，则须公司盖章；②报表如经会计师事务所审计，须有完整的审计报告(包括附注说明)；③报表应含有资产负债表、利润表及现金流量表；④银行还应对应收账款、存货、对外投资、销售额等关键性数据进行抽样核实，并进行横向(同类客户之间)和纵向(同一客户不同时间)的比较，以判断其财务数据是否合理，企业经营有无异常情况。

3. 集团客户的风险监控

针对集团客户，借款人如利用与关联方之间的虚假合同，以无真实贸易背景的应收票据、应收账款等债权到银行贴现或质押，套取银行资金或授信，贷款人有权单方决定停止支付借款人尚未使用的贷款，并提前收回部分或全部贷款本息，且依法采取其他措施。

银行还应做到：①定期或不定期开展针对整个集团客户的联合调查，掌握其整体经营和财务变化情况，并把重大变化的情况录入全行的信贷管理信息系统中；②核查借款人关联方及关联交易等情况及变化趋势；③核查客户或其业主或其主要股东向其他企业或个人提供抵(质)押物担保或保证。

(四)还款账户监控

通过对日常生产经营资金进出账户、大额异常资金流动的全面监控和分析，银行业金融机构可以真实、全面、立体地了解借款人经营的全貌，有效确保贷款足额、及时归还。在此过程中所涉及的一些要求和注意事项具体如表 10-2 所示。

表 10-2 还款账户监控

项　目		内　容
要求	固定资产贷款	①当借款人信用状况较好、贷款安全系数较高时，银行业金融机构可不要求借款人开立专门的还款准备金账户； ②当借款人信用状况较差、贷款安全受到威胁时，出于有效防范和化解信贷风险的考虑，银行应要求其开立专门的还款准备金账户，并与借款人约定对账户资金进出、余额或平均存量等的最低要求
	项目融资	①贷款人应要求借款人指定专门的项目收入账户，并约定所有项目的资金收入均须进入此账户，该账户对外支付的条件和方式均须在合同中明确，以达到有效监控资金收支变化、提高贷款资金保障性的效果； ②贷款人应对项目收入账户进行监测，当账户资金流动出现异常时，应及时查明原因并采取相应措施
	流动资金贷款	贷款人必须指定或设立专门的资金回笼账户。不管账户开立在何处，借款人都应按照贷款人的要求及时提供包括对账单等信息在内的能够反映该账户资金进出情况的材料
注意事项		①根据借款人的信用状况、生产经营况、总体融资规模和本机构融资占比、还款来源的现金流入特点等因素，贷款人应判断是否需要对客户资金回笼情况进行更进一步的监控； ②在对借款人实行动态监测的过程中，要特别关注大额资金、与借款人现有的交易习惯、交易对象等存在明显差异的资金，以及关联企业间资金的流入流出情况，及时发现风险隐患； ③当贷款已经形成不良贷款时，银行更要积极开展有效的贷后管理工作，通过专门还款账户监控、押品价值监测与重评估等手段控制第一还款来源和第二还款来源，最大限度地保护银行债权

【例 10.2·多选题】当借款人信用状况较差、贷款安全受到威胁时，银行应与借款人约定对账户(　　)的最低要求。

  A. 资金进出   B. 余额   C. 担保资金
  D. 平均存量   E. 最低存量

【答案】ABD

【解析】当借款人信用状况较差、贷款安全受到威胁时，出于有效防范和化解信贷风险的考虑，银行应要求其开立专门的还款准备金账户，并与借款人约定对账户资金进出、余额或平均存量等的最低要求。

(五)与银行往来情况监控

与银行往来的异常现象及其应对措施具体如表 10-3 所示。

表 10-3　与银行往来的异常现象及其应对措施

项　目	说　明
与银行往来的异常现象	①借款人在银行的存款有较大幅度下降； ②在多家银行开户(公司开户数明显超过其经营需要)； ③对短期贷款依赖较多，要求贷款展期； ④还款来源没有落实或还款资金主要为非销售回款； ⑤贷款超过了借款人的合理支付能力； ⑥借款人有抽逃资金的现象，同时仍在申请新增贷款； ⑦借款人资金回笼后，在还款期限未到的情况下挪作他用，增加贷款风险

整理、更新有关企业信息，对重大情况应及时报告，并形成文字材料存档；
获取信息外，也应努力从企业的外部机构，如其合作单位、监管部门、
理部门、新闻媒介等渠道收集企业的信息，注意信息来源的广泛性、
可靠性，以便对企业变化情况进行全方位的把握

来监控中，银行应通过检查企业的(　　)，分析公司的最

请书　　C. 借款凭证　　D. 银行对账单

交易情况最直接的反映，也是银行利益的体现。

银行应　　　情况，核查企业的银行对账单，分析公司最近的
经营状　　

二、担保

(一)保证

对保证人的　　　查保证人的资格；②分析保证人的
保证实力；③了解　

(二)抵(质)押品

抵押品管理的具体内

项　目	
抵押品检查内容	①抵押品价值的变　 ②抵押品是否被妥善　 ③抵押品是否被变卖出　　变卖出售的行为； ④抵押品保险到期后有没有及时续投保险； ⑤抵押品是否被转移至不利于银行监控的地方

续表

项　目	具体内容
抵押品问题处理	①发现抵押物价值非正常减少，应及时查明原因，采取有效措施； ②发现抵押人的行为将造成抵押物价值的减少，应要求抵押人立即停止其行为； ③抵押人的行为已经造成抵押物价值的减少，应要求抵押人恢复抵押物的价值； ④抵押人无法完全恢复，应要求抵押人提供与减少的价值相当的担保，包括另行提供抵押物、权利质押或保证
抵押物的转让或处分	①抵押人在抵押期间转让或处分抵押物的，必须向银行提出书面申请，并经银行同意后予以办理： a．经商业银行同意，抵押人可以全部转让并以不低于商业银行认可的最低转让价款转让抵押物的，抵押人转让抵押物所得的价款应当优先用于向商业银行提前清偿所担保的债权或者存入商业银行账户； b．经商业银行同意，抵押人可以部分转让抵押物的，所得的收入应存入商业银行的专户或偿还商业银行债权，并保持剩余贷款抵押物价值不低于规定的抵押率。 ②抵押期间，抵押物因出险所得赔偿金(包括保险金和损害赔偿金)应存入商业银行指定的账户，并按抵押合同中约定的处理方法进行相应处理。对于抵押物出险后所得赔偿数额不足清偿部分，商业银行可以要求借款人提供新的担保

【例10.4·判断题】如果抵押人的行为足以使抵押物价值降低的，抵押权人(银行)有权要求抵押人停止其行为，并要求其恢复抵押物的价值，或提供与减少的价值相当的担保，即追加担保品，以达到该抵押合同规定的价值。(　　)[2015年上半年真题]

【答案】正确

【解析】根据《担保法》第五十一条，如果抵押人的行为足以使抵押物价值降低的，抵押权人(银行)有权要求抵押人停止其行为，并要求其恢复抵押物的价值，或提供与减少的价值相当的担保，即追加担保品，以达到原借贷合同规定的价值。

(三)担保的补充机制

1．追加担保品，确保抵押权益

要求借款人落实抵押权益或追加担保品的情况主要有以下三种。
(1) 银行如果在贷后检查中发现借款人提供的抵押品或质押物的抵押权益尚未落实；
(2) 担保品的价值由于市场价格的波动或市场滞销而降低，由此造成超额押值不充分；
(3) 保证人保证资格或能力发生不利变化。

2．追加保证人

对由第三方提供担保的保证贷款，如果借款人未按时还本付息，就应由保证人为其承担还本付息的责任。追加保证人的情况主要有以下三种。
(1) 保证人的担保资格或担保能力发生不利变化，其自身的财务状况恶化；
(2) 由于借款人要求贷款展期造成贷款风险增大或由于贷款逾期，银行加收罚息而导致借款人债务负担加重，而原保证人又不同意增加保证额度；

(3) 抵(质)押物出现不利变化。

【例 10.5·多选题】担保的补充机制不包括(　　)。[2010 年上半年真题]

A. 提高借款利率　　　　B. 缩短借款期限　　　　C. 追加保证人

D. 宣布贷款提前到期　　E. 追加担保品

【答案】ABD

【解析】担保的补充机制包括：①追加担保品，确保抵押权益；②追加保证人，对由第三方提供担保的保证贷款，如果借款人未按时还本付息，就应由保证人为其承担还本付息的责任。若保证人因各种情况不能担保的，银行应要求借款人追加新的保证人。

三、风险预警

(一)风险预警程序

1. 信用信息的收集和传递

收集与商业银行有关的内外部信息，包括信贷人员提供的信息和外部渠道得到的信息，并通过商业银行信用风险信息系统进行储存。

2. 风险分析

信息通过适当的分层处理、甄别和判断后，进入预测系统或预警指标体系中。预测系统运用预测方法对未来内外部环境进行预测，使用预警指标估计未来市场和客户的风险状况，并将所输出的结果与预警参数进行比较，以便做出是否发出警报，以及发出何种程度警报的判断。

3. 风险处置

按照阶段划分，风险处置可以划分为预控性处置与全面性处置。

(1) 预控性处置。预控性处置是在风险预警报告已经做出，而决策部门尚未采取相应措施之前，由风险预警部门或决策部门对尚未爆发的潜在风险提前采取控制措施，避免风险继续扩大对商业银行造成不利影响。

【例 10.6·单选题】预控性处置发生在(　　)。

A. 风险预警报告正式做出前

B. 风险预警报告已经做出，决策部门尚未采取措施前

C. 风险预警报告尚未做出，决策部门尚未采取措施

D. 风险预警报告已经做出，决策部门已经采取措施

【答案】B

【解析】预控性处置是在风险预警报告已经做出，而决策部门尚未采取相应措施之前，由风险预警部门或决策部门对尚未爆发的潜在风险提前采取控制措施，避免风险继续扩大对商业银行造成不利影响的一种风险处置方法。

(2) 全面性处置。全面性处置是商业银行对风险的类型、性质和程度进行系统详细的分析后，从内部组织管理、业务经营活动等方面采取措施来控制、转移或化解风险，使风险预警信号回到正常范围。

4．后评价

后评价是指经过风险预警及风险处置过程后，对风险预警的结果进行科学的评价，以发现风险预警中存在的问题(如虚警或漏警)，深入分析原因，并对预警系统和风险管理进行修正或调整。

(二)风险预警方法

在我国银行业实践中，根据运作机制将风险预警方法分为黑色预警法、蓝色预警法和红色预警法。具体内容如表10-5所示。

表10-5　风险预警方法

类　　型	内　　容
黑色预警法	不引进警兆自变量，只考察警素指标的时间序列变化规律，即循环波动特征
蓝色预警法	①指数预警法，即利用警兆指标合成的风险指数进行预警； ②统计预警法，是对警兆与警素之间的关系进行相关性分析，确定其先导长度和先导强度，再根据警兆变动情况，确定各警兆的警级，结合警兆的重要性进行警级综合，最后预报警度
红色预警法	①对影响警素变动的有利因素与不利因素进行全面分析； ②进行不同时期的对比分析； ③结合风险分析专家的直觉和经验进行预警

(三)风险预警指标体系

贷款风险的预警信号系统包括以下三方面内容。具体内容如表10-6所示。

表10-6　贷款风险的预警信号系统

类　　别	预警信号
有关财务状况的预警信号	①存货激增；②存货周转速度放慢；③现金状况恶化；④应收账款余额或比例激增；⑤流动资产占总资产的比例下降；⑥流动资产状况恶化；⑦固定资产迅速变化；⑧除固定资产外的非流动资产集中；⑨长期债务大量增加；⑩短期债务增加失当；⑪资本与债务的比例降低；⑫销售额下降；⑬成本上升、收益减少；⑭销售上升、利润减少；⑮相对于销售额(利润)而言，总资产增加过快等
有关经营者的信号	①关键人物的态度变化尤其是缺乏合作态度；②董事会、所有权变化或重要的人事变动；③还款意愿降低；④财务报表呈报不及时；⑤各部门职责分裂；⑥冒险兼并其他公司；⑦冒险投资于其他新业务、新产品以及新市场等
有关经营状况的信号	①丧失一个或多个客户，而这些客户财力雄厚；②关系到企业生产能力的某一客户的订货变化无常；③投机于存货，使存货超出正常水平；④工厂或设备维修不善，推迟更新过时的无效益的设备等

(四)风险预警的处置

风险预警处置的定义及措施如表 10-7 所示。

表 10-7　风险预警的处置

项　目	具体内容
定义	预警处置是借助预警操作工具对银行经营运作全过程进行全方位实时监控考核，在接收风险信号、评估、衡量风险基础上提出有无风险、风险大小、风险危害程度及风险处置、化解方案的过程
措施	①列入重点观察名单；②要求客户限期纠正违约行为；③要求增加担保措施；④暂停发放新贷款或收回已发放的授信额度等

四、信贷业务到期处理

(一)贷款偿还操作及提前还款处理

1. 贷款偿还的一般操作过程

贷款偿还的一般操作过程具体如表 10-8 所示。

表 10-8　贷款偿还的一般操作过程

操作过程	说　明
业务操作部门向借款人发送还本付息通知单	还本付息通知单应载明：贷款项目名称或其他标志、还本付息的日期、当前贷款余额、本次还本金额、付息金额以及利息计算过程中涉及的利率、计息天数、计息基础等
业务操作部门对逾期的贷款要及时发出催收通知单	逾期贷款是指在还本付息日当天营业时间终了前，借款人未向银行提交偿还贷款本息的支票(人民币)或支取凭条(外币)，并且其偿债账户或其他存款户中的存款余额不足以由银行主动扣款。银行对逾期贷款的处理包括：①对贷款的本金、应收未收的利息计收利息，即计复利；②在催收的同时，对不能按借款合同约定期限归还的贷款，应按规定加罚利息，加罚的利率应在贷款协议中明确规定，应收未收的罚息也要计复利；③对不能归还或不能落实还本付息事宜的，应督促归还或依法起诉；④按照国家有关规定提取准备金，并按照核销的条件和程序核销呆账贷款及应收款项

【例 10.7·判断题】贷款逾期后，银行对应收未收的利息、罚息，要按照复利计收。( )[2015 年上半年真题]

【答案】正确

【解析】贷款逾期后，银行不仅对贷款本金计收利息，而且对应收未收的利息计收利息，即计复利。同时，对不能按借款合同约定期限归还的贷款，应按规定加罚利息，加罚的利率应在贷款协议中明确规定，应收未收的罚息也要计复利。

2. 借款人提前归还贷款的操作过程

借款人提前归还贷款,应与银行协商。借款人与银行可以在贷款协议的"提前还款"条款中,约定提前还款的前提条件及必要的手续。"提前还款"条款可以包括以下内容。

(1) 未经银行的书面同意,借款人不得提前还款;

(2) 借款人可以在贷款协议规定的最后支款日后、贷款到期日前的时间内提前还款;

(3) 借款人应在提前还款日前 30 天(或 60 天)以书面形式向银行递交提前还款的申请,其中应列明借款人要求提前偿还的本金金额;

(4) 由借款人发出的提前还款申请应是不可撤销的,借款人有义务据此提前还款;

(5) 借款人可以提前偿还全部或部分本金,如果偿还部分本金,其金额应等于一期分期还款的金额或应为一期分期还款的整数倍,并同时偿付截至该提前还款日前一天(含该日)所发生的相应利息,以及应付的其他相应费用;

(6) 提前还款应按贷款协议规定的还款计划以倒序进行;

(7) 已提前偿还的部分不得要求再贷;

(8) 对于提前偿还的部分可以收取费用。

借款人提前还款后,银行应将收回的资金安排新的贷款。

国内借款人向银行的提前还款与银行作为借款人向国外银行的提前还款,包括"挂钩"和"脱钩"两种业务模式:①"挂钩"即国内借款人向银行的提前还款,是以银行向国外贷款行提前还款为前提,同步进行;②"脱钩"即或者国内借款人向银行提前还款,或者银行向国外贷款行提前还款,二者不同步。

【例 10.8·单选题】下列关于固定资产贷款中借款人提前还款的表述,错误的是( )。[2013 年下半年真题]

　　A. 如果借款人希望提前归还贷款,应与银行协商

　　B. 对已提前偿还的部分不得要求再贷

　　C. 借款人应在征得银行同意后,才可以提前还款

　　D. 如果借款人提前还款,应一次性偿还全部剩余本金

【答案】D

【解析】D 项,借款人可以提前偿还全部或部分本金,如果偿还部分本金,其金额应等于一期分期还款的金额或应为一期分期还款的整数倍,并同时偿付截至该提前还款日前一天(含该日)所发生的相应利息,以及应付的其他相应费用。

(二)贷款展期处理

贷款展期是指借款人不能或不希望按照贷款协议规定的还款计划按时偿付每期应偿付的贷款,由借款人提出申请,经贷款行审查同意,有限期地延长还款期限的行为,经银行同意,贷款才可以展期。

1. 贷款展期的申请

借款人不能按期归还贷款时,应当在贷款到期日之前,向银行申请贷款展期,是否展期由银行决定。展期申请的内容包括:展期理由,展期期限,展期后的还本、付息、付费计划及拟采取的补救措施。

2．贷款展期的审批

贷款展期审批的审批制度和担保问题如表 10-9 所示。

表 10-9　贷款展期的审批制度和担保问题

项　目	内　容
审批制度	分级审批制度：银行应根据业务量大小、管理水平和贷款风险度确定各级分支机构的审批权限，超过审批权限的，应当报上级机构审批
担保问题	①对于保证贷款的展期，银行应重新确认保证人的担保资格和担保能力；借款人申请贷款展期前，必须征得保证人的同意。 ②对于抵押贷款的展期，银行为减少贷款的风险应续签抵押合同，应做到： a．作为抵押权人核查抵押物的账面净值或委托具有相关资格和专业水平的资产评估机构评估有关抵押物的重置价值，并核查其抵押率是否控制在一定的标准内； b．如果借款人的贷款余额与抵押财产的账面净值或重置价值之比超过一定限度，即抵押价值不足的，则抵押人应根据银行的要求按现有贷款余额补充落实抵押物，重新签订抵押合同； c．抵押贷款展期后，银行应要求借款人及时到有关部门办理续期登记手续，使抵押合同保持合法性和有效性，否则抵押合同将失去法律效力； d．切实履行对抵押物跟踪检查制度，定期检查核对抵押物，监督企业对抵押物的占管，防止抵押物的变卖、转移和重复抵押

凡利用国外借入资金对国内转贷的贷款展期问题，应按表 10-10 所示方式区别处理。

表 10-10　转贷款的展期问题处理办法

转贷方式	处理办法
"挂钩"	一般不允许展期，但在借款人向银行提出书面申请并由银行与国外贷款行协商，同意对国外贷款协议偿还期限展期的情况下，转贷协议项下未付的贷款本金可作与对外协议条件相同的展期处理
"脱钩"	①在国内贷款协议规定的每期还款期限到期前，经银行同意，视其具体情况允许适当展期，但每次展期最长不超过 2 年，且展期后国内转贷协议规定的每期还本付息额和累计还本付息额不得低于同期国外贷款协议规定的每期还本付息额和累计还本付息额； ②展期后的贷款最终到期日不得迟于国外贷款协议规定的最终到期日

【例 10.9·单选题】在银行转贷款中，国内借款人向银行提前还款以银行向国外贷款行提前还款为前提的业务模式称为(　　)。

A．挂钩　　　　B．脱钩　　　　C．补充　　　　D．间接还款

【答案】A

【解析】对于银行转贷款而言，国内借款人向银行的提前还款与银行作为借款人向国外银行的提前还款，通常有"挂钩"和"脱钩"两种业务模式：前者即国内借款人向银行的提前还款，以银行向国外贷款行提前还款为前提，同步进行；后者即或者国内借款人向银行提前还款，或者银行向国外贷款行提前还款，二者不同步。

3．展期贷款的管理

(1) 贷款展期的期限。《贷款通则》作了如下规定：现行短期贷款展期的期限累计不超过原贷款期限；中期贷款展期的期限累计不得超过原贷款期限的一半；长期贷款展期的期限累计不得超过 3 年。

(2) 贷款展期后的利率。经批准展期的贷款利率，银行可根据不同情况重新确定。

贷款的展期期限加上原期限达到新的利率期限档次时，从展期之日起，贷款利息应按新的期限档次利率计收。

借款人未申请展期或申请展期未得到批准，其贷款从到期日次日起，转入逾期债款账户。

4．展期贷款的偿还

银行信贷部门应按照展期后的还款计划，向借款人发送还本付息通知单，督促借款人按时还本付息。展期贷款到期不能按时偿还，信贷部门要加大催收力度，以保证贷款的收回；对于设立了保证或抵质押的贷款，银行有权向担保人追索或行使抵质押权，弥补贷款损失。

5．小微企业续贷

符合以下四个主要条件的小微企业才可申请续贷：①依法合规经营；②生产经营正常，具有持续经营的能力和良好的财务状况；③信用状况良好，还款能力与还款意愿强，没有挪用贷款资金、欠贷欠息等不良行为；④原流动资金周转贷款为正常类，且符合新发流动资金周转贷款条件和标准。

(三)依法收贷

1．依法收贷的含义

广义的依法收贷指银行按规定或约定，通过催收、扣收、处理变卖抵押物，收回违约使用的贷款，加罚利息等措施，以及通过仲裁、诉讼等途径依法收贷。

狭义的依法收贷指按照法律、法规的规定，采用仲裁、诉讼等手段清理收回贷款的活动。

2．依法收贷的对象、程序与内容

依法收贷的对象、程序与内容如表 10-11 所示。

表 10-11　依法收贷的对象、程序与内容

项　目	具体内容
诉讼主体	银行向仲裁机关申请仲裁和向人民法院提出诉讼一律以分(支)行的名义进行,分理处及其以下的营业机构不能作为独立的诉讼主体
对象	不良贷款

续表

项　目	具体内容
时效	①向仲裁机关申请仲裁的时效为 1 年，向人民法院提起诉讼的时效为 2 年； ②诉讼时效期间从贷款到期之日计算，诉讼时效可因银行向借款人发出催收贷款通知函(须经对方签字)，或借款人书面提出还款计划、双方重新签订协议等而中断，从中断之日起，诉讼时效重新计算； ③超过诉讼时效，贷款将不再受法律保护
程序与 内容	①对逾期贷款，银行有关部门应每季开出催收贷款通知函，并同时发送担保单位签收。 ②及时申请财产保全。财产保全可以在起诉前申请，也可以在起诉后判决前申请，起诉前申请财产保全被人民法院采纳后，应该在人民法院采取保全措施 15 天内正式起诉。 ③做好开庭前的一切准备工作，按时出庭，根据事实和法律陈述理由。 ④依法申请支付令，债权人请求债务人偿付贷款本息的，可以不通过诉讼程序，而直接向有管辖权的基层人民法院申请支付令，但必须符合以下两个条件：a. 债权人与债务人没有其他债务纠纷；b. 支付令能够送达债务人。 ⑤充分运用执行手段，对于已发生法律效力的判决书、调解书、裁定书、裁决书，当事人不履行的，银行应当向人民法院申请强制执行。申请执行的期间为 2 年，执行时效从法律文书规定当事人履行义务的最后一天起计算。 ⑥法律结论得出后，必须将法律文书连同有关的贷款资料复印件送风险管理部门，并对被起诉的借款人采取相应的措施

【例 10.10·单选题】在商业银行依法收贷过程中，按照法律规定，以下关于仲裁和诉讼时效的叙述正确的是(　　)。[2010 年上半年真题]

　　A．向仲裁机关申请仲裁的时效为 2 年，向人民法院提起诉讼的时效是 1 年

　　B．向仲裁机关申请仲裁的时效为 1 年，向人民法院提起诉讼的时效是 1 年

　　C．向仲裁机关申请仲裁的时效为 2 年，向人民法院提起诉讼的时效是 2 年

　　D．向仲裁机关申请仲裁的时效为 1 年，向人民法院提起诉讼的时效是 2 年

【答案】D

【解析】按法律规定，向仲裁机关申请仲裁的时效为 1 年，向人民法院提起诉讼的时效为 2 年。诉讼时效期间从贷款到期之日计算。

3．依法收贷注意事项

依法收贷的注意事项包括：①信贷人员应认真学习和掌握法律知识；②要综合运用诉讼手段和非诉讼手段依法收贷；③既要重视诉讼，更要重视执行；④在依法收贷工作中要区别对待。

(四)贷款总结评价

贷款本息全部还清后，相关部门应对贷款项目和信贷工作进行全面的总结。相关部门应在贷款本息收回后 10 日内形成书面总结报告，便于其他相关部门借鉴参考。贷款总结评价的内容主要包括：①贷款基本评价；②贷款管理中出现的问题及解决措施；③其他有益经验。

五、档案管理

(一)档案管理的原则和要求

1．档案管理的原则

档案管理的原则主要有：①管理制度健全；②人员职责明确；③档案门类齐全；④信息利用充分；⑤提供有效服务。

2．档案管理的具体要求

档案管理的具体要求如下：①信贷档案实行集中统一管理原则；②信贷档案采取分段管理、专人负责、按时交接、定期检查的管理模式。

(二)贷款文件的管理

信贷文件是指正在执行中的、尚未结清信贷(贷款)的文件材料。

1．贷款文件的分类

贷款文件按其重要程度及涵盖内容不同划分为两级，即一级文件(押品)和二级信贷文件。贷款文件的分类如表 10-12 所示。

表 10-12　贷款文件的分类

分　类	内　容
一级文件	一级文件(押品)主要是指信贷抵(质)押契证和有价证券及押品契证资料收据和信贷结清通知书。其中，押品主要包括：①银行开出的本、外币存单、银行本票、银行承兑汇票；②上市公司股票、政府和公司债券；③保险批单、提货单、产权证或他项权益证书；④抵(质)押物的物权凭证、抵债物资的物权凭证等
二级信贷文件	主要指法律文件和贷前审批及贷后管理的有关文件

【例 10.11·单选题】下列不是一级文件的是(　　)。[2013 年上半年真题]
- A．抵押物的物权凭证
- B．贷前审批文件
- C．政府和公司债券
- D．银行承兑汇票

【答案】B

【解析】一级文件主要是指信贷抵(质)押契证和有价证券及押品契证资料收据和信贷结清通知书，其中押品主要包括：银行开出的本外币存单、银行本票、银行承兑汇票，上市公司股票、政府和公司债券、保险批单、提货单、产权证或他项权益证书及抵(质)押物的物权凭证、抵债物资的物权凭证等。

2．贷款文件管理

(1) 一级文件(押品)的管理。一级文件(押品)的管理具体内容如表 10-13 所示。

表 10-13　一级文件的管理

内　容	具体说明
保管	一级文件是信贷的重要物权凭证，在存放保管时视同现金管理，可将其放置在金库或保险箱(柜)中保管，指定双人分别管理钥匙和密码，双人入、出库，形成存取制约机制
交接	一级文件由业务经办部门接收后，填制押品契证资料收据一式三联，押品保管员、借款企业、业务经办人员三方各存一联。押品以客户为单位保管，并由押品保管员填写押品登录卡
借阅	一级档案存档后，原则上不允许借阅。如有：①贷款展期办理抵押物续期登记的；②变更抵押物权证、变更质押物品的；③提供给审计、稽核部门或相关单位查阅的；④提交法院进行法律诉讼、债权债务重组或呆账核销的；⑤须补办房产证、他项权益证书或备案登记等特殊情况，确需借阅一级档案的，必须提交申请书，经相关负责人签批同意后，方可办理借阅手续
结清、退还	借款企业、业务经办人员和押品保管员三方共同办理押品的退还手续。由业务经办人员会同借款企业向押品保管员交验信贷结清通知书和押品契证资料收据并当场清验押品后，借贷双方在押品契证资料收据上签字，押品保管员在押品登录卡上注销

(2) 二级文件的管理。二级文件的管理如表 10-14 所示。

表 10-14　二级文件的管理

内　容	具体说明
保管	二级文件应按规定整理成卷，交信贷档案员管理
交接	业务经办人员应在单笔信贷(贷款)合同签订后将前期文件整理入卷，形成信贷文件卷，经信贷档案员逐件核实后，移交管理
借阅	二级档案内保存的法律文件、资料，除审计、稽核部门确需查阅或进行法律诉讼的情况外，不办理借阅手续，如借阅已归档的二级档案时，须经有关负责人签批同意后，填写借阅申请表，方可办理借阅手续

(三)贷款档案的管理

贷款档案是指已结清贷款的文件材料，经过整理立卷形成的档案。贷款档案的保管期限、管理以及销毁的具体内容如表 10-15 所示。

表 10-15　贷款档案的管理

项　目	说　明
保管期限分类	贷款档案的保管期限自贷款结清(核销)后的第 2 年起计算。其中： ①5 年期，一般适用于短期贷款，结清后原则上再保管 5 年； ②20 年期，一般适用于中、长期贷款，结清后原则上再保管 20 年； ③永久，经风险管理部及业务经办部门认定有特殊保存价值的项目可列为永久保存

续表

项 目	说 明
贷款档案管理	①贷款档案员要在贷款结清(核销)后，完成该笔贷款文件的立卷工作，形成贷款档案； ②永久、20年期贷款档案应由贷款档案员填写贷款档案移交清单后向本行档案部门移交归档； ③业务经办部门须将本部已结清的、属超权限上报审批的贷款档案案卷目录一份报送上级行风险管理部门备查
贷 款 档 案的销毁	保存到期的20年期贷款档案由档案部门按贷款业务档案和风险评审档案分别提供拟销毁清单，前者交业务经办部门及风险管理部门鉴定，形成正式的贷款档案销毁清单，由业务经办部门、风险管理部门及行长办公室三方负责人在正式清单上审批签字；后者交风险管理部门鉴定，由风险管理部门及行长办公室负责人审批签字

(四)客户档案的管理

业务经办部门应按客户分别建立客户档案卷，移交贷款档案员集中保管。

1．保管

业务经办部门应设置专门的档案柜(与贷款文件、档案分开存放)集中存放档案。

2．客户档案

客户档案包括以下资料。

(1) 借款企业及担保企业的"三证"(即年检营业执照、法人代码本、税务登记证)复印件；

(2) 借款企业及担保企业的信用评级资料；

(3) 借款企业及担保企业的开户情况；

(4) 借款企业及担保企业的验资报告；

(5) 借款企业及担保企业近三年的主要财务报表，包括资产负债表、利润表、现金流量表等，上市公司、"三资"企业须提供经审计的年报；

(6) 企业法定代表人、财务负责人的身份证或护照复印件；

(7) 反映该企业经营、资信("三资"企业还应提交企业批准证书、公司章程等)及历次贷款情况的其他材料。

【过关练习】

一、单选题(下列选项中只有一项最符合题目的要求)

1．关于贷款抵押物管理，下列表述错误的是(　　)。

　　A．抵押人在抵押期间转让或处分抵押物的，必须经贷款抵押银行同意

　　B．如抵押人的行为造成抵押物价值的减少，银行应要求抵押人恢复抵押物的价值

　　C．经银行同意，抵押人可以全部转让并以不低于商业银行认可的最低转让价转让

抵押物的，抵押人转让抵押物所得的价款只能向商业银行提前清偿所担保的债权

D．如抵押人无法完全恢复，银行应要求抵押人提供与减少的价值相当的担保，包括另行提供抵押物、权利质押或保证

【答案】C

【解析】C 项，经商业银行同意，抵押人可以全部转让并以不低于商业银行认可的最低转让价款转让抵押物的，抵押人转让抵押物所得的价款应当优先用于向商业银行提前清偿所担保的债权或存入商业银行账户。

2．既应用定量分析，又结合专家判断等定性分析的预警方法是(　　)。

A．黑色预警法　　B．指数预警法　　C．统计预警法　　D．红色预警法

【答案】D

【解析】在三种预警方法中，红色预警法重视定量分析与定性分析相结合，其流程是：①对影响警素变动的有利因素与不利因素进行全面分析；②进行不同时期的对比分析；③结合风险分析专家的直觉和经验进行预警。

3．在推荐的提前还款条款内容中，借款人提前偿还部分本金的，(　　)。

A．其金额应为一期分期还款的金额或其整数倍

B．要偿付偿还本金截至到期前一天的相应利息

C．要偿付偿还本金截至到期前一天的相应其他费用

D．在提前还款日前 45 天以书面形式通知银行

【答案】A

【解析】借款人可以提前偿还全部或部分本金，如果偿还部分本金，其金额应等于一期分期还款的金额或应为一期分期还款的整数倍，并同时偿付截至该提前还款日前一天(含该日)所发生的相应利息，以及应付的其他相应费用。

4．依法收贷的对象为(　　)。

A．逾期贷款　　　B．展期贷款　　　C．不良贷款　　　D．到期贷款

【答案】C

【解析】依法收贷是对不良贷款采取法律手段清理收回的活动，收贷的对象是不良贷款。逾期贷款、展期贷款如借款人在宽限期内偿还，就不必对其采用法律途径，不构成依法收贷的对象。只有在借款人拒不还款时银行才会采取法律手段维权，此时贷款对银行而言已成为不良贷款。

二、多选题(下列选项中有两项或两项以上符合题目要求)

1．债权人直接向有管辖权的基层人民法院申请支付令，必须符合的条件有(　　)。

A．债务人对已发生法律效力的判决书、调解书不予履行

B．支付令能够送达债务人

C．申请财产已经申请保全

D．已经进入诉讼程序

E．债权人与债务人没有其他的债务纠纷

【答案】BE

【解析】依法申请支付令，债权人请求债务人偿付贷款本息的，可以不通过诉讼程序，而直接向有管辖权的基层人民法院申请支付令，但必须符合以下两个条件：①债权人与债务人没有其他债务纠纷；②支付令能够送达债务人的。

2．小微企业续贷需要满足以下哪些条件？(   )

A．依法合规经营　　　　　　　B．生产经营正常

C．信用状况良好　　　　　　　D．还款能力和还款意愿较差

E．原流动资金周转贷款为正常类

【答案】ABCE

【解析】根据《关于完善和创新小微企业贷款服务提高小微企业金融服务水平的通知》，符合以下四个主要条件的小微企业才可申请续贷：①依法合规经营；②生产经营正常，具有持续经营能力和良好的财务状况；③信用状况良好，还款能力与还款意愿强，没有挪用贷款资金、欠贷欠息等不良行为；④原流动资金周转贷款为正常类，且符合新发流动资金周转贷款条件和标准。

三、判断题(请对下列各题的描述做出判断，正确的用 A 表示，错误的用 B 表示)

1．对于项目融资业务，在贷款存续期间，贷款人应当不定期地监测项目的建设和经营情况，要根据贷款担保、市场环境、宏观经济变动等因素，对项目风险进行评价，并建立贷款质量监控制度和风险预警体系。(   )

【答案】B

【解析】对于项目融资业务，在贷款存续期间，贷款人应当持续监测项目的建设和经营情况，根据贷款担保、市场环境、宏观经济变动等因素，定期对项目风险进行评价，并建立贷款质量监控制度和风险预警体系。出现可能影响贷款安全情形的，应当及时采取相应措施。

2．商业银行一级贷款文件应放在金库或保险箱(柜)中保管，指定双人分别管理钥匙和密码，双人入、出库，形成存取制约机制。(   )

【答案】A

【解析】一级文件是信贷的重要物权凭证，在存放保管时视同现金管理，可将其放置在金库或保险箱(柜)中保管，指定双人分别管理钥匙和密码，双人入、出库，形成存取制约机制。

3．商业银行的信贷风险处置按照阶段划分，可以分为预控性处置与实质性处置。(   )

【答案】B

【解析】风险处置是指在风险警报的基础上，为控制和最大限度地消除商业银行风险而采取的一系列措施。按照阶段划分，风险处置可以划分为预控性处置与全面性处置。

第十一章　贷款风险分类

【考查内容】

本章主要考查贷款风险分类的相关内容。具体包括贷款风险分类的含义、标准、目标、原则、需要考虑的因素、监管要求以及意义，贷款风险分类方法等相关内容。对于本章的复习备考，要求考生熟悉贷款风险分类的标准、目标、原则、考虑因素、监管要求和会计原理以及贷款风险分类的方法和步骤。

【备考方法】

本章内容不多，考点相对集中，考生在复习时要深刻理解并熟记教材中内容。比如，关于贷款风险分类这一知识点，考生应从分类标准、具体类别、分类原则等多方面进行复习，建议考生在脑海中构建知识框架图，系统有序地进行复习。

【框架结构】

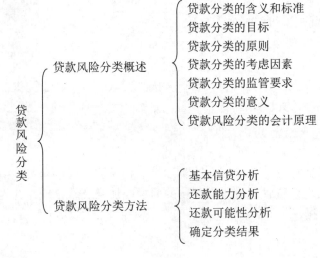

贷款风险分类
- 贷款风险分类概述
  - 贷款分类的含义和标准
  - 贷款分类的目标
  - 贷款分类的原则
  - 贷款分类的考虑因素
  - 贷款分类的监管要求
  - 贷款分类的意义
  - 贷款风险分类的会计原理
- 贷款风险分类方法
  - 基本信贷分析
  - 还款能力分析
  - 还款可能性分析
  - 确定分类结果

【核心讲义】

一、贷款风险分类概述

(一)贷款分类的含义和标准

1. 贷款分类的含义

贷款分类是指商业银行按照风险程度将贷款划分为不同档次的过程，其实质是判断债务人及时足额偿还贷款本息的可能性。

2. 贷款分类的标准

中国银监会在 2007 年发布 54 号文件《贷款风险分类指引》,至少将贷款划分为五类,即正常、关注、次级、可疑和损失,后三类合称为不良贷款。具体内容如表 11-1 所示。

表 11-1　贷款的分类

类　　型	具体内容
正常类	借款人能够履行合同,没有足够理由怀疑贷款本息不能按时足额偿还
关注类	尽管借款人目前有能力偿还贷款本息,但存在一些可能对偿还产生不利影响的因素
次级类	借款人的还款能力出现明显问题,完全依靠其正常营业收入无法足额偿还贷款本息,即使执行担保,也可能会造成一定损失
可疑类	借款人无法足额偿还贷款本息,即使执行担保,也肯定要造成较大损失
损失类	在采取所有可能的措施或一切必要的法律程序之后,本息仍然无法收回,或只能收回极少部分

【例 11.1·单选题】根据五级贷款分类法,其风险程度从轻到重划分正确的是(　　)。[2014 年上半年真题]

  A. 正常—可疑—次级—关注—损失

  B. 正常—次级—可疑—关注—损失

  C. 正常—关注—可疑—次级—损失

  D. 正常—关注—次级—可疑—损失

【答案】D

【解析】我国全面实行贷款五级分类制度,该制度按照贷款的风险由小到大的程度,将银行信贷资产分为五类:正常、关注、次级、可疑、损失。

(二)贷款分类的目标

通过贷款分类应达到以下目标:①揭示贷款的实际价值和风险程度,真实、全面、动态地反映贷款质量;②及时发现信贷管理过程中存在的问题,加强贷款管理;③为判断贷款损失准备金是否充足提供依据。

(三)贷款分类的原则

贷款分类应遵循以下原则:①真实性原则;②及时性原则;③重要性原则;④审慎性原则。

(四)贷款分类的考虑因素

商业银行对贷款进行分类,应主要考虑以下因素:①借款人的还款能力;②借款人的还款记录;③借款人的还款意愿;④贷款项目的盈利能力;⑤贷款的担保;⑥贷款偿还的法律责任;⑦银行的信贷管理状况。

(五)贷款分类的监管要求

商业银行在贷款分类中应当做到以下方面。

(1) 制定和修订信贷资产风险分类的管理政策、操作实施细则或业务操作流程。

(2) 开发和运用信贷资产风险分类操作实施系统和信息管理系统。

(3) 保证信贷资产分类人员具备必要的分类知识和业务素质。

(4) 建立完整的信贷档案，保证分类资料信息准确、连续、完整。

(5) 建立有效的信贷组织管理体制，形成相互监督制约的内部控制机制，保证贷款分类的独立、连续、可靠。

(6) 高级管理层要对贷款分类制度的执行、贷款分类的结果承担责任。

(7) 应至少每季度对全部贷款进行一次分类。

(8) 应加强对贷款的期限管理。

(9) 内部审计部门应对信贷资产分类政策、程序和执行情况进行检查和评估，将结果向上级行或董事会做出书面汇报，并报送中国银行业监督管理委员会或其派出机构。检查、评估的频率每年不得少于一次。

(10) 可根据自身实际制定贷款分类制度，细化分类方法，但不得低于《贷款风险分类指引》提出的标准和要求，并与该指引的贷款风险分类方法具有明确的对应和转换关系。

(11) 制定的贷款分类制度应向中国银行业监督管理委员会或其派出机构进行报备。

(12) 对贷款以外的各类资产，包括表外项目中的直接信用替代项目，也应根据资产的净值、债务人的偿还能力、债务人的信用评级情况和担保情况划分为正常、关注、次级、可疑、损失五类，其中后三类合称为不良资产。分类时，要以资产价值的安全程度为核心。

(13) 向中国银行业监督管理委员会及其派出机构报送贷款分类的数据资料。

(14) 应在贷款分类的基础上，根据有关规定及时足额计提贷款损失准备，核销贷款损失。

(15) 应依据有关信息披露的规定，披露贷款分类方法、程序、结果及贷款损失计提、贷款损失核销等信息。

【例11.2·多选题】商业银行在贷款分类中应当做到(　　)。

A. 制定和修订信贷资产风险分类的管理政策、操作实施细则或业务操作流程

B. 开发和运用信贷资产风险分类操作实施系统和信息管理系统

C. 建立完整的信贷档案，以保证贷款分类的独立、连续、可靠

D. 保证信贷资产分类人员具备必要的分类知识和业务素质

E. 高级管理层要对贷款分类制度的执行、贷款分类的结果承担责任

【答案】ABDE

【解析】C 项，建立完整的信贷档案，以保证分类资料信息准确、连续、完整；建立有效的信贷组织管理体制，形成相互监督制约的内部控制机制，以保证贷款分类的独立、连续、可靠。

(六)贷款分类的意义

贷款分类的意义是：①贷款分类是银行稳健经营的需要；②贷款分类是金融审慎监管的需要；③贷款分类是利用外部审计师辅助金融监管的需要；④贷款分类是不良资产的处置和银行重组的需要。

(七)贷款风险分类的会计原理

贷款风险分类的会计原理有四种：①历史成本法；②市场价值法；③净现值法；④公允价值法。

1. 历史成本法和市场价值法

历史成本法和市场价值法的相关内容如表11-2所示。

表11-2　历史成本法与市场价值法

会计原理	定　义	优　点	缺　点
历史成本法	主要是对过去发生的交易价值的真实记录	具有客观性且便于核查	①与审慎的会计准则相抵触；②不能反映银行或企业的真实价值或净值
市场价值法	按照市场价格反映资产和负债的价值	能较为及时地反映信贷资产质量发生的问题，银行可以根据市场价格的变化为其资产定值	①当市场发育不成熟的时候，市场价格既有可能高估也有可能低估资产的价值；②即使市场成熟，由于信息不对称，银行可能只将不良资产出售，而保留优质资产，市场会产生逆向选择效应

【例 11.3·单选题】能够及时承认资产和负债价值的变化，因此能较为及时地反映信贷资产质量发生的问题的会计方法是(　　)。

A．历史成本法　　B．市场价值法　　C．公允价值法　　D．净现值法

【答案】B

【解析】市场价值法的优点是能够及时确认资产和负债价值的变化，因此能较为及时地反映信贷资产质量发生的问题，银行可根据市场价格的变化为其资产定值。

2. 净现值法和公允价值法

净现值法和公允价值法的相关内容如表11-3所示。

表11-3　净现值法和公允价值法

会计原理	内　容	应　用
净现值法	按照净现值法，贷款价值的确定主要依据对未来净现金流量的贴现值，贷款组合价值的确定包括贷款的所有预期损失，贷款盈利的净现值也会得到确认。因此，如果一笔贷款发放以后马上计算其净现值，有可能该笔贷款产生的现金流量净现值会超过贷款的本金	虽然从经济学的角度看较为理想，但在银行中并未得到广泛采用
公允价值法	①在非强制变现的情况下，贷款按买卖双方自主协商的价格所确定的价值；②如果有市场报价，则按市场价格定价；在没有市场价格的情况下，根据当前所能获得的全部信息，对贷款价值做出的判断，即应用公允价值法	当前较为普遍的贷款分类方法，主要是依据公允价值法

二、贷款风险分类方法

银行在对贷款进行分类以及判断借款人的某一笔贷款，通常要经过四个步骤：①基本信贷分析；②还款能力分析；③还款可能性分析；④确定分类结果。

(一)基本信贷分析

贷款基本信息包括四个方面的内容：①贷款目的；②还款来源；③贷款在使用过程中的周期性分析；④还款记录。

1．贷款目的分析

(1) 贷款目的即贷款用途，是判断贷款正常与否最基本的标志。

(2) 判断贷款是否正确使用是贷款分类的基本判断因素之一，贷款一旦被挪用，就意味着将产生更大的风险。

(3) 在贷款分类中，挪用的贷款至少被分类为关注类贷款。

2．还款来源分析

还款来源是判断贷款偿还可能性的最明显标志，还款来源分析需要分析贷款时合同约定的还款来源及目前偿还贷款的资金来源。

3．资产转换周期分析

资产转换周期是指从借款人用资金购买原材料、生产、销售到回收销售款的整个循环过程。它包括生产转换周期和资本转换周期两个方面的内容。具体内容如表 11-4 所示。

表 11-4 资产转换周期

转换周期	说　明
生产转换周期	是指从借款人用资金购买原材料、生产、销售到收回销售款的整个循环过程；生产转换周期是以资金开始，以资金结束；由于资金流出和流入在时间上存在差异，就产生了借款需求
资本转换周期	是指借款人用资金进行固定资产的购置、使用和折旧的循环；资本转换周期是通过几个生产转换周期来完成的，借款人投入大量的资金用于购买生产设备，希望用生产期末所产生的利润来弥补投入设备的资金,如果借款人没有大量的资金可以投入购置生产设备，就会向银行申请贷款

4．还款记录分析

还款记录是记载其归还贷款行为的说明，包括两个方面的内容。

(1) 贷款档案中直接反映的借款人偿还该行贷款的能力，同时也是判断借款人还款意愿的重要依据；

(2) 信贷监测网络(电子档案)中反映的借款人偿还其他银行及所有债务的能力。

(二)还款能力分析

评估借款人偿还能力的一个重要的方式是对借款人进行财务分析，主要包括两个方面的内容，具体如表 11-5 所示。

表 11-5　还款能力分析

分析内容	具体内容
利用财务报表评估借款人的经营活动	通过财务报表和数据的分析与预测，尤其是根据提供的连续三年以及最近一期的资产负债表和利润表，考察借款人过去和现在的收入水平、资产状况及其构成、所有者权益状况及其构成、偿债能力、盈利能力、财务趋势与盈利趋势等
利用财务比率分析借款人的偿债能力	衡量借款人短期偿债能力的指标主要有流动比率、速动比率和现金比率等；衡量借款人长期偿债能力的指标主要有资产负债比率和产权比率等

现金流量是偿还贷款的主要还款来源，还款能力的主要标志就是借款人的现金流量是否充足。在考察现金流量时，需要编制现金流量表，对借款人的现金流量进行结构分析，判断其现金流量是从经营活动、筹资，还是投资中得来的，从现金流量表中可以了解借款人在本期内各项业务活动中的收益情况。

(三)还款可能性分析

1．担保状况分析

银行设立抵押或保证的目的在于，明确规定在借款人不能履行还贷义务时，银行可以取得并变卖借款人的资产或取得保证人的承诺，可以依据抵押权或保证权追索债权。

在担保的问题上，主要有两个方面的问题要重点考虑。

(1) 法律方面，即担保的有效性。无论是抵押还是保证都必须具有法律效力。

(2) 经济方面，即担保的充分性。在分析抵押品变现能力和现值时，在有市场的情况下，按照市场价格定价，在没有市场的情况下，应参照同类抵押品的市场价格来定价。

因此，担保需要具有法律效力，并且是建立在担保人的财务实力以及愿意为一项贷款提供支持的基础之上。业务人员在分析抵押与担保时，要判断抵押与担保是否能够消除或减少贷款风险损失的程度。

2．非财务因素分析

由于借款人的行业风险、管理能力、自然社会因素等非财务因素在很大程度上影响了借款人未来的现金流量和财务状况，进而影响借款人的还款能力，因此在贷款分类中，需要对借款人的各种非财务因素进行分析，以判断贷款偿还的可能性。

影响贷款偿还的非财务因素可以从以下角度分析。

(1) 从借款人的行业风险、经营风险、管理风险、自然及社会因素和银行信贷管理等几个方面入手分析非财务因素对贷款偿还的影响程度。

(2) 从借款人行业的成本结构、成长期、产品的经济周期性和替代性、行业的营利性、经济技术环境的影响、对其他行业的依赖程度以及有关法律政策对该行业的影响程度等几个方面来分析借款人所处行业的基本状况和发展趋势，由此判断借款人的基本风险。

（3）从借款人的经营规模、发展阶段、产品单一或多样、经营策略、市场份额等方面来分析判断借款人的总体特征，分析其产品情况和市场份额以及在采购、生产、销售等环节的风险因素，来判断借款人的自身经营风险。

（4）从借款人的组织形式、企业文化特征、管理层素质和对风险的控制能力、经营管理作风等方面来考察借款人的管理风险，并且关注借款人遇到的一些经济纠纷及法律诉讼对贷款偿还的影响程度。

(四)确定分类结果

通过以上对各类因素的分析，银行可以掌握大量的信息，并且对贷款偿还能力与偿还可能性做出一定的分析与判断。因此，在此基础上，按照贷款风险分类的核心定义，比照各类别贷款的特征，银行就可以对贷款得出最终的分类结果。

【过关练习】

一、单选题(下列选项中只有一项最符合题目的要求)

1. 下列关于商业银行对贷款担保状况分析的表述，错误的是(　　)。

　　A．在没有市场的情况下，可自行确定担保物的市场价值

　　B．要考虑担保的有效性

　　C．要判断担保能消除或减少贷款风险损失的程度

　　D．要考虑担保的充分性

【答案】A

【解析】A 项，在分析抵押品变现能力和现值时，在有市场的情况下，按照市场价格定价，在没有市场的情况下，应参照同类抵押品的市场价格来定价。

2. 在贷款风险分类过程中，银行首先需要了解贷款基本信息，其内容不包括(　　)。

　　A．还款记录　　　　　　　　B．还款可能性分析

　　C．还款来源　　　　　　　　D．贷款目的

【答案】B

【解析】在贷款分类过程中，银行首先要了解的就是贷款基本信息，其内容包括：①贷款目的，主要判断贷款实际上是如何使用的，与约定的用途是否有出入；②还款来源，主要分析贷款合同上的最初偿还来源和目前还款来源；③贷款在使用过程中的周期性分析，即资产转换分析，分析贷款使用过程中的各种相关信息及其影响；④还款记录，根据贷款偿还记录情况，判断借款人过去和现在以及未来的还款意愿和还款行为。

3. 贷款分类时，对贷款以外的各类资产，包括表外项目中的直接信用替代项目，应(　　)。

　　A．不加以分类

　　B．并入贷款中

　　C．参照贷款风险分类的标准和要求分类

D. 单独设立标准和要求进行分类

【答案】C

【解析】对贷款以外的各类资产，包括表外项目中的直接信用替代项目，也应根据资产的净值、债务人的偿还能力、债务人的信用评级情况和担保情况划分为正常、关注、次级、可疑、损失五类，其中后三类合称为不良资产。分类时，要以资产价值的安全程度为核心，具体可参照贷款风险分类的标准和要求。

二、多选题(下列选项中有两项或两项以上符合题目要求)

1. 关于还款能力分析中的财务分析，下列说法正确的有(   )。

A. 分析财务报表目的是为评估借款人的经营活动

B. 要对借款企业连续二年的资产负债表和利润表进行分析

C. 考察借款人现在的收入水平、资产状况及其构成、所有者权益状况及其构成

D. 衡量借款人短期偿债能力的指标主要有流动比率、速动比率和现金比率等

E. 衡量借款人长期偿债能力的指标主要有现金比率等

【答案】AD

【解析】B 项有误，要对借款企业连续三年以及最近一期的资产负债表和利润表进行分析；C 项有误，要考察借款人过去和现在的收入水平、资产状况及其构成、所有者权益状况及其构成；E 项有误，要衡量借款人长期偿债能力的指标主要有资产负债比率和产权比率等。

2. 下列关于贷款风险分类方法的说法，正确的有(   )。

A. 净现值法中贷款组合价值的确定包括贷款的所有预期损失及盈利的净现值

B. 净现值法遵循的原则是匹配原则

C. 有市场价格时，公允价值法可与市场价值法互相取代

D. 贷款风险分类的方法包括历史成本法、市场价值法、净现值法和公允价值法

E. 公允价值法是在非强制变现的情况下，贷款按买卖双方自主协商的价格所确定的价值

【答案】ADE

【解析】B 项有误，遵循匹配原则的是历史成本法而不是净现值法；C 项有误，公允价值法是指，在非强制变现的情况下，贷款按买卖双方自主协商的价格所确定的价值，如果有市场报价，则按市场价格定价。

3. 市场价值法(   )。

A. 按照市场价格反映资产和负债的价值

B. 如果完全实行市场价值法，总资产在期末与期初的差额即为本期收入

C. 能够及时承认资产和负债价值的变化

D. 被认为是一种较为理想的定价方法，被广泛的使用

E. 能较为及时地反映信贷资产质量发生的问题

【答案】ACE

【解析】B 项有误，如果完全实行市场价值法，收入即代表净资产在期末与期初的差额；D 项有误，市场价值法虽然被认为是一种较为理想的定价方法，但是实际上并没有被

广泛用来对贷款定价。

4. 一般情况下，借款人的还款来源包括(　　)。

    A. 现金流量　　　　　　B. 资产转换　　　　　　C. 资产销售

    D. 抵押物的清偿　　　　E. 重新筹资

【答案】ABCDE

【解析】一般情况下，借款人的还款来源有现金流量、资产转换、资产销售、抵押物的清偿、重新筹资及担保人偿还等，由于这几种来源的稳定性和可变现性不同、成本费用不同，因此，风险程度也就不同。

5. 下列关于基本信贷分析的说法，正确的有(　　)。

    A. 须分析目前的还款来源，进而分析可用于偿还贷款的还款来源风险

    B. 不需关注贷款的目的

    C. 要对贷款使用过程中的周期性进行分析

    D. 贷款期限的确定要符合资本循环的转换

    E. 还款记录对贷款分类的确定有特殊的作用

【答案】ACDE

【解析】B 项有误，基本信贷分析同样需关注贷款的目的，防止贷款被挪用。因为贷款一旦被挪用，将导致还款风险加大。

三、判断题(请对下列各题的描述做出判断，正确的用 A 表示，错误的用 B 表示)

1. 如果贷款发放后马上计算其净现值，贷款净现值不可能超过贷款本金。(　　)

【答案】B

【解析】按照净现值法，贷款价值的确定主要依据对未来净现金流量的贴现值，这样贷款组合价值的确定将包括贷款的所有预期损失，贷款盈利的净现值也会得到确认。因此，如果一笔贷款发放以后马上计算其净现值，有可能该笔贷款产生的现金流量净现值会超过贷款的本金。

2. 同历史成本法一样，市场价值法也能充分反映资产的真实价值。(　　)

【答案】B

【解析】历史成本法不能反映银行或企业当前的真实价值或净值。市场价值法能够及时确认资产和负债价值的变化，因此能较为及时地反映信贷资产质量发生的问题，银行可以根据市场价格的变化为其资产定值。

第十二章　不良贷款管理

【考查内容】

本章概括性地介绍了不良贷款的定义及其成因，详尽介绍了现金清收、重组、核销等几种主要的不良贷款处置方式，并进一步对不良贷款管理中抵押品的处置做了介绍。其中，不良贷款的成因和处置方式是历年考试中的重难点，考查频率较高，考生须熟悉教材，理解并掌握这两大知识点。

【备考方法】

本章的知识点不多，考点比较集中，对于本章知识的考查方式比较常见，大多是对教材原话的直接考查，因此考生要非常熟悉教材的内容。对于本章的备考，建议考生边做题边归纳，通过大量做题，进一步巩固知识点。考生可按照讲义中归纳的表格对比记忆，有助于提高学习效率。

【框架结构】

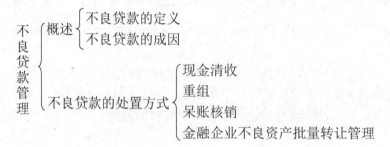

```
                ┌ 概述 ┌ 不良贷款的定义
不                │      └ 不良贷款的成因
良                │
贷                │
款                │            ┌ 现金清收
管                │            │ 重组
理                └ 不良贷款的处置方式 ┤ 呆账核销
                               └ 金融企业不良资产批量转让管理
```

【核心讲义】

一、概述

(一)不良贷款的定义

不良贷款是指借款人未能按原定的贷款协议按时偿还商业银行的贷款本息，或者已有迹象表明借款人不可能按原定的贷款协议按时偿还商业银行的贷款本息而形成的贷款。不良贷款主要指次级、可疑和损失类贷款。

(二)不良贷款的成因

我国商业银行不良贷款产生的成因：①社会融资结构的影响；②宏观经济体制的影响；③社会信用环境的影响；④商业银行自身及外部监管问题。

二、不良贷款的处置方式

(一)现金清收

1. 现金清收准备

现金清收准备主要包括债权维护及财产清查两个方面。

1) 债权维护

债权维护的有关内容如表 12-1 所示。

表 12-1 债权维护

项 目	内 容
资产保全人员的工作	①妥善保管能够证明主债权和担保债权客观存在的档案材料，如借款合同、借据、担保合同、抵(质)押登记证明等； ②确保主债权和担保权利具有强制执行效力，主要是确保不超过诉讼时效、保证责任期间，确保不超过生效判决的申请执行期限； ③防止债务人逃废债务
诉讼时效	①向人民法院申请保护债权的诉讼时效期间通常为 2 年； ②诉讼时效从债务人应当还款之日起算，但在 2 年期间届满之前，债权银行提起诉讼、向债务人提出清偿要求或者债务人同意履行债务的，诉讼时效中断；从中断时起，重新计算诉讼时效期间
保证责任期间	双方没有约定的，从借款企业偿还借款的期限届满之日起的 6 个月内，债权银行应当要求保证人履行债务，否则保证人可以拒绝承担保证责任

【例 12.1·单选题】向人民法院申请保护债权的诉讼时效期间通常为(　　)年。[2014年下半年真题]

    A．1   B．3   C．5   D．2

【答案】D

【解析】向人民法院申请保护债权的诉讼时效期间通常为 2 年。诉讼时效从债务人应当还款之日起算，但在 2 年期间届满之前，债权银行提起诉讼、向债务人提出清偿要求或者债务人同意履行债务的，诉讼时效中断；从中断时起，重新计算诉讼时效期间(仍然为 2 年)。

2) 财产清查

清查债务人可供偿还债务的财产，对于清收效果影响很大。债务人往往采取各种手段隐匿和转移资产。为了发现债务人财产线索，需要查找债务人的工商登记和纳税记录。

2. 常规清收

根据是否诉诸法律，可以将清收划分为常规清收和依法收贷两种。

1) 常规清收的方式

常规清收的方式包括：①直接追偿；②协商处置抵质押物；③委托第三方清收等。

2) 常规清收的注意事项

① 要分析债务人拖欠贷款的真正原因，判断债务人短期和中长期的清偿能力；

② 利用政府和主管机关向债务人施加压力；

③ 要从债务人今后发展需要银行支持的角度，引导债务人自愿还款；

④ 要将依法收贷作为常规清收的后盾。

【例 12.2·单选题】关于贷款常规清收过程中须注意的问题，下列说法错误的是( )。

　　A. 要分析债务人拖欠贷款的真正原因，判断债务人短期和中长期的清偿能力

　　B. 利用政府和主管机关向债务人施加压力

　　C. 强制执行债务人资产

　　D. 将依法收贷作为常规清收的后盾

【答案】C

【解析】常规清收需要注意以下几点：①要分析债务人拖欠贷款的真正原因，判断债务人短期和中长期的清偿能力；②利用政府和主管机关向债务人施加压力；③要从债务人今后发展需要银行支持的角度，引导债务人自愿还款；④要将依法收贷作为常规清收的后盾。

3. 依法收贷

1) 应注意的情况

(1) 胜诉后债务人自动履行的，则无须申请强制执行。

(2) 在起诉前或者起诉后，为了防止债务人转移、隐匿财产，债权银行可以向人民法院申请财产保全。

(3) 对于借贷关系清楚的案件，债权银行也可以不经起诉而直接向人民法院申请支付令。

(4) 对于扭亏无望、无法清偿到期债务的企业，可考虑申请其破产。

2) 具体步骤

依法收贷的步骤如下。

(1) 提起诉讼。人民法院审理案件，一般应在立案之日起 6 个月内做出判决。银行如果不服地方人民法院第一审判决的，有权在判决书送达之日起 15 日内向上一级人民法院提起上诉。

(2) 财产保全。财产保全有关内容如表 12-2 所示。

表 12-2　财产保全

项　目	说　明
作用	①防止债务人的财产被隐匿、转移或者毁损灭失，保障日后执行顺利进行； ②对债务人财产采取保全措施，影响债务人的生产和经营活动，迫使债务人主动履行义务
分类	①诉前财产保全，指债权银行因情况紧急，不立即申请财产保全将会使其合法权益受到难以弥补的损失，因而在起诉前向人民法院申请采取财产保全措施； ②诉中财产保全，指可能因债务人一方的行为或者其他原因，使判决不能执行或者难以执行的案件，人民法院根据债权银行的申请裁定或者在必要时不经申请自行裁定采取财产保全措施

【例 12.3·单选题】对可能因债务人一方的行为或者其他原因，使判决不能执行或者难以执行的案件，人民法院根据债权银行的申请裁定或者在必要时不经申请自行裁定采取的财产保全措施属于(   )。

A．诉后财产保全   B．诉前财产保全

C．诉中财产保全   D．诉讼财产保全

【答案】C

【解析】财产保全分为两种：诉前财产保全和诉中财产保全。诉前财产保全是指债权银行因情况紧急，不立即申请财产保全将会使其合法权益受到难以弥补的损失，因而在起诉前向人民法院申请采取财产保全措施。诉中财产保全的含义如题干所述。

(3) 申请支付令。债权人请求债务人给付金钱和有价证券，如果债权人和债务人没有其他债务纠纷的，可以向有管辖权的人民法院申请支付令。

(4) 申请强制执行。申请强制执行的有关内容如表 12-3 所示。

表 12-3 申请强制执行

项　目	说　明
债务人应履行的行为	对于下列法律文书，债务人必须履行，债务人拒绝履行的，银行可以向人民法院申请执行： ①人民法院发生法律效力的判决、裁定和调解书； ②依法设立的仲裁机构的裁决； ③公证机关依法赋予强制执行效力的债权文书。 此外，债务人接到支付令后既不履行债务又不提出异议的，银行也可以向人民法院申请执行
执行期限	申请强制执行的法定期限为 2 年。申请强制执行期限，从法律文书规定履行期间的最后一日起计算；法律文书规定分期履行的，从规定的每次履行期内的最后一日起计算

(5) 申请债务人破产。当债务人不能偿还到期债务而且经营亏损的趋势无法逆转时，应当果断申请对债务人实施破产。

(二)重组

贷款重组，从广义上来说就是债务重组。根据债权银行在重组中的地位和作用，可以将债务重组划分为：自主型债务重组和司法型债务重组。

1. 重组的概念和条件

1) 重组的概念

贷款重组是指借款企业由于财务状况恶化或其他原因而出现还款困难，银行在充分评估贷款风险并与借款企业协商的基础上，修改或重新制订贷款偿还方案，调整贷款合同条款，控制和化解贷款风险的行为。

2) 重组的条件

总体来说，办理贷款重组的条件是：有利于银行贷款资产风险的控制及促进现金回收，

减少经济损失。

具备以下条件之一，同时其他贷款条件没有因此明显恶化的，可考虑办理债务重组。

(1) 通过债务重组，借款企业能够改善财务状况，增强偿债能力；

(2) 通过债务重组，能够弥补贷款法律手续方面的重大缺陷；

(3) 通过债务重组，能够追加或者完善担保条件；

(4) 通过债务重组，能够使银行债务先行得到部分偿还；

(5) 通过债务重组，可以在其他方面减少银行风险。

2. 贷款重组的方式

目前商业银行的贷款重组方式主要有六种，即变更担保条件、调整还款期限、调整利率、借款企业变更、债务转为资本和以资抵债。

1) 变更担保条件

(1) 变更担保条件的方式有以下几种。

① 将抵押或质押转换为保证；

② 将保证转换为抵押或质押，或变更保证人；

③ 直接减轻或免除保证人的责任。

(2) 银行同意变更担保的前提，通常都是担保条件的明显改善或担保人尽其所能替借款企业偿还一部分银行贷款。

2) 调整还款期限

主要根据企业偿债能力制定合理的还款期限，从而有利于鼓励企业增强还款意愿。延长还款期限要注意遵守银行监管当局的有关规定。

3) 调整利率

主要将逾期利率调整为相应档次的正常利率或下浮，从而减轻企业的付息成本。调低利率也要遵守中国人民银行和各银行关于利率管理的规定。

4) 借款企业变更

主要是借款企业发生合并、分立、股份制改造等情形时，银行同意将部分或全部债务转移到第三方。在变更借款企业时，要防止借款企业利用分立、对外投资、设立子公司等手段逃废银行债务。

5) 债务转为资本

债务转为资本是指债务人将债务转为资本，同时债权人将债权转为股权的债务重组方式。但债务人根据转换协议，将应付可转换公司债券转为资本的，则属于正常情况下的债务转资本，不能作为债务重组处理。

6) 以资抵债

(1) 以资抵债的条件及抵债资产的范围。以资抵债的条件及抵债资产的范围如表 12-4 所示。

表 12-4 以资抵债的条件及抵债资产的范围

项 目		内 容
以资抵债的条件		必须符合下列条件之一： ①债务人因资不抵债或其他原因关停倒闭、宣告破产，经合法清算后。依照有权部门判决、裁定以其合法资产抵偿银行贷款本息的； ②债务人故意"悬空"贷款、逃避还贷责任，债务人改制，债务人关闭、停产，债务人挤占挪用信贷资金等其他情况出现时，银行不实施以资抵债信贷资产将遭受损失的； ③债务人贷款到期，确无货币资金或货币资金不足以偿还贷款本息，以事先抵押或质押给银行的财产抵偿贷款本息的
抵债资产的范围	可用抵债资产	①动产，包括机器设备、交通运输工具、借款人的原材料、产成品、半成品等； ②不动产，包括土地使用权、建筑物及其他附着物等； ③无形资产，包括专利权、著作权、期权等； ④有价证券，包括股票和债券等； ⑤其他有效资产
	不得用于抵偿债务	根据人民法院和仲裁机构生效法律文书办理的除外： ①抵债资产本身发生的各种欠缴税费，接近、等于或超过该财产价值的； ②所有权、使用权不明确或有争议的； ③资产已经先于银行抵押或质押给第三人的； ④依法被查封、扣押、监管的资产； ⑤债务人公益性质的职工住宅等生活设施、教育设施和医疗卫生设施； ⑥其他无法变现或短期难以变现的资产

【例 12.4·单选题】下列各项中，不能作为抵债资产的是(   )。[2014 年下半年真题]

A. 机器设备   B. 著作权

C. 交通运输工具   D. 资产已先于银行抵押给第三人的

【答案】D

【解析】下列资产不得用于抵偿债务，但根据人民法院和仲裁机构生效法律文书办理的除外：①抵债资产本身发生的各种欠缴税费，接近、等于或超过该财产价值的；②所有权、使用权不明确或有争议的；③资产已经先于银行抵押或质押给第三人的；④依法被查封、扣押、监管的资产；⑤债务人公益性质的职工住宅等生活设施、教育设施和医疗卫生设施；⑥其他无法变现或短期难以变现的资产。

(2) 抵债资产的接收。商业银行下取得抵(质)押品及其他以物抵贷财产(以下简称抵债资产)后，要按以下原则确定其价值。

① 借、贷双方的协商议定价值；

② 借、贷双方共同认可的权威评估部门评估确认的价值；

③ 法院裁决确定的价值。

在取得抵债资产过程中发生的有关费用，可以从按以上原则确定的抵押品、质押品的价值中优先扣除，并以扣除有关费用后的抵押品、质押品的净值作为计价价值，同时，将抵债资产按计价价值转入账内单独管理。

商业银行在取得抵债资产时,要同时冲减贷款本金与应收利息。具体处理情况如表 12-5 所示。

表 12-5 冲减贷款本金与应收利息的具体处理情况

具体情况	处理措施
抵债资产的计价价值＜贷款本金	差额作为呆账,经总行批准核销后连同表内利息一并冲减呆账准备金
抵债资产的计价价值=贷款本金	作为贷款本金收回处理,其表内应收利息经总行批准核销后冲减呆账准备金
贷款本金与应收利息之和＞抵债资产的计价价值＞贷款本金	相当于贷款本金的数额作为贷款本金收回处理;超过贷款本金的部分作为应收利息收回处理,不足应收利息部分经总行批准后冲减呆账准备金
抵债资产的计价价值=贷款本金与应收利息之和	作为收回贷款本金与应收利息处理
抵债资产的计价价值＞贷款本金与应收利息之和	差额列入保证金科目设专户管理,待抵债资产变现后一并处理

(3) 抵债资产的管理。抵债资产的管理主要涉及的内容有:抵债资产的管理原则;抵债资产的保管;抵债资产的处置;监督检查;考核。抵债资产管理的具体内容如表 12-6 所示。

表 12-6 抵债资产管理

项　目	内　容
管理原则	严格控制原则、合理定价原则、妥善保管原则、及时处置原则
抵债资产的保管	银行确定抵债资产经营管理主责任人,指定保管责任人,并明确各自职责。 根据抵债资产的类别、特点等,银行应采取的措施是: ①决定采取上收保管、就地保管、委托保管等方式; ②定期或不定期进行检查和维护,及时掌握抵债资产实物形态及价值形态的变化情况,及时发现影响抵债资产价值的风险隐患并采取有针对性的防范措施和补救措施; ③每个季度应至少组织一次对抵债资产的账实核对,并做好核对记录
抵债资产的处置	处置时间:①抵债资产收取后应尽快处置变现,应以抵债协议书生效日,或法院、仲裁机构裁决抵债的终结裁决书生效日为抵债资产取得日,不动产和股权应自取得日起 2 年内予以处置;②除股权外的其他权利应在其有效期内尽快处置,最长不得超过自取得日起的 2 年;③动产应自取得日起 1 年内予以处置
	处置方式:①抵债资产原则上应采用公开拍卖方式进行处置;②拍卖抵债金额 1000 万元(含)以上的单项抵债资产应通过公开招标方式确定拍卖机构,抵债资产拍卖原则上应采用有保留价拍卖的方式;③不适于拍卖的,可根据资产的实际情况,采用协议处置、招标处置、打包出售、委托销售等方式变现

续表

项　目	内　容
监督检查	有下列情况之一者，应视情节轻重进行处理；涉嫌违法犯罪的，应当移交司法机关，依法追究法律责任：①截留抵债资产经营处置收入的；②擅自动用抵债资产的；③未经批准收取、处置抵债资产的；④恶意串通抵债人或中介机构，在收取抵债资产过程中故意高估抵债资产价格，或在处理抵债资产过程中故意低估价格，造成银行资产损失的；⑤玩忽职守，怠于行使职权而造成抵债资产毁损、灭失的；⑥擅自将抵债资产转为自用资产的
考核	抵债资产年处置率$=\dfrac{\text{一年内已处理的抵债资产总价(列账的计价价值)}}{\text{一年内待处理的抵债资产总价(列账的计价价值)}}\times100\%$
	抵债资产变现率$=\dfrac{\text{已处理的抵债资产变现价值}}{\text{已处理的抵债资产总价(原列账的计价价值)}}\times100\%$

【例 12.5·单选题】 某银行组织辖内 10 个分行进行抵债资产拍卖活动，累计处理抵债资产 5 亿元，变现金额 3 亿元，待处理的抵债资产总价为 2 亿元，那么，该银行抵债资产变现率为(　　)。[2013 年上半年真题]

　　A．55%　　　　　B．40%　　　　　C．60%　　　　　D．50%

【答案】 C

【解析】 抵债资产变现率=已处理的抵债资产变现价值/已处理的抵债资产总价(原列账的计算价值)×100%。题中，该银行抵债资产变现率=3÷5×100%=60%。

3．司法型贷款重组

1) 破产重整

(1) 破产重整的定义。破产重整，是指债务人不能清偿到期债务时，债务人、债务人股东或债权人等向人民法院提出重组申请，在法院主导下，债权人与债务人进行协商，调整债务偿还安排，尽量挽救债务人，避免债务人破产以后对债权人、股东和雇员等人产生重大不利影响。由于这类债务重组主要是为了避免债务人立即破产，而且一旦重组失败以后债务人通常都会转入破产程序，因此这类重组被称为"破产重整"。

(2) 破产重整的程序。法院裁定债务人进入破产重整程序以后，其他强制执行程序，包括对担保物权的强制执行程序，都应立即停止。在破产重整程序中，债权人组成债权人会议，与债务人共同协商债务偿还安排。当债权人内部发生无法调和的争议，或者债权人无法与债务人达成一致意见时，法院会根据自己的判断做出裁决。

2) 我国《企业破产法》规定的和解与整顿程序

和解与整顿制度的比较如表 12-7 所示。

表 12-7　和解和整顿的比较

项目	和　解	整　顿
含义	是指人民法院受理债权人提出的破产申请后三个月内，债务人的上级主管部门申请整顿，经债务人与债权人会议就和解协议草案达成一致，由人民法院裁定认可而中止破产程序的过程	是指债务人同债权人会议达成的和解协议生效后，由债务人的上级主管部门负责主持并采取措施，力求使濒临破产的企业复苏并能够执行和解协议的过程

续表

项目	和　解	整　顿
区别	和解是破产程序的一个部分	整顿程序是在破产程序中止之后才开始
联系	①和解与整顿融为一体，和解是整顿的前提，整顿是和解成立的结果，没有和解协议生效，就没有整顿程序； ②和解与整顿由政府行政部门决定和主持，带有立法当时的时代特征，不符合今天市场经济发展的形势	

(三)呆账核销

呆账核销是指银行经过内部审核确认后，动用呆账准备金将无法收回或者长期难以收回的贷款或投资从账面上冲销，从而使账面反映的资产和收入更加真实。

1．呆账的认定

银行经采取所有可能的措施和实施必要的程序之后，符合下列条件之一的债券或者股权可认定为呆账。

(1) 借款人和担保人依法宣告破产、关闭、解散或撤销，并终止法人资格，银行对借款人和担保人进行追偿后，未能收回的债权。

(2) 借款人遭受重大自然灾害或者意外事故，损失巨大且不能获得保险补偿，或者以保险赔偿后，确实无力偿还部分或者全部债务，银行对其财产进行清偿和对担保人进行追偿后，未能收回的债权。

(3) 借款人和担保人虽未依法宣告破产、关闭、解散、撤销，但已完全停止经营活动，被县级及县级以上工商行政管理部门依法注销、吊销营业执照，银行对借款人和担保人进行追偿后，未能收回的债权。

(4) 借款人和担保人虽未依法宣告破产、关闭、解散、撤销，但已完全停止经营活动或下落不明，未进行工商登记或连续两年以上未参加工商年检，银行对借款人和担保人进行追偿后，未能收回的债权。

(5) 借款人触犯刑律，依法受到制裁，其财产不足归还所借债务，又无其他债务承担者，银行经追偿后确实无法收回的债权。

(6) 由于借款人和担保人不能偿还到期债务，银行诉诸法律，借款人和担保人虽有财产，经法院对借款人和担保人强制执行超过 2 年以上仍未收回的债权；或借款人和担保人无财产可执行，法院裁定执行程序终结或终止(中止)的债权。

(7) 银行对债务诉诸法律后，经法院调解或经债权人会议通过，并与债务人达成和解协议或重整协议，在债务人履行完还款义务后，银行无法追偿的剩余债权。

(8) 对借款人和担保人诉诸法律后，因借款人与担保人主体资格不符或消亡等，被法院驳回起诉或裁定免除(或部分免除)债务人责任；或因借款合同、担保合同等权利凭证遗失或丧失诉讼时效，法院不予受理或不予支持，银行经追偿后仍无法收回的债权。

(9) 由于上述(1)至(8)的条件，借款人不能偿还到期债务，银行依法取得抵债资产，抵债金额小于贷款本息的差额，经追偿后仍无法收回的债权。

(10) 开立信用证、办理承兑汇票、开具保函等发生垫款时，凡开证申请人和保证人由于上述(1)至(9)的条件，无法偿还垫款，银行经追偿后仍无法收回的垫款。

(11) 按照国家法律法规规定具有投资权的银行的对外投资，由于被投资企业依法宣告破产、关闭、解散或撤销，并终止法人资格的，银行经清算和追偿后仍无法收回的股权。

被投资企业虽未依法宣告破产、关闭、解散或撤销，但已完全停止经营活动，被县级及县级以上工商行政管理部门依法注销、吊销营业执照，银行经清算和追偿后仍无法收回的股权；被投资企业虽未依法宣告破产、关闭、解散或撤销，但财务状况严重恶化，累计发生巨额亏损，已连续停止经营 3 年以上，且无重新恢复经营改组计划，或被投资企业财务状况严重恶化，累计发生巨额亏损，已完成破产清算或清算期超过 3 年以上的；被投资企业虽未依法宣告破产、关闭、解散或撤销，但银行对被投资企业不具有控制权，投资期限届满或者投资期限超过 10 年，且被投资企业因连续 3 年以上经营亏损导致资不抵债的。

(12) 银行经批准采取打包出售、公开拍卖、转让等市场手段处置债权或股权后，其出售转让价格与账面价值的差额。

(13) 对于余额在 50 万元(含 50 万元)以下(农村信用社、村镇银行为 5 万元(含 5 万元)以下)的公司类贷款，经追索 2 年以上，仍无法收回的债权。

(14) 因借款人、担保人或其法定代表人(主要负责人)涉嫌违法犯罪，或因银行内部案件，经公安机关立案 2 年以上，仍无法收回的债权。

(15) 银行对单笔贷款额在 500 万元及以下的，经追索 1 年以上，确实无法收回的中小企业和涉农不良贷款，可按照账销案存的原则自主核销；其中，中小企业标准为年销售额和资产总额均不超过 2 亿元的企业。涉农贷款是按《中国人民银行中国银行业监督管理委员会关于建立(涉农贷款专项统计制度)的通知》规定的农户贷款和农村企业及各类组织贷款。

(16) 经国务院专案批准核销的债权。

2．呆账核销的申报与审批

1) 申报

银行发生的呆账，经审查符合规定条件的，应随时上报，随时审核审批，及时从计提的呆账准备中核销。银行申报核销呆账，必须提供以下材料。

(1) 借款人或者被投资企业资料；

(2) 经办行(公司)的调查报告；

(3) 其他相关材料。

不能提供确凿证据证明的呆账，不得核销。

2) 审批

呆账核销审批的相关内容如表 12-8 所示。

表 12-8 呆账核销的审批

项　目	说　明
审查要点	①呆账核销理由是否合规；②银行债权是否充分受偿；③呆账数额是否准确；④贷款责任人是否已经认定、追究

续表

项 目	说 明
程序	银行发生的呆账,经逐级上报,由银行总行(总公司)审批核销;对于小额呆账,可授权一级分行(分公司)审批,并上报总行(总公司)备案;总行(总公司)对一级分行(分公司)的具体授权额度根据内部管理水平确定,报主管财政机关备案;一级分行不得再向分支机构转授权
不得作为呆账核销	①借款人或者担保人有经济偿还能力,银行未按本办法规定,履行所有可能的措施和实施必要的程序追偿的债权; ②违反法律、法规的规定,以各种形式逃废或者悬空的银行债权; ③因行政干预造成逃废或者造成悬空的银行债权; ④银行未向借款人和担保人追偿的债权; ⑤其他不应当核销的银行债权或者股权

【例 12.6·单选题】关于呆账核销审批,下列说法正确的是( )。

A．对于任何一笔呆账,分行都没有权力审批

B．一级分行可以向分支机构转授一些比较小的权力,处理日常工作

C．除法律法规和《呆账核销管理办法》的规定外,其他任何机构和个人不得干预、参与银行呆账核销运作,债务人除外

D．对符合条件的呆账经批准核销后,作冲减呆账准备处理

【答案】D

【解析】A 项有误,对于小额呆账,可授权一级分行(分公司)审批,并上报总行(总公司)备案;B 项有误,一级分行不得再向分支机构转授权;C 项有误,其他任何机构和个人包括债务人均不得干预、参与银行呆账核销运作。

3．呆账核销后的管理

呆账核销后的管理,具体内容如表 12-9 所示。

表 12-9　呆账核销后的管理

管理事项	内 容
检查工作	呆账核销后进行的检查,应将重点放在检查呆账申请材料是否真实
抓好催收工作	①呆账核销是银行内部的账务处理,并不视为银行放弃债权; ②对于核销呆账后债务人仍然存在的,应注意对呆账核销事实加以保密,一旦发现债务人恢复偿债能力,应积极催收
认真做好总结	做好呆账核销工作的总结,可以吸取经验教训,加强贷款管理

(四)金融企业不良资产批量转让管理

1．相关概念

1) 金融企业

金融企业是指在中华人民共和国境内依法设立的国有及国有控股商业银行、政策性银

行、信托投资公司、财务公司、城市信用社、农村信用社以及中国银行业监督管理委员会(简称银监会)依法监督管理的其他国有及国有控股金融企业(金融资产管理公司除外)。

2) 资产管理公司

资产管理公司是指具有健全公司治理、内部管理控制机制，并有 5 年以上不良资产管理和处置经验，公司注册资本金 100 亿元(含)以上，取得银监会核发的金融许可证的公司，以及各省、自治区、直辖市人民政府依法设立或授权的资产管理或经营公司。

3) 批量转让

批量转让是指金融企业对一定规模的不良资产(10 户/项以上)进行组包，定向转让给资产管理公司的行为。

2. 注意事项

(1) 金融企业应在每批次不良资产转让工作结束后 30 个工作日内，向同级财政部门和银监会或属地银监局报告转让方案及处置结果，其中中央管理的金融企业报告财政部和银监会，地方管理的金融企业报告同级财政部门和属地银监局。同一报价日发生的批量转让行为作为一个批次。

(2) 金融企业应于每年 2 月 20 日前向同级财政部门和银监会或属地银监局报送上年度批量转让不良资产情况报告。

(3) 省级财政部门和银监局于每年 3 月 30 日前分别将辖区内金融企业上年度批量转让不良资产汇总情况报财政部和银监会。

【例 12.7·多选题】不良资产批量转让工作应坚持(   )原则。

A. 依法合规　　　B. 公开透明　　　C. 竞争择优
D. 价值最大化　　E. 效用最大化

【答案】ABCD

【解析】批量转让是指金融企业对一定规模的不良资产(10 户/项以上)进行组包，定向转让给资产管理公司的行为。不良资产批量转让工作应坚持依法合规、公开透明、竞争择优、价值最大化原则。

【过关练习】

一、单选题(下列选项中只有一项最符合题目的要求)

1. 某公司欠银行贷款本金 1000 万元，利息 120 万元。经协商双方同意以该公司事先抵押给银行的闲置的机器设备 1200 万元(评估价)抵偿贷款本息。银行对该笔抵债资产的处理是(   )。

A. 1000 万元作为贷款本金收回，120 万元作为应收利息收回，其差额 80 万元列入保证金科目设专户管理，待抵债资产变现后一并处理

B. 1000 万元作为贷款本金收回，120 万元作为应收利息收回，其差额 80 万元待抵债资产变现后退还给贷款人

C. 1000 万元作为贷款本金收回，120 万元作为应收利息收回，其差额 80 万元待

抵债资产变现后上缴国库

D. 1000 万元作为贷款本金收回，120 万元作为应收利息收回，其差额 80 万元待抵债资产变现后上交上一级银行

【答案】A

【解析】商业银行在取得抵债资产时，要同时冲减贷款本金与应收利息。抵债资产的计价价值高于贷款本金与应收利息之和时，其差额列入保证金科目设专户管理，待抵债资产变现后一并处理。

2. 某市四家国有商业银行在某年内累计接收抵债资产 170 万元，已处置抵债资产 90 万元，待处置抵债资产 80 万元，则抵债资产年处置率为(   )。

    A. 52.94%   B. 51.11%   C. 48.23%   D. 47.06%

【答案】A

【解析】抵债资产年处置率=90/170×100%=52.94%。

3. 下列做法中，符合对抵债资产管理原则的是(   )。

A. 收取抵债资产后，债务人、担保人无货币资金偿还能力时，银行要优先选择以间接拍卖的方式回收债权

B. 抵债资产要以资产原价、购入价为基础合理定价

C. 银行在办理抵债资产接收后，每年应至少组织一次对抵债资产的账实核对，并做好核对记录

D. 抵债资产以抵债协议书生效日，或法院、仲裁机构裁决抵债的终结裁决书生效日为抵债资产取得日

【答案】D

【解析】A 项有误，银行收取抵债资产后，要优先选择直接拍卖、变卖非货币资产的方式回收债权；B 项有误，抵债资产要以市场价格为基础合理定价；C 项有误，银行在接收抵债资产后，应每季度至少组织一次账实核对。

二、多选题(下列选项中有两项或两项以上符合题目要求)

1. 在不良贷款管理中，银行应当对抵债资产收取、保管和处置进行检查，发现问题及时纠正，对以下(   )涉嫌违法犯罪的应当移交司法机关依法追究法律责任。

A. 擅自将抵债资产转为自用资产的

B. 未经批准收取、处置抵债资产的

C. 截留抵债资产经营处置收入的

D. 擅自动用抵债资产的

E. 玩忽职守，怠于行使职权造成抵债资产毁损、灭失的

【答案】ABCDE

【解析】除 ABCDE 五项外，恶意串通抵债人或中介机构，在收取抵债资产过程中故意高估抵债资产价格，或在处理抵债资产过程中故意低估价格，造成银行资产损失的，也应视情节轻重进行处理；涉嫌违法犯罪的，应当移交司法机关，依法追究法律责任。

2. 当债务人不能清偿到期债务时，(   )可以向法院申请破产重整。

    A. 工商管理部门   B. 债务人主管机关   C. 债务人股东

D．债权人　　　　　　E．债务人

【答案】CDE

【解析】破产重整是指债务人不能清偿到期债务时，债务人、债务人股东或债权人等向法院提出重组申请，在法院主导下，债权人与债务人进行协商，调整债务偿还安排，尽量挽救债务人，避免债务人破产以后对债权人、股东和雇员等人，尤其是对债务企业所在地的公共利益产生重大不利影响。

3．银行申报核销呆账，必须提供的材料有(　　)。

A．呆账核销申报表(银行制作填报)

B．经办行(公司)的调查报告

C．债权、股权发生明细资料

D．借款人、担保人和担保方式

E．财产清算情况

【答案】ABCDE

【解析】银行申报核销呆账，必须提供借款人或者被投资企业资料和经办行(公司)的调查报告以及其他相关材料。其中，借款人或者被投资企业资料包括呆账核销申报表(银行制作填报)及审核审批资料，债权、股权发生明细材料，借款人(持卡人)、担保人和担保方式，被投资企业的基本情况和现状，财产清算情况等。

4．采取常规清收手段无效后，可采取依法收贷的措施。依法收贷的步骤包括(　　)。

A．提起诉讼　　　　B．财产清收　　　　C．申请强制执行

D．申请破产　　　　E．重组

【答案】ACD

【解析】根据有关规定，债权人采取常规清收的手段无效后，可采取依法收贷措施，其步骤为：①向人民法院起诉(或向仲裁机关申请仲裁)，胜诉后向人民法院申请强制执行；②在起诉前或起诉后，为防止债务人转移、隐匿财产，可向人民法院申请财产保全；③对于借贷关系清楚的案件，债权银行可不经起诉直接向人民法院申请支付令；④对于扭亏无望、无法清偿到期债务的企业，可考虑申请其破产。

三、判断题(请对下列各题的描述做出判断，正确的用 A 表示，错误的用 B 表示)

1．除股权外的其他权利作为抵债资产的，处置时限最长不得超过自取得日起的 1 年。(　　)

【答案】B

【解析】除股权外的其他权利作为抵债资产的，应在其有效期内尽快处置，最长不得超过自取得日起的 2 年。

2．银行未向借款人和担保人追偿的债权，不得作为呆账核销。(　　)

【答案】A

【解析】债权或者股权不得作为呆账核销的情况包括：①借款人或者担保人有经济偿还能力，银行未按规定履行所有可能的措施和实施必要的程序追偿的债权；②违反法律法规的规定，以各种形式逃废或者悬空的银行债权；③因行政干预造成逃废或者悬空的银行债权；④银行未向借款人和担保人追偿的债权；⑤其他不应当核销的银行债权或者股权。

3．各级分支行发生的呆账，要逐户、逐级上报，上级行接到下级行的核销申请，应当组织有关部门进行严格审查并签署意见，并由上级行审批核销。(　　)

【答案】B

【解析】上级行(公司)接到下级行(公司)的呆账核销申报表，应当组织有关部门进行严格审查并签署意见。银行发生的呆账，经逐级上报，由银行总行(总公司)审批核销。

第三部分

历年真题及详解

2015年下半年银行业专业人员职业资格考试《公司信贷(初级)》真题

一、单选题(共80题,每小题0.5分,共40分,下列选项中只有一项最符合题目要求,不选、错选均不得分。)

1. 决定公司可持续增长率的四个变量中,(　　)越高越好。
   A. 红利支付率和资产效率　　　　　B. 红利支付率和财务杠杆
   C. 利润率和资产效率　　　　　　　D. 利润率和红利支付率

2. 商业银行对客户信用评级主要包括定性分析法和定量分析法,其中定性分析法主要指(　　)。
   A. 专家判断法　　　　　　　　　　B. 信用风险分析法
   C. 违约概率模型法　　　　　　　　D. 风险中性定价模型分析法

3. 对于季节性经营特征比较明显的借款人,银行贷款的还款来源主要是季节性(　　)所释放的现金。
   A. 资产增加　　B. 负债减少　　C. 负债增加　　D. 资产减少

4. (　　)是指借贷双方就贷款的主要条件已经达成一致,银行同意在未来特定时间内向借款人提供融资的书面承诺。
   A. 信用证　　B. 贷款承诺　　C. 承兑　　D. 贷款意向书

5. 应收账款和存货周转率的变化(　　)。
   A. 只导致长期融资需求变化
   B. 只导致短期融资需求变化
   C. 既可能导致短期融资需求变化,又可能导致长期融资需求变化
   D. 既不可能导致短期融资需求变化,又不可能导致长期融资需求变化

6. 贷款效益性调查内容不包括(　　)。
   A. 对借款人当前经营情况进行调查
   B. 对借款人过去三年的经营效益情况进行调查
   C. 对借款人过去和未来给银行带来收入、存款、结算等综合效益情况进行调查
   D. 对原到期贷款及应付利息清偿情况进行调查

7. 经营杠杆是衡量(　　)相对于销售量变化敏感度的指标。
   A. 存货　　B. 营运资本　　C. 营业利润　　D. 销售费用

8. (　　)越高,表明客户直接支付能力越强。
   A. 速动比率　　B. 资产负债率　　C. 现金比率　　D. 流动比率

9. 其他条件相同时,下列各行业中进入壁垒较高的是(　　)。
   A. 顾客无转换成本的行业

B. 各公司的绝对成本水平相当的行业

C. 存在规模经济的行业

D. 产品高度同质化的行业

10. 某银行信贷审查人员在对一家借款企业进行财务分析时，发现该企业近 3 年来的流动资金占总资产比例没有太大变化，但速动资产比例在逐年减少，而存货和其他应收款占比逐年增加，反映出企业营运资金有所沉淀，资金使用效率逐步恶化，该信贷审查人员在对企业进行财务分析时，主要运用了(   )。

A. 结构分析法和趋势分析法　　　B. 结构分析法和比率分析法

C. 因素分析法和比较分析法　　　D. 比较分析法和趋势分析法

11. 根据(   )，商业银行最好发放短期贷款而不发放中长期贷款。

A. 超货币供给理论　　　　　　　B. 资产转换理论

C. 真实票据理论　　　　　　　　D. 预期收入理论

12. 在分析影响借款人还款能力的非财务因素时，可以通过(   )查阅借款人的不良记录，查看客户过去有无拖欠银行贷款等事项。

A. 中国税务总局企业纳税信用等级查询系统

B. 中国人民银行企业征信系统

C. 中国银行业协会企业征信系统

D. 中国银行业监督管理委员会客户风险统计系统

13. 某公司向银行申请 300 万元贷款，银行为取得资金，以 3% 的利率吸收存款，分析、发放、管理贷款的非资金营业成本为贷款总额的 2%，因可能的贷款违约风险追加 2% 的贷款利率，银行利润率为 1%，则这笔贷款的利率为(   )。

A. 5%　　　　　　B. 7%　　　　　　C. 8%　　　　　　D. 6%

14. 银行在接到一笔新的贷款业务时，最需要重点关注的指标是(   )。

A. 可持续增长率　　　　　　　　B. 借款人规模

C. 周转率　　　　　　　　　　　D. 利润率

15. 公司信贷的基本要素不包括(   )。

A. 信贷产品、金额、期限、利率和费率

B. 交易对象

C. 直接融资渠道

D. 还款计划、担保方式

16. 某商业银行市场定位于"服务地方、服务中小、服务民营"，这分别是按(   )标准进行市场细分。

A. 按规模、按区域、按性质　　　B. 指性质、按区域、按规模

C. 按区域、按规模、按性质　　　D. 按性质、按规模、按区域

17. 以下关于信用评级，说法错误的是(   )。

A. 内部评级是商业银行根据内部数据和标准，对客户风险进行的评价

B. 外部评级是由专业评级机构提供，评级对象主要是大中型企业

C. 商业银行内部评级一般仅适用于对大中型企业客户风险评价

D. 国内公开市场发行债券的企业，一般都要求提供外部评级

18．相对而言，如果借款人的短期负债小于短期资产，则(　　)。

　　A．长期偿债能力不受影响　　　B．短期偿债能力较弱

　　C．短期偿债能力较强　　　　　D．长期偿债能力较弱

19．(　　)是商业银行对客户偿债能力和偿债意愿的计量和评价。

　　A．信用评级　B．征信报告　C．信贷审查　D．服务审计

20．商业银行对产能过剩行业、高耗能、高污染行业适当上收审批权限，这属于使用按(　　)进行的信贷授权。

　　A．受权人　B．行业　C．客户风险评级　D．授信品种

21．对于信贷经营，(　　)是对区域风险影响最大、最直接的因素。

　　A．区域产业结构　　　　　B．区域自然条件

　　C．区域经济发展水平　　　D．区域市场化程度和法制框架

22．借款人因购买商品或服务获得的商业信用减少而导致的借款需求，属于(　　)。

　　A．负债变化引起的需求　　　B．其他变化引起的需求

　　C．销售变化引起的需求　　　D．资产变化引起的需求

23．如果流动比率大于1，则下列结论一定成立的是(　　)。

　　A．现金比率大于1　　　B．速动比率大于1

　　C．短期偿债能力绝对有保障　　　D．营运资金大于零

24．B公司2012年利润总额为1580万元，销售成本为1200万元，销售费用为2390万元，管理费用为961万元，财务费用为1050万元，B公司的成本费用利润率为(　　)。

　　A．39.21%　B．35.74%　C．28.21%　D．44.01%

25．商业银行信贷人员在受理客户借款申请后，初次面谈了解客户贷款需求状况时，除贷款背景、贷款规模、贷款条件外，还必须了解(　　)。

　　A．经济走势　B．贷款用途　C．宏观政策　D．贷款汇率

26．下列关于质押和抵押的区别，说法不正确的是(　　)。

　　A．抵押权的设立不转移抵押标的物的占有，而质权的设立必须转移质押标的物的占有

　　B．抵押中的债权取得抵押财产的所有权或部分所有权，质押中的债务人保持对质押财产的占有权

　　C．质权的标的物为动产和财产权利

　　D．在抵押担保中，抵押物价值大于所担保债权的余额部分，可以再次抵押

27．某公司拟以其所有的通勤车、厂房、被法院封存的存货及其租用的机器作抵押向银行申请借款，下列财产中可以用来抵押的是(　　)。

　　A．通勤车、厂房　　　B．厂房、存货

　　C．全部财产　　　　　D．通勤车、厂房、存货

28．下列不属于客户信用分析的5P分析系统的是(　　)。

　　A．定量模型因素　　　B．资金用途因素

　　C．保障因素　　　　　D．还款来源因素

29．在利润表结构分析中就是以(　　)为100%，计算出各指标所占百分比的增减变动，分析对借款人利润总额的影响。

A．产品销售利润　　　　　　　　　B．产品销售费用

C．产品销售成本　　　　　　　　　D．产品销售收入净额

30．商业银行根据各业务职能部门和分支机构的经营业绩、风险状况、制度执行以及经济形势、信贷政策、业务总量、审批手段等方面的情况变化，及时调整授权，这是信贷授权应遵循的(　　)原则。

A．授权适度　　　B．权责一致　　　C．动态调整　　　D．差别授权

31．根据商业银行绿色信贷合同管理的要求，对涉及重大环境和社会风险的客户，说法错误的是(　　)。

A．应当设立客户加强环境和社会风险管理的声明和保证条款，设定客户接受贷款人监督等承诺条款

B．应当订立客户增加抵押、质押和其他担保方式的条款

C．应当设立客户在管理环境和社会风险方面违约时银行业金融机构的救济条款

D．在合同中应当要求客户提交环境和社会风险报告

32．如果企业速动比率很小，下列结论正确的是(　　)。

A．企业短期偿债能力较弱　　　　　B．企业流动比率很小

C．企业流动资产占用过多　　　　　D．企业资产流动性很强

33．根据《固定资产贷款管理暂行办法》的规定，贷款人应要求借款人在合同中对与贷款相关的重要内容做出承诺，承诺内容不包括(　　)。

A．配合贷款人对贷款的相关检查

B．实质性增加债务融资等重大事项前征得贷款人同意

C．及时向贷款人提供完整、真实、有效的材料

D．及时提取贷款并适当转化为银行存款

34．_____是指贷款人在确定借款人满足合同约定的提款条件后，根据借款人的提款申请将贷款资金发放至借款人账户后，由借款人_____给符合合同约定用途的借款人交易对象。(　　)

A．自主支付；自主支付　　　　　　B．其他支付；其他支付

C．受托支付；受托支付　　　　　　D．实贷实付；实贷实付

35．某企业向银行申请短期季节性融资，银行经借款需求分析，发现该企业比以往季节性融资时所持现金少很多，原因是该企业新近购买了一台长期设备，此时银行应向企业提供(　　)。

A．长期贷款　　　　　　　　　　　B．短期贷款

C．固定资产贷款　　　　　　　　　D．长、短期贷款相结合的贷款

36．金融企业应在每批次不良资产转让工作结束后(　　)个工作日内，向同级财政部门和中国银监会或属地银监局报告转让方案及处置结果。

A．45　　　　　　B．15　　　　　　C．30　　　　　　D．60

37．关于资产负债表的分析，下列说法错误的是(　　)。

A．借款人的资金结构应与固定资产周转率相适应

B．借款人的长期资金在其资金构成中占有十分重要的地位

C．在分析资产负债表时，一定要注意借款人的资产结构是否合理，是否与同行业

的比例大致相同

D．资金结构合理，借款人的经济基础就牢固，就能承担较大的风险，就有较强的偿债能力

38．某商业银行的贷款业务发生呆账贷款，经审核批准核销后，应首先(　　)。

A．冲减贷款呆账准备金　　　　　　B．增加贷款风险准备金

C．冲减税后利润　　　　　　　　　D．冲减税前利润

39．能够及时承认资产和负债价值的变化，因此能较为及时地反映信贷资产质量发生的问题的会计方法是(　　)。

A．历史成本法　　B．市场价值法　　C．净现值法　　D．公允价值法

40．下列关于借款需求期限的说法中，正确的是(　　)。

A．与固定资产重置相关的借款需求一定是长期的

B．与债务重构相关的借款需求一定是长期的

C．与流动资产相关的借款需求一定是短期的

D．与资产效率降低相关的借款需求一定是短期的

41．商业银行在对客户供应阶段分析中，错误的是(　　)。

A．进货渠道分析可以从四个方面着手：有无中间环节、供货地区的远近、运输方式的选择、进货资质的取得

B．原材料价格除了受市场供求影响外，还取决于进货渠道、客户关系等多方面因素

C．付款条件反映了客户的市场地位，如果客户通过预付款或现货交易采购，说明其资信较高

D．客户采购物品的质量主要取决于上游厂商的资质，知名供应商一般较为可靠

42．进行信贷客户内部评级的评价主体是_____，评价目标是_____，评价结果是_____。(　　)

A．专业评级机构；偿债意愿；违约概率

B．商业银行；偿债意愿；违约概率

C．商业银行；客户违约风险；信用等级

D．专业评级机构；客户违约风险；信用等级

43．商业银行在不良贷款清收中，委托第三方清收属于(　　)。

A．以资抵债　　B．依法清收　　C．常规清收　　D．现金清收

44．(　　)是指贷款人在确认借款人满足贷款合同约定的提款条件后，根据借款人的提款申请和支付委托，将贷款资金通过借款人账户支付给符合合同约定用途的借款人交易对象。

A．实贷实付　　B．受托支付　　C．其他支付　　D．自主支付

45．原材料供给不仅是企业资产循环的基础性环节，也是企业真实融资需求分析的重要方面。银行在对企业开展存货融资或预付款融资时，以下不属于对企业供应阶段分析内容的是(　　)。

A．付款条件　　B．原材料价格　　C．目标客户　　D．进货渠道

46．下列表述错误的是(　　)。

A. 生产转换周期是指从借款人用资金购买原材料、生产、销售到收回销售款的整个循环过程

B. 从银行角度来说，资产转换周期是银行信贷资金由实物资本转化为金融资本，再由金融资本转化为实物资本的过程

C. 资产转换周期包括两个方面的内容，一是生产转换周期，二是资本转换周期

D. 资本转换周期是指借款人用资金进行固定资产的购置、使用和折旧的循环

47. 下列有关商业银行流动资金贷款受托支付的表述，错误的是(　　)。

A. 贷款支付后因借款人交易对手原因导致退款的，贷款人应及时通知借款人重新付款并审核

B. 商业银行应制定完善的贷款人受托支付的操作制度，明确放款执行部门内部的资料流转要求和审核规则

C. 商业银行应要求借款人提交贷款用途证明材料，但借款人无须逐笔提交能够反映所提款项用途的详细证明材料

D. 贷款人受托支付是实贷实付的主要体现方式，最能体现实贷实付的核心要求

48. 以下关于客户财务分析说法错误的是(　　)。

A. 盈利是借款人偿债资金的唯一来源，客户盈利水平越高、持久性越强，债权风险越小

B. 客户营运能力不仅反映其资产管理水平和资产配置能力，也影响其偿债能力和盈利能力

C. 客户财务分析一般包含客户偿债能力、盈利能力和资金结构等方面的分析

D. 所有者权益代表投资者对净资产的所有权，净资产是借款人全部资产减去全部负债的净额

49. 商业银行应兼顾信贷风险控制和提高审批效率方面的要求，合理确定授权金额及行权方式，以实现集权与分权的平衡。这是信贷授权应遵循的(　　)原则。

A. 差别授权　　　B. 权责一致　　　C. 动态调整　　　D. 授权适度

50. 下列关于贷款审批要素中授信品种的表述，错误的是(　　)。

A. 授信品种应与客户结算方式相匹配

B. 授信品种应与授信用途相匹配

C. 风险相对较高的授信品种仅适用于资信水平低的客户

D. 授信品种应符合所在银行的信贷政策及管理要求

51. 预收账款属于(　　)。

A. 非流动资产　　B. 流动资产　　　C. 长期负债　　　D. 流动负债

52. 下列选项中不属于广义信贷期限的是(　　)。

A. 还款期　　　　B. 宽限期　　　　C. 用款期　　　　D. 提款期

53. 在贷款分类过程中，银行首先需要了解贷款基本信息，其内容不包括(　　)。

A. 还款记录　　　　　　　　B. 还款可能性分析

C. 贷款目的　　　　　　　　D. 还款来源

54. (　　)中必备的条款包括贷款种类、贷款利率、还款方式、还款期限等。

A. 质押合同　　　B. 保证合同　　　C. 借款合同　　　D. 抵押合同

55. (　　)是指由非政府部门的民间金融组织确定的利率。
    A．基准利率　　　　　　　　　B．法定利率
    C．行业公定利率　　　　　　　D．市场利率

56. 商业银行的信贷决策权可以由(　　)行使。
    A．贷款调查人员　　　　　　　B．贷款审查委员会
    C．贷款审查人员　　　　　　　D．银行客户经理

57. 关于基本信贷分析，下列说法正确的是(　　)。
    A．如果借款人存在不良的还款记录，银行应拒绝对其贷款，然后进一步分析原因
    B．贷款被挪用会使还款周期变化，贷款偿还的不确定性加大
    C．对银行来说，担保抵押是最可靠的还贷方式
    D．资本转换周期通过一个生产周期来完成

58. 下列有关贷款自主支付的表述，错误的是(　　)。
    A．在借款人自主支付方式下，商业银行仍应遵从贷款与资本金同比例到位的基本要求
    B．事后核查是借款人自主支付方式下银行业金融机构加强贷款资金发放和支付的核查的重要环节
    C．自主支付是监管部门倡导和符合国际通行做法的支付方式，是贷款支付的主要方式
    D．在借款人自主支付方式下，商业银行仍应遵从实贷实付原则，既要方便借款人资金支付，又要控制贷款用途

59. 抵押物由于技术相对落后造成的贬值称为(　　)。
    A．经济性贬值　　B．功能性贬值　　C．实体性贬值　　D．科技性贬值

60. 甲企业与A单位共有一处房屋，经评估，房屋价格为600万元人民币，该企业拥有50%的所有权。经与A单位协商，A单位同意甲企业将此房屋作为抵押物向银行申请抵押贷款，贷款抵押率为60%，银行对企业放款金额最多不超过(　　)万元。
    A．360　　　　B．180　　　　C．328　　　　D．220

61. 通常来讲，企业销售收入是_____增长模式，固定资产增长模式是_____发展，这一点对于区分长期销售收入增长引起的借款需求和固定资产扩张引起的借款需求很重要。(　　)
    A．线性；阶梯形　　　　　　　B．非线性；几何形
    C．非线性；线性　　　　　　　D．线性；几何形

62. 借款人自主支付方式下，借款人提出提款申请后，贷款人应审核借款人提交的用款计划或用款清单所列用款事项是否符合约定的贷款用途，计划或用款清单中的贷款资金支付是否超过贷款人(　　)起付标准或条件。
    A．自主支付　　B．其他支付　　C．实贷实付　　D．受托支付

63. 以下关于现金流量的说法，正确的是(　　)。
    A．已办理质押的活期存款不能用于还款，但可以计入现金中
    B．现金流量包括现金流入量、现金流出量和现金净流量
    C．现金流量包括现金及现金等价物之间的变动

D．现金流量中的现金包括：库存现金、活期存款、其他货币性资金以及长期证券投资

64．商业银行中长期贷款结清后，原则上贷款档案需要再保管(　　)年。

    A．20　　　　　　B．15　　　　　　C．10　　　　　　D．5

65．向人民法院申请保护债权的诉讼时效期间通常为(　　)年。

    A．5　　　　　　B．3　　　　　　C．1　　　　　　D．2

66．保证人和债权人应当在合同中约定保证责任期间，双方没有约定的，从借款企业偿还借款的期限届满之日起的(　　)内，债权银行应当要求保证人履行债务，否则保证人可以拒绝承担保证责任。

    A．一年　　　　　B．9个月　　　　C．3个月　　　　D．6个月

67．关于企业贷款展期的申请，下列表述错误的是(　　)。

    A．展期内容应包括拟采取的补救措施

    B．是否给予办理展期由银行决定

    C．质押贷款展期应当由出质人出具同意的书面证明

    D．借款人应当在贷款到期日向银行申请贷款展期

68．下列关于公司信贷的基本要素，说法错误的是(　　)。

    A．按计算利息的周期，计息方式分为按日计息、按月计息、按季计息、按年计息

    B．信贷产品主要包括贷款、担保、承兑、保函、信用证和承诺等

    C．在广义的定义下，贷款期限通常分为提款期、宽限期和还款期

    D．利率一般有年利率、季利率、月利率、日利率四种形式

69．下列有关客户经营管理状况分析的表述，错误的是(　　)。

    A．生产阶段的核心是技术　　　　　　B．销售阶段的核心是市场

    C．供应阶段的核心是进货　　　　　　D．市场阶段的核心是管理

70．下列不属于商业银行不良资产处理方式的是(　　)。

    A．呆账核销　　　B．法律仲裁　　　C．债务重组　　　D．以资抵债

71．银行客户经理对借款人发送催收通知单的法律意义主要在于(　　)。

    A．体现权利主张的有理性　　　　　　B．体现银行工作的礼节性

    C．体现银行职业的特殊性　　　　　　D．保证诉讼时效的有效性

72．贷款质押的最主要风险因素是(　　)。

    A．虚假质押风险　　　　　　　　　　B．司法风险

    C．操作风险　　　　　　　　　　　　D．汇率风险

73．申请强制执行是依法收贷的重要环节，申请执行的法定期限为(　　)。

    A．1年　　　　　　B．4年　　　　　C．3年　　　　　D．2年

74．下列关于商业银行审贷制度的表述，错误的是(　　)。

    A．审查人员应具备经济、财务、信贷、法律、税务等专业知识，并有丰富的实践经验

    B．未通过贷审会审查的授信可以申请复议，但必须符合一定条件，且间隔时间不太短

    C．如贷款审查人员对贷款发放持否定态度，可以终止该笔贷款的信贷流程

D. 授信审批应按规定权限、程序进行，不得违反程序、减少程序或逆程序审批授信业务

75. 为了确保贷款的归还，除了在贷款合同中确定还款计划和违约责任条款外，银行应按规定时间向借款人发送(　　)。

A. 还本付息通知单　　　　　　　B. 划款通知书

C. 支付令　　　　　　　　　　　D. 催收通知书

76. 对于质押贷款业务，商业银行对于用于质押的存款没有办理内部冻结手续，这种风险属于(　　)。

A. 司法风险　　　　　　　　　　B. 虚假质押风险

C. 操作风险　　　　　　　　　　D. 经济风险

77. 借款人无法足额偿还贷款本息，即使执行担保，也肯定要造成较大损失。此类贷款按贷款五级分类划分属于(　　)。

A. 关注　　　　B. 可疑　　　　C. 损失　　　　D. 次级

78. 贷放分控中的"贷"，是指信贷业务流程中贷款调查、贷款审查和贷款审批等环节，尤其是指(　　)环节，以区别于贷款发放与支付环节。

A. 贷款审查　　　B. 贷款发放　　　C. 贷款审批　　　D. 贷款调查

79. 关于贷款分类的意义，下列说法错误的是(　　)。

A. 贷款分类是监管当局并表监管、资本监管和流动性的监控的基础

B. 贷款分类是银行稳健经营的需要

C. 贷款分类是利用外部审计师辅助金融监管的需要

D. 一般银行在处置不良资产时不需要贷款分类，在重组时则需要对贷款分类

80. 一个企业有6年的历史，其中前2年主要生产白酒，中间2年从事农副产品加工，后2年从事对外贸易，且股权完全发生变更，银行分析该客户的品质时，(　　)。

A. 由于贸易行业利润丰厚，应当给予适当支持

B. 因主营业务和股权变更较大，应给予大力支持

C. 因主营业务和股权变更较大，应给予足够警觉

D. 由于该企业敢于创新突破，应给予大力支持

二、多选题(共40题，每小题1分，共40分，下列选项中有两项或两项以上符合题目的要求，多选、少选、错选均不得分。)

1. 商业银行公司信贷管理的原则包括(　　)。

A. 全流程管理原则　　　B. 实贷实付原则　　　C. 贷放分控原则

D. 协议承诺原则　　　　E. 诚信申贷原则

2. 根据《担保法》的规定，担保的形式包括(　　)。

A. 抵押　　　B. 质押　　　C. 留置　　　D. 承诺　　　E. 定金

3. 银行通过对(　　)的趋势比较，可做出合理的贷款决策。

A. 实际增长率　　　　　　B. 可持续增长率　　　　　　C. 成本率

D. 利润率　　　　　　　　E. 存货周转率

4. 商业银行对客户评级时考虑的因素包括(　　)。

A. 客户所在国家　　　B. 客户资产的变现性　　　C. 客户的行业特征

D. 客户的管理水平　　　E. 客户的盈利能力

5. 根据《项目融资业务指引》的规定，项目融资是指符合(　　)特征的贷款。

A. 贷款用途通常是用于建造一个或一组大型生产装置、基础设施、房地产项目或其他项目

B. 借款人通常是为建设、经营该项目或为该项目融资而专门组建的企事业法人

C. 还款资金来源主要依赖该项目产生的销售收入、补贴收入或其他收入

D. 专指对在建项目的再融资

E. 借款人包括主要从事项目建设、经营或融资的既有企事业法人

6. 关于贷款抵押风险，下列说法不正确的有(　　)。

A. 法律规定自登记之日起生效的合同，必须办理抵押审查验证，否则合同就无效

B. 贷款合同附条件生效，但生效条件不具备，贷款主合同无效，导致抵押关系无效

C. 未经所有权人同意就擅自抵押的，抵押关系无效，但不构成侵权

D. 对抵押物的价值进行准确评估是保证抵押物足值的关键

E. 重复质押行为会给银行贷款带来风险

7. 下列选项中，可能导致企业借款需求增加的有(　　)。

A. 季节性销售增长　　　B. 利润率由正转负　　　C. 资产效率的提高

D. 固定资产扩张　　　E. 商业信用减少

8. 在波特五力模型中，新进入者进入行业所遇到的障碍主要有(　　)。

A. 自然资源与地理位置

B. 买卖双方以外非关联方的计价还价能力

C. 替代品威胁、买方的讨价还价能力、供方的讨价还价能力

D. 规模经济、产品差异与销售渠道开拓

E. 资本需求、转换成本、不受规模支配的成本劣势

9. 下列关于放款执行部门的职责说法正确的有(　　)。

A. 可以根据审核情况选择是否提出审核意见

B. 审核审批日至放款核准日期间借款人重大风险变化的情况

C. 主要职能包括审核银行内部授信流程的合法性、合规性

D. 主要审核贷款审批书中提出的前提条件是否逐项得到落实

E. 贷款发放和支付的审核

10. 前期调查的目的主要在于确定(　　)。

A. 是否进行信贷营销

B. 是否能够受理该笔贷款业务

C. 是否提高贷款利率

D. 是否正式开始贷前调查工作

E. 是否进行后续贷款洽谈

11. 以下关于间接法从企业净利润计算经营活动产生现金流量净额，说法正确的有(　　)。

A. 应加上未发生现金支付的折旧

B. 应扣减未收到现金的应收账款增加

C. 应加上未销售出去的存货增加

D. 应加上未进行现金支付的应付账款增加

E. 应扣减未发生现金流出的应付税金

12. 下列关于信用评级定性和定量分析方法的说法，正确的有( )。

A. 定性分析方法的优点在于综合业务专家实践经验，缺点在于不同专家可能对同一笔业务看法不一

B. 定量分析方法可以总结和凝练专家经验，通过计量模型，对客户风险做出更客观一致的判断

C. 定性分析方法更适合于对信贷业务进行是否的二维决策，不适合对其信用风险准确计量

D. 定性分析方法和定量分析方法相结合，有助于推动商业银行计量模型的使用

E. 定量分析方法优点在于可以借助违约概率对信用风险准确计量，缺点在于对历史数据要求高

13. 公司进行营运资本投资的主要方式有( )。

A. 季节性负债增加　　　B. 银行短期贷款　　　C. 内部融资

D. 增发股票　　　E. 商业信用

14. 下列各项中，属于企业非流动的资产的有( )。

A. 无形资产　　　B. 应收账款　　　C. 固定资产

D. 原材料　　　E. 长期投资

15. 在客户信用评级中，针对商业银行信用评价的 CAMEL 体系的内容包括( )。

A. 资本充足率　　　B. 营利性　　　C. 流动性

D. 管理能力　　　E. 资产质量

16. 商业银行信贷批复文件中可附带的限制性条款包括( )。

A. 资本性支出的限制　　　B. 偿债优先权的要求　　　C. 配合贷后管理的要求

D. 对外担保的限制　　　E. 股东分红的限制

17. 贷款风险预警的程序包括( )。

A. 停止放款　　　B. 风险处置　　　C. 后评价

D. 风险分析　　　E. 信用信息的收集与传递

18. 下列贷款审查内容中，属于非财务因素审查的有( )。

A. 借款人的行业地位　　　B. 借款人的产品定价　　　C. 借款人的企业性质

D. 借款人的发展沿革　　　E. 借款人的公司治理

19. 下列情况中，可能给企业带来经营风险的有( )。

A. 客户需求为便携性 PC，企业仍生产台式机

B. 持有一笔占公司年订单量 60% 的订单，能按时保质完成

C. 企业只生产台式机

D. 以前产品的产、供、销都由本企业自行提供，最近企业转型，只负责产品的生产

E. 只依赖于一家供应商

20. 商业银行对贷款进行分类，应主要考虑( )。

  A. 贷款项目的盈利能力 B. 贷款的担保   C. 借款人的还款记录

  D. 借款人的还款能力 E. 借款人的还款意愿

21. 贷前调查的内容有( )。

  A. 贷款效益性调查   B. 贷款合规性调查   C. 贷款风险性调查

  D. 贷款安全性调查   E. 贷款营利性调查

22. 要比较全面地分析借款人短期偿债能力时，须将下列指标结合起来观察( )。

  A. 流动比率   B. 速动比率   C. 现金比率

  D. 资产负债率   E. 营运资金

23. 作为信贷授权的一种重要载体，授权书中应该载明的内容有( )。

  A. 受权人全称和负责人姓名   B. 授权人全称和法定代表人姓名

  C. 授权范围和权限   D. 授权书生效日期和有效期限

  E. 对限制越权的规定

24. 下列关于贷款支付与发放的表述，正确的有( )。

  A. 贷款人应就借款人的借款用途进行尽职调查，贷款人不得发放无指定用途的公司贷款

  B. 贷款人应根据借款人的行业特征、经营规模、管理水平、信用状况等因素和贷款业务品种，合理确定贷款资金支付方式及贷款人受托支付的金额标准

  C. 对单笔资金支付超过项目总投资 5%或超过 500 万元人民币的固定资产贷款，应采用贷款人受托支付方式

  D. 贷款人应贴近借款人实际，合理测算借款人的流动资金需求，进而确定流动资金贷款的额度和期限，适当超额授信

  E. 流动资金贷款不得用于固定资产投资，但可以用于股权投资

25. 下列关于贷款支付的表述，正确的有( )。

  A. 对单笔资金支付超过项目总投资 5%或超过 500 万元人民币的固定资产贷款，应采用贷款人受托支付方式

  B. 银行应根据借款人的行业特征、经营规模、管理水平、信用状况等因素和贷款业务品种，合理约定贷款资金支付方式及贷款人受托支付的金额标准

  C. 与借款人新建立信贷业务关系且借款人信用状况一般的流动资金贷款，原则上应采用受托支付方式

  D. 支付对象明确且单笔支付金额较大的流动资金贷款，原则上应采取受托支付方式

  E. 对单笔资金支付超过项目总投 3%或超过 300 万元人民币的固定资产贷款，应采用贷款人受托支付方式

26. 借款需求分析对银行的意义在于( )。

  A. 帮助银行确定合理的贷款结构与贷款利率

  B. 帮助银行有效地评估风险

  C. 为公司提供融资方面的合理建议

D. 确定贷款总供给量

E. 帮助银行增加盈利

27. 下列关于担保方式的说法中正确的有( )。

A. 担保品必须具备易变现性

B. 担保品必须是符合法律规定、真实存在的财产或权利

C. 担保品应按法规要求在有权机构办理抵(质)押登记

D. 担保品必须具备可控性

E. 担保品必须具备足值性

28. 下列评价指标中，可用来分析项目营利性的有( )。

A. 投资利润率　　　　B. 投资与贷款回收期　　　C. 存货周转率

D. 内部收益率　　　　E. 净现值

29. 贷款担保的作用主要体现在以下哪些方面？( )

A. 降低银行贷款风险

B. 协调和稳定商品流转秩序，使国民经济健康运行

C. 降低信贷资金使用效率

D. 促进借款企业加强管理，改善经营管理状况

E. 巩固和发展信用关系

30. 当借款人信用状况较差、贷款安全受到威胁时，银行应与借款人约定对账户( )的最低要求。

A. 余额　　　　　　　B. 资金进出　　　　　　C. 担保资金

D. 平均存量　　　　　E. 最低存量

31. 在商业银行贷款重组过程中，以下表述正确的有( )。

A. "借新还旧""还旧借新"都属于贷款重组

B. 当债权人内部发生无法调和的争议，或者债权人无法与债务人达成一致意见时，法院会根据自己的判断做出裁决

C. 法院裁定债务人进入破产重整程序以后，其他强制执行程序仍然有效

D. 在破产重整程序中，债权人组成债权人会议，与债务人共同协商债务偿还安排

E. 根据债权性质(如有无担保)，债权人依法被划分成不同的债权人组别

32. 下列说法中正确的有( )。

A. 结合固定资产使用率，银行可以对剩余的固定资产寿命做出一个粗略的估计

B. 杠杆收购就是并购融资

C. 长期投资风险较大，只能由股权性融资来满足

D. 在我国，银行可以有选择性地为公司并购提供债务融资

E. 通过分析销售收入/净固定资产比率，可判断公司的固定资产扩张需求

33. 关于抵押的效力，下列说法正确的有( )。

A. 若抵押人对抵押物价值减少无过错的，银行只能在抵押人因损害而得到的赔偿范围内要求提供担保，其抵押物未减少的部分，不能作为债权的担保

B. 抵押权与其担保的债权同时存在，债权消失的，抵押权也消失

C. 抵押权可以与其担保的债权分离而单独转让或者作为其他债权的担保

D. 抵押担保的范围包括主债权及利息、违约金、损害赔偿金和实现债权的费用

E. 抵押期间,抵押人转让已办理抵押登记的抵押物的,应当通知银行并告知受让人转让物已抵押的情况,未通知银行或者未告知受让人的,转让行为无效

34. 在商业银行贷后管理中,抵押品检查的主要内容有( )。

A. 抵押品价值是否变化

B. 抵押品是否被变卖出售或部分被变卖出售

C. 抵押品是否被妥善保管

D. 抵押品保险到期后是否及时续投保险

E. 抵押品是否被转移至不利于银行监控的地方

35. 贷款审批要素包括( )。

A. 贷款利率   B. 贷后管理要求   C. 贷款期限

D. 担保方式   E. 发放条件与支付方式

36. 债权人直接向有管辖权的基层人民法院申请支付令,必须符合的条件有( )。

A. 债务人对已发生法律效力的判决书、调解书不予履行

B. 债权人与债务人没有其他的债务纠纷

C. 申请财产已经申请保全

D. 已经进入诉讼程序

E. 支付令能够送达债务人

37. 核保是指核实保证人提供的保证( )。

A. 是保证人真实意思的表示 B. 是在自愿基础上达成的

C. 价值充足   D. 稳定连续   E. 信誉度高

38. 实务操作中,贷款抵押风险主要包括( )。

A. 未办理抵押物登记手续   B. 将共有财产抵押而未经共有人同意

C. 抵押物价值升值   D. 抵押物虚假或严重不实

E. 资产评估不真实,导致抵押物不足值

39. 下列属于企业的财务风险的有( )。

A. 应收账款异常增加   B. 产品结构单一

C. 不按期支付银行贷款利息 D. 在多家银行开户

E. 以短期利润为中心,忽视长期利益

40. 下列融资需求中,既有可能通过短期融资实现,又有可能通过长期融资实现的有( )。

A. 长期销售增长旺盛时期   B. 应付账款周转天数减少

C. 资产使用效率下降   D. 债务重构

E. 额外的或非预期性支出

三、判断题(共20题,每小题1分,共20分,正确的选A,错误的选B;不选、错选均不得分。)

1. 信贷授权中的"信贷"主要包括贷款、贴现、透支、保理、承兑等银行业金融机构表内外授信业务。( )

　　A．正确

　　B．错误

2．商业银行应至少每年对全部贷款进行一次分类。（　　）

　　A．正确

　　B．错误

3．对银行来说，借款人的负债比率越高越好。因为负债比率越高，说明客户投资者提供的无须还本付息的资金越多，客户的债务负担越轻，债权的保障程度越高，风险就越小。（　　）

　　A．正确

　　B．错误

4．资金结构指借款人的全部资金中负债和所有者权益所占的比重及相互关系。（　　）

　　A．正确

　　B．错误

5．以海关监管期内的动产作质押的，需要负责监管的海关出具同意质押的证明文件。（　　）

　　A．正确

　　B．错误

6．赊账销售对厂商不利的方面主要是占压了资金，但有利的方面是可以扩大销量，收账风险很小。（　　）

　　A．正确

　　B．错误

7．在抵押物的认定过程中，只要取得共有人同意抵押的证明，抵押人就可以将共有财产全额抵押。（　　）

　　A．正确

　　B．错误

8．同笔贷款的合同填写人与合同复核人不得为同一人。（　　）

　　A．正确

　　B．错误

9．在经济周期达到低点时，企业之间的竞争程度达到最大。在营运杠杆较低的行业，这一情况更为严重。（　　）

　　A．正确

　　B．错误

10．根据《流动资金贷款管理暂行办法》的规定，流动资金贷款借款人应信用状况良好，无重大不良信用记录；借款人应具有持续经营能力，可以没有可靠的还款来源。（　　）

　　A．正确

　　B．错误

11．资产转换周期分析中，应根据借款人一个周期所产生的利润，判断其偿还贷款的期限。（　　）

　　A．正确

B. 错误

12. 客户信用评级中的定性分析方法突出问题是对信用风险评估缺乏一致性,同一客户风险评估结果不同。(   )

    A. 正确

    B. 错误

13. 搜寻调查是贷款调查中最常用、最重要的一种方法,因为搜寻调查的信息最具权威性、可行性和全面性。(   )

    A. 正确

    B. 错误

14. 借款需求是指公司为什么会出现资金短缺并需要借款,原因可能是长期性资本支出以及季节性存货和应收账款增加等导致的现金短缺。(   )

    A. 正确

    B. 错误

15. 对于项目融资业务,在贷款存续期间,贷款人应当不定期地监测项目的建设和经营情况,要根据贷款担保、市场环境、宏观经济变动等因素,对项目风险进行评价,并建立贷款质量监控制度和风险预警体系。(   )

    A. 正确

    B. 错误

16. 转授权金额不得大于原授权,但在某些特定业务品种上可以突破。(   )

    A. 正确

    B. 错误

17. 区域风险分析关键是要判断影响信贷资金安全的因素都有哪些,该区域最适合什么样的信贷结构,信贷的风险成本收益是否匹配等。(   )

    A. 正确

    B. 错误

18. 从理论上看,企业最佳的资金结构是财务杠杆最低时的资金结构。(   )

    A. 正确

    B. 错误

19. 由于借款人的提前还款会打乱银行原有的资金安排,借款人应至少口头征得银行同意后,才可以提前还款。(   )

    A. 正确

    B. 错误

20. 借款人自主支付不同于传统意义上的实贷实存,自主支付对于借款人使用贷款设定了相关的措施限制,以确保贷款用于约定用途。(   )

    A. 正确

    B. 错误

答案及详解

一、单选题(共 80 题，每小题 0.5 分，共 40 分，下列选项中只有一项最符合题目要求，不选、错选均不得分。)

1. 【答案】C

【解析】一个公司的可持续增长率取决于以下四个变量：①利润率，利润率越高，销售增长越快；②留存利润，用于分红的利润越少，销售增长越快；③资产使用效率，效率越高，销售增长越快；④财务杠杆，财务杠杆越高，销售增长越快。

2. 【答案】A

【解析】定性分析法主要指专家判断法。专家判断法是商业银行在长期经营信贷业务、承担信用风险过程中逐步发展并完善起来的传统信用分析法。

3. 【答案】D

【解析】具有季节性销售特点的公司，其银行贷款的还款来源主要是季节性资产减少所释放出的现金。

4. 【答案】B

【解析】A 项中的信用证是一种由开证银行根据信用证相关法律规范应申请人要求并按其指示向受益人开立的载有一定金额的、在一定期限内凭符合规定的单据付款的书面文件；C 项中的承兑是银行在商业汇票上签章承诺按出票人指示到期付款的行为；D 项中的贷款意向书是为贷款进行下一步的准备和商谈而出具的一种意向性的书面声明。

5. 【答案】C

【解析】公司资产使用效率的下降，即应收账款和存货周转率的下降，既可能导致长期融资需求，也可能导致短期融资需求，银行在发放贷款时必须有效识别借款需求的本质，从而保证贷款期限与公司借款需求相互匹配。

6. 【答案】D

【解析】贷款效益性调查内容包括：①对借款人过去三年的经营效益情况进行调查，并进一步分析行业前景、产品销路以及竞争能力；②对借款人当前经营情况进行调查，核实其拟实现的销售收入和利润的真实性和可行性；③对借款人过去和未来给银行带来收入、存款、贷款、结算、结售汇等综合效益情况进行调查、分析、预测。

7. 【答案】C

【解析】经营杠杆是营业利润相对于销售量变化敏感度的指示剂。经营杠杆越大，销售量对营业利润的影响就越大。

8. 【答案】C

【解析】现金比率是客户现金类资产与流动负债的比率。现金类资产是速动资产扣除应收账款后的余额，包括货币资金和易于变现的有价证券，它最能反映客户直接偿付流动负债的能力。现金比率越高，表明客户直接支付能力越强。

9. 【答案】C

【解析】进入壁垒是指行业内既存企业对于潜在企业和刚刚进入这个行业的新企业所

具有的某种优势，换言之，是指想进入或者刚刚进入这个行业的企业与既存企业竞争时可能遇到的种种不利因素。进入壁垒的高低，既反映了市场内已有企业优势的大小，也反映了新企业所遇障碍的大小。C 项，存在规模经济的行业内已有企业优势较大，进入壁垒较高。

10. 【答案】A

【解析】结构分析是以财务报表中的某一总体指标为基础，计算其中各构成项目占总体指标的百分比，然后比较不同时期各项目所占百分比的增减变动趋势。趋势分析法是将客户连续数期的财务报告中的相同项目的绝对数或相对数进行比较，以揭示它们增减变化趋势的一种方法。该信贷人员将企业近 3 年来的流动资金占总资产比例、速动资产比例、存货和其他应收款占比进行比较，首先体现了趋势分析法的运用；而总资产包括存货、其他应收款、速动资产等项目，比较不同时期这些项目占总资产的比例则是对结构分析法的运用。

11. 【答案】C

【解析】根据亚当·斯密的理论，银行的资金来源主要是同商业流通有关的闲散资金，都是临时性的存款，银行需要有资金的流动性，以应付预料不到的提款需要。因此，最好只发放以商业行为为基础的短期贷款，因为这样的短期贷款有真实的商业票据为凭证作抵押，带有自动清偿性质。因此这种贷款理论被称为"真实票据理论"。

12. 【答案】B

【解析】在分析影响借款人还款能力的非财务因素时，应分析借款人信誉这一重要的非财务因素。其中，借款人的不良记录可通过"中国人民银行企业征信系统"查阅，查看客户过去有无拖欠银行贷款等事项。

13. 【答案】C

【解析】成本加成定价法下，任何贷款的利率都由四部分组成，即贷款利率=筹集可贷资金的成本+银行非资金性的营业成本+银行对贷款违约风险所要求的补偿+每笔贷款的预期利润水平=3%+2%+2%+1%=8%。

14. 【答案】A

【解析】银行接到一笔新的贷款业务时，可持续增长率是需要重点关注的。当资产净值无法维持公司的高速增长时，公司必然会加大财务杠杆。在这种情况下，公司要想归还贷款，要么通过举债归还(即以新还旧)，要么等到高速增长期结束后再归还。因此，银行希望这样的公司尽快归还贷款是不现实的。

15. 【答案】C

【解析】公司信贷的基本要素主要包括交易对象、信贷产品、信贷金额、信贷期限、贷款利率和费率、清偿计划、担保方式和约束条件等。

16. 【答案】C

【解析】商业银行一般按照企业所处区域、产业、规模、所有者性质和组织形式等方式对公司信贷客户进行细分。其中，按区域细分主要考虑客户所在地区的市场密度、交通便利程度、整体教育水平以及经济发达程度等方面的差异，并将整体市场划分成不同的小市场；按规模细分是指将客户划分为大、中、小、微型企业；按所有者性质及组织形式细分是指将客户划分为国有企业、民营企业、外商独资企业、合资和合作经营企业、业主制企业等。

17.【答案】C

【解析】C 项有误，商业银行外部评级的评级对象主要是企业，尤其是大中型企业。

18.【答案】C

【解析】短期偿债能力是指客户以流动资产偿还短期债务即流动负债的能力，它反映客户偿付日常到期债务的能力。反映客户短期偿债能力的比率主要有：流动比率、速动比率和现金比率，其中流动比率是流动资产与流动负债的比率。从理论上讲，只要流动比率高于 1(即短期负债小于短期资产)，客户便具有偿还短期债务的能力。

19.【答案】A

【解析】客户信用评级是商业银行对客户偿债能力和偿债意愿的计量和评价，反映客户违约风险的大小。客户评级的评价主体是商业银行，评价目标是客户违约风险，评价结果是信用等级。

20.【答案】B

【解析】常用的授权形式有以下几种：①按受权人划分；②按授信品种划分；③按行业进行授权；④按客户风险评级授权；⑤按担保方式授权。其中，按行业进行授权，根据银行信贷行业投向政策，对不同的行业分别授予不同的权限，如对产能过剩行业、高耗能、高污染行业应适当上收审批权限。

21.【答案】C

【解析】对信贷经营来说，经济发展水平是对区域风险影响最大、最直接的因素。一般情况下，经济发展水平越高，区域信贷风险越低。

22.【答案】A

【解析】借款需求的主要影响因素中，季节性销售增长、长期销售增长、资产效率下降可能导致流动资产增加；商业信用的减少及改变、债务重构可能导致流动负债的减少；固定资产重置及扩张、长期投资可能导致长期资产的增加；红利支付可能导致资本净值的减少；一次性或非预期的支出、利润率的下降都可能对企业的收入、支出产生影响，进而影响到企业的借款需求。

23.【答案】D

【解析】流动比率=流动资产/流动负债×100%。A 项，现金比率=现金类资产/流动负债×100%，现金类资产是速动资产(流动资产扣除存货等项目的余额)扣除应收账款后的余额，在数值上现金比率小于流动比率；B 项，速动比率=速动资产/流动负债×100%，在数值上速动比率小于流动比率；C 项，从理论上讲，只要流动比率高于 1，客户便具有偿还短期债务的能力，但由于有些流动资产是不能及时足额变现的，按照稳健性原则，对此比率的要求会高一些，一般认为在 2 左右比较适宜；D 项，营运资金是指流动资产与流动负债的差额，流动比率大于 1 时，营运资金大于零。

24.【答案】C

【解析】成本费用利润率是借款人利润总额与当期成本费用总额的比率。其计算公式为：成本费用利润率=利润总额/成本费用总额×100%，成本费用总额=销售成本+销售费用+管理费用+财务费用。因此 B 公司的成本费用利润率=1580/(1200+2390+961+1050)×100%≈28.21%。

25. 【答案】B

【解析】信贷人员在面谈中须了解的客户的贷款需求状况包括：贷款目的、贷款用途、贷款金额、贷款期限、贷款利率、贷款条件等。

26. 【答案】B

【解析】B 项有误，抵押权的设立不转移抵押标的物的占有，而质权的设立必须转移质押标的物的占有，这是质押与抵押最重要的区别。

27. 【答案】A

【解析】根据《物权法》的规定，下列财产可以抵押：①建筑物和其他土地附着物；②建设用地使用权；③以招标、拍卖、公开协商等方式取得的荒地等土地承包经营权；④生产设备、原材料、半成品、产品；⑤正在建造的建筑物、船舶、航空器；⑥交通运输工具；⑦法律、行政法规未禁止抵押的其他财产。

28. 【答案】A

【解析】针对企业信用分析的 5P 分析系统包括：个人因素、资金用途因素、还款来源因素、保障因素、企业前景因素。

29. 【答案】D

【解析】在利润表结构分析中就是以产品销售收入净额为100%，计算产品销售成本、产品销售费用、产品销售利润等指标各占产品销售收入的百分比，计算出各指标所占百分比的增减变动，分析其对借款人利润总额的影响。

30. 【答案】C

【解析】A 项中的授权适度原则是指银行业金融机构应兼顾信贷风险控制和提高审批效率两方面的要求，合理确定授权金额及行权方式，以实现集权与分权的平衡；B 项中的权责一致原则是指业务职能部门和分支机构超越授权，应视越权行为性质和所造成的经济损失，追究主要负责人及直接责任人的责任；D 项中的差别授权原则是指应根据各业务职能部门和分支机构的经营管理水平、风险控制能力、主要负责人业绩以及所处地区经济环境等，实行有区别的授权。

31. 【答案】B

【解析】根据《绿色信贷指引》第十八条，银行业金融机构应当通过完善合同条款督促客户加强环境和社会风险管理。对涉及重大环境和社会风险的客户，在合同中应当要求客户提交环境和社会风险报告，订立客户加强环境和社会风险管理的声明和保证条款，设定客户接受贷款人监督等承诺条款，以及客户在管理环境和社会风险方面违约时银行业金融机构的救济条款。

32. 【答案】A

【解析】速动比率是借款人速动资产与流动负债的比率。一般认为速动比率为 1 较为合适。如果速动比率低，说明借款人的短期偿债能力存在问题；如果速动比率过高，说明借款人拥有过多的速动资产，可能失去一些有利的投资或获利机会。

33. 【答案】D

【解析】根据《固定资产贷款管理暂行办法》的规定，贷款人应要求借款人在合同中对与贷款相关的重要内容做出承诺，承诺内容应包括：①贷款项目及其借款事项符合法律法规的要求；②及时向贷款人提供完整、真实、有效的材料；③配合贷款人对贷款的相关检查；④发生影响其偿债能力的重大不利事项及时通知贷款人；⑤进行合并、分立、股权转让、对外投资、实质性增加债务融资等重大事项前征得贷款人同意等。

34.【答案】A

【解析】自主支付是指贷款人在确认借款人满足合同约定的提款条件后，根据借款人的提款申请将贷款资金发放至借款人账户后，由借款人自主支付给符合合同约定用途的借款人交易对象。贷款新规在把贷款人受托支付作为贷款支付的基本方式的同时，也允许借款人自主支付在一定范围内存在。

35.【答案】D

【解析】题中该企业真正的资金需求应为购买新设备导致的需求，因而其除了短期季节性融资需求外，还需要长期的设备融资，相应地，银行应当使用短期贷款和长期贷款相结合的方式来满足该企业的不同需求。

36.【答案】C

【解析】金融企业应在每批次不良资产转让工作结束后(即金融企业向受让资产管理公司完成档案移交)30个工作日内，向同级财政部门和银监会或属地银监局报告转让方案及处置结果，其中中央管理的金融企业报告财政部和银监会，地方管理的金融企业报告同级财政部门和属地银监局。同一报价日发生的批量转让行为作为一个批次。

37.【答案】A

【解析】A项有误，因为借款人的资金结构应与资产转换周期相适应。借款人合理的资金结构是指资金不仅要从总额上可以满足经营活动的需要，适应资产转换周期，并且资金的搭配即短期负债、长期负债及所有者权益三者的比例也要适当，这样才能以最小的资金成本取得最大的收益。

38.【答案】A

【解析】呆账核销是指银行经过内部审核确认后，动用呆账准备金将无法收回或者长期难以收回的贷款或投资从账面上冲销，从而使账面反映的资产和收入更加真实。呆账经总行批准核销后连同表内利息一并冲减呆账准备金。

39.【答案】B

【解析】市场价值法的优点是能够及时承认资产和负债价值的变化，因此能较为及时地反映信贷资产质量发生的问题，银行可根据市场价格的变化为其资产定值。

40.【答案】A

【解析】B项有误，公司用长期融资来取代短期融资进行债务重构，一般是为了平衡融资结构；C项有误，一些与流动资产和营运资金有关的融资需求，也可能与长期融资需求相关；D项有误，公司资产使用效率的下降，即应收账款和存货周转率的下降可能导致长期融资需求，也可能导致短期融资需求。

41.【答案】C

【解析】C项有误，付款条件主要取决于市场供求和商业信用两个因素。如果货品供不应求或者买方资信不高，供货商大多要求预付货款或现货交易；反之，供货商只接受银行承兑汇票甚至商业承兑汇票。

42.【答案】C

【解析】客户信用评级是商业银行对客户偿债能力和偿债意愿的计量和评价，反映客户违约风险的大小。客户评级的评价主体是商业银行,评价目标是客户违约风险,评价结果是信用等级。

43.【答案】C

【解析】常规清收包括直接追偿、协商处置抵质押物、委托第三方清收等方式。

44.【答案】B

【解析】贷款人受托支付是指贷款人在确认借款人满足贷款合同约定的提款条件后,根据借款人的提款申请和支付委托,将贷款资金通过借款人账户支付给符合合同约定用途的借款人交易对象。贷款人受托支付是实贷实付原则的主要体现方式,最能体现实贷实付的核心要求,也是有效控制贷款用途、保障贷款资金安全的有效手段。

45.【答案】C

【解析】供应阶段的核心是进货,信贷人员应重点分析以下方面:①货品质量;②货品价格;③进货渠道;④付款条件。

46.【答案】B

【解析】B 项有误,从银行角度来讲,资产转换周期是银行信贷资金由金融资本转化为实物资本,再由实物资本转化为金融资本的过程。

47.【答案】C

【解析】C 项有误。在受托支付方式下,银行业金融机构除须要求借款人提供提款通知书、借据外,还应要求借款人提交贷款用途证明材料。借款人应逐笔提交能够反映所提款项用途的详细证明材料,如交易合同、货物单据、共同签证单、付款文件等。

48.【答案】A

【解析】盈利是借款人偿还债务的主要资金来源,但不是唯一来源。借款人盈利能力越强,还本付息的资金来源越有保障,债权的风险越小。

49.【答案】D

【解析】授权适度原则是指银行业金融机构应兼顾信贷风险控制和提高审批效率两方面的要求,合理确定授权金额及行权方式,以实现集权与分权的平衡。实行转授权的,在金额、种类和范围上均不得大于原授权。

50.【答案】C

【解析】授信品种应符合以下要求:①与授信用途相匹配,即授信品种的适用范围应涵盖该笔业务具体的贷款用途;②与客户结算方式相匹配,即贷款项下业务交易所采用的结算方式应与授信品种适用范围一致;③与客户风险状况相匹配,由于不同授信品种通常具有不同的风险特征,风险相对较高的授信品种通常仅适用于资信水平相对较高的客户;④与银行信贷政策相匹配,符合所在银行的信贷政策及管理要求。

51.【答案】D

【解析】流动负债是借款人在生产经营过程中应付给他人的资金,是借款人承担的应在一年或在一个营业周期内偿还的债务,包括短期借款、应付票据、应付账款、预收账款、应付工资、应交税费、应付利润、其他应付款和预提费用等。

52.【答案】C

【解析】信贷期限有广义和狭义两种:广义的信贷期限是指银行承诺向借款人提供以货币计量的信贷产品的整个期间,即从签订合同到合同结束的整个期间;狭义的信贷期限是指从具体信贷产品发放到约定的最后还款或清偿的期限。在广义的定义下，贷款期限通常分为提款期、宽限期和还款期。

53．【答案】B

【解析】在贷款分类过程中，银行首先要了解的就是贷款基本信息，其内容包括：①贷款目的，主要判断贷款实际上是如何使用的，与约定的用途是否有出入；②还款来源，主要分析贷款合同上的最初偿还来源和目前还款来源；③贷款在使用过程中的周期性分析，即资产转换分析，分析贷款使用过程中的各种相关信息及其影响；④还款记录，根据贷款偿还记录情况，判断借款人过去和现在以及未来的还款意愿和还款行为。

54．【答案】C

【解析】借款合同中的必备条款有：①贷款种类；②借款用途；③借款金额；④贷款利率；⑤还款方式；⑥还款期限；⑦违约责任和双方认为需要约定的其他事项。

55．【答案】C

【解析】行业公定利率是指由非政府部门的民间金融组织，如银行协会等确定的利率，该利率对会员银行具有约束力。

56．【答案】B

【解析】审查人员即使对贷款发放持否定态度，也应按正常的信贷流程继续进行审批。最终审批人参考审查员意见后，对是否批准贷款提出明确的意见。信贷决策权应由贷款审查委员会或最终审批人行使。

57．【答案】B

【解析】A 项有误，在还款记录分析中，如果借款人存在不良的还款记录，银行应进一步分析其深层次的原因，然后再做信贷判断；C 项有误，对银行来说，借款人正常经营产生的资金是偿还债务的最可靠方式，担保抵押由于不确定性因素较多且成本较高，因此风险较大；D 项有误，资本转换周期往往通过几个生产转换周期完成。

58．【答案】C

【解析】C 项有误，受托支付是监管部门倡导和符合国际通行做法的支付方式，是贷款支付的主要方式。自主支付是受托支付的补充。

59．【答案】B

【解析】抵押物价值的变动趋势，一般可从下列方面进行分析：①实体性贬值，即由于使用磨损和自然损耗造成的贬值；②功能性贬值，即由于技术相对落后造成的贬值；③经济性贬值，即由于外部环境变化引起的贬值或增值。

60．【答案】B

【解析】共有财产是指两人以上对同一财产享有所有权。对以共有财产抵押的，按照共有财产共同处分的原则，应该经各共有人的同意才能设立，否则抵押无效。用共有财产作抵押时，应取得共有人同意抵押的证明，并以抵押人所有的份额为限。抵押率的计算公式为：抵押率=担保债权本息总额/抵押物评估价值额×100%，故银行对企业放款的最大金额为：600×60%×50%=180(万元)。

61．【答案】A

【解析】销售收入呈线性增长，而固定资产增长模式通常呈阶梯形发展，每隔几年才需要一次较大的资本支出。

62．【答案】D

【解析】C 项，受托支付是监管部门倡导和符合国际通行做法的支付方式，是贷款支付的主要方式。自主支付是受托支付的补充。

63．【答案】B

【解析】现金流量包括现金流入量、现金流出量和现金净流量；现金净流量为现金流入量和现金流出量之差。A 项有误，已办理质押的活期存款不能用于还款，因此应该从现金中剔除；C 项有误，现金流量不讨论现金及现金等价物之间的变动，因为这不影响客户的偿债能力，属于现金管理；D 项有误，现金流量中的现金包括：库存现金、活期存款、其他货币性资金以及三个月以内的证券投资。

64．【答案】A

【解析】贷款档案的保管期限自贷款结清(核销)后的第 2 年起计算。其中：①5 年期，一般适用于短期贷款，贷款结清后原则上再保管 5 年；②20 年期，一般适用于中、长期贷款，贷款结清后原则上再保管 20 年；③永久，经风险管理部门及业务经办部门认定有特殊保存价值的项目可列为永久保存。

65．【答案】D

【解析】向人民法院申请保护债权的诉讼时效期间通常为 2 年。诉讼时效从债务人应当还款之日起算，但在 2 年期间届满之前，债权银行提起诉讼、向债务人提出清偿要求或者债务人同意履行债务的，诉讼时效中断；从中断时起，重新计算诉讼时效期间(仍然为 2 年)。

66．【答案】D

【解析】资产保全人员应确保担保权利具有强制执行效力，主要是确保不超过诉讼时效、保证责任期间，确保不超过生效判决的申请执行期限。保证人和债权人应当在合同中约定保证责任期间，双方没有约定的，从借款企业偿还借款的期限届满之日起的 6 个月内，债权银行应当要求保证人履行债务，否则保证人可以拒绝承担保证责任。

67．【答案】D

【解析】D 项有误，借款人不能按期归还贷款时，应当在贷款到期日之前，向银行申请贷款展期。

68．【答案】D

【解析】D 项有误，利率一般有年利率、月利率、日利率三种形式。年利率也称年息率，以年为计息期，一般按本金的百分比表示；月利率也称月息率，以月为计息期，一般按本金的千分比表示；日利率也称日息率，以日为计息期，一般按本金的万分比表示。

69．【答案】D

【解析】信贷人员可以从客户的生产流程入手，通过供、产、销三个方面分析客户的经营状况，也可以通过客户经营业绩指标进行分析。其中，供应阶段的核心是进货；生产阶段的核心是技术；销售阶段的核心是市场。

70．【答案】B

【解析】商业银行不良贷款的处置方式主要有：①现金清收；②贷款重组，从广义上来说，即债务重组，目前商业银行的贷款重组方式主要有六种，即变更担保条件、调整还款期限、调整利率、借款企业变更、债务转为资本和以资抵债；③呆账核销。

71．【答案】D

　　【解析】银行依法收贷时，按法律规定，向仲裁机关申请仲裁的时效为 1 年，向人民法院提起诉讼的时效为 2 年。诉讼时效期间从贷款到期之日计算，超过诉讼时效，贷款将不再受法律保护。对逾期贷款，银行有关部门应每季开出催收贷款通知函，并同时发送担保单位签收。

72．【答案】A

　　【解析】目前银行办理的质押贷款在业务中主要的风险有：虚假质押风险、司法风险、汇率风险和操作风险。其中，虚假质押风险是贷款质押的最主要风险因素。

73．【答案】D

　　【解析】对于已发生法律效力的判决书、调解书、裁定书、裁决书，当事人不履行的，银行应当向人民法院申请强制执行。申请执行的期间为 2 年，执行时效从法律文书规定当事人履行义务的最后一天起计算。

74．【答案】C

　　【解析】C 项有误，审查人员无最终决策权，审查人员即使对贷款发放持否定态度，也应按正常的信贷流程继续进行审批。最终审批人参考审查员意见后，对是否批准贷款提出明确的意见。信贷决策权应由贷款审查委员会或最终审批人行使。

75．【答案】A

　　【解析】为了确保贷款的归还，除了在贷款合同中确定还款计划和违约责任条款外，业务操作部门还应按规定时间向借款人发送还本付息通知单，督促借款人按时足额还本付息。

76．【答案】C

　　【解析】银行办理的质押贷款在业务中会存在操作风险。对于质押贷款业务，银行内部如果管理不当，制度不健全也容易出现问题。主要是对质物的保管不当，如质物没有登记、交换、保管手续，造成丢失；对用于质押的存款没有办理内部冻结看管手续等。

77．【答案】B

　　【解析】商业银行应按照《贷款风险分类指引》，至少将贷款划分为正常、关注、次级、可疑和损失五类，后三类合称为不良贷款。其中，可疑类贷款是借款人无法足额偿还贷款本息，即使执行担保，也肯定要造成较大损失的贷款。

78．【答案】C

　　【解析】贷放分控中的"贷"，是指信贷业务流程中贷款调查、贷款审查和贷款审批等环节，尤其是指贷款审批环节，以区别于贷款发放与支付环节；"放"是指放款，特指贷款审批通过后，由银行通过审核，将符合放款条件的贷款发放或支付出去的业务环节。

79．【答案】D

　　【解析】除 ABC 三项外，贷款分类还是不良资产的处置和银行重组的需要。

80．【答案】C

　　【解析】在分析贷款客户的品质时要注意客户经营范围特别是主营业务的演变，对于频繁改变经营业务的客户应当警觉。

二、多选题(共40题,每小题1分,共40分,下列选项中有两项或两项以上符合题目的要求,多选、少选、错选均不得分。)

1. 【答案】ABCDE

【解析】公司信贷管理的原则包括:①全流程管理原则;②诚信申贷原则;③协议承诺原则;④贷放分控原则;⑤实贷实付原则;⑥贷后管理原则。

2. 【答案】ABCE

【解析】担保的形式有多种,一笔贷款可以有几种担保,担保的具体形式主要有:抵押、质押、保证、留置、定金。

3. 【答案】AB

【解析】银行通过对实际增长率和可持续增长率的趋势比较,可做出合理的贷款决策:①如果实际增长率显著高于可持续增长率,此时公司确实需要贷款;②如果实际增长率低于可持续增长率,说明公司目前未能充分利用内部资源,银行不予受理贷款申请。

4. 【答案】ABCDE

【解析】商业银行在评级时主要考虑的因素包括:①财务报表分析结果;②借款人的行业特征;③借款人财务信息的质量;④借款人资产的变现性;⑤借款人的管理水平;⑥借款人所在国家;⑦特殊事件的影响;⑧被评级交易的结构。

5. 【答案】ABCE

【解析】根据《项目融资业务指引》第三条,项目融资是指符合以下特征的贷款:①贷款用途通常是用于建造一个或一组大型生产装置、基础设施、房地产项目或其他项目,包括对在建或已建项目的再融资;②借款人通常是为建设、经营该项目或为该项目融资而专门组建的企事业法人,包括主要从事该项目建设、经营或融资的既有企事业法人;③还款资金来源主要依赖该项目产生的销售收入、补贴收入或其他收入,一般不具备其他还款来源。

6. 【答案】ACE

【解析】A项有误,法律规定自登记之日起生效的合同,必须办理抵押登记,否则合同就无效。C项有误,未经所有权人同意就擅自抵押的,不但抵押关系无效,而且构成侵权。E项有误,重复抵押行为给银行贷款带来风险;而在质押担保中,由于质押合同是从质物移交给质权人占有之日起生效,因此在实际中不可能存在重复质押行为。

7. 【答案】ABDE

【解析】总体来看,借款需求的主要影响因素包括季节性销售增长、长期销售增长、资产效率下降、固定资产重置及扩张、长期投资、商业信用的减少及改变、债务重构、利润率下降、红利支付、一次性或非期望性支出等。

8. 【答案】ADE

【解析】新进入者进入行业的障碍主要包括规模经济、产品差异、资本需要、转换成本、销售渠道开拓、政府行为与政策、不受规模支配的成本劣势、自然资源、地理环境等方面,这其中有些障碍是很难借助复制或仿造的方式来突破的。

9. 【答案】ABCDE

【解析】放款执行部门的核心职责是贷款发放和支付的审核,其主要职能包括:①审核银行内部授信流程的合法性、合规性、完整性和有效性。②核准放款前提条件，主要审核贷款审批书中提出的前提条件是否逐项得到落实；放款执行部门要进行把关，提出审核意见并对审核意见负责，主要审核内容包括审核审批日至放款核准日期间借款人重大风险变化情况等。③其他职责。

10．【答案】BDE

【解析】前期调查的主要目的在于确定是否能够受理该笔贷款业务、是否投入更多时间和精力进行后续的贷款洽谈、是否需要正式开始贷前调查工作。

11．【答案】ABD

【解析】间接法，即以利润表中最末一项净收益为出发点，加上没有现金流出的费用和引起现金流入的资产负债表项目的变动值，减去没有现金流入的收入和引起现金流出的资产负债表项目的变动值。

12．【答案】ACDE

【解析】B项有误。定性分析法主要指专家判断法，采用众多专家组成的专家委员会的综合意见等措施，可以总结和凝练专家经验。定量分析法主要包括各类违约概率模型分析法。

13．【答案】BC

【解析】公司一般会尽可能通过内部资金来满足其营运资本的投资，如果内部融资无法满足全部融资需求，公司就会向银行申请短期贷款。

14．【答案】ACE

【解析】非流动资产是指借款人在一年内不能变现的那部分资产，包括长期投资、固定资产、无形及递延资产和其他长期资产等。

15．【答案】ABCDE

【解析】骆驼(CAMEL)分析系统包括资本充足率(Capital Adequacy)、资产质量(Assets Quality)、管理能力(Management)、营利性(Earning)和流动性(Liquidity)等因素。

16．【答案】ABCDE

【解析】除ABCDE五项外，商业银行信贷批复文件中可附带的限制性条款还包括以下几项：①办理具体贷款业务品种、额度、期限及保证金比例的要求；②贷款担保方面的要求；③对资产负债率等核心偿债能力、流动性、营利性等财务指标的要求；④贷款支付金额、支付对象的要求；⑤资本出售的限制；⑥兼并收购的限制；⑦交叉违约的限制；⑧确定借款人的交易对手名单、交易商品，必要时限定交易商品价格波动区间和应收账款账龄；⑨锁定借款人贷款对应的特定还款来源，提出明确还款来源、监督客户物流与现金流的具体措施，并落实贷款的贷后管理责任人；⑩其他限制性条件。

17．【答案】BCDE

【解析】风险预警是各种工具和各种处理机制的组合结果，无论是否依托于动态化、系统化、精确化的风险预警系统，都应当逐级、依次完成以下程序：①信用信息的收集和传递；②风险分析；③风险处置；④后评价。

18．【答案】ABCDE

【解析】非财务因素审查主要包括借款人的企业性质、发展沿革、品质、组织架构及公司治理、经营环境、所处的行业市场分析、行业地位分析、产品定价分析、生产技术分析、客户核心竞争能力分析等。

19．【答案】ACDE

【解析】A 项，企业生产不能适应客户需求变化；C 项，企业的产品结构过于单一；D 项，企业对存货、销售的控制力下降；E 项，企业对供应商过分依赖，这些都可能为企业带来经营风险。

20．【答案】ABCDE

【解析】除 ABCDE 五项外，商业银行对贷款进行分类，还应考虑以下因素：①贷款偿还的法律责任；②银行的信贷管理状况。

21．【答案】ABD

【解析】贷前调查的内容有：①贷款合规性调查，是指银行业务人员对借款人和担保人的资格合乎法律和监管要求的行为进行调查、认定；②贷款安全性调查，贷款的安全性是指银行应当尽量避免各种不确定因素对其资产和贷款等方面的影响，保证银行稳健经营和发展；③贷款效益性调查，贷款的效益性是指贷款经营的盈利情况，是商业银行经营管理活动的主要动力。

22．【答案】ABCE

【解析】在分析客户短期偿债能力时，可将流动比率、速动比率和现金比率三个指标结合起来观察，还可将营运资金指标结合起来进行全面分析，一般能够达到评价借款人短期偿债能力的最佳效果，因为营运资金是借款人偿债资金保证的绝对量，而流动比率、速动比率和现金比率是相对数。D 项是反映借款人长期偿债能力的指标。

23．【答案】ABCDE

【解析】授权书应当载明以下内容：①授权人全称和法定代表人姓名；②受权人全称和负责人姓名；③授权范围和权限；④关于转授权的规定；⑤授权书生效日期和有效期限；⑥对限制越权的规定；⑦其他需要规定的内容。

24．【答案】ABC

【解析】D 项有误，贷款人应合理测算借款人营运资金需求，审慎确定借款人的流动资金授信总额及具体贷款的额度，不得超过借款人的实际需求发放流动资金贷款；E 项有误，借款人不得将流动资金贷款用于固定资产投资、股权投资以及国家禁止生产、经营的领域和用途。

25．【答案】ABCD

【解析】E 项有误。《固定资产贷款管理暂行办法》规定了固定资产贷款必须采用贷款人受托支付的刚性条件为：对单笔金额超过项目总投资 5%或超过 500 万元人民币的贷款资金支付，应采用贷款人受托支付方式。

26．【答案】ABC

【解析】借款需求与还款能力和风险评估紧密相连，是决定贷款期限、利率等要素的重要因素。通过了解借款企业在资本运作过程中导致资金短缺的关键因素和事件，银行能够更有效地评估风险，更合理地确定贷款期限，并帮助企业提供融资结构方面的建议。同时，银行为了做出合理的贷款决策，通常需要对借款公司的借款需求进行分析。

27．【答案】ABCDE

【解析】担保方式的审定要点包括：①所采用的担保方式应满足合法合规性要求，担保人必须符合法律、规则规定的主体资格要求，担保品必须是符合法律规定、真实存在的财产或权利，担保人对其拥有相应的所有权和处置权，且担保行为获得了担保人有权机构的合法审批，并按法规要求在有权机构办理必要的抵(质)押登记；②担保应具备足值性；③所采用的担保还应具备可控性；④担保须具备可执行性及易变现性，并考虑可能的执行与变现成本。

28．【答案】ABDE

【解析】项目的财务分析包括以下几方面：①项目投资估算与资金筹措评估，项目总投资、建设投资、流动资金估算，资金来源及落实情况；②项目建设期和运营期内的现金流量分析；③项目盈利能力分析，主要通过内部收益率、净现值、投资与贷款回收期、投资利润率等评价指标进行分析；④项目清偿能力评价；⑤项目不确定性分析，主要包括盈亏平衡分析和敏感性分析。

29．【答案】ABDE

【解析】在我国市场经济的建立和发展过程中，银行开展担保贷款业务具有重要的意义。担保的作用主要表现在以下四个方面：①协调和稳定商品流转秩序，使国民经济健康运行；②降低银行贷款风险，提高信贷资金使用效率；③促进借款企业加强管理，改善经营管理状况；④巩固和发展信用关系。

30．【答案】ABD

【解析】当借款人信用状况较差、贷款安全受到威胁时，出于有效防范和化解信贷风险的考虑，银行应要求其开立专门的还款准备金账户，并与借款人约定对账户资金进出、余额或平均存量等的最低要求。

31．【答案】BDE

【解析】A 项有误，"借新还旧"和"还旧借新"，从严格意义上说，均不属于贷款重组，只不过在某种程度上达到了重组贷款的目的；C 项有误，法院裁定债务人进入破产重整程序以后，其他强制执行程序，包括对担保物权的强制执行程序，都应立即停止。

32．【答案】AE

【解析】B 项有误，并购融资大多是与杠杆收购相关的高杠杆交易；C 项有误，长期投资属于一种战略投资，其风险较大，因此，最适当的融资方式是股权性融资；D 项有误，在发达国家，银行会有选择性地为公司并购或股权收购等提供债务融资。

33．【答案】BE

【解析】A 项有误，若抵押人对抵押物价值减少无过错的，银行只能在抵押人因损害而得到的赔偿范围内要求提供担保，其抵押物未减少的部分，仍作为债权的担保；C 项有误，抵押权不得与其担保的债权分离而单独转让或者作为其他债权的担保；D 项有误，抵押担保的范围包括主债权及利息、违约金、损害赔偿金和实现抵押权的费用。

34．【答案】ABCDE

【解析】对抵押品要定期检查其完整性和价值变化情况，防止所有权人在未经银行同意的情况下擅自处理抵押品，检查内容包括题中 ABCDE 五项。

35．【答案】ABCDE

【解析】贷款审批要素广义上是指贷款审批方案中应包含的各项内容，具体包括授信对象、贷款用途、贷款品种、贷款金额、贷款期限、贷款币种、贷款利率、担保方式、发放条件与支付方式、还款计划安排及贷后管理要求等。

36. 【答案】BE

【解析】依法申请支付令，债权人请求债务人偿付贷款本息的，可以不通过诉讼程序，而直接向有管辖权的基层人民法院申请支付令，但必须符合以下两个条件：①债权人与债务人没有其他债务纠纷；②支付令能够送达债务人的。

37. 【答案】AB

【解析】为了防范保证贷款的风险，商业银行需要核实保证。核实保证简称"核保"，是指去核实保证人提供的保证是在自愿原则的基础上达成的，是保证人真实意思的表示。强制提供的保证，保证合同无效。

38. 【答案】ABDE

【解析】贷款抵押风险主要包括：①抵押物虚假或严重不实；②未办理有关登记手续；③将共有财产抵押而未经共有人同意；④以第三方的财产作抵押而未经财产所有人同意；⑤资产评估不真实，导致抵押物不足值；⑥未抵押有效证件或抵押的证件不齐；⑦因主合同无效，导致抵押关系无效；⑧抵押物价值贬损或难以变现。

39. 【答案】AC

【解析】B项属于经营风险；D项属于与银行往来异常的现象；E项属于企业管理状况风险。

40. 【答案】BCDE

【解析】A项，处于长期销售增长旺盛时期的企业，由于对核心资产的大量投资，营运现金流在短期内是不足以完全偿还外部融资的。因此，这表面上看是一种短期融资需求，实际上则是一种长期融资需求。

三、判断题(共 20 题，每小题 1 分，共 20 分，正确的选 A，错误的选 B；不选、错选均不得分。)

1. 【答案】A

【解析】信贷授权是指银行业金融机构对其所属业务职能部门、分支机构和关键业务岗位开展授信业务权限的具体规定。这里的信贷包括贷款、贴现、透支、保理、承兑、担保、信用证、信贷证明等银行业金融机构表内外授信业务。

2. 【答案】B

【解析】商业银行应至少每季度对全部贷款进行一次分类。如果影响借款人财务状况或贷款偿还因素发生重大变化，应及时调整对贷款的分类。

3. 【答案】B

【解析】资产负债率又称负债比率，是客户负债总额与资产总额的比率。对银行来讲，借款人负债比率越低越好。因为负债比率越低，说明客户投资者提供的无须还本付息的资金越多，客户的债务负担越轻，债权的保障程度就高，风险也就越小；反之，负债比率越高，说明负债在总资产中的比重越大，则表明借款人债务负担越重。

4. 【答案】A

【解析】资产结构是指各项资产占总资产的比重。资金结构是指借款人的全部资金中负债和所有者权益所占的比重及相互关系。

5.【答案】A

【解析】用动产出质的，应通过审查动产购置发票、财务账簿，确认其是否为出质人所有。海关监管期内的动产作质押的，须由负责监管的海关出具同意质押的证明文件。

6.【答案】B

【解析】收款条件主要包括三种：预收货款、现货交易和赊账销售。赊账销售对厂商不利的方面主要是占压了资金，存在收账风险，但有利的方面是可以扩大销量。

7.【答案】B

【解析】用共有财产作抵押时，应取得共有人同意抵押的证明，并以抵押人所有的份额为限。

8.【答案】A

【解析】合同填写完毕后，填写人员应及时将合同文本交合同复核人员进行复核。同笔贷款的合同填写人与合同复核人不得为同一人。

9.【答案】B

【解析】在经济周期达到谷底时，企业之间的竞争程度达到最大。在营运杠杆较高的行业，这一情况更为严重。

10.【答案】B

【解析】根据《流动资金贷款管理暂行办法》的规定，流动资金贷款借款人应具备以下条件：①借款人依法设立；②借款用途明确、合法；③借款人生产经营合法、合规；④借款人具有持续经营能力，有合法的还款来源；⑤借款人信用状况良好，无重大不良信用记录；⑥贷款人要求的其他条件。

11.【答案】A

【解析】资产转换周期分析中，借款人因扩大生产经营购买更多生产设备而申请贷款，其还款来源是借款人用几个生产周期的循环产生的利润。因而银行须根据借款人一个周期产生的利润，判断借款人需要几个周期才能完全偿还贷款，进而确定贷款的期限。

12.【答案】A

【解析】定性分析法的突出特点在于将信贷专家的经验和判断作为信用分析和决策的主要基础，这种主观性很强的方法/体系带来的一个突出问题是对信用风险的评估缺乏一致性。不同的信贷人员由于其经验、习惯和偏好的差异，可能出现不同的风险评估结果和授信决策建议。

13.【答案】B

【解析】现场调研是贷前调查中最常用、最重要的一种方法，同时也是在一般情况下必须采用的方法，通过现场调研可获得对企业最直观的了解。搜寻调查属于非现场调查。

14.【答案】A

【解析】借款需求指的是公司为什么会出现资金短缺并需要借款。借款需求的原因可能是由于长期性资本支出以及季节性存货和应收账款增加等导致的现金短缺。公司的借款需求可能是多方面的。

15.【答案】B

【解析】对于项目融资业务，在贷款存续期间，贷款人应当持续监测项目的建设和经营情况，根据贷款担保、市场环境、宏观经济变动等因素，定期对项目风险进行评价，并建立贷款质量监控制度和风险预警体系。出现可能影响贷款安全情形的，应当及时采取相应措施。

16．【答案】B

【解析】银行业金融机构的信贷授权应坚持授权适度原则。银行业金融机构应兼顾信贷风险控制和提高审批效率两方面的要求，合理确定授权金额及行权方式，以实现集权与分权的平衡。实行转授权的，在金额、种类和范围上均不得大于原授权。

17．【答案】A

【解析】分析一个特定区域的风险，关键是要判断信贷资金的安全会受到哪些因素影响，什么样的信贷结构最恰当，风险成本收益能否匹配等。

18．【答案】B

【解析】从理论上看，最佳资金结构是指企业权益资本净利润率最高，企业价值最大而综合成本最低时的资金结构。

19．【答案】B

【解析】如果借款人出于某种原因(如贷款项目效益较好)希望提前归还贷款，应与银行协商。由于借款人的提前还款会打乱银行原有的资金安排，借款人应提前向银行递交提前还款计划，在征得银行的同意后，才可以提前还款。因提前还款而产生的费用应由借款人负担。

20．【答案】A

【解析】在实际操作中，需要注意两个问题：①受托支付是监管部门倡导和符合国际通行做法的支付方式，是贷款支付的主要方式；自主支付是受托支付的补充。②借款人自主支付不同于传统意义上的实贷实存，自主支付对于借款人使用贷款设定了相关的措施限制，以确保贷款用于约定用途。

2016 年上半年银行业专业人员职业资格
考试《公司信贷(初级)》真题

一、单选题(共 80 题,每小题 0.5 分,共 40 分,下列选项中只有一项最符合题目要求,不选、错选均不得分。)

1. 财产保全可以在起诉前申请,也可以在起诉后判决前申请,起诉前申请财产保全被人民法院采纳后,应该在人民法院采取保全措施( )天内正式起诉。
   A. 15 　　　　B. 7 　　　　C. 30 　　　　D. 10

2. 贷款发放后,关于对保证人保证意愿的监控,做法错误的是( )。
   A. 应密切注意保证人的保证意愿是否出现改变迹象
   B. 如保证人与借款人的关系发生变化,要密切注意保证人是否愿意继续担保
   C. 主要关注保证人与借款人关系变化后的结果,不关注变化的原因
   D. 保证人与借款人关系发生变化后,应判断贷款的安全性是否受到实质影响

3. 在"三个办法一个指引"中,实行"实贷实付"的根本目的是( )。
   A. 满足有效信贷需求　　　　B. 防止贷款诈骗
   C. 防范信贷风险　　　　　　D. 防止贷款资金闲置

4. 下列不是一级文件的是( )。
   A. 政府和公司债券　　　　B. 贷前审批文件
   C. 抵押物的物权凭证　　　D. 银行承兑汇票

5. 商业银行一般准备余额原则上不得低于风险资产期末余额的( )。
   A. 2.5% 　　　B. 1.5% 　　　C. 2% 　　　D. 1%

6. 在固定资产贷款中,( )是实贷实付的基本要求。
   A. 受托支付　　　　　　　　B. 满足有效信贷需求
   C. 协议承诺　　　　　　　　D. 按进度发放贷款

7. 在银团贷款中,贷款协议签订后的日常管理工作主要由( )负责。
   A. 牵头行　　　B. 代理行　　　C. 副牵头行　　　D. 参加行

8. 下列不属于细分市场评估分析内容的是( )。
   A. 市场容量分析　　　　　　B. 产品组合分析
   C. 结构吸引力分析　　　　　D. 市场机会分析

9. 公司信贷是商业银行主要的盈利来源,下列关于贷款利润、贷款价格与贷款需求三者的关系说法正确的是( )。
   A. 贷款价格高,单笔利润高,贷款需求增加
   B. 贷款价格低,单笔利润低,贷款需求增加
   C. 贷款价格高,单笔利润低,贷款需求减少

D. 贷款价格高，单笔利润低，贷款需求增加

10. 商业银行贷款重组方式不包括(   )。

　　A. 以资抵债　　　B. 债务转为资本　　　C. 破产清算　　　D. 调整利率

11. 《贷款通则》规定，银行在短期贷款到期_____之前，中长期贷款到期_____之前，应当向借款人发送还本付息通知单。(   )

　　A. 1个星期；1个月　　　　　　　B. 5天；10天

　　C. 1个月；3个月　　　　　　　　D. 10天；2个月

12. 由于借款人和担保人不能偿还到期债务，银行诉诸法律，借款人和担保人虽有财产，经法院对借款人和担保人强制执行超过(   )年以上仍未收回的债权可以认定为呆账。

　　A. 1　　　　　　B. 3　　　　　　C. 4　　　　　　D. 2

13. 保证人和债权人应当在合同中约定保证责任期间，双方没有约定的，从借款的期限届满之日起的(   )内，债权银行应当要求保证人履行债务，否则保证人可以拒绝承担保证责任。

　　A. 一年　　　　　　B. 3个月　　　　　　C. 6个月　　　　　　D. 9个月

14. 在对抵债资产处理的考核中，某公司一年内待处理的抵债资产账面总价为2亿元，已经处理的抵债资产账面总价为0.8亿元，实际变现价值为0.6亿元。剩余待处理的抵债资产账面总价为1.2亿元，根据目前市场行情，该1.2亿元剩余待处理资产的市场价值为1亿元，则该公司的抵债资产年处置率和抵债资产变现率分别为(   )。

　　A. 40%、70%　　　B. 40%、75%　　　C. 30%、75%　　　D. 30%、70%

15. 商业银行判断借款人还款能力的直接依据是(   )。

　　A. 利润水平　　　B. 固定资产　　　C. 现金流量　　　D. 流动资产

16. 下列各项中，不属于不良资产处置方式的是(   )。

　　A. 重组　　　　　B. 正常展期　　　C. 现金清收　　　D. 核销

17. 下列关于固定资产贷款中借款人提前还款的表述，错误的是(   )。

　　A. 借款人应在征得银行同意后，才可以提前还款

　　B. 对已提前偿还的部分不得要求再贷

　　C. 如果借款人希望提前归还贷款，应与银行协商

　　D. 如果借款人提前还款，应一次性偿还全部剩余本金

18. 进行信贷客户内部评级的评价主体是_____，评价目标是_____，评价结果是_____。(   )

　　A. 商业银行；客户违约风险；信用等级

　　B. 专业评级机构；偿债意愿；违约概率

　　C. 商业银行；偿债意愿；违约概率

　　D. 专业评级机构；客户违约风险；信用等级

19. 我国贷款风险分类标准的核心内容是指(   )。

　　A. 贷款偿还的充足性　　　　　　B. 贷款偿还的保障性

　　C. 贷款偿还的必要性　　　　　　D. 贷款偿还的可能性

20. 对于借款关系清楚的案件，债权银行可以不经起诉而直接向人民法院申请(   )。

　　A. 财产保全　　　B. 破产　　　　C. 强制执行　　　D. 支付令

21. 以下选项中, ( )不是判断还款来源是否存在风险可以依据的预警信号。

    A. 借款人管理层发生变化是否因市场变化而产生信用违约倾向

    B. 与合同上还款来源不一致的偿付来源

    C. 与借款人主营业务无关的贷款目的或偿付来源

    D. 贷款用途与借款人原定计划不同

22. ( )是控制客户产品成本的第一道关口。

    A. 把好生产技术关　　　　　　　B. 控制好进货价格

    C. 上游厂商资质　　　　　　　　D. 控制好销售费用

23. 审贷分离的核心是将负责贷款调查的____与负责贷款审查的____相分离, 以达到相互制约的目的。( )

    A. 业务部门; 监控部门　　　　　B. 业务部门; 管理部门

    C. 调配部门; 稽核部门　　　　　D. 管理部门; 调配部门

24. 商业银行受理新客户贷款申请后, 信贷业务人员通常要( )。

    A. 面谈访问进行前期调查　　　　B. 确立贷款意向

    C. 正式开始贷前调查　　　　　　D. 直接做出贷款承诺

25. 某生产企业 2013 年年末的速动比率为 1.2, 该企业流动资产包括存货、待摊费用、货币资金、交易性金融资产和应收账款五个部分, 其中应收账款占整个企业流动负债的比例为 40%, 该公司的现金比率为( )。

    A. 60%　　　　B. 无法计算　　　　C. 70%　　　　D. 80%

26. 下列对信用评级分类及应用的理解, 错误的是( )。

    A. 外部评级主要适用于大中型企业

    B. 外部评级主要靠专家定性分析, 内部评级主要靠商业银行内部分析

    C. 外部评级以定量分析为主, 内部评级以定性分析为主

    D. 分为外部评级和内部评级

27. 下列各项中, 借款人偿还债务最具有保障的来源是( )。

    A. 现金流量　　　B. 资产销售　　　C. 抵押物的清偿　D. 资产置换

28. 下列各项中, 直接反映企业财务风险的是( )。

    A. 购货商减少采购

    B. 借款人的产品质量或服务水平出现下降

    C. 经营性净现金流量持续为负值

    D. 不能适应市场变化或客户需求的变化

29. 凡采用"脱钩"方式转贷的, 在国内贷款协议规定的每期还款期限到期前, 经银行同意, 视其具体情况允许适当展期, 但每次展期最长不超过( )。

    A. 2 年　　　　　B. 3 年　　　　　C. 1 年　　　　　D. 4 年

30. 授权适度原则指银行业金融机构应按照信贷风险控制和( )两方面的要求, 合理确定授权金额及行权方式, 以实现集权与分权的平衡。

    A. 获取最大利息收入　　　　　　B. 提高审批效率

    C. 扩大贷款数额　　　　　　　　D. 提高贷款份额

31. 在银行产品的生命周期中, 采取适当调整价格、增强竞争力的措施的阶段是( )。

A. 成长期   B. 成熟期   C. 介绍期   D. 衰退期

32．分析企业资产结构是否合理，通常是与(　　)的比率进行比较。

    A. 同收入规模企业   B. 同行业的企业

    C. 同负债规模企业   D. 同资产规模企业

33．为落实"三个办法一个指引"关于贷款发放与支付的要求，贷款人应当设立独立的(　　)。

    A. 放款执行部门   B. 贷款调查部门

    C. 内部审计部门   D. 贷款审查部门

34．下列关于借款人自主支付的表述，错误的是(　　)。

    A. 在固定资产贷款中，自主支付应遵守贷款与资本金同比例到位的要求

    B. 自主支付是受托支付的补充

    C. 自主支付应遵守实贷实付原则

    D. 自主支付方式排斥贷款人对贷款资金用途的控制

35．(　　)是商业银行贷款保证人履行保证义务的实际能力。

    A. 保证意愿   B. 保证策略   C. 保证措施   D. 保证实力

36．下列关于财务分析内容的说法，错误的是(　　)。

    A. 分析客户盈利能力时，应着重对盈利时间进行分析

    B. 客户营运能力越强，资产周转速度越快，盈利能力越强

    C. 所有者权益在资金来源中比重越大，客户偿债能力越强

    D. 贷款决策中，还要使用盈利比率、效率比率、杠杆比率、偿债能力比率等指标综合反映借款人财务状况

37．下列不得作为保证人的是(　　)。

    A. 从事经营活动的事业法人

    B. 从事符合国家法律、法规的生产经营活动的企业法人

    C. 具有代主债务人履行债务能力及意愿的自然人

    D. 企业法人的职能部门

38．某地区拥有丰富的淡水资源，因而养鱼成为该区域的主业和农民致富的主要渠道。随着鱼产量的增加，为解决乡亲们卖鱼难的问题，该地区政府筹资组建起一家股份制成品鱼供销公司，利用企业做风帆引领农民闯市场，则该企业成立的动机是基于(　　)。

    A. 产品分工   B. 客户资源   C. 人力资源   D. 产销分工

39．若某服装生产企业 2013 年实现营业收入 8000 万元，固定资产处置收入 200 万元。企业发生营业成本 4000 万元，营业税金及附加 850 万元，销售费用 800 万元，管理费用 300 万元，财务费用 100 万元，营业外支出 50 万元。企业适用所得税为 25%。则该企业 2013 年度实现营业利润和净利润分别为(　　)万元。

    A. 2100、1462.5   B. 1950、1462.5

    C. 1950、1575   D. 2150、1575

40．下列关于资金结构的理解，正确的是(　　)。

    A. 资金结构是指所有者权益占总资产的比例

    B. 客户资金来源结构直接影响其偿债能力，尤其是长期偿债能力

C. 客户的资金结构可不与资产转换周期相适应

D. 客户借入资金属于长期资金

41. 某人存款 10000 元，月息二厘五毫，则年末可获得利息( )元。

A. 3000   B. 300   C. 30   D. 3

42. ( )是指借款人用资金进行固定资产购置、使用和折旧的整个循环过程。

A. 货币流通周期   B. 生产转换周期

C. 商品流转周期   D. 资本转换周期

43. 银行信贷专员小王在运用相关指标对 B 区域风险状况进行分析时，发现该区域的信贷资产相对不良率小于 1、不良率变幅为负、贷款实际收益率较高，如果小王仅以上述信息判断，该区域风险( )。

A. 较大，不适合发展信贷业务

B. 较小，可发展信贷业务

C. 根据前两项指标判断，信贷资产质量较差，导致区域风险较大；以第三项判断，营利性较高，区域风险较小

D. 根据第一项指标判断，信贷资产质量较差，区域风险较大；以第二、三项判断，信贷区域风险较小

44. 下列文件中，属于商业银行贷款类文件的是( )。

A. 企业法人执照

B. 已正式签署的建设合同

C. 借贷双方已正式签署的借款合同

D. 已正式签署的合营合同

45. 下列可能引起企业净现金流量变动的活动是( )。

A. 用现金等价物清偿 30 万元的债务

B. 用银行存款购入一个月到期的债券

C. 将现金存入银行

D. 用存货抵偿债务

46. ( )是指债权人与债务人或债务人提供的第三人以协商订立书面合同的方式，转移债务人或者债务人提供的第三人的动产或权利的占有，在债务人不履行债务时，债权人有权以该财产价款优先受偿。

A. 质押   B. 留置   C. 抵押   D. 保证

47. 无形及递延资产属于( )。

A. 长期负债   B. 流动负债   C. 流动资产   D. 非流动资产

48. 通过列示借款人在一定时期内取得的收入，所发生的费用支出和所获得的利润来反映借款人一定时期内经营成果的报表是( )。

A. 利润表   B. 现金流量表   C. 利润分配表   D. 资产负债表

49. 在波特五力模型中，替代品的威胁会影响现有企业的竞争战略。下列属于替代品威胁的情况是( )。

A. 竞争者企业采用降价等手段促销

B. 市场趋于成熟，产品需求增长缓慢

C. 源自替代品生产者的竞争强度，受产品买主转换成本高低的影响

    D. 买方行业由大量相对来说规模较小的企业所组成

50. 在贷款担保中，下列哪项不是担保方式必须满足的要求？(　　)

    A. 合法合规性　　B. 营利性　　　C. 可执行性　　　D. 易变现性

51. 处于(　　)阶段的资金主要来自企业所有者或者风险投资者，而不应该是来自商业银行。

    A. 启动　　　　　B. 成长　　　　　C. 衰退　　　　　D. 成熟

52. 当抵押人以(　　)作抵押时，抵押物易受损失，且价值变化大，从而导致贷款难以获得有效保障。

    A. 汽车　　B. 房屋　　C. 专用机器设备　　　D. 鲜活物品

53. 担保类文件不包括(　　)。

    A. 已正式签署的保证协议

    B. 已正式签署的抵(质)押协议

    C. 全体董事的名单及全体董事的签字样本

    D. 保险权益转让相关协议或文件

54. 银行在对企业开展存货融资或预付款融资时，以下不属于对企业供应阶段分析内容的是(　　)。

    A. 进货渠道　　B. 原材料价格　　C. 付款条件　　D. 目标客户

55. 银行业金融机构应至少每(　　)开展一次绿色信贷的全面评估工作，并向银行监督机构报送自我评估报告。

    A. 半年　　　　　B. 一年　　　　　C. 两年　　　　　D. 三年

56. 历史成本法坚持(　　)，即要把成本摊派到与其相关的创造收入的会计期间，从而无法反映特殊情况下资产负债的变化。

    A. 匹配原则　　B. 审慎原则　　C. 及时原则　　D. 真实原则

57. 某公司 2015 年销售收入净额为 6000 万元，年初应收账款余额为 300 万元，年末应收账款余额为 500 万元，每年按 360 天计算，则该公司的应收账款周转天数为(　　)天。

    A. 22　　　　　　B. 15　　　　　　C. 24　　　　　　D. 17

58. 商业银行应根据各业务职能部门和分支机构的经营管理水平、风险控制能力、主要负责人业绩以及所处地区经济环境等，实行有区别的授权，这是信贷授权应遵循的(　　)原则。

    A. 差别授权　　B. 权责一致　　C. 动态调整　　D. 授权适度

59. 某公司某年主营业务收入 3000 万元，主营业务成本 2000 万元，营业费用 200 万元，管理费用 150 万元，财务费用 50 万元，投资收入 300 万元，营业税率 5%，所得税率 25%，该公司该年主营业务利润、利润总额和净利润分别为(　　)。

    A. 650 万元、750 万元、562.5 万元

    B. 650 万元、800 万元、600 万元

    C. 1000 万元、750 万元、562.5 万元

    D. 850 万元、750 万元、562.5 万元

60. (　　)是企业还款能力变化的直接反映，银行应定期收集符合会计制度要求的企业

财务报表。

  A．还款账户变化   B．管理状况变化

  C．财务状况变化   D．经营状况变化

61．如果长期负债与所有者权益之和小于其长期资金需求，这表明借款人是(　　)。

  A．以部分短期负债支持了部分长期资产

  B．以部分长期负债支持了部分短期资产

  C．以部分长期负债支持了部分长期资产

  D．以部分短期负债支持了部分短期资产

62．信贷资金运动的基本特征不包括(　　)。

  A．与社会物质产品的生产和流通相结合

  B．产生经济效益才能良性循环

  C．以生产或流通领域的企业为轴心

  D．以偿还为前提的支出，有条件的让渡

63．对于季节性融资，如果某公司在银行有多笔贷款，且贷款可以展期，银行一定要确保其不被用于(　　)。

  A．长期投资 B．投机投资 C．股票投资 D．其他投资

64．关于资产负债表的分析，下列说法错误的是(　　)。

  A．借款人的资金结构应与固定资产周转率相适应

  B．合理的资金结构不仅要从总额上满足经营活动需要，并且资金的搭配也要适当

  C．客户的长期资金是由所有者权益和长期负债构成的

  D．在分析资产负债表时，一定要注意借款人的资产结构是否合理，是否与同行业的比例大致相同

65．毛利润率的计算公式为(　　)。

  A．销售利润/销售收入净额   B．利润总额/销售收入净额

  C．营业利润/销售收入净额   D．净利润/销售收入净额

66．为应对经营风险，企业应(　　)。

  A．使应收账款在整个资产中只占很小比重，最多仅限于所有者权益数额

  B．使流动资产在整个资金来源中占有足够比重，至少能应付资产变现需求

  C．使自有资金在整个资金来源中占有足够比重，至少能弥补资产变现时的损失

  D．使长期资产在整个资金来源中占有足够比重，至少能弥补资产变现时的损失

67．如果企业销售收入增长足够快，且核心流动资产增长主要是通过短期融资实现时，需要(　　)。

  A．将长期债务重构为短期债务 B．将短期债务重构为长期债务

  C．将短期债务重构为股权   D．将长期债务重构为股权

68．关于信贷人员对借款人信誉状况的分析，下列说法错误的是(　　)。

  A．可根据借款人在经营中有无偷漏税，有无采用虚假报表、隐瞒事实等不正当手段骗取银行贷款，有无在购销过程中使用欺骗手段骗取顾客信任来考察客户的对外资信

  B．可通过"中国人民银行企业征信系统"查询借款人的不良记录

C. 分析借款人的股东，尤其是大股东的素质、财产情况、持股情况等

    D. 分析企业关联方

69. 银行在进行利润表分析时，从利润总额出发，减去(　　)，得出当期净利润。

    A. 投资净收益　　B. 所得税　　　　C. 营业费用　　　D. 主营业务成本

70. 某企业的资产负债表如下：

资产负债表

单位：万元

银行存款	300	应付账款	500
存货	1000	短期借款	1500
应收账款	700	长期负债	1000
固定资产	3000	所有者权益	2000
资产	5000	负债及所有者权益	5000

该企业的速动比率为(　　)。

    A. 0.33　　　　　B. 1.33　　　　　C. 1　　　　　　D. 0.5

71. 下列贷前调查内容中，属于贷款效益性调查的是(　　)。

    A. 借款人购销合同的真实性

    B. 对借款人过去和未来给银行带来收入、存款、贷款、结算、结售汇等综合效益情况进行调查、分析、预测

    C. 借款人的借款目的

    D. 借款人财务报表的真实性

72. _____和_____下降可能成为长期融资和短期融资需求的借款原因。(　　)

    A. 应收账款周转率；固定资产使用率

    B. 固定资产折旧率；应收账款周转率

    C. 存货周转率；固定资产使用率

    D. 应收账款周转率；存货周转率

73. 下列关于流动资金贷款管理的说法，不正确的是(　　)。

    A. 贷款人应采取现场与非现场相结合的形式履行尽职调查，形成书面报告，并对其内容的真实性、完整性和有效性负责

    B. 与借款人新建立信贷业务关系且借款信用状况一般的流动资金贷款，原则上应采用贷款人受托支付方式

    C. 贷款人应根据贷审分离、分级审批的原则，建立规范的流动资金贷款评审制度和流程，确保风险评价和信贷审批的独立性

    D. 贷款人可以根据内部绩效考核指标，制定期望的贷款规模指标，必要时可在季末突击放款

74. 关于影响贷款价格的主要因素，以下说法错误的是(　　)。

    A. 借款人的信用越好，贷款风险越小，贷款价格也应越低

    B. 当贷款供大于求时，贷款价格应当提高；当贷款供不应求时，贷款价格应当适当降低

C. 贷款收益率目标直接影响到银行总体盈利目标的实现。在贷款定价时，必须考虑能否在总体上实现银行的贷款收益率目标

D. 为弥补非预期损失，贷款要占用一定的经济资本，经济资本是用来承担非预期损失和保持正常经营所需的成本

75. 下列属于信贷资金运动第一重归流的是(   )。

　　A. 银行将信贷资金支付给使用者

　　B. 使用者用信贷资金购买原料

　　C. 经过社会再生产过程，信贷资金流回到使用者手中

　　D. 使用者将贷款本金和利息归还给银行

76. 固定资产贷款中，对单笔金额超过项目总投资 5%或超过(   )万元人民币的贷款资金支付，应采用贷款人受托支付方式。

　　A. 500　　　　　B. 800　　　　　C. 300　　　　　D. 200

77. 在一个结构合理的贷款中，企业的(   )与借款原因是相匹配的，可以通过借款需求分析来实现合理的贷款决策。

　　A. 流动性　　　B. 风险评估　　　C. 还款能力　　　D. 还款来源

78. 在利润表结构分析中就是以(   )为 100%，计算出各指标所占百分比的增减变动，分析其对借款人利润总额的影响。

　　A. 产品销售收入净额　　　　　　B. 产品销售成本

　　C. 产品销售利润　　　　　　　　D. 产品销售费用

79. 银企合作协议涉及的贷款安排一般属于_____性质，如果要求协议具有法律效力，则对其中的贷款安排应以_____来对待。(   )

　　A. 贷款承诺；授信额度协议　　　B. 贷款意向书；贷款担保

　　C. 贷款承诺；贷款意向书　　　　D. 贷款意向书；借款合同

80. 某公司财务信息如下：

单位：万元

总资产	10000	销售额	15000
总负债	6000	净利润	800
所有者权益	4000	股息分红	600

　　该公司的可持续增长率为(   )。

　　A. 2.04%　　　B. 8.11%　　　C. 5.26%　　　D. 17.65%

二、多选题(共 40 题，每小题 1 分，共 40 分，下列选项中有两项或两项以上符合题目的要求，多选、少选、错选均不得分。)

1. 下列资产中，可以作为抵债资产的有(   )。

　　A. 债务人生产的半成品　　　B. 土地所有权

　　C. 公益性质的医疗卫生设施　　D. 专利权

　　E. 股票

2. 下列关于历史成本法的说法，正确的有(   )。

　　A. 优点是客观且便于核查

B. 主要是对过去发生的交易价值的真实记录

  C. 不能反映银行或企业的真实价值或净值

  D. 能反映特殊情况下资产、负债的变化

  E. 会导致对银行损失的低估和对资本的高估

3. 信贷档案管理的具体要求有(   )。

  A. 按时交接 B. 分段管理 C. 集中统一管理

  D. 专人负责 E. 定期检查

4. 商业银行办理信贷业务时,下列做法正确的有(   )。

  A. 借款人用于建设项目的其他资金应与贷款同比例支用

  B. 对于审批日至放款核准日间隔超过一定期限的,应审核此期间借款人是否发生重大风险变化

  C. 贷款原则上可以用于借款人的资本金、股本金和企业其他需自筹资金的融资

  D. 在项目贷款发放过程中,银行应按照完成工程量的进度发放贷款

  E. 在审查担保类文件时,信贷人员应特别注意抵(质)押协议生效的前提条件

5. 下列公式中,正确的有(   )。

  A. 有形净资产=所有者权益+无形资产+递延资产

  B. 速动资产=流动资产-存货-预付账款-待摊费用

  C. 利息保障倍数=(利润总额-利息费用)/利息费用

  D. 营运资金=流动资产-流动负债

  E. 现金债务总额比=现金类资产/流动负债×100%

6. 企业的财务风险主要体现在(   )。

  A. 长期负债大量增加 B. 企业不能按期支付银行贷款本息

  C. 应收账款异常增加 D. 对存货、生产和销售的控制力下降

  E. 银行账户混乱,到期票据无力支付

7. 在受理固定资产贷款过程中,银行应取得的项目合法性要件包括(   )。

  A. 立项批复 B. 规划批复 C. 环评批复

  D. 可行性研究报告批复 E. 土地利用合法性文件

8. 下列关于信贷授权的说法,正确的有(   )。

  A. 信贷授权指银行业金融机构对其所属业务职能部门、分支机构和关键业务岗位开展授信业务权限的具体规定

  B. 信贷授权有利于优化流程、提高效率,以实现风险收益的最优化

  C. 信贷授权是银行业金融机构信贷管理和内部控制的基本要求

  D. 信贷授权大致可分为直接授权和转授权两种类型

  E. 对内合理授权是银行业金融机构对外合格授信的前提和基础

9. 商业银行确定质押率的依据主要有(   )。

  A. 质物的适用性 B. 质物的真实性 C. 质物的合法性

  D. 质物的变现能力 E. 质物、质权价值的变动趋势

10. 贷款风险预警的程序包括(   )。

  A. 后评价 B. 风险处置 C. 停止放款

D．风险分析　　　　　　　E．信用信息的收集与传递

11．商业银行贷款合同复核人员负责根据审批意见复核合同文本及附件填写的完整性、准确性、合规性，主要包括(　　)。

    A．内容是否与审批意见一致　　　B．文本书写是否规范

    C．合同条款填写是否齐全、准确　D．文字表达是否清晰

    E．主从合同及附件是否齐全

12．根据《中华人民共和国担保法》的规定，担保的法定范围包括(　　)。

    A．违约风险溢价　　　　B．主债权　　　　　　C．违约金

    D．利息　　　　　　　　E．损害赔偿金

13．下列关于贷审会的说法中正确的有(　　)。

    A．贷审会投票否决的信贷事项，有权审批人可以审批同意

    B．贷审会投票通过的信贷事项，有权审批人可以否决

    C．行长不得担任贷审会主任委员

    D．行长可指定一名副行长担任贷审会主任委员

    E．贷审会成员发表的全部意见应记录存档，且要准确反映审议过程

14．抵债资产进行处置的方式包括(　　)。

    A．委托销售　　　　　　B．协议处置　　　　　C．招标处置

    D．打包出售　　　　　　E．公开拍卖

15．按贷款期限划分，公司信贷可分为(　　)。

    A．中期贷款　　　　　　B．循环贷款　　　　　C．短期贷款

    D．长期贷款　　　　　　E．透支

16．固定资产贷款在发放和支付过程中，借款人出现(　　)情形的，贷款人应与借款人协商补充贷款发放和支付条件，或根据合同约定停止贷款资金的发放和支付。

    A．信用状况下降

    B．管理层变化

    C．项目进度落后于资金使用进度

    D．不按合同约定支付贷款资金

    E．违反合同约定，以化整为零的方式规避贷款人受托支付

17．以下属于企业产品创新能力的重要指标的有(　　)。

    A．企业的经营效益

    B．能否在竞争对手之前推出新产品

    C．开发下一代新产品所需的时间

    D．产品的销售价格

    E．新产品、专利产品在销售中所占的比例

18．贷款分类时，应该遵循的原则有(　　)。

    A．合法性原则　　　　　B．及时性原则　　　　C．真实性原则

    D．审慎性原则　　　　　E．重要性原则

19．关于贷款抵押风险，下列说法不正确的有(　　)。

    A．重复抵押行为会给银行贷款带来风险

B．对抵押物的价值进行准确评估是保证抵押物足值的关键

C．贷款合同附条件生效，但生效条件不具备，贷款主合同无效，导致抵押关系无效

D．法律规定自登记之日起生效的合同，必须办理抵押审查验证，否则合同就无效

E．未经所有权人同意就擅自抵押的，抵押关系无效，但不构成侵权

20．无论借款人申请何种类型贷款，都应提供的材料包括(　　)。

A．注册登记或批准成立的有关文件

B．组织机构代码证书及最新年检证明

C．借款人税务登记证

D．借款人的贷款卡

E．借款人预留印鉴卡及开户证明

21．商业银行贷款授信额度的决定因素包括(　　)。

A．借款企业对借贷金额的需求

B．银行的内部授权情况

C．贷款组合管理的限制和关系管理因素

D．有关法律或条款存在的限制，以及借款合同有关的限制

E．借款企业的还款能力

22．在受托支付方式下，商业银行要求借款人应逐笔提交能够反映所提款项用途的详细证明材料，包括(　　)。

A．共同签证单　　　　　　B．汇款申请书　　　　　C．付款文件

D．货物单据　　　　　　　E．交易合同

23．下列选项中，不影响企业当期现金流量的有(　　)。

A．股东分红　　　　　　　B．当期转回的递延税款贷项

C．用存货偿还债务　　　　D．注销库存股

E．固定资产盘亏

24．在客户的历史分析中，主要关注的内容包括(　　)。

A．名称变更　　　　　　　B．成立动机　　　　　　C．以往重组情况

D．经营范围的变化　　　　E．股权结构变化

25．下列属于银行流动资金贷款贷前调查报告内容的有(　　)。

A．对流动资金贷款的可行性分析

B．借款人经济效益情况

C．对流动资金贷款的必要性分析

D．借款人与银行的关系

E．对贷款担保的分析

26．对客户进行财务报表分析时，分析的重点有(　　)。

A．资产的流动性

B．借款人的管理水平

C．借款人的偿债能力

D．行业现金流量

E. 借款人除本银行之外获得其他资金的能力

27. 下列不属于行业成熟阶段的市场特点的有( )。

A. 很多企业为了生存发动"价格战争",采取大幅打折的策略

B. 由于销售持续上升加上成本控制,利润达到最大化

C. 现金流先是正值,然后慢慢减少

D. 销售大幅提高、规模经济的效应和生产效率提高,利润转变成正值

E. 销售快速增长,现金需求增加

28. 从资产负债表看,可能导致流动资产增加的因素有( )。

A. 资产效率下降　　　　　B. 商业信用的减少　　　　C. 季节性销售增长

D. 红利支付　　　　　　　E. 长期销售增长

29. 5C 是信贷分析中使用最广泛的分析框架,5C 分析包括的因素有( )。

A. 资本(Capital)　　　　　B. 授信条件(Condition)　　C. 抵押(Collateral)

D. 品德(Character)　　　　E. 还款能力(Capacity)

30. 公司若想仅通过内部融资维持高速销售增长,须满足的条件为( )。

A. 股权结构合理

B. 留存收益足以满足销售增长的资金需要

C. 利润水平足够高

D. 销售增长很大

E. 留存收益保持稳定

31. 在不良贷款管理中,银行应当对抵债资产收取、保管和处置进行检查,发现问题及时纠正,对以下( )涉嫌违法犯罪的,应当移交司法机关依法追究法律责任。

A. 未经批准收取、处置抵债资产的

B. 擅自将抵债资产转为自用资产的

C. 截留抵债资产经营处置收入的

D. 擅自动用抵债资产的

E. 玩忽职守,怠于行使职权造成抵债资产毁损、灭失的

32. 贷款合同通常存在不合规、不完备等缺陷问题,属于这一问题的有( )。

A. 对借款人未按照约定用途使用贷款资金约束不力

B. 未明确约定银行提前收回贷款以及解除合同的条件

C. 担保方式的约定不明确、不具体

D. 未明确约定罚息的计算方法

E. 对借款人基本信息重视程度不够

33. 商业银行信贷业务经营管理组织架构包括( )。

A. 公司业务部门　　　　　B. 监事会　　　　　　　　C. 董事会及其专门委员会

D. 稽核部门　　　　　　　E. 高级管理层

34. 公司信贷营销渠道按其模式分类可分为( )。

A. 电子银行营销　　　　　B. 代理营销　　　　　　　C. 合作营销

D. 网点营销　　　　　　　E. 自营营销

35. 下列属于商业银行市场外部环境的有( )。

A．政治与法律环境   B．社会与文化环境   C．银行的资本实力

    D．经济与技术环境   E．信贷资金的需求状况

36．房地产贷款包括(　　)。

    A．土地储备贷款   B．个人住房贷款   C．商业用房贷款

    D．政府融资平台贷款   E．房地产开发贷款

37．工业企业的固定成本一般包括(　　)。

    A．工人工资   B．管理人员工资   C．固定资产折旧

    D．租赁费用   E．利息

38．银行业发展的启动阶段，行业销售、利润和现金流的特征有(　　)。

    A．销售：由于价格比较高，销售量很小

    B．现金流为负

    C．销售：由于价格比较高，销售量很大

    D．利润：由于销售量很高而成本相对很低，利润为正

    E．利润：由于销售量很低而成本相对很高，利润为负

39．担保的补充机制不包括(　　)。

    A．提高借款利率   B．缩短借款期限   C．追加保证人

    D．宣布贷款提前到期   E．追加担保品

40．下列选项中，属于固定资产贷款贷前调查报告中建设项目效益分析内容的有(　　)。

    A．盈亏平衡点分析   B．内部收益率分析

    C．流动资产与流动负债的动态平衡   D．银行获得的收益预测

    E．敏感性分析

三、判断题(共 20 题，每小题 1 分，共 20 分，正确的选 A，错误的选 B；不选、错选均不得分。)

1．贷款的效益性是指贷款经营的盈利情况，是商业银行经营管理活动的主要动力。(　　)

    A．正确

    B．错误

2．如果抵押人的行为足以使抵押物价值降低的，抵押权人(银行)有权要求抵押人停止其行为，并要求其恢复抵押物的价值，或提供与减少的价值相当的担保，即追加担保品，以达到该抵押合同规定的价值。(　　)

    A．正确

    B．错误

3．从理论上来说，企业总资产利润率高于长期负债成本时，加大长期债务可以提高权益资本收益率。(　　)

    A．正确

    B．错误

4．如果借款人在借款合同到期日之前提前还款，银行有权按照原贷款合同向借款人收取利息。(　　)

　　A．正确

　　B．错误

5．除股权外的其他权利作为抵债资产的，处置时限最长不得超过自取得日起的1年。（　　）

　　A．正确

　　B．错误

6．如果贷款发放后马上计算其净现值，贷款净现值不可能超过贷款本金。（　　）

　　A．正确

　　B．错误

7．抵押担保的范围除主债权以外，还包括利息、违约金、损害赔偿金和实现抵押权的费用。（　　）

　　A．正确

　　B．错误

8．通过分析借款人的资金结构，可以计算负债在资金来源中所占的比重，有助于判断借款人偿债能力的强弱。（　　）

　　A．正确

　　B．错误

9．通常银行筹集资本金来覆盖预期损失，提取准备金来覆盖非预期损失。（　　）

　　A．正确

　　B．错误

10．在企业出现挪用贷款的情况下，银行可以宣布贷款合同项下的借款本息全部立即到期。（　　）

　　A．正确

　　B．错误

11．信贷余额扩张系数侧重考察因区域信贷投放速度过快而产生扩张性风险，因此该指标越低越好。（　　）

　　A．正确

　　B．错误

12．根据"三个办法一个指引"的规定，贷款人应在合同中与借款人约定，对于借款人突破约定财务指标的，借款人应承担的违约责任和贷款人可采取的措施。（　　）

　　A．正确

　　B．错误

13．通常，处于成长阶段的行业中的企业现金流入应该大于流出。（　　）

　　A．正确

　　B．错误

14．商业银行可以根据银行信贷行业投向政策，对不同行业分别授予不同权限的信贷授权。（　　）

　　A．正确

　　B．错误

15. 借款目的主要是指借款用途，一般来说，长期贷款用于长期融资，短期贷款用于短期融资。(   )

    A．正确

    B．错误

16. 在计算公司经营活动现金流时，提取折旧、摊销、应付费用、预付费用等没有引起现金支出。(   )

    A．正确

    B．错误

17. 负债与有形净资产比率是用来表示有形净资产对债权人权益的保障程度的指标。从长期偿债能力来讲，该比率越低，说明借款人的长期偿债能力越强。(   )

    A．正确

    B．错误

18. 展期贷款只是贷款期限的延长，贷款利率不变。(   )

    A．正确

    B．错误

19. 商业银行贷款发放人员在填写贷款合同时，贷款金额、贷款期限、贷款利率、担保方式、还款方式、划款方式等条款要与贷款调查报告一致。(   )

    A．正确

    B．错误

20. 审慎合规地确定贷款资金在借款人账户的停留时间和金额是贷款自主支付的操作要点之一。(   )

    A．正确

    B．错误

答案及详解

一、单选题(共 80 题，每小题 0.5 分，共 40 分，下列选项中只有一项最符合题目要求，不选、错选均不得分。)

1．【答案】A

【解析】如果银行贷款到期不能正常收回或银行与借款人之间发生纠纷，就应该依靠法律手段来强制收回。银行应及时申请财产保全。财产保全可以在起诉前申请，也可以在起诉后判决前申请，起诉前申请财产保全被人民法院采纳后，应该在人民法院采取保全措施 15 天内正式起诉。

2．【答案】C

【解析】贷款发放后，银行应密切关注保证人的保证意愿是否出现改变的迹象：如保证人和借款人的关系出现变化，保证人是否出现试图撤销和更改担保的情况。同时还应分析其中的原因，判断贷款的安全性是否受到实质影响并采取相关措施。

3．【答案】A

【解析】满足有效信贷需求是实贷实付的根本目的；按进度发放贷款是实贷实付的基本要求；受托支付是实贷实付的重要手段；协议承诺是实贷实付的外部执行依据。

4. 【答案】B

【解析】一级文件主要是指信贷抵(质)押契证和有价证券及押品契证资料收据和信贷结清通知书，其中押品主要包括：银行开出的本外币存单、银行本票、银行承兑汇票、上市公司股票、政府和公司债券、保险批单、提货单、产权证或他项权益证书及抵(质)押物的物权凭证、抵债物资的物权凭证等。

5. 【答案】B

【解析】金融企业应当于每年年度终了对承担风险和损失的资产计提一般准备。一般准备由金融企业总行(总公司)统一计提和管理。一般准备余额原则上不得低于风险资产期末余额的1.5%。

6. 【答案】D

【解析】按进度发放贷款是实贷实付的基本要求。欧美银行业金融机构在贷款发放过程中，要求根据项目进度和借款人项目资金运用情况按比例发放贷款，及时慎重地调整贷款发放的节奏和数量，这是贷款发放的最基本要求。

7. 【答案】B

【解析】《银团贷款业务指引(修订)》第三十条规定，银团贷款的日常管理工作主要由代理行负责。代理行应在银团贷款存续期内跟踪了解项目的进展情况，及时发现银团贷款可能出现的问题，并以书面形式尽快通报银团成员。

8. 【答案】B

【解析】细分市场评估分析的内容包括五个方面：①市场容量分析；②结构吸引力分析；③市场机会分析；④获利状况分析；⑤风险分析。

9. 【答案】B

【解析】公司信贷是商业银行主要的盈利资产，贷款利润的高低与贷款价格有着直接的关系。贷款价格高，利润就高，但贷款的需求会因此减少；相反，贷款价格低，利润就低，贷款的需求将会增加。

10. 【答案】C

【解析】目前商业银行的贷款重组方式主要有六种：①变更担保条件；②调整还款期限；③调整利率；④借款企业变更；⑤债务转为资本；⑥以资抵债。但在实务中，贷款重组可以有多种方式，各种方式可以单独使用，也可以结合使用。

11. 【答案】A

【解析】借款人应当按照借款合同规定按时足额归还贷款本息。贷款人在短期贷款到期1个星期之前、中长期贷款到期1个月之前，应当向借款人发送还本付息通知单；借款人应当及时筹备资金，按期还本付息。

12. 【答案】D

【解析】根据《呆账核销管理办法》的相关规定，由于借款人和担保人不能偿还到期债务，银行诉诸法律，借款人和担保人虽有财产，经法院对借款人和担保人强制执行超过2年以上仍未收回的债权；或借款人和担保人无财产可执行,法院裁定执行程序终结或终止(中止)的债权，可以认定为呆账。

13．【答案】C

【解析】向人民法院申请保护债权的诉讼时效期间通常为 2 年。保证人和债权人应当在合同中约定保证责任期间，双方没有约定的，从借款企业偿还借款的期限届满之日起的 6 个月内，债权银行应当要求保证人履行债务，否则保证人可以拒绝承担保证责任。

14．【答案】B

【解析】抵债资产年处置率=一年内已处理的抵债资产总价/一年内待处理的抵债资产总价×100%=0.8/2×100%=40%，抵债资产变现率=已处理的抵债资产变现价值/已处理抵债资产总价×100%=0.6/0.8×100%=75%。

15．【答案】C

【解析】现金流量是偿还贷款的主要还款来源，还款能力的主要标志就是借款人的现金流量是否充足。

16．【答案】B

【解析】不良资产的处置方式包括：现金清收、重组、呆账核销和金融企业不良资产批量转让。

17．【答案】D

【解析】D 项，借款人可以提前偿还全部或部分本金，如果偿还部分本金，其金额应等于一期分期还款的金额或应为一期分期还款的整数倍，并同时偿付截至该提前还款日前一天(含该日)所发生的相应利息，以及应付的其他相应费用。

18．【答案】A

【解析】客户信用评级是商业银行对客户偿债能力和偿债意愿的计量和评价，反映客户违约风险的大小。客户评级的评价主体是商业银行，评价目标是客户违约风险，评价结果是信用等级。

19．【答案】D

【解析】我国贷款风险分类的标准有一条核心的内容，即贷款偿还的可能性，主要受借款人还款能力和还款意愿的影响，其中还款能力占主导地位。

20．【答案】D

【解析】对于借贷关系清楚的案件，债权银行可以不经起诉而直接向人民法院申请支付令；对于扭亏无望、无法清偿到期债务的企业，可考虑申请其破产。

21．【答案】A

【解析】银行可以通过财务报表来分析借款人的资金来源和运用情况，从而确定偿还来源，也可以通过观测贷款是否具有以下三个预警信号来判断还款来源是否存在风险：①贷款用途与借款人原定计划不同；②与合同上还款来源不一致的偿付来源；③与借款人主营业务无关的贷款目的或偿付来源。

22．【答案】B

【解析】由于原材料等物品的价格是客户的主要生产成本，进货价格的高低直接关系到客户产品价格的高低，因而把好进货价格关是控制客户产品成本的第一道关口。

23．【答案】B

【解析】审贷分离是指将信贷业务办理过程中的调查和审查环节进行分离，分别由不同层次机构和不同部门(岗位)承担，以实现相互制约并充分发挥信贷审查人员专业优势的信贷管理制度。审贷分离的核心是将负责贷款调查的业务部门(岗位)与负责贷款审查的管理部门(岗位)相分离,以达到相互制约的目的。

24.【答案】A

【解析】无论是对于商业银行主动营销的客户还是向商业银行提出贷款需求的客户,信贷客户经理都应尽可能通过安排面谈等方式进行前期调查。前期调查的主要目的在于确定是否能够受理该笔贷款业务,是否投入更多的时间和精力进行后续的贷款洽谈,以及是否需要正式开始贷前调查工作。

25.【答案】D

【解析】现金比率的计算公式为:现金比率=现金类资产/流动负债,其中现金类资产是速动资产扣除应收账款后的余额,又知速动比率=速动资产/流动负债。因此,现金比率=(速动资产−应收账款)/流动负债=速动资产/流动负债−应收账款/流动负债=速动比率−应收账款/流动负债=1.2−40%=80%。

26.【答案】C

【解析】信用评级分为外部评级和内部评级。外部评级是专业评级机构对特定债务人的偿债能力和偿债意愿的整体评估,主要依靠专家定性分析,评级对象主要是企业,尤其是大中型企业;内部评级是商业银行根据内部数据和标准(侧重于定量分析),对客户的风险进行评价,并据此估计违约概率及违约损失率,作为信用评级和分类管理的标准。

27.【答案】A

【解析】现金流量是偿还贷款的主要还款来源,还款能力的主要标志就是借款人的现金流量是否充足。在贷款分类中,分析借款人现金流量是否充足,其主要目的是分析借款人经营活动产生的现金流量是否足以偿还贷款本息,通过持续经营所获得的资金是偿还债务最有保障的来源。

28.【答案】C

【解析】ABD 三项均是企业经营风险的体现。

29.【答案】A

【解析】凡采用"脱钩"方式转贷的,在国内贷款协议规定的每期还款期限到期前,经银行同意,视其具体情况允许适当展期,但每次展期最长不超过 2 年,且展期后国内转贷协议规定的每期还本付息额和累计还本付息额不得低于同期国外贷款协议规定的每期还本付息额和累计还本付息额;展期后的贷款最终到期日不得迟于国外贷款协议规定的最终到期日。

30.【答案】B

【解析】授权适度原则是指银行业金融机构应兼顾信贷风险控制和提高审批效率两方面的要求,合理确定授权金额及行权方式,以实现集权与分权的平衡。实行转授权的,在金额、种类和范围上均不得大于原授权。

31.【答案】A

【解析】成长期是指银行产品通过试销打开销路,转入成批生产和扩大销售的阶段。银行在这一阶段可以采取的措施主要有:①不断提高产品质量,改善服务,开拓产品的新用途与特色服务,改善产品的性能;②扩大广告宣传,重点是让客户信任产品,为产品树立良好的形象,提高声誉;③适当调整价格,增强产品的竞争力;④利用已有的销售渠道积极开拓新市场，进一步扩大销售。

32.【答案】B

【解析】由于借款人行业和资产转换周期的长短不同，所以其资产结构也不同。因此，在分析资产负债表时，一定要注意借款人的资产结构是否合理，是否与同行业的比例大致相同。

33.【答案】A

【解析】《固定资产贷款管理暂行办法》第二十一条规定，贷款人应设立独立的责任部门或岗位，负责贷款发放和支付审核。其中，责任部门即放款执行部门。

34.【答案】D

【解析】D 项，借款人自主支付方式并不排斥贷款人对贷款资金用途的控制。在借款人自主支付方式下，贷款人也可以与借款人协商采取措施，对贷款资金支付进行监督和控制。

35.【答案】D

【解析】保证实力主要是指保证人的财务状况，如现金流量、或有负债、信用评级等情况的变化直接影响其担保能力。良好的保证意愿是保证人提供担保和准备履行担保义务的基础。

36.【答案】A

【解析】A 项，盈利是借款人偿还债务的主要资金来源，客户盈利能力越高，盈利越持久，其偿债能力就越强，债权的风险越小。因而分析盈利能力时应侧重对盈利水平、盈利持久性进行分析。客户何时盈利对偿债能力影响相对较弱，不作为盈利能力分析重点。

37.【答案】D

【解析】D 项，《担保法》规定企业法人的分支机构或职能部门不能作为保证人，企业法人的分支机构有该法人书面授权的，可以在授权范围内提供保证。

38.【答案】D

【解析】基于产销分工是指原客户产品的经销已形成较完善的网络后便成立新公司专事产品的销售和售后服务。该企业是地区政府为解决渔民卖鱼难的问题，而组建的一家专门从事鱼收购与销售的公司，因而企业成立的动机是基于产销分工。

39.【答案】C

【解析】根据公式，可得：营业利润=营业收入-营业成本-营业税金及附加-期间费用-资产减值损失+公允价值变动收益(-公允价值变动损失)+投资收益(-投资损失)=8000-4000-850-(800+300+100)=1950(万元)；利润总额=营业利润+营业外收入-营业外支出=1950+200-50=2100(万元)，净利润=利润总额×(1-所得税率)=2100×(1-25%)=1575(万元)。

40.【答案】B

【解析】A 项，资金结构是指借款人的全部资金中负债和所有者权益所占的比重及相互关系，不仅仅指所有者权益占总资产的比例。C 项，客户的资金结构应与资产转换周期相适应，资产转换周期较短、转换频繁的客户应搭配短期负债；资产转换周期长的客户，融资需求更多的是稳定的长期资金，此时应搭配长期负债。D 项，客户借入资金主要包括流动负债与长期负债，其中流动负债属于短期资金，长期负债属于长期资金。

41.【答案】B

【解析】按照我国传统计息方法，月息几厘用本金的千分比表示，每十毫为一厘，年利率÷12=月利率；月息二厘五毫即月利率为2.5‰，则10000元的年利息=10000×2.5‰×12=300(元)。

42.【答案】D

【解析】从银行角度来讲，资产转换周期是银行信贷资金由金融资本转化为实物资本，再由实物资本转化为金融资本的过程。它包括两个方面的内容：①生产转换周期，是指从借款人用资金购买原材料、生产、销售到收回销售款的整个循环过程；②资本转换周期，是指借款人用资金进行固定资产的购置、使用和折旧的循环。

43.【答案】B

【解析】信贷资产相对不良率小于1时，表明该区域信贷风险低于银行一般水平，因而区域风险相对较低；不良率变幅为负时，表明该区域不良资产率在下降，区域风险下降；贷款实际收益率较高，表明该区域信贷业务能创造较大的价值，区域风险相对较低。综合起来，以上三个指标都表明该区域的风险较小，因而可发展信贷业务。

44.【答案】C

【解析】贷款类文件包括：①借贷双方已正式签署的借款合同；②银行之间已正式签署的贷款协议(多用于银团贷款)。A项属于公司类文件；BD两项均属于与项目有关的协议。

45.【答案】A

【解析】现金流量中的现金是指：①现金，包括库存现金、活期存款和其他货币性资金；②现金等价物，指三个月以内的证券投资。A项，用现金等价物清偿债务会带来现金的流出；BC两项属于现金及现金等价物之间的变动，净现金流量不变；D项，存货不属于现金流量中的现金，不会引起净现金流量变动。

46.【答案】A

【解析】B项，留置是指债权人按照合同约定占有债务人的动产，债务人不按照合同约定的期限履行债务的，债权人有权按照规定留置该财产，以该财产折价或者以拍卖、变卖的价款优先受偿；C项，抵押是指借款人或第三人在不转移财产占有权的情况下，将财产作为债权的担保，银行持有抵押财产的担保权益，当借款人不履行借款合同时，银行有权以该财产折价或者以拍卖、变卖的价款优先受偿；D项，保证是指保证人和债权人约定，当债务人不履行债务时，保证人按照约定履行债务或者承担责任的行为。

47.【答案】D

【解析】非流动资产是指借款人在一年内不能变现的那部分资产，包括长期投资、固定资产、无形及递延资产和其他长期资产等。

48.【答案】A

【解析】利润表又称损益表，它是通过列示借款人在一定时期内取得的收入，所发生的费用支出和所获得的利润来反映借款人一定时期内经营成果的报表。通过利润表可以考核借款人经营计划的完成情况，可以预测借款人收入的发展变化趋势，进而预测借款人未来的盈利能力。

49.【答案】C

【解析】源自于替代品的竞争会以各种形式影响行业中现有企业的竞争战略：①现有企业产品售价以及获利潜力的提高，将由于存在着能被用户方便接受的替代品而受到限制；

②由于替代品生产者的侵入，使得现有企业必须提高产品质量，或者通过降低成本来降低售价，或者使其产品具有特色，否则其销量与利润增长的目标就有可能受挫；③源自替代品生产者的竞争强度，受产品买主转换成本高低的影响。

50.【答案】B

【解析】担保方式应满足：①合法合规性；②足值性；③可控性；④可执行性及易变现性。

51.【答案】A

【解析】处在启动阶段的行业一般是指刚刚形成的行业，或者是由于科学技术、消费者需求、产品成本或者其他方面的变化而使一些产品或者服务成为潜在的商业机会。这一阶段的资金应当主要来自企业所有者或者风险投资者，而不应该是来自商业银行。

52.【答案】A

【解析】如果抵押人以易损耗的机器或交通运输工具作抵押，抵押物易受损失，且价值贬值快，可能削弱抵押担保能力。对于专用机器设备等抵押物，由于变现能力差，不易流转，也难以实现抵押价值。

53.【答案】C

【解析】担保类文件包括：①已正式签署的抵(质)押协议；②已正式签署的保证协议；③保险权益转让相关协议或文件；④其他必要性文件。

54.【答案】D

【解析】企业供应阶段分析的内容有：货品质量、货品价格、进货渠道和付款条件。

55.【答案】C

【解析】银行业金融机构应当根据《绿色信贷指引》的要求，至少每两年开展一次绿色信贷的全面评估工作，并向银行业监管机构报送自我评估报告。

56.【答案】A

【解析】历史成本法的重要依据是匹配原则，即把成本摊派到与其相关的创造收入的会计期间，从而无法反映特殊情况下资产负债的变化。这与审慎的会计准则相抵触，使历史成本法在贷款分类应用中存在很大缺陷。

57.【答案】C

【解析】应收账款周转天数=应收账款平均余额×计算期天数/赊销收入净额=[(300+500)/2]×360/6000=24(天)。

58.【答案】A

【解析】差别授权原则是指商业银行应根据各业务职能部门和分支机构的经营管理水平、风险控制能力、主要负责人业绩以及所处地区经济环境等，实行有区别的授权。

59.【答案】A

【解析】主营业务利润=3000-2000-200-3000×5%=650(万元)；营业利润=650-150-50=450(万元)，利润总额=450+300=750(万元)；净利润=750-750×25%=562.5(万元)。

60.【答案】C

【解析】财务状况变化是企业还款能力变化的直接反映，银行应定期收集符合会计制度要求的企业财务报表，关注并分析异常的财务变动和不合理的财务数据，还可对贷款存续期间借款人的资产负债率、流动比率、速动比率、销售收入增减幅度、利润率、分红比率等财务指标提出控制要求。

61．【答案】A

【解析】从资产负债表的合理结构来看，长期资产应由长期资金和所有者权益支持，短期资产则由短期资金支持。如果借款人长期负债与所有者权益之和小于其长期资金需求，即以部分短期负债支持了部分长期资产，那么一旦面临短期债务偿还压力，势必会影响正常的经营活动，进而影响其偿债能力。

62．【答案】C

【解析】C项，信贷资金运动以银行为轴心。

63．【答案】A

【解析】如果公司在银行有多笔贷款，且贷款是可以展期的，此时银行一定要确保季节性融资不被用于长期投资，如营运资金投资。这样做是为了保证银行发放的短期贷款只用于公司的短期需求，从而确保银行能够按时收回所发放的贷款。

64．【答案】A

【解析】A项，借款人的资金结构应与资产转换周期相适应。

65．【答案】A

【解析】销售利润率也称毛利润率，是指销售利润和产品销售收入净额的比率。其计算公式为：销售利润率=销售利润/销售收入净额×100%。

66．【答案】C

【解析】如果借款人的所有者权益在整个资金来源中所占比重过小，不能完全弥补其资产损失，债权人所投入的资金就会受到损害。因此，借款人的资金来源中，所有者权益的数额至少应能弥补其资产变现时可能发生的损失。

67．【答案】B

【解析】在对企业贷款时，银行需要分析公司的财务匹配状况。如果销售收入增长足够快，且核心流动资产的增长主要是通过短期融资而非长期融资实现的，此时就需要将短期债务重构为长期债务。替代债务的期限取决于付款期缩短和财务不匹配的原因，以及公司产生现金流的能力。

68．【答案】D

【解析】一般借款人信誉主要受借款人的高管层、股东(尤其是大股东)的素质和有关情况影响，与企业关联方关系不大。

69．【答案】B

【解析】净利润是利润总额减所得税的差额。净利润率是指客户净利润与销售收入净额之间的比率。

70．【答案】D

【解析】速动比率是借款人速动资产与流动负债的比率。其计算公式为：速动比率=速动资产/流动负债×100%，速动资产=流动资产-存货-预付账款-待摊费用。因此，该企业的速动比率=(300+700)/(500+1500)=0.5。

71．【答案】B

【解析】贷款效益性调查内容包括：①对借款人过去三年的经营效益情况进行调查，并进一步分析行业前景、产品销路以及竞争能力；②对借款人当前经营情况进行调查，核实其拟实现的销售收入和利润的真实性和可行性;③对借款人过去和未来给银行带来收入、存款、贷款、结算、结售汇等综合效益情况进行调查、分析、预测。AC两项属于贷款合规性调查;D项属于贷款安全性调查。

72.【答案】D

【解析】应收账款和存货周转率的下降可能成为长期融资和短期融资需求的借款原因。短期的应收账款和存货周转率下降所引起的现金需求是短期的;相反,长期的应收账款和存货周转率下降所引起的现金需求是长期的。

73.【答案】D

【解析】D项,根据《流动资金贷款管理暂行办法》第八条,贷款人应根据经济运行状况、行业发展规律和借款人的有效信贷需求等,合理确定内部绩效考核指标,不得制定不合理的贷款规模指标,不得恶性竞争和突击放贷。

74.【答案】B

【解析】B项,贷款需求是指借款人某一时期希望从银行取得贷款的数量;贷款供给是指所有银行在该时期内能够提供的贷款数量。当贷款供大于求时,贷款价格应当降低;当贷款供不应求时,贷款价格应当适当提高。

75.【答案】C

【解析】信贷资金的运动过程可以归纳为二重支付、二重归流。信贷资金首先由银行支付给使用者,这是第一重支付;由使用者转化为经营资金,用于购买原料和支付生产费用,投入再生产,这是第二重支付。经过社会再生产过程,信贷资金在完成生产和流通职能以后,又流回到使用者手中,这是第一重归流;使用者将贷款本金和利息归还给银行,这是第二重归流。

76.【答案】A

【解析】《固定资产贷款管理暂行办法》规定了固定资产贷款必须采用贷款人受托支付的刚性条件:对单笔金额超过项目总投资5%或超过500万元人民币的贷款资金支付,应采用贷款人受托支付方式。

77.【答案】D

【解析】银行在对客户进行借款需求分析时,要关注企业的借款需求原因,即所借款项的用途,同时还要关注企业的还款来源以及可靠程度。实际上,在一个结构合理的贷款中,企业的还款来源与其借款原因应当是相匹配的,而这可以通过借款需求分析来实现。

78.【答案】A

【解析】在利润表结构分析中就是以产品销售收入净额为100%,计算产品销售成本、产品销售费用、产品销售利润等指标各占产品销售收入的百分比,计算出各指标所占百分比的增减变动,分析其对借款人利润总额的影响。

79.【答案】D

【解析】银企合作协议涉及的贷款安排一般属于贷款意向书性质。如果要求协议具有法律效力,则对其中的贷款安排应以借款合同来对待。因此,签订银企合作协议时客户经理首先应明确协议的法律地位,并据此谨慎对待协议条款。

80.【答案】C

【解析】根据题中信息可得:资本回报率(ROE)=净利润/所有者权益=800/4000=0.2;

红利支付率=股息分红/净利润=600/800=0.75；留存比率(RR)=1-红利支付率=1-0.75=0.25。

则可持续增长率(SGR)=$\dfrac{ROE \times RR}{1 - ROE \times RR} = \dfrac{0.2 \times 0.25}{1 - 0.2 \times 0.25} \approx 5.26\%$。

二、多选题(共 40 题，每小题 1 分，共 40 分，下列选项中有两项或两项以上符合题目的要求，多选、少选、错选均不得分。)

1．【答案】ADE

【解析】抵债资产应当是债务人所有或债务人依法享有处分权，并且具有较强变现能力的财产，主要包括：①动产，包括机器设备、交通运输工具、借款人的原材料、产成品、半成品等；②不动产，包括土地使用权、建筑物及其他附着物等；③无形资产，包括专利权、著作权、期权等；④有价证券，包括股票和债券等；⑤其他有效资产。

2．【答案】ABCE

【解析】D 项，历史成本法的匹配原则、平均摊派成本不能反映特殊情况下资产和负债的变化，同时，这种方法主要记录账面价值或名义价值，不能对资产和负债给予区别处理。

3．【答案】ABCDE

【解析】信贷档案管理的具体要求包括：①信贷档案实行集中统一管理原则；②信贷档案采取分段管理、专人负责、按时交接、定期检查的管理模式。

4．【答案】ABDE

【解析】C 项，银行办理信贷业务时，须审查建设项目的资本金是否已足额到位，即使因特殊原因不能按时足额到位，贷款支取的比例也应同步低于借款人资本金到位的比例。此外，贷款原则上不能用于借款人的资本金、股本金和企业其他需自筹资金的融资。

5．【答案】BD

【解析】A 项，有形净资产=所有者权益-无形资产-递延资产；C 项，利息保障倍数=(利润总额+利息费用)/利息费用；E 项，现金债务总额比=经营活动现金净流量/债务总额。

6．【答案】ABCE

【解析】D 项属于企业的经营风险。

7．【答案】ABCDE

【解析】项目合法性要件主要包括可行性研究报告批复、立项批复、土地利用合法性文件、规划批复、环评批复等。贷前调查报告中应确定上述合法性要件的取得时间、批文文号、批复内容与项目是否一致。

8．【答案】ABCE

【解析】D 项，信贷授权大致可分为以下三种类型：①直接授权；②转授权；③临时授权。

9．【答案】ADE

【解析】确定质押率的依据主要有：①质物的适用性、变现能力；②质物、质押权利价值的变动趋势，一般可从质物的实体性贬值、功能性贬值及质押权利的经济性贬值或增值三方面进行分析。

10．【答案】ABDE

【解析】风险预警是各种工具和各种处理机制的组合结果，无论是否依托于动态化、系统化、精确化的风险预警系统，都应当逐级、依次完成以下程序：①信用信息的收集和传递；②风险分析；③风险处置；④后评价。

11.【答案】ABCDE

【解析】合同填写完毕后，填写人员应及时将合同文本交合同复核人员进行复核。合同复核人员负责根据审批意见复核合同文本及附件填写的完整性、准确性、合规性，主要包括上述 ABCDE 五项。

12.【答案】BCDE

【解析】《担保法》规定担保的法定范围包括：①主债权；②利息；③违约金；④损害赔偿金；⑤实现债权的费用；⑥质物保管费用。

13.【答案】BCDE

【解析】A 项，贷审会投票未通过的信贷事项，有权审批人不得审批同意。这里的有权审批人主要指行长或其授权的副行长等。

14.【答案】ABCDE

【解析】抵债资产原则上应采用公开拍卖方式进行处置。不适于拍卖的，可根据资产的实际情况，采用协议处置、招标处置、打包出售、委托销售等方式变现。采用拍卖方式以外的其他处置方式时，应在选择中介机构和抵债资产买受人的过程中充分引入竞争机制，避免暗箱操作。

15.【答案】ACD

【解析】按贷款期限划分，公司信贷可分为：①短期贷款，贷款期限在 1 年以内(含 1 年)的贷款；②中期贷款，贷款期限在 1 年以上(不含 1 年)5 年以下(含 5 年)的贷款；③长期贷款，贷款期限在 5 年(不含 5 年)以上的贷款。

16.【答案】ACDE

【解析】固定资产贷款在发放和支付过程中，借款人出现以下情形的，贷款人应与借款人协商补充贷款发放和支付条件，或根据合同约定停止贷款资金的发放和支付：①信用状况下降；②不按合同约定支付贷款资金；③项目进度落后于资金使用进度；④违反合同约定，以化整为零方式规避贷款人受托支付。

17.【答案】BCE

【解析】一个企业要保持其产品的竞争力，必须不断地进行产品创新。新产品、专利产品在销售中所占比例、开发下一代新产品所需时间、能否在竞争对手之前推出新产品等是企业产品创新能力的重要指标。

18.【答案】BCDE

【解析】贷款分类应遵循以下原则：①真实性原则，分类应真实客观地反映贷款的风险状况；②及时性原则，应及时、动态地根据借款人经营管理等状况的变化调整分类结果；③重要性原则，对影响贷款分类的诸多因素，要根据贷款分类的核心定义确定关键因素进行评估和分类；④审慎性原则，对难以准确判断借款人还款能力的贷款，应适度下调其分类等级。

19.【答案】DE

【解析】D 项，法律规定自登记之日起生效的合同，必须办理抵押登记，否则合同就无效；E 项，未经所有权人同意就擅自抵押的，不但抵押关系无效，而且构成侵权。

20．【答案】ABCDE

【解析】除题中 ABCDE 五项外，申请贷款还应提供的材料有：①借款人的验资证明；②借款人近三年和最近一期的财务报表；③法人代表或负责人身份证明及其必要的个人信息；④借款人自有资金、其他资金来源到位或能够计划到位的证明文件；⑤有关交易合同、协议。

21．【答案】ACDE

【解析】除 ACDE 四项外，商业银行贷款授信额度的决定因素还包括：①了解并测算借款企业的需求；②银行的客户政策。

22．【答案】ACDE

【解析】在受托支付方式下，银行业金融机构除须要求借款人提供提款通知书、借据外，还应要求借款人提交贷款用途证明材料。借款人应逐笔提交能够反映所提款项用途的详细证明材料，如交易合同、货物单据、共同签证单、付款文件等。此外，借款人还应提供受托支付所需的相关业务凭证，如汇款申请书等。

23．【答案】BCDE

【解析】现金流量中的现金包括：库存现金、活期存款、其他货币性资金以及三个月以内的证券投资。BCDE 四项均不涉及现金的收入与支出；A 项，股东分红会引起现金的流出。

24．【答案】ABCD

【解析】了解客户发展历史可以避免信贷业务人员被眼前景象所迷惑，从而能够从整体上对客户目前状况及未来发展进行分析和判断。在对客户进行历史分析时，主要关注以下内容：①成立动机；②经营范围；③名称变更；④以往重组情况。

25．【答案】BCDE

【解析】流动资金贷款贷前调查报告一般包括以下内容：①借款人基本情况；②借款人生产经营及经济效益情况；③借款人财务状况；④借款人与银行的关系；⑤借款人流动资金需求分析与测算；⑥对流动资金贷款的用途和必要性分析；⑦还款来源分析；⑧对贷款担保的分析；⑨综合性结论和建议。

26．【答案】ACE

【解析】财务报表分析是评估未来现金流量是否充足和借款人偿债能力的中心环节。分析的重点是借款人的偿债能力、所占用的现金流量、资产的流动性以及借款人除本银行之外获得其他资金的能力。

27．【答案】ACDE

【解析】C 项属于衰退阶段的特点；ADE 三项属于成长阶段的特点。

28．【答案】ACE

【解析】从资产负债表看，季节性销售增长、长期销售增长、资产效率下降可能导致流动资产增加。B 项可能导致流动负债的减少；D 项可能导致资本净值的减少。

29．【答案】ACDE

【解析】5C 系统指：①品德(Character)；②资本(Capital)；③还款能力(Capacity)；④抵押(Collateral)；⑤经营环境(Condition)。

30. 【答案】BC

【解析】如果一个公司能够通过内部融资维持高速的销售增长，就意味着公司的利润水平足够高，且留存收益足以满足销售增长的资金需要。

31. 【答案】ABCDE

【解析】除 ABCDE 五项外，恶意串通抵债人或中介机构，在收取抵债资产过程中故意高估抵债资产价格，或在处理抵债资产过程中故意低估价格，造成银行资产损失的，也应视情节轻重进行处理；涉嫌违法犯罪的，应当移交司法机关，依法追究法律责任。

32. 【答案】ABCD

【解析】E 项属于签约过程中的违规操作。

33. 【答案】ABCDE

【解析】商业银行信贷业务经营管理组织架构包括：①董事会及其专门委员会；②监事会；③高级管理层；④信贷业务前中后台部门。其中，信贷前台部门负责客户营销和维护，包括公司业务部门、个人贷款业务部门；信贷中台部门负责贷款风险的管理和控制，如信贷管理部门、风险管理部门等；信贷后台部门负责信贷业务的配套支持和保障，如财务会计部门、稽核部门、IT 部门等。

34. 【答案】BCE

【解析】公司信贷营销渠道指公司信贷产品从商业银行转移到产品需求者手中所经历的通道。公司信贷营销渠道按其模式分类包括：①自营营销渠道；②代理营销渠道；③合作营销渠道。

35. 【答案】ABDE

【解析】外部环境包括宏观环境与微观环境。宏观环境包括：①经济与技术环境；②政治与法律环境；③社会与文化环境。微观环境包括：①信贷资金的供给状况；②信贷资金的需求状况；③银行同业的竞争状况。

36. 【答案】ABCE

【解析】房地产贷款是指与房产或地产的开发、经营、消费活动有关的贷款，主要包括土地储备贷款、房地产开发贷款、个人住房贷款、商业用房贷款等。

37. 【答案】BCDE

【解析】固定成本通常不随销售量的变化而变化，一般包括固定资产的折旧、企业日常开支(水、电等)、利息、租赁费用、管理人员工资等花费。

38. 【答案】ABE

【解析】启动阶段行业的销售、利润和现金流有以下特点：①在销售方面，由于价格比较高，销售量很小；②在利润方面，因为销售量低而成本相对很高，利润为负值；③在现金流方面，低销售、高投资和快速的资本成长需求造成现金流为负值。

39. 【答案】ABD

【解析】担保的补充机制包括：①追加担保品，确保抵押权益；②追加保证人，对由第三方提供担保的保证贷款，如果借款人未按时还本付息，就应由保证人为其承担还本付息的责任。若保证人因各种原因不能担保的，银行应要求借款人追加新的保证人。

40. 【答案】ABE

【解析】固定资产贷款贷前调查报告中的项目效益情况主要包括：相关财务指标、财务现金流量和各年累计盈余资金是否出现负值、盈亏平衡点分析、敏感性分析等内容。其中在财务分析中，项目盈利能力主要通过内部收益率、净现值、投资与贷款回收期、投资利润率等评价指标进行分析。

三、判断题(共 20 题，每小题 1 分，共 20 分，正确的选 A，错误的选 B；不选、错选均不得分。)

1．【答案】A

【解析】贷款的效益性是指贷款经营的盈利情况，是商业银行经营管理活动的主要动力。贷款的盈利水平是商业银行经营管理水平的综合反映，同时也受外部环境众多因素的影响。

2．【答案】A

【解析】根据《担保法》第五十一条，如果抵押人的行为足以使抵押物价值降低的，抵押权人(银行)有权要求抵押人停止其行为，并要求其恢复抵押物的价值，或提供与减少的价值相当的担保，即追加担保品，以达到原借贷合同规定的价值。

3．【答案】A

【解析】当企业总资产利润率高于长期债务成本时，加大长期债务可使企业获得财务杠杆收益，从而提高企业权益资本收益率；当总资产利润率低于长期债务成本时，降低长期债务的比重可使企业减少财务杠杆损失。

4．【答案】A

【解析】根据《人民币利率管理规定》有关利率的相关规定，借款人在借款合同到期日之前归还借款时，银行有权按原贷款合同向借款人收取利息。

5．【答案】B

【解析】除股权外的其他权利作为抵债资产的，应在其有效期内尽快处置，最长不得超过自取得之日起的 2 年。

6．【答案】B

【解析】按照净现值法，贷款价值的确定主要依据对未来净现金流量的贴现值，这样贷款组合价值的确定将包括贷款的所有预期损失，贷款盈利的净现值也会得到确认。因此，如果一笔贷款发放以后马上计算其净现值，有可能该笔贷款产生的现金流量净现值会超过贷款的本金。

7．【答案】A

【解析】抵押担保的范围包括主债权及利息、违约金、损害赔偿金和实现抵押权的费用。如果抵押合同另有规定的，按照规定执行。

8．【答案】A

【解析】资金结构是指借款人全部资金来源中负债和所有者权益所占的比重和相互间的比例关系。通过分析借款人的资金结构，可以准确计算负债在资金来源中所占的比重，进而判断出借款人偿债能力的强弱。

9．【答案】B

【解析】贷款损失分为预期损失和非预期损失，通常银行提取资本金来覆盖非预期损失，提取准备金来覆盖预期损失。

10．【答案】A

【解析】当出现借款人挪用贷款等违约情况时，贷款银行有权宣布贷款合同项下的借款本息全部立即到期，根据合同约定立即从借款人在银行开立的存款账户中扣款用于偿还被银行宣布提前到期的所欠全部债务。

11．【答案】B

【解析】当信贷余额扩张系数小于 0 时，目标区域信贷增长相对较慢，负数较大意味着信贷处于萎缩状态；指标过大则说明区域信贷增长速度过快。扩张系数过大或过小都可能导致风险上升。该指标侧重考察因区域信贷投放速度过快而产生扩张性风险。

12．【答案】A

【解析】"三个办法一个指引"是指《流动资金贷款管理暂行办法》《个人贷款管理暂行办法》《固定资产贷款管理暂行办法》和《项目融资业务指引》。其中，《流动资金贷款管理暂行办法》规定，贷款人应与借款人在借款合同中约定，对于借款人突破约定财务指标的，借款人应承担的违约责任和贷款人可采取的措施。

13．【答案】B

【解析】处于成长阶段行业中的企业，销售快速增长，现金需求增加，所以这一阶段的现金流仍然为负值。

14．【答案】A

【解析】银行按行业进行授权是指根据银行信贷行业投向政策，对不同的行业分别授予不同的权限的信贷授权形式，如对产能过剩行业、高耗能、高污染行业应适当上收审批权限。

15．【答案】A

【解析】借款需求指的是公司为什么会出现资金短缺并需要借款。借款目的主要是指借款用途，一般来说，长期贷款用于长期融资，短期贷款用于短期融资。

16．【答案】B

【解析】管理费用中，提取折旧、摊销没有引起现金支出，应付费用减少、预付费用增加会增加现金支出。

17．【答案】A

【解析】负债与有形净资产比率是指负债与有形净资产的比例关系，用于表示有形净资产对债权人权益的保障程度，其计算公式审慎地考虑了企业清算时的情况，更能合理地衡量借款人清算时对债权人权益的保障程度。从长期偿债能力来讲，该比率越低，表明借款人的长期偿债能力越强。

18．【答案】B

【解析】经批准展期的贷款利率，银行可根据不同情况重新确定。贷款的展期期限加上原期限达到新的利率期限档次时，从展期之日起，贷款利息应按新的期限档次利率计收。

19．【答案】B

【解析】贷款发放人员在填写有关合同文本过程中，应注意贷款金额、贷款期限、贷款利率、担保方式、还款方式、划款方式等条款要与贷款最终审批意见一致。

20．【答案】A

【解析】自主支付的操作要点包括：①明确贷款发放前的审核要求；②加强贷款资金发放和支付后的核查；③审慎合规地确定贷款资金在借款人账户的停留时间和金额。

第四部分

考前预测及详解

银行业专业人员职业资格考试
《公司信贷(初级)》考前预测(一)

一、单选题(共 80 题，每小题 0.5 分，共 40 分，下列选项中只有一项最符合题目要求，不选、错选均不得分。)

1. 关于超货币供给理论，以下说法不正确的是(　　)。
   A. 认为只有银行能够利用信贷方式提供货币
   B. 银行信贷市场面临着很大的竞争压力
   C. 银行资产应该超出单纯提供信贷货币的界限
   D. 金融的证券化、国际化、表外化和电子化使金融风险更多地以系统性风险的方式出现

2. (　　)是商业银行在商业汇票上签章承诺按出票人指示到期付款的行为。
   A. 银行担保　　　B. 信贷承诺　　　C. 银行承兑　　　D. 信用证

3. 某人向银行申请一笔贷款，约定每月等额偿还贷款的本金和利息，20 年还清，则此种清偿计划属于_____中的_____。(　　)
   A. 定额还款；约定还款　　　　　　B. 等额还款；等额本金还款
   C. 等额还款；等额本息还款　　　　D. 分次还款；不定额还款

4. 贾某为 B 公司向银行申请的一笔保证贷款的连带保证人，贷款金额为 50 万元，则贷款到期时，如 B 公司仍未偿还贷款，银行(　　)。
   A. 只能先要求 B 公司偿还，然后才能要求贾某偿还
   B. 只能要求贾某先偿还，然后才能要求 B 公司偿还
   C. 可要求 B 公司或贾某中任何一方偿还，但只能要求贾某偿还部分金额
   D. 可要求 B 公司或贾某中任何一方偿还全部金额

5. 根据商业银行绿色信贷合同管理的要求，对涉及重大环境和社会风险的客户，说法错误的是(　　)。
   A. 应当设立客户加强环境和社会风险管理的声明和保证条款，设定客户接受贷款人监督等承诺条款
   B. 应当订立客户增加抵押、质押和其他担保方式的条款
   C. 在合同中应当要求客户提交环境和社会风险报告
   D. 应当设立客户在管理环境和社会风险方面违约时银行业金融机构的救济条款

6. 某人存款 10000 元，月息二厘五毫，则年末可获得利息(　　)元。
   A. 3000　　　　B. 300　　　　C. 30　　　　D. 3

7. 实务操作中，建议采用(　　)方式进行现场调研，同时通过其他调查方法对考察结果加以证实。

A. 多次检查　　　B. 全面检查　　　C. 突击检查　　　D. 约见检查

8. 对流动资金贷款贷前调查报告内容的要求不包括(　　)。

A. 真实性　　　B. 完整性　　　C. 准确性　　　D. 有效性

9. 贷款合规性调查中, 对借款人的借款目的进行调查是为了防范(　　)。

A. 经营风险　　　　　　　　B. 个别风险

C. 信贷欺诈风险　　　　　　D. 投资风险

10. 贷款合规性调查中, 被审查人除借款人外, 还可能有(　　)。

A. 关联方　　　B. 债权人　　　C. 债务人　　　D. 担保人

11. 在(　　), 各银行可对符合贷款条件的项目出具贷款意向书, 一般无权限限制。

A. 表明贷款意向后　　　　　　B. 告知客户后

C. 项目建议书批准阶段或之前　D. 项目建议书批准之后

12. 商业银行受理新客户贷款申请后, 信贷业务人员通常要(　　)。

A. 面谈访问进行前期调查　　　B. 确立贷款意向

C. 正式开始贷前调查　　　　　D. 直接做出贷款承诺

13. 一家公司的净销售额为 3000 万元, 现金费用(包括各项税收)为 1400 万元, 折旧费用为 500 万元。若不考虑其他因素, 则经营活动现金净流量等于(　　)万元。

A. 1100　　　B. 2100　　　C. 1600　　　D. 1200

14. A 银行 2007 年以购买国债的方式向冰岛政府贷款 1000 万欧元, 2 年后到期。到 2009 年, 冰岛在全球经济危机中面临"国家破产", 无法按时归还 A 银行本息, 此种风险属于(　　)。

A. 清算风险　　　B. 利率风险　　　C. 流动性风险　　　D. 主权风险

15. 目前我国家电行业产品成熟, 产品差异化很小, 产品质量与技术提升的空间都非常有限, 由于产品的同质化使得消费者可选择的空间扩大, 从而导致各家电厂家竞争激烈, 大打"价格战", 则根据行业成熟度四阶段模型判断, 该行业处于(　　)。

A. 启动阶段　　　B. 成长阶段　　　C. 成熟阶段　　　D. 衰退阶段

16. 下列关于行业风险分析的说法, 正确的是(　　)。

A. 目的在于识别同一行业所有企业面临的某方面风险, 并评估风险对行业未来信用度的影响

B. 银行可根据各行业风险特点, 给予不同的信贷政策

C. 行业风险评估的方法有两种, 即波特五力模型与行业风险分析框架

D. 波特五力模型与行业风险分析框架中各因素是按重要程度先后排列的

17. 2009 年下半年, 受全球经济危机影响, 我国汽车行业、机械行业等钢铁下游行业走弱, 从而导致我国钢铁行业库存积压、资金流转不畅, 无法按时偿还银行贷款, 银行面临的此种风险属于＿＿＿＿中的＿＿＿＿。(　　)

A. 行业风险; 产业关联度风险　　　B. 区域风险; 流动性风险

C. 国别风险; 经济风险　　　　　　D. 个别风险; 经营风险

18. (　　)是指借贷双方就贷款的主要条件已经达成一致, 银行同意在未来特定时间内向借款人提供融资的书面承诺。

A. 信用证　　　B. 贷款承诺　　　C. 承兑　　　D. 贷款意向书

19. 对于季节性融资，如果某公司在银行有多笔贷款，且贷款可以展期，银行一定要确保其不被用于(　　)。

    A．长期投资　　　B．股票投资　　　C．投机投资　　　D．其他投资

20. 如果企业销售收入增长足够快，且核心流动资产增长主要是通过短期融资实现时，需要(　　)。

    A．将长期债务重构为短期债务　　　B．将短期债务重构为长期债务

    C．将长期债务重构为股权　　　　　D．将短期债务重构为股权

21. 在估计可持续增长率时，通常假设内部融资资金的主要来源是(　　)。

    A．净资本　　　B．留存收益　　　C．增发股票　　　D．增发债券

22. 决定公司可持续增长率的四个变量中，(　　)越高越好。

    A．红利支付率和财务杠杆　　　B．红利支付率和资产效率

    C．利润率和资产效率　　　　　D．利润率和红利支付率

23. 借款人因购买商品或服务获得的商业信用减少而导致的借款需求，属于(　　)。

    A．负债变化引起的需求　　　B．销售变化引起的需求

    C．其他变化引起的需求　　　D．资产变化引起的需求

24. 根据下表计算，财务指标结果正确的是(　　)。

单位：万元

总资产	11200	销售收入	16200
总负债	6000	净利润	884
所有者权益	5200	股息分红	412

    A．留存比率为0.99　　　B．资本回报率为0.47

    C．资本回报率为0.17　　　D．留存比率为0.33

25. 公司贷款中，(　　)可作为业务部门上级领导进行判断的基础性信息。

    A．贷前调查　　　　　　　　　B．业务人员个人承诺

    C．业务人员撰写的会谈纪要　　D．银行业务人员当面汇报

26. 银行业发展的启动阶段，行业销售、利润和现金流的特征不包括(　　)。

    A．销售：由于价格比较高，销售量很小

    B．利润：由于销售量很低而成本相对很高，利润为负

    C．销售：由于价格比较高，销售量很大

    D．现金流为负

27. 从资产负债表的结构来看，长期资产应由_____和_____支持，短期资产则由_____支持。(　　)

    A．长期负债；流动资产；短期资金

    B．长期投资；所有者权益；短期投资

    C．长期投资；短期资金；所有者权益

    D．长期资金；所有者权益；短期资金

28. 影响违约损失率的公司因素主要是借款企业的(　　)。

    A．偿债能力　　　　　　　　　B．盈利能力

C. 资产负债结构　　　　　　　　D. 资金结构

29. 关于债项评级,下列说法错误的是(　　)。

A. 债项评级是指商业银行根据不同债务工具的特点,对其债项层面的偿还能力进行风险计量和评价

B. 在第二维度债项评级中,同一客户商业银行内部只能有一个客户评级

C. 在第一维度客户评级中,同一客户商业银行内部只能有一个客户评级

D. 债项评级的核心内容是 LGD 模型开发

30. 评估客户未来现金流量是否充足和借款人偿债能力的中心环节是(　　)。

A. 行业分析　　　　　　　　　　B. 宏观经济分析

C. 财务报表分析　　　　　　　　D. 借款人资产变现性

31. 下列对信用评级分类及应用的理解,错误的是(　　)。

A. 分为外部评级和内部评级

B. 外部评级主要靠专家定性分析,内部评级主要靠商业银行内部分析

C. 外部评级以定量分析为主,内部评级以定性分析为主

D. 外部评级主要适用于大中型企业

32. 某企业 2015 年资产负债表中应收账款平均余额为 0 万元,年初应收票据余额 50 万元,未向银行办理贴现手续,到年末应收票据余额 70 万元,其中 20 万元已向银行办理贴现手续,年末计提坏账准备 30 万元,若该企业 2015 年赊销收入净额为 60 万元,计算期按 180 天算,企业的应收账款回收期为(　　)天。

A. 60　　　　　B. 105　　　　　C. 150　　　　　D. 180

33. 下列关于财务分析内容的说法,错误的是(　　)。

A. 分析客户盈利能力时,应着重对盈利时间进行分析

B. 客户营运能力越强,资产周转速度越快,盈利能力越强

C. 所有者权益在资金来源中的比重越大,客户偿债能力越强

D. 贷款决策中,还要使用盈利比率、效率比率、杠杆比率、偿债能力比率等指标综合反映借款人财务状况

34. 在客户品质基础分析中,关于对客户经营范围的分析,下列说法正确的是(　　)。

A. 要关注目前客户经营范围是否在注册范围内(经营特种业务的要有"经营许可证")、客户经营范围的演变

B. 客户主营业务由原来侧重贸易转向实业属于产品转换型演变

C. 对于客户经营行业集中的,要特别引起警觉

D. 要注意客户经营的诸多业务之间是否具有独立性、主营业务是否突出

35. 关于对上市客户法人治理结构的分析,下列说法中正确的是(　　)。

A. 信贷人员应对其股权结构是否合理、是否存在关键人控制、信息披露的实际质量、是否存在家族决策等予以关注

B. 在股权结构中,主要关注流通股的比重过高或非流通股过于集中问题

C. 要考察客户决策及运作是否以内部人或关键人为中心,内部人是否能够轻易操纵股东大会、董事会和监事会

D. 对信息披露,主要应关注披露形式是否达到要求

36. 如果长期负债与所有者权益之和小于其长期资金需求，这表明借款人是(　　)。

    A．以部分短期负债支持了部分短期资产

    B．以部分短期负债支持了部分长期资产

    C．以部分长期负债支持了部分长期资产

    D．以部分长期负债支持了部分短期资产

37. (　　)是企业经济实力的重要标志，也是企业承担信用风险的最终资源。

    A．经营环境　　　　B．还款能力　　　　C．资本　　　　D．品德

38. 商业银行对客户销售阶段应重点调查的方面不包括(　　)。

    A．销售渠道　　　　B．进货渠道　　　　C．收款条件　　　　D．目标客户

39. 项目财务内部收益率是指项目在计算期内各年净现金流量现值累计(　　)时的折现率，它反映项目所占用资金的盈利水平。

    A．大于 0　　　　B．等于 1　　　　C．小于 0　　　　D．等于 0

40. 下列长期投资决策评价指标中，其数值越小越好的指标是(　　)。

    A．投资回收期

    B．净现值率

    C．投资利润率

    D．内部收益率

41. 商业银行对项目的组织机构条件进行评估，就是要了解与项目实施有关的机构现状，并提出加强和改善的建议，以保证项目目标的实现，项目的组织机构不包括(　　)。

    A．项目的经营机构　　　　　　　　B．项目的审批机构

    C．项目的实施机构　　　　　　　　D．项目的协作机构

42. 下列选项中，属于项目建设条件分析中外部条件的是(　　)。

    A．拟建项目的物力条件　　　　　　B．拟建项目的人力条件

    C．拟建项目的建筑施工条件　　　　D．拟建项目的财务资源条件

43. 下列关于项目盈利能力分析的表述中错误的是(　　)。

    A．计算项目财务净现值时，设定的折现率越高，财务净现值越高

    B．净现值率越大，项目的效益就越好

    C．项目投资回收期小于基准投资回收期时，表明该项目能在规定时间内收回投资

    D．财务净现值大于零，表明项目的获利能力超过基准收益率或设定收益率

44. "酸性测验比率"是指(　　)。

    A．营运资金比率　　　　　　　　　B．速动比率

    C．现金比率　　　　　　　　　　　D．流动比率

45. 不属于贷款项目评估中对税金的审查内容为(　　)。

    A．项目所涉及的税种是否都已计算

    B．所采用的税率是否符合现行规定

    C．税金的分配顺序是否正确

    D．计算公式是否正确

46. 下列各项中，不属于项目评估内容的是(　　)。

    A．项目技术评估

B. 项目担保及风险分担

    C. 项目建设的必要性与建设配套条件

    D. 编制可行性研究报告

47. 在贷款项目环境条件分析中,银行对项目环境保护的治理方案进行审查的内容不包括(　　)。

    A. 对投入物、燃料和原材料的使用是否安排了处理措施,是否采取了治理措施

    B. 经治理的各种污染物的排放量是否低于国家环境部门规定的标准

    C. 在总投资中是否包括了环保工程的相关投资,是否单独列项,来源有无保证

    D. 设计任务书中的治理技术是否合理可靠

48. 银行在对贷款项目技术及工艺流程分析中,(　　)是项目技术可行性分析的核心。

    A. 工程设计方案评估

    B. 工艺技术方案分析

    C. 设备评估

    D. 产品技术方案分析

49. 假设 A 公司的所有者权益为 5580 万元,净利润为 610 万元,股息分红为 413 万元,A 公司的可持续增长率为(　　)。

    A. 13.5%　　　　B. 9.6%　　　　C. 2.6%　　　　D. 3.7%

50. 应收账款和存货周转率的变化(　　)。

    A. 只导致短期融资需求变化

    B. 只导致长期融资需求变化

    C. 既可能导致短期融资需求变化,又可能导致长期融资需求变化

    D. 既不可能导致短期融资需求变化,又不可能导致长期融资需求变化

51. 银行最愿意受理的担保贷款方式是(　　)。

    A. 抵押　　　　B. 质押　　　　C. 保证　　　　D. 留置

52. 在抵押期间,(　　)有权收取抵押物所生的天然孳息与法定孳息。

    A. 抵押人　　　B. 抵押权人　　C. 担保人　　　D. 借款人

53. 银行对某企业提供的抵押物评估价值额为 1000 万元,拟向该企业贷款本息总额为 800 万元,其中利息为 300 万元,则该企业的抵押率为(　　)。

    A. 80%　　　　　B. 95%　　　　C. 110%　　　　D. 125%

54. 抵押贷款中,在认定抵押物时,除核对抵押物的所有权,还应验证董事会或职工代表大会同意的证明的企业形式为(　　)。

    A. 全民所有制企业　　　　　　　B. 实行租赁经营责任制的企业

    C. 集体所有制企业或股份制企业　D. 事业单位法人

55. 融资性担保公司应当按照当年担保费收入的____提取未到期责任准备金,并按不低于当年年末担保责任余额____的比例提取担保赔偿准备金。(　　)

    A. 45%;2%　　B. 45%;1%　　C. 50%;1%　　D. 50%;2%

56. 下列关于信贷授权中转授权的说法,不正确的是(　　)。

    A. 受权的经营单位在总部直接授权的权限内进行授信审批权限的转授

    B. 受权的经营单位对本级行各有权审批人、相关授信业务职能部门和所辖分支机

构转授一定的授信审批权限

    C. 贷款人应建立健全内部审批授权与转授权机制

    D. 审批人员报上级批准，秉持审慎原则可越权审批贷款

57. 下列关于商业银行审贷制度的表述，错误的是(　　)。

    A. 审查人员应具备经济、财务、信贷、法律、税务等专业知识，并有丰富的实践经验

    B. 未通过有权审批机构审批的授信可以申请复议，但必须符合一定条件，且间隔时间不太短

    C. 如贷款审查人员对贷款发放持否定态度，可以终止该笔贷款的信贷流程

    D. 授信审批应按规定权限、程序进行，不得违反程序、减少程序或逆程序审批授信业务

58. 商业银行应根据各业务职能部门和分支机构的经营管理水平、风险控制能力、主要负责人业绩以及所处地区经济环境等，实行有区别的授权，这是信贷授权应遵循的(　　)原则。

    A. 差别授权　　　B. 授权适度　　　C. 动态调整　　　D. 权责一致

59. 关于客户变更提款计划承担费的收取，说法正确的是(　　)。

    A. 银行可按国际惯例，在借款合同中规定改变提款计划需收取承担费的事宜

    B. 当借款人变更提款计划时，银行可向全部贷款收取承担费

    C. 借款人在提款有效期内如全部未提款，银行不能收取承担费

    D. 客户应提未提的贷款在提款期终了时可累积到下一期提取

60. 银行贷款发放原则中，主要适用于中长期贷款中的是(　　)。

    A. 计划放款原则　　　　　　　　B. 比例放款原则

    C. 进度放款原则　　　　　　　　D. 资本金足额原则

61. 根据《民法通则》的规定，债权适用(　　)年诉讼时效规定。

    A. 1　　　　　　B. 2　　　　　　C. 3　　　　　　D. 4

62. _____是指贷款人在确定借款人满足合同约定的提款条件后，根据借款人的提款申请将贷款资金发放至借款人账户后，由借款人_____给符合合同约定用途的借款人交易对象。(　　)

    A. 自主支付；自主支付　　　　　B. 受托支付；受托支付

    C. 其他支付；其他支付　　　　　D. 实贷实付；实贷实付

63. 在"三个办法一个指引"中，实行"实贷实付"的根本目的是(　　)。

    A. 满足有效信贷需求　　　　　　B. 防止贷款资金闲置

    C. 防范信贷风险　　　　　　　　D. 防止贷款诈骗

64. (　　)是商业银行贷款保证人履行保证义务的实际能力。

    A. 保证策略　　B. 保证意愿　　C. 保证措施　　D. 保证实力

65. 下列对保证人资格审查的做法中，正确的是(　　)。

    A. 应尽可能避免连环担保

    B. 股份制企业的保证人还需提供股东大会的授权书

    C. 自然人不可以作为公司贷款的保证人

D. 只允许企业法人作保证人

66. 为了确保贷款的归还,除了在贷款合同中确定还款计划和违约责任条款外,银行应按规定时间向借款人发送(　　)。

    A. 还本付息通知单 　　　　　　　B. 支付令

    C. 划款通知书 　　　　　　　　　D. 催收通知书

67. A企业在B银行有一笔一年期流动资金贷款即将到期,但A企业集团因季节性因素影响了销售及资金回笼,资金暂时出现不足,无法偿还在B银行的贷款。下列各项中表述正确的是(　　)。

    A. B银行业务部门客户经理对A企业展期条件审查核实后,可直接批准企业展期申请

    B. A企业应在到期前向银行提出贷款展期申请

    C. 为确保企业足额还款且不影响其正常生产,B银行可同意企业展期期限为两年

    D. 若A企业未向B银行提出展期申请,其贷款自到期之日起,转入次级类贷款

68. (　　)被认为是公司的无成本融资来源。

    A. 应收账款 　　　B. 应付账款 　　　C. 股权融资 　　　D. 债权融资

69. 关于还款可能性分析,下列说法错误的是(　　)。

    A. 主要包括还款能力分析、担保状况分析和非财务因素分析三方面

    B. 在对担保状况分析时,重点需考虑担保的有效性

    C. 担保也需要具有法律效力,且要建立在担保人的财务实力及自愿基础上

    D. 一般可从借款人的行业、经营、管理风险,自然及社会因素,银行信贷管理等方面分析非财务因素对贷款偿还的影响

70. 关于基本信贷分析,下列说法正确的是(　　)。

    A. 如果借款人存在不良的还款记录,银行应拒绝对其贷款,然后进一步分析原因

    B. 贷款被挪用会使还款周期变化,贷款偿还的不确定性加大

    C. 对银行来说,担保抵押是最可靠的还贷方式

    D. 资本转换周期通过一个生产周期来完成

71. 关于贷款分类的意义,下列说法错误的是(　　)。

    A. 贷款分类是银行稳健经营的需要

    B. 贷款分类是监管当局并表监管、资本监管和流动性的监控的基础

    C. 贷款分类是利用外部审计师辅助金融监管的需要

    D. 一般银行在处置不良资产时不需要贷款分类,在重组时则需要对贷款分类

72. 关于我国银行贷款分类的核心定义,下列说法正确的是(　　)。

    A. 正常贷款是指借款人能够严格履行合同,有充分把握偿还贷款本息的贷款

    B. 关注贷款是指尽管借款人目前有能力偿还贷款本息,但其存在一些可能对偿还贷款本息产生不利影响的因素的贷款

    C. 次级贷款是借款人无法足额偿还本息,即使执行抵押或担保,也肯定要造成较大损失的贷款

    D. 损失贷款是指采取所有可能的措施之后依然无法收回的贷款

73. 决定贷款能否偿还的主要因素是(　　)。

A. 借款人的还款能力　　　　　B. 借款人的盈利情况

C. 借款人的信用等级　　　　　D. 担保人资金实力

74. 以下关于客户财务分析说法错误的是(　　)。

A. 盈利是借款人偿债资金的唯一来源，客户盈利水平越高、持久性越强，债权风险越小

B. 客户财务分析一般包含客户偿债能力、盈利能力和资金结构等方面的分析

C. 客户营运能力不仅反映其资产管理水平和资产配置能力，也影响其偿债能力和盈利能力

D. 所有者权益代表投资者对净资产的所有权，净资产是借款人全部资产减去全部负债的净额

75. 按照"首问负责"原则，存量贷款客户由(　　)进行维护和管理并承担相应责任，原则上不移交。

A. 调查分析的信贷员　　　　　B. 后台人员

C. 支行主管　　　　　　　　　D. 拥有授权权限的审批人员

76. 商业银行对抵债资产的账实核对时间至少应为(　　)一次。

A. 每月　　　B. 每半年　　　C. 每旬　　　D. 每季度

77. 下列不良资产不可以作为金融企业批量转让资产的是(　　)。

A. 已核销的账销案存资产

B. 抵债资产

C. 个人贷款

D. 按规定程序和标准认定为次级、可疑、损失类的贷款

78. 某电力生产企业 2013 年年末资产负债表主要科目情况如下：

资产负债表

单位：万元

现金	1000	短期借款	60000
应收账款	3000	应付账款	5000
存货	6000	长期借款	50000
固定资产	130000		
在建工程	20000	实收资本	45000

从其资产负债表分析，该电力生产企业最有可能存在的问题是(　　)。

A. 营运资金不合理，长期借款过多

B. 资产结构不合理，长期资产比重过高

C. 资金结构不合理，资金使用和筹措期限错配

D. 资产负债结构不合理，所有者权益不足

79. 借款人申请展期未获批准时，其贷款从到期次日起转入(　　)。

A. 冻结账户　　　　　　　　　B. 特殊账户

C. 逾期贷款账户　　　　　　　D. 违约账户

80. 在审查担保类文件时，公司业务人员应特别注意(　　)。
    A. 抵(质)押协议的合规性　　　　　B. 抵(质)押协议中的担保条件
    C. 抵(质)押协议中的担保期限　　　D. 抵(质)押协议生效的前提条件

二、多选题(共 40 题，每小题 1 分，共 40 分，下列选项中有两项或两项以上符合题目的要求，多选、少选、错选均不得分。)

1. 下列关于公司信贷管理原则的说法，正确的有(　　)。
    A. 信贷管理分为贷前管理、贷中管理和贷后管理三个环节
    B. 诚信申贷原则要求借款人应证明其信用记录良好、贷款用途和还款来源明确合法等
    C. 推行贷放分控，强调各部门和岗位之间的有效制约，可避免前台部门权力过于集中
    D. 实贷实付主要通过贷款人受托支付的方式，将贷款资金支付给符合合同约定的借款人交易对象
    E. 协议承诺原则要求借贷双方规范有关行为，明确权利义务，调整法律关系，明确各方法律责任

2. 按贷款期限划分，公司信贷可分为(　　)。
    A. 短期贷款　　　　B. 循环贷款　　　　C. 中期贷款
    D. 长期贷款　　　　E. 透支

3. 在受理固定资产贷款过程中，银行应取得的项目合法性要件包括(　　)。
    A. 规划批复　　　　B. 立项批复　　　　C. 环评批复
    D. 可行性研究报告批复　　E. 土地利用合法性文件

4. 前期调查的目的主要在于确定(　　)。
    A. 是否进行信贷营销　　　　　　B. 是否能够受理该笔贷款业务
    C. 是否提高贷款利率　　　　　　D. 是否进行后续贷款洽谈
    E. 是否正式开始贷前调查工作

5. 公司信贷中，初次面谈的工作提纲应包括(　　)。
    A. 客户总体情况　　　B. 客户信贷需求　　　C. 可承受偿还期限
    D. 可承受偿还利率　　E. 拟向客户推介的信贷产品

6. 根据《人民币利率管理规定》，下列关于利率的说法，正确的有(　　)。
    A. 中长期贷款利率实行一年一定
    B. 贷款展期，按合同规定的利率计息
    C. 短期贷款合同期内，遇利率调整不分段计息
    D. 逾期贷款从逾期之日起，按罚息利率计收罚息，直到清偿本息为止
    E. 借款人在借款合同到期日之前归还借款时，银行不得再按原贷款合同向借款人收取利息

7. 搜寻调查可借助的媒介物有(　　)。
    A. 杂志、书籍、期刊　　B. 互联网资料　　　C. 官方记录
    D. 中介机构　　　　　　E. 银行自身网络

8. 银行可从( )方面对区域政府信用进行分析。

    A．以往政府的信用记录   B．区域产业政策合理性

    C．政府收入结构与支出结构   D．政府法制化程度

    E．政府市场化水平

9. 关于行业成熟度，下列表述正确的有( )。

    A．对银行而言，处于成长阶段的行业代表了最低的风险

    B．在衰退阶段的行业中，企业现金流维持在正值的时间跨度一般短于利润为正值的时间跨度

    C．在成熟阶段的行业中，企业做好成本控制是关键

    D．在成长阶段的行业中，企业扩大产能是关键

    E．对银行而言，处于衰退阶段的行业代表了最高的风险

10. 贷款人受理的固定资产贷款申请应具备的条件包括( )。

    A．借款人依法经工商行政管理机关或主管机关核准登记

    B．借款人信用状况良好，无重大不良记录

    C．借款用途及还款来源明确、合法

    D．借款人具有持续经营能力，有合法的还款来源

    E．项目符合国家的产业、土地、环保等相关政策

11. 下列融资需求中，既有可能通过短期融资实现，又有可能通过长期融资实现的有( )。

    A．长期销售增长旺盛时期   B．资产使用效率下降

    C．应付账款周转天数减少   D．债务重构

    E．额外的或非预期性支出

12. 客户申请或拟申请信贷业务时，要结合债项对应的( )，按照风险调整后的资本收益率法(RAROC)对债项进行合理定价。

    A．资金成本   B．营业成本   C．税务成本

    D．风险成本   E．经济资本

13. 下列关于债项评级工作程序的说法，正确的有( )。

    A．债项评级工作程序中评级发起、评级认定属于贷前程序，评级推翻和评级更新属于贷后程序

    B．贷前债项评级的工作程序为调查、审查和审定

    C．贷后债项评级工作主要是评级更新

    D．各级债项评级审批人员在审查和审批债项合同时，同时审查和审批债项评级等级

    E．审查和审批的重点为确认债项评级的债项基本信息、各类担保和保证、风险因素输入的真实性和准确性

14. 下列指标中，与借款长期偿债能力成反比的有( )。

    A．资产负债率   B．利息保障倍数

    C．营运资金   D．负债与所有者权益比率

    E．负债与有形净资产比率

15. 从理论上看，最佳资金结构是指( )时的资金结构。

A. 总资产收益率最高　　　　　　B. 权益资本净利润率最高

    C. 企业所有者权益最多　　　　　D. 企业价值最大

    E. 综合成本最低

16. 客户变更主营业务的主要情形有(　　　)。

    A. 行业转换　　　　　B. 产品转换　　　　　C. 技术转换

    D. 股权变更　　　　　E. 业务停顿

17. 项目组织机构主要包括(　　　)。

    A. 项目宣传机构　　　B. 项目实施机构　　　C. 项目经营机构

    D. 项目协作机构　　　E. 人力资源机构

18. 下列属于项目生产条件分析内容的有(　　　)。

    A. 资源条件　　　　　B. 财务资源条件　　　C. 原材料供应条件

    D. 燃料及动力供应条件　E. 厂址选择条件

19. 当可行性研究报告中只提出了一个可行性方案时,银行评估人员应(　　　)。

    A. 向企业了解是否有其他方案

    B. 提出一个最优方案

    C. 提出备选方案

    D. 通过规模经济分析,肯定或否定原来的方案

    E. 通过规模经济分析,肯定原来的方案或提出更好的方案

20. 下列属于借款人生产经营状况和经济技术实力评估的是(　　　)。

    A. 了解借款人近3年的总资产、净资产、固定资产净值、在建工程、长期投资以及工艺技术装备水平等变化情况

    B. 分析借款人近3年来各年末的资产、负债、所有者权益总额指标及其增长情况

    C. 调查借款人基本结算户开立或资金分流情况,计算借款人近3年短期借款、长期负债的本息偿还率指标

    D. 分析近3年来各年主要产品的产量、销售收入、销售税金、利润总额及其增长情况

    E. 分析借款人所在行业的特点、发展方向及中长期发展规划,综合评价借款人的发展前景

21. 抵押物与质押物价值变动趋势一般可从(　　　)方面分析。

    A. 实体性贬值　　　　B. 功能性贬值　　　　C. 经济性贬值

    D. 经济性增值　　　　E. 功能性增值

22. 实务操作中,贷款抵押风险主要包括(　　　)。

    A. 将共有财产抵押而未经共有人同意

    B. 未办理抵押物登记手续

    C. 抵押物价值升值

    D. 抵押物虚假或严重不实

    E. 资产评估不真实,导致抵押物不足值

23. 我国商业银行可以接受的质押财产包括(　　　)。

    A. 债券、股票等有价证券　　　　B. 商标专用权等知识产权

C. 机器等动产　　　　　　　　D. 存款单、汇票等票据

E. 租用的财产

24. 从资产负债表来看，可能导致长期资产增加的因素包括(　　)。

A. 短期销售增长　　　　B. 商业信用减少　　　　C. 固定资产重置及扩张

D. 红利支付　　　　　　E. 长期投资

25. 公司的应付账款周转天数下降时，(　　)。

A. 公司经营的风险降低

B. 公司的商业信用减少

C. 银行受理公司的贷款申请风险较小

D. 公司可能产生借款需求

E. 公司需要额外的现金及时支付供货商

26. 确定业务职能部门和分支机构的信贷授权时，应考虑的因素包括(　　)。

A. 风险管理水平

B. 资产质量

C. 主要负责人的信贷从业经验

D. 所处地区的经济环境

E. 公司信贷、小企业信贷、个人信贷的业务特点

27. 下列方法中，可看作是黑色预警法应用的为(　　)。

A. 指数预警法　　　　　B. 各种商情指数　　　　C. 预期合成指数

D. 商业循环指数　　　　E. 经济扩散指数

28. 下列企业与银行的往来活动，属于银行重点监控的异常现象的有(　　)。

A. 在银行存款大幅上升

B. 在多家银行开户，经审查明显超出其经营需要

C. 既依赖短期贷款，亦依赖长期贷款

D. 还款资金主要为销售回款

E. 将项目贷款通过地下钱庄转移到境外

29. 在自主支付中，贷款资金发放和支付后的核查内容主要包括(　　)。

A. 分析借款人是否按约定的金额和用途实施了支付

B. 借款人实际支付清单与计划支付清单的一致性，不一致的应分析原因

C. 借款人实际支付是否超过约定的借款人自主支付的金额标准

D. 借款人实际支付是否符合约定的贷款用途

E. 借款人是否存在化整为零规避贷款人受托支付的情形

30. 贷款合同通常存在不合规、不完备等缺陷问题，属于这一问题的有(　　)。

A. 对借款人未按照约定用途使用贷款资金约束不力

B. 未明确约定银行提前收回贷款以及解除合同的条件

C. 未明确约定罚息的计算方法

D. 担保方式的约定不明确、不具体

E. 对借款人基本信息重视程度不够

31. 下列公式中，正确的有(　　)。

A．有形净资产=所有者权益+无形资产+递延资产

B．营运资金=流动资产−流动负债

C．利息保障倍数=(利润总额−利息费用)/利息费用

D．速动资产=流动资产−存货−预付账款−待摊费用

E．现金债务总额比=现金类资产/流动负债×100%

32．财务指标分析中，存货持有天数增多，说明客户可能(   )。

A．存货销量增加　　　　　　　B．呆滞积压存货比重较大

C．存货采购价格上涨　　　　　D．存货采购过量

E．存货耗用量增加

33．下列属于贷款合同签订过程中违规操作的有(   )。

A．对借款人基本信息重视程度不够

B．对有权签约人主体资格审查不严

C．未明确约定银行提前收回贷款以及解除合同的条件

D．抵押手续不完善或抵押物不合格

E．借款合同的变更不符合法律规定

34．关于还款能力分析中的财务分析，下列说法正确的有(   )。

A．分析财务报表目的是为评估借款人的经营活动

B．要对借款企业连续二年的资产负债表和利润表进行分析

C．考察借款人现在的收入水平、资产状况及其构成、所有者权益状况及其构成

D．衡量借款人短期偿债能力的指标主要有流动比率、速动比率和现金比率等

E．衡量借款人长期偿债能力的指标主要有现金比率等

35．下列关于历史成本法的说法，正确的有(   )。

A．主要是对过去发生的交易价值的真实记录

B．优点是客观且便于核查

C．不能反映银行或企业的真实价值或净值

D．能反映特殊情况下资产、负债的变化

E．会导致对银行损失的低估和对资本的高估

36．商业银行接受企业法人作为保证人的，要注意验证核实(   )。

A．法人及其代表签字印鉴的真伪

B．出具的保证是否符合其章程规定

C．股份有限公司或有限责任公司的企业法人提供的保证，是否取得董事会决议同意或股东大会同意

D．中外合资、合作企业的企业法人提供的保证，是否具有董事会出具的同意担保的决议及授权书、董事会成员签字的样本、中国注册会计师事务所出具的验资报告或出资证明

E．必须亲眼所见保证人在保证文件上签字盖章

37．关于贷款抵押风险，下列说法不正确的有(   )。

A．法律规定自登记之日起生效的合同，必须办理抵押审查验证，否则合同就无效

B．贷款合同附条件生效，但生效条件不具备，贷款主合同无效，导致抵押关系

　　无效

　　C．未经所有权人同意就擅自抵押的，抵押关系无效，但不构成侵权

　　D．对抵押物的价值进行准确评估是保证抵押物足值的关键

　　E．重复质押行为会给银行贷款带来风险

38．我国现行税制中，计入产品成本的有(　　)。

　　A．设备进口环节所交关税　　　　B．土地使用税

　　C．房产税　　　　　　　　　　　D．车船牌照使用税　　E．增值税

39．财务预测审查的内容有(　　)。

　　A．成本　　　　　　　　B．利润　　　　　　　　C．税金

　　D．销售收入　　　　　　E．项目递延资产原值的确定及其折旧和摊销办法

40．决定一个项目规模大小的因素主要有(　　)。

　　A．生产技术状况　　　　　　　　B．国民经济发展规划

　　C．资金与基本投入物　　　　　　D．项目所处行业的技术经济特点

　　E．土地使用权的取得

三、判断题(共 20 题，每小题 1 分，共 20 分，正确的选 A，错误的选 B；不选、错选均不得分。)

1．推行实贷实付原则会增加贷款挪用的风险。(　　)

　　A．正确

　　B．错误

2．投资回收期、净现值、净现值率、内部收益率四项指标的计算都必须使用资产负债表。(　　)

　　A．正确

　　B．错误

3．项目融资贷前调查报告内容分为非财务分析和财务分析两大部分。(　　)

　　A．正确

　　B．错误

4．抵押权与其担保的债权同时存在，债权消失，抵押权也消失。(　　)

　　A．正确

　　B．错误

5．从理论上看，企业最佳的资金结构是财务杠杆最低时的资金结构。(　　)

　　A．正确

　　B．错误

6．无形资产与递延资产根据其原值采用加速递减法分期摊销。(　　)

　　A．正确

　　B．错误

7．在保证贷款中借款人将债务转移至第三方时，不需要事先获得保证人的同意。(　　)

　　A．正确

　　B．错误

8．自主支付方式下，贷款发放后应要求借款人定期汇总报告贷款资金支付情况，必要时还应要求借款人提供与实际支付事项相关的交易资料，通过账户分析、凭证查验、现场调查等方式核查贷款支付情况。（　　）

    A．正确

    B．错误

9．与传统的定性分析方法相比，违约概率模型能够直接估计客户的违约概率，因此对历史数据的要求更高，需要商业银行建立一致的、明确的违约定义，并且在此基础上积累至少三年的数据。（　　）

    A．正确

    B．错误

10．计算经营活动现金流量的方法有直接法和间接法。（　　）

    A．正确

    B．错误

11．流动比率通过比较流动资产和流动负债的关系来反映贷款人控制和运用资产的能力。（　　）

    A．正确

    B．错误

12．净现值率主要用于投资额不等的项目之间的比较，净现值率越大，表明项目单位投资能获得的净现值就越大，项目的效益就越好。（　　）

    A．正确

    B．错误

13．保证人与商业银行可以就单个主合同分别订立保证合同，也可以协商在最高贷款限额内就一定期间连续发生的贷款订立一个保证合同。（　　）

    A．正确

    B．错误

14．银行流动资金贷前调查报告中，应包含数额较大或账龄较短的国内外应收账款情况。（　　）

    A．正确

    B．错误

15．企业流动比率较高，但速动比率较低，说明应收账款占用较高。（　　）

    A．正确

    B．错误

16．商业银行对企业进行信用分析时，使用最为广泛的定量分析系统是5C系统。（　　）

    A．正确

    B．错误

17．计算经营活动现金流量净额时，可以利润表为基础，根据资产负债表期初期末的变动数进行调整。（　　）

    A．正确

    B．错误

18. 各项资产的周转率都应运用销售收入计算。(　　)

　　A．正确

　　B．错误

19. 评估项目的还款来源时，必须先考虑将项目本身的税后利润全部用于还贷。(　　)

　　A．正确

　　B．错误

20. 贷款原则上可以用于借款的资本金、股本金和企业其他需自筹资金的融资。(　　)

　　A．正确

　　B．错误

答案及详解

一、单选题(共 80 题，每小题 0.5 分，共 40 分，下列选项中只有一项最符合题目要求，不选、错选均不得分。)

1.【答案】A

【解析】超货币供给理论认为，只有银行能够利用信贷方式提供货币的传统观念已经不符合实际，随着货币形式的多样化，非银行金融机构也提供货币，银行信贷市场面临着很大的竞争压力。因此，银行资产应该超出单纯提供信贷货币的界限，要提供多样化的服务，使银行资产经营向深度和广度发展。金融的证券化、国际化、表外化和电子化使金融风险更多地以系统性风险的方式出现，对世界经济的影响更为广泛。

2.【答案】C

【解析】银行的信贷产品主要包括贷款、担保、承兑、保函、信用证和承诺等。其中，承兑是银行在商业汇票上签章承诺按出票人指示到期付款的行为。

3.【答案】C

【解析】清偿计划一般分为一次性还款和分次还款，分次还款又有定额还款和不定额还款两种方式。定额还款包括等额还款和约定还款，其中等额还款中通常包括等额本金还款和等额本息还款等方式。此人与银行约定每月等额偿还贷款本金与利息，属于分次还款下等额还款中的等额本息还款。

4.【答案】D

【解析】在保证贷款中，一般保证人承担的是连带责任，即与债务人共同对债务负责，偿还顺序不分先后，且偿还金额不受限制。因此，当贷款到期时，银行可要求 B 公司偿还全部金额，也可要求贾某偿还全部金额。

5.【答案】B

【解析】根据《绿色信贷指引》第十八条，银行业金融机构应当通过完善合同条款督促客户加强环境和社会风险管理。对涉及重大环境和社会风险的客户，在合同中应当要求客户提交环境和社会风险报告，订立客户加强环境和社会风险管理的声明和保证条款，设定客户接受贷款人监督等承诺条款，以及客户在管理环境和社会风险方面违约时银行业金融机构的救济条款。

6.【答案】B

【解析】按照我国传统计息方法，月息几厘用本金的千分比表示，每十毫为一厘，年利率÷12=月利率；月息二厘五毫即月利率为 2.5‰，则 10000 元的年利息=10000×2.5‰×12=300(元)。

7.【答案】C

【解析】在实务操作中，建议采用突击检查方式进行现场调研，同时可通过其他调查方法对考察结果加以证实。只有将现场调研成果与其他渠道获取的信息有效结合起来，才能为贷前调查工作提供一个坚实的基础。

8.【答案】C

【解析】流动资金贷款的贷前调查主要是了解借款人管理、经营、财务等方面的情况，流动资金需求及需求影响因素，分析存在的风险并提出相应的风险控制措施，应采取现场与非现场相结合的形式履行尽职调查，形成书面报告，并对其内容的真实性、完整性和有效性负责。

9.【答案】C

【解析】贷款合规性调查中，信贷业务人员调查借款人的借款主要是为了防范信贷欺诈风险，防止借款人骗取银行贷款。

10.【答案】D

【解析】贷款的合规性调查主要指银行业务人员对借款人和担保人的资格合乎法律和监管要求的行为进行调查、认定。

11.【答案】C

【解析】在项目建议书批准阶段或之前，各银行可以对符合贷款条件的项目出具贷款意向书，一般没有权限限制，超所在行权限的项目须报上级行备案。

12.【答案】A

【解析】无论是对于商业银行主动营销的客户还是向商业银行提出贷款需求的客户，信贷客户经理都应尽可能通过安排面谈等方式进行前期调查。前期调查的主要目的在于确定是否能够受理该笔贷款业务，是否投入更多的时间和精力进行后续的贷款洽谈，以及是否需要正式开始贷前调查工作。

13.【答案】C

【解析】经营活动现金净流量的计算有直接法和间接法。直接法又称为"自上而下"法，即从销售收入出发，将利润表中的项目与资产负债表有关项目逐一对应，逐项调整为以现金为基础的项目。本题应注意提取折旧并没有引起现金支出，所以该公司经营活动现金净流量=3000-1400=1600(万元)。

14.【答案】D

【解析】A 银行向冰岛政府贷款，后因冰岛面临"国家破产"而无法收回贷款，此种对某一主权国家政府贷款所遇到的损失属于主权风险。

15.【答案】C

【解析】处于成熟阶段的行业增长较为稳定，成熟期的产品和服务已经非常标准化，行业中的价格竞争非常激烈，新产品的出现速度也非常缓慢。题中描述的特征符合四阶段模型中成熟阶段的特征。

16. 【答案】B

【解析】A 项有误，行业风险分析的目的在于运用相关指标和数学模型，全面反映行业各个方面的风险因素，而不单是某一方面风险，在此基础上，再根据各行业风险特点，确定对其信贷政策；C 项有误，评估行业风险的方法有很多种，并不仅限于波特模型与行业风险分析框架两种；D 项有误，在波特五力模型与行业风险分析框架中，各个因素对评估行业风险都很重要，行业风险是由这些因素综合决定的。

17. 【答案】A

【解析】钢铁行业无法按时归还银行贷款是因其下游行业走弱，使得钢铁行业存货积压、资金流转不畅，此种风险为产业关联度风险，属于行业风险的一种。行业风险还包括周期性风险、成长性风险、市场集中度风险、行业壁垒风险、宏观政策风险等各个方面的风险因素。

18. 【答案】B

【解析】A 项中的信用证是一种由开证银行根据信用证相关法律规范应申请人要求并按其指示向受益人开立的载有一定金额的、在一定期限内凭符合规定的单据付款的书面文件；C 项中的承兑是银行在商业汇票上签章承诺按出票人指示到期付款的行为；D 项中的贷款意向书是为贷款进行下一步的准备和商谈而出具的一种意向性的书面声明。

19. 【答案】A

【解析】如果公司在银行有多笔贷款，且贷款是可以展期的，此时银行一定要确保季节性融资不被用于长期投资，如营运资金投资。这样做是为了保证银行发放的短期贷款只用于公司的短期需求，从而确保银行能够按时收回所发放的贷款。

20. 【答案】B

【解析】在对企业贷款时，银行需要分析公司的财务匹配状况。如果销售收入增长足够快，且核心流动资产的增长主要是通过短期融资而非长期融资实现的，此时就需要将短期债务重构为长期债务。替代债务的期限取决于付款期缩短和财务不匹配的原因，以及公司产生现金流的能力。

21. 【答案】B

【解析】内部融资的资金来源主要是净资本、留存收益和增发股票。一般情况下，企业不能任意发行股票，因此，在估计可持续增长率时通常假设内部融资的资金来源主要是留存收益。

22. 【答案】C

【解析】一个公司的可持续增长率取决于以下四个变量：①利润率，利润率越高，销售增长越快；②留存利润，用于分红的利润越少，销售增长越快；③资产使用效率，效率越高，销售增长越快；④财务杠杆，财务杠杆越高，销售增长越快。

23. 【答案】A

【解析】借款需求的主要影响因素中，季节性销售增长、长期销售增长、资产效率下降可能导致流动资产增加；商业信用的减少及改变、债务重构可能导致流动负债的减少；固定资产重置及扩张、长期投资可能导致长期资产的增加；红利支付可能导致资本净值的减少；一次性或非预期的支出、利润率的下降都可能对企业的收入支出产生影响，进而影响到企业的借款需求。

24．【答案】C

【解析】资本回报率=净利润/所有者权益=884/5200=0.17；红利支付率=股息分红/净利润=412/884≈0.47；留存比率=1-红利支付率=1-0.47=0.53。

25．【答案】C

【解析】面谈后，业务人员须及时撰写会谈纪要，为公司业务部门上级领导提供进行判断的基础性信息。

26．【答案】C

【解析】启动阶段行业的销售、利润和现金流有以下特点：①在销售方面，由于价格比较高，销售量很小；②在利润方面，因为销售量低而成本相对很高，利润为负值；③在现金流方面，低销售、高投资和快速的资本成长需求造成现金流为负值。

27．【答案】D

【解析】从资产负债表的合理结构来看，长期资产应由长期资金和所有者权益支持，短期资产则由短期资金支持。对短期资产不全由短期资金支持、长期资产也不全由长期资金支持的情况，如果处理不善，就会出现问题。

28．【答案】C

【解析】影响违约损失率的公司因素主要是借款企业的资产负债结构。该结构一方面表现为企业的融资杠杆率，即总资产和总负债的比率；另一方面表现为企业融资结构下清偿优先性。同时，企业规模和企业负债的大小对违约损失率也是有影响的。

29．【答案】B

【解析】在第一维度客户评级中，对于同一客户，无论是作为债务人还是保证人，无论有多少债项，在商业银行内部只能有一个客户评级。在第二维度债项评级中，商业银行应对每个客户名下的每笔债项进行独立的债项评级。

30．【答案】C

【解析】银行评估客户未来现金流量是否充足和借款人偿债能力的中心环节是对客户财务报表的分析。分析的重点是借款人的偿债能力、所占用的现金流量、资产流动性以及借款人除本银行之外获得其他资金的能力。

31．【答案】C

【解析】信用评级分为外部评级和内部评级。外部评级是专业评级机构对特定债务人的偿债能力和偿债意愿的整体评估，主要依靠专家定性分析，评级对象主要是企业，尤其是大中型企业；内部评级是商业银行根据内部数据和标准(侧重于定量分析)，对客户的风险进行评价，并据此估计违约概率及违约损失率，作为信用评级和分类管理的标准。

32．【答案】B

【解析】计算应收账款周转率时，应收账款数额应包括资产负债表中应收账款与应收票据等全部数额，如果应收票据已向银行办理了贴现手续，则不应再计入应收账款平均余额内。另外，坏账准备也应当从应收账款余额中扣除。本题中应收账款平均余额为：(50+70-20-30)/2=35(万元)，应收账款回收期为：180×35/60=105(天)。

33．【答案】A

【解析】A 项有误，盈利是借款人偿还债务的主要资金来源，客户盈利能力越高，盈利越持久，其偿债能力就越强，债权的风险越小。因而分析盈利能力时应侧重对盈利水平、盈利持久性进行分析。客户何时盈利对偿债能力影响相对较弱，不作为盈利能力分析重点。

34.【答案】A

【解析】B 项有误，客户由原来侧重贸易转向实业或由原来侧重实业转向贸易属于行业转换型演变；C 项有误，对经营行业分散、主营业务不突出的客户应警觉；D 项有误，要注意客户经营的诸多业务之间是否存在关联性、主营业务是否突出。

35.【答案】C

【解析】A 项有误，信贷人员无须关注家族决策，因为家族决策主要存在于民营客户中，上市客户一般无此问题；B 项有误，在股权结构分析中，应主要关注流通股的比重低、非流通股过于集中的问题，因为此时公司可能为大股东操控，通过大量异常关联交易侵害中小股东和债权人的利益；D 项有误，在信息披露质量考察中，应关注信息披露的实际质量。

36.【答案】B

【解析】如果借款人长期负债与所有者权益之和小于其长期资金需求，则表明借款人是以部分短期负债支持了部分长期资产，那么一旦面临短期债务偿还压力，势必会影响正常的经营活动，进而影响其偿债能力。

37.【答案】C

【解析】5C 系统中，资本是指借款人的财务杠杆状况及资本金情况，资本金是经济实力的重要标志，也是企业承担信用风险的最终资源。财务杠杆高就意味着资本金较少，债务负担和违约概率也较高。

38.【答案】B

【解析】销售阶段的核心是市场，这包括销售给谁，怎样销售，以什么条件销售等内容。信贷人员应重点调查以下方面：①目标客户；②销售渠道，分直接销售和间接销售；③收款条件，收款条件主要包括预收货款、现货交易和赊账销售三种。

39.【答案】D

【解析】项目的盈利能力分析主要通过财务内部收益率、财务净现值、净现值率、投资回收期、投资利润率、投资利税率和资本金利润率七个评价指标进行，其中财务内部收益率是指使项目在计算期内各年净现金流量累计净现值等于零时的折现率，财务内部收益率是反映项目获利能力的动态指标。

40.【答案】A

【解析】投资回收期亦称返本年限，是指用项目净收益抵偿项目全部投资所需时间，它是项目在财务投资回收能力方面的主要评价指标。在财务评价中，将求出的投资回收期与行业基准投资回收期比较，当项目投资回收期小于或等于基准投资回收期时，表明该项目能在规定的时间内收回投资。

41.【答案】B

【解析】对项目的组织机构条件进行评估，就是要了解与项目实施有关的机构现状，即是否存在着实施项目必需的机构体系；如果已经具备，它能否满足项目的要求；对项目的组织机构提出加强和改善的建议，以保证项目目标的实现。项目的组织机构概括起来可以分为三大部分：项目的实施机构、项目的经营机构和项目的协作机构。

42.【答案】C

【解析】拟建项目的建设条件包括项目自身的内部条件和客观存在的外部条件。内部条件是指拟建项目的人力、物力、财务资源条件；外部条件是指建筑施工条件、相关项目的协作配套条件以及国家规定的环境保护条件。

43．【答案】A

【解析】A 项有误，一个项目的财务净现值是指项目按照基准收益率或根据项目的实际情况设定的折现率，将各年的净现金流量折现到建设起点(建设期初)的现值之和，设定的折现率越高，财务净现值越低。

44．【答案】B

【解析】速动比率，又称"酸性测验比率"，是指速动资产对流动负债的比率。它用于衡量企业流动资产中可以立即变现用于偿还流动负债的能力。

45．【答案】C

【解析】C 项有误，税金一般不涉及分配顺序的问题。对利润的审查内容包括税后利润的分配顺序是否正确。

46．【答案】D

【解析】除 ABC 三项外，项目评估的内容还包括：①借款人及项目股东情况；②项目财务评估；③项目融资方案；④银行效益评估。

47．【答案】C

【解析】银行对项目环境保护的治理方案进行审查的内容包括：审查对投入物、燃料和原材料的使用是否安排了处理措施，是否采取了治理措施；审查设计任务书中的治理技术是否合理可靠，经治理的各种污染物的排放量是否低于国家环境部门规定的排放量。C 项属于审查建设总投资与总设计环节应包括的内容。

48．【答案】B

【解析】工艺技术方案的分析评估是投资项目技术可行性分析的核心，工艺技术设计标准的好坏和高低，对整个项目的设立及执行有决定性影响。

49．【答案】D

【解析】资本回报率(ROE)=净利润/所有者权益；红利支付率=股息分红/净利润；留存比率(RR)=1-红利支付率。则可持续增长率为

$$SGR = \frac{ROE \times RR}{1 - ROE \times RR} = \frac{\frac{610}{5580} \times \left(1 - \frac{413}{610}\right)}{1 - \frac{610}{5580} \times \left(1 - \frac{413}{610}\right)} \approx 3.7\%$$

50．【答案】C

【解析】公司资产使用效率的下降，即应收账款和存货周转率的下降，可能导致长期融资需求变化，也可能导致短期融资需求变化，银行在发放贷款时必须有效识别借款需求的本质，从而保证贷款期限与公司借款需求相互匹配。

51．【答案】B

【解析】由于质押贷款中，银行在放款时占有主动权，处理质押物的手续较为简单。质物具有价值稳定性好、银行可控性强、易于直接变现处理用于抵债的特点，因此它是银行最愿意受理的担保贷款方式。

52．【答案】A

【解析】抵押期间，无论抵押物所生的是天然孳息还是法定孳息，均由抵押人收取，

抵押权人无权收取。只有在债务履行期间届满，债务人不履行债务致使抵押物被法院依法扣押的情况下，自扣押之日起，抵押权人才有权收取孳息。

53．【答案】A

【解析】该企业的抵押率=担保债权本息总额/抵押物价值评估价值额×100%=800/1000×100%=80%。

54．【答案】C

【解析】抵押贷款中，银行对选定的抵押物要逐项验证产权。实行租赁经营责任制的企业，要有产权单位同意的证明；集体所有制企业和股份制企业用其财产作抵押时，除应该核对抵押物所有权外，还应验证董事会或职工代表大会同意的证明；用共有财产作抵押时，应取得共有人同意抵押的证明，并以抵押人所有的份额为限。

55．【答案】C

【解析】融资性担保公司应当按照当年担保费收入的 50%提取未到期责任准备金，并按不低于当年年末担保责任余额 1%的比例提取担保赔偿准备金。担保赔偿准备金累计达到当年担保责任余额 10%的，实行差额提取。

56．【答案】D

【解析】D 项有误，审批人员应在授权范围内按规定流程审批贷款，不得越权审批。

57．【答案】C

【解析】C 项有误，审查人员无最终决策权，审查人员即使对贷款发放持否定态度，也应按正常的信贷流程继续进行审批。最终审批人参考审查员意见后，对是否批准贷款提出明确的意见。信贷决策权应由贷款审查委员会或最终审批人行使。

58．【答案】A

【解析】差别授权原则是指商业银行应根据各业务职能部门和分支机构的经营管理水平、风险控制能力、主要负责人业绩以及所处地区经济环境等，实行有区别的授权。

59．【答案】A

【解析】根据国际惯例，在借款合同中规定变更提款应收取承担费，那么当借款人变更提款计划时，公司业务部门应根据合同办理，可按改变的提款计划部分的贷款金额收取承担费。借款人在提款有效期内如部分或全额未提款，应提未提部分的贷款可根据借款合同的规定收取承担费。在提款期终了时自动注销。

60．【答案】C

【解析】一般短期贷款不涉及贷款多次发放问题，只有中长期贷款项目期限长，资金需要分期投入，贷款需要分次发放，此时应按照完成工程量的多少付款，即坚持进度放款原则。AB 两项是指银行应按照已批准的贷款项目年度投资计划所规定的建设内容、费用，准确、及时地提供贷款；D 项是指银行须审查建设项目的资本金是否已足额到位。

61．【答案】B

【解析】根据《民法通则》的规定，债权适用 2 年诉讼时效规定，即自知道或应当知道权利被侵害之日起 2 年内，权利人不向法院请求保护其民事权利，便丧失请求人民法院依诉讼程序强制义务人履行义务的胜诉权。

62．【答案】A

【解析】自主支付是指贷款人在确认借款人满足合同约定的提款条件后，根据借款人

的提款申请将贷款资金发放至借款人账户后，由借款人自主支付给符合合同约定用途的借款人交易对象。贷款新规在把贷款人受托支付作为贷款支付的基本方式的同时，也允许借款人自主支付在一定范围内存在。

63. 【答案】A

【解析】满足有效信贷需求是实贷实付的根本目的；按进度发放贷款是实贷实付的基本要求；受托支付是实贷实付的重要手段；协议承诺是实贷实付的外部执行依据。

64. 【答案】D

【解析】保证实力主要是指保证人的财务状况，如现金流量、或有负债、信用评级等情况的变化直接影响其担保能力。良好的保证意愿是保证人提供担保和准备履行担保义务的基础。

65. 【答案】A

【解析】在对保证人资格审查中，保证人应是具有代为清偿能力的企业法人或自然人，企业法人应提供其真实营业执照及近期财务报表；保证人或抵押人为有限责任公司或股份制企业的，其出具担保时，必须提供董事会同意其担保的决议和有相关内容的授权书。应尽可能避免借款人之间相互担保或连环担保。

66. 【答案】A

【解析】为了确保贷款的归还，除了在贷款合同中确定还款计划和违约责任条款外，业务操作部门还应按规定时间向借款人发送还本付息通知单，督促借款人按时足额还本付息。

67. 【答案】B

【解析】借款人不能按期归还贷款时，应当在贷款到期日之前，向银行申请贷款展期。A 项有误，贷款展期的审批实行分级审批制度，银行应根据业务量大小、管理水平和贷款风险度确定各级分支机构的审批权限，超过审批权限的，应当报上级机构审批；C 项有误，短期贷款展期期限累计不得超过原贷款期限；D 项有误，借款人未申请展期或申请展期未得到批准，其贷款从到期日次日起，转入逾期贷款账户。

68. 【答案】B

【解析】应付账款被认为是公司的无成本融资来源，因为公司在应付账款到期前可以充分利用这部分资金购买商品和服务等。因此，当公司出现现金短缺时，通常会向供应商请求延期支付应付账款。

69. 【答案】B

【解析】B 项有误，担保状况分析重点须考虑法律、经济两方面，即担保的有效性与担保的充分性。

70. 【答案】B

【解析】A 项有误，在还款记录分析中，如果借款人存在不良的还款记录，银行应进一步分析其深层次的原因，然后再做信贷判断；C 项有误，对银行来说，借款人正常经营产生的资金是偿还债务的最可靠方式，担保抵押由于不确定性因素较多且成本较高，因此风险较大；D 项有误，资本转换周期往往通过几个生产转换周期完成。

71. 【答案】D

【解析】除 ABC 三项外，贷款分类还是不良资产的处置和银行重组的需要。

72. 【答案】B

【解析】A 项是美国对正常贷款的定义，根据我国《贷款风险分类指引》的规定，正常贷款是指借款人能够履行合同，没有足够理由怀疑贷款本息不能按时足额偿还的贷款；C 项主体是我国可疑贷款的定义；D 项有误，损失贷款是指在采取所有可能的措施和一切必要的法律程序后，本息仍然无法收回，或只能收回极少部分的贷款。

73. 【答案】A

【解析】贷款风险分类最核心的内容是贷款偿还的可能性，而决定贷款是否能够偿还，借款人的还款能力是主要因素，因此，银行关心的是借款人的经营状况，现在以及未来的偿付能力。

74. 【答案】A

【解析】盈利是借款人偿还债务的主要资金来源，但不是唯一来源。借款人盈利能力越强，还本付息的资金来源越有保障，债权的风险越小。

75. 【答案】A

【解析】责任认定及追究对象主要包括：贷款调查分析及维护的信贷员、后台人员、支行主管、各级拥有授权权限的审批人员。按照"首问负责"原则，存量贷款客户由调查分析的信贷员进行维护和管理并承担相应责任，原则上不移交。

76. 【答案】D

【解析】商业银行对抵债资产进行保管时，每个季度应至少组织一次对抵债资产的账实核对，并做好核对记录。核对应做到账簿一致和账实相符，若有不符的，应查明原因，及时报告并据实处理。

77. 【答案】C

【解析】下列不良资产不得进行批量转让：①债务人或担保人为国家机关的资产；②经国务院批准列入全国企业政策性关闭破产计划的资产；③国防军工等涉及国家安全和敏感信息的资产；④个人贷款；⑤在借款合同或担保合同中有限制转让条款的资产；⑥国家法律法规限制转让的其他资产。

78. 【答案】B

【解析】由题意知：流动资产=现金+应收账款+存货=10 000(万元)；非流动资产=固定资产+在建工程=150 000(万元)；流动负债=短期借款+应付账款=65 000(万元)；长期负债=长期借款=50 000(万元)；所有者权益=45 000(万元)。从上述计算过程可以看出该企业长期资产比重过高，约占资产总额的 94%(=150 000/160 000×100%)，一般情况下，制造业的长期资产占总资产的比重为 35%～50%较为合理。

79. 【答案】C

【解析】根据《贷款通则》的规定，借款人未申请展期或申请展期未得到批准，其贷款从到期日次日起，转入逾期贷款账户。

80. 【答案】D

【解析】在审查担保类文件时，公司业务人员应特别注意抵(质)押协议生效的前提条件(如向有关部门登记生效)。对于抵押协议虽正式签署但生效滞后的贷款项目，应在抵押正式生效前，采取必要的手段和措施规避贷款风险。

二、多选题(共 40 题,每小题 1 分,共 40 分,下列选项中有两项或两项以上符合题目的要求,多选、少选、错选均不得分。)

1. 【答案】BCDE

【解析】A 项有误,银行监管和银行经营的实践表明,信贷管理不能仅仅粗略地分为贷前管理、贷中管理和贷后管理三个环节。三个环节的划分方法,难以对信贷管理中的具体问题出台可操作性的规定,也难以对贷款使用实施有效的管控。

2. 【答案】ACD

【解析】按贷款期限划分,公司信贷可分为:①短期贷款,贷款期限在 1 年以内(含 1 年)的贷款;②中期贷款,贷款期限在 1 年以上(不含 1 年)5 年以下(含 5 年)的贷款;③长期贷款,贷款期限在 5 年(不含 5 年)以上的贷款。

3. 【答案】ABCDE

【解析】项目合法性要件主要包括可行性研究报告批复、立项批复、土地利用合法性文件、规划批复、环评批复等。贷前调查报告中应确定上述合法性要件的取得时间、批文文号、批复内容与项目是否一致。

4. 【答案】BDE

【解析】前期调查的主要目的在于确定是否能够受理该笔贷款业务、是否投入更多时间和精力进行后续的贷款洽谈、是否需要正式开始贷前调查工作。

5. 【答案】ABE

【解析】初次面谈,调查人员应当做好充分准备,拟定详细的面谈工作提纲。提纲内容应包括:①客户总体情况;②客户信贷需求;③拟向客户推介的信贷产品等。

6. 【答案】ACD

【解析】B 项,贷款展期,期限累计计算,累计期限达到新的利率档次时,自展期之日起,按展期日挂牌的同档次利率计息;达不到新的期限档次时,按展期日的原档次利率计息。E 项,借款人在借款合同到期日之前归还借款时,银行有权按原贷款合同向借款人收取利息。

7. 【答案】ABC

【解析】非现场调查包括搜寻调查、委托调查和其他方法。搜寻调查是指通过各种媒介物搜寻有价值的资料开展调查,这些媒介物通常包括有助于贷前调查的杂志、书籍、期刊、互联网资料、官方记录等。DE 两项属于委托调查可借助的媒介物。

8. 【答案】AC

【解析】政府信用状况是影响信贷风险的重要因素,要善于根据以往地方政府的信用记录,分析政府收入结构和支出结构,判断其偿债能力和信用度。同时,还应关注地方保护主义导致的经济相对封闭和重复建设问题。

9. 【答案】CD

【解析】AE 两项有误。处在启动阶段的行业代表着最高的风险,成长阶段的企业代表中等程度的风险,但是这一阶段也同时拥有所有阶段中最大的机会,因为现金和资本需求非常大,成熟期的行业代表着最低的风险,处在衰退期的行业代表相对较高的风险;B 项有误,衰退阶段行业的现金流先是正值,然后慢慢减小,现金流维持在正值的时间跨度一般长于利润的时间跨度。

10. 【答案】ABCE

【解析】除 ABCE 四项之外，贷款人受理的固定资产贷款申请应具备的条件还包括：①借款人为新设项目法人的，其控股股东应有良好的信用状况，无重大不良记录；②国家对拟投资项目有投资主体资格和经营资质要求的，符合其要求；③符合国家有关投资项目资本金制度的规定；④贷款人要求的其他条件。D 项是流动资金贷款申请应具备的条件。

11. 【答案】BCDE

【解析】A 项有误。处于长期销售增长旺盛时期的企业，由于对核心资产的大量投资，营运现金流在短期内是不足以完全偿还外部融资的。因此，这表面上看是一种短期融资需求，实际上则是一种长期融资需求。

12. 【答案】ABCDE

【解析】客户申请或拟申请信贷业务时，要结合债项对应的资金成本、营业成本、税务成本、风险成本、经济资本以及银行要求的最低资本回报率，按照风险调整后的资本收益率法(RAROC)对债项进行合理定价，该定价要作为银行客户营销和风险管理的重要参考依据之一。

13. 【答案】CDE

【解析】A 项有误，债项评级工作程序分为评级发起、评级认定、评级推翻和评级更新，其中评级发起、评级认定和评级推翻属于贷前程序，评级更新属于贷后程序；B 项有误，贷前债项评级工作包括调查、初评、审查和审定等工作程序。

14. 【答案】ADE

【解析】对银行来说，借款企业资产负债率、负债与所有者权益比率、负债与有形净资产比率越低，说明企业投资者提供的无须还本付息的资金越多，客户的债务负担越轻，债权的保障程度就高，风险也就越小。而对于利息保障倍数，其值越高，说明借款人支付利息费用的能力越强，长期偿债能力越强。营运资金越多，对借款人短期和长期资产的支持就越大。

15. 【答案】BDE

【解析】从理论上看，企业最佳资金结构是指企业权益资本净利润率最高、企业价值最大而综合成本最低时的资金结构，但实际中很难准确确定该点，一般选择综合成本最低的方案为最佳资金结构方案。

16. 【答案】ABCDE

【解析】客户主营业务的演变主要有以下几种情形：①行业转换型，如由原来侧重贸易转向实业；②产品转换型，如由原来侧重生产某种产品转向生产另一种产品；③技术转换型，如由原来技术含量较低的行业或产品转向技术含量较高的行业或产品；④股权变更型，如由于股权变更，新股东注入新的资产和业务，原客户的主营业务随之改变；⑤业务停顿型，如原客户经营业务不善，因拥有物业便放弃具体经营而改为出租物业等。

17. 【答案】BCD

【解析】项目的组织机构概括起来有三种：①项目实施机构，在我国被称为项目建设单位，负责项目方案准备、挑选、报批及项目的建设过程；②项目经营机构，负责项目的经营，提供项目实施的成果；③项目协作机构，是指与项目有关的国家机构、地方机构、协作单位。

18．【答案】ACD

【解析】项目生产条件分析主要指项目建成投产后，对生产经营过程中所需要的物质条件和供应条件进行的分析，分析的主要内容有资源条件、原材料供应条件、燃料及动力供应条件。

19．【答案】AE

【解析】通过项目可行性研究报告评估项目规模时，当可行性研究报告中只提出了一个可行性方案时，银行评估人员应向企业了解是否有其他方案，并根据项目产品的市场需求调查和预测、投入物和生产条件分析，再通过规模经济的分析，肯定原来的方案或提出更好的方案。

20．【答案】AD

【解析】B项属于借款人资产负债情况及偿债能力评估；C项属于借款人信用状况评估；E项属于借款人发展前景评估。

21．【答案】ABCD

【解析】确定质押率的依据主要有：①质物的适用性、变现能力；②质物、质押物权利价值的变动趋势，一般可从质物的实体性贬值、功能性贬值及质押权利的经济性贬值或增值三方面进行分析。

22．【答案】ABDE

【解析】贷款抵押风险主要包括：①抵押物虚假或严重不实；②未办理有关登记手续；③将共有财产抵押而未经共有人同意；④以第三方的财产作抵押而未经财产所有人同意；⑤资产评估不真实，导致抵押物不足值；⑥未抵押有效证件或抵押的证件不齐；⑦因主合同无效，导致抵押关系无效；⑧抵押物价值贬损或难以变现。

23．【答案】ABCD

【解析】商业银行可接受的财产质押包括：①出质人所有的、依法有权处分并可移交质权人占有的动产；②汇票、支票、本票、债券、存款单、仓单、提单；③依法可以转让的基金份额、股权；④依法可转让的商标专用权、专利权、著作权中的财产权等知识产权；⑤依法可以质押的其他权利，包括合同债权、不动产受益权和租赁权、项目特许经营权、应收账款、侵权损害赔偿、保险赔偿金的受益转让权等。

24．【答案】CE

【解析】A项可能导致流动资产增加；B项可能导致流动负债的减少；D项可能导致资本净值的减少。

25．【答案】BDE

【解析】AC两项有误。对于无法按时支付应付账款的公司，供货商会削减供货或停止供货，公司的经营风险加大，这时银行受理公司的贷款申请风险也是很大的。

26．【答案】ABCDE

【解析】银行业金融机构对业务职能部门和分支机构的信贷授权，原则上应根据其风险管理水平、资产质量、所处地区的经济环境、主要负责人的信贷从业经验等因素，设置一定的权重，采用风险指标量化评定的方法合理确定。此外，在确定信贷授权时，还应适当考虑公司信贷、小企业信贷、个人信贷的业务特点。

27．【答案】BCDE

【解析】黑色预警法不引进警兆自变量，只考察警素指标的时间序列变化规律，即循环波动特征。各种商情指数、预期合成指数、商业循环指数、经济扩散指数、经济波动图等都可看作是黑色预警法的应用。A 项中的指数预警法属于蓝色预警法。

28．【答案】BE

【解析】企业与银行往来的异常现象主要包括：①借款人在银行的存款大幅下降；②在多家银行开户(公司开户数明显超过其经营需要)；③对短期贷款依赖较多，要求贷款展期；④还款来源没有落实或还款资金为非销售回款；⑤贷款超过了借款人的合理支付能力；⑥借款人有抽逃资金的现象，同时仍在申请新增贷款；⑦借款人在资金回笼后，在还款期限未到的情况下挪作他用，增加贷款风险。

29．【答案】ABCDE

【解析】除 ABCDE 五项外，在自主支付方式下，贷款资金发放和支付后的核查内容还包括：判断借款人实际支付清单的可信性和其他需要审核的内容。

30．【答案】ABCD

【解析】E 项属于签约过程中的违规操作。

31．【答案】BD

【解析】A 项，有形净资产=所有者权益-无形资产-递延资产；C 项，利息保障倍数=(利润总额+利息费用)/利息费用；E 项，现金债务总额比=经营活动现金净流量/债务总额。

32．【答案】BCD

【解析】一般而言，存货持有天数增多，说明客户存货采购过量，或是呆滞积压存货比重较大，或是存货采购价格上涨；而存货持有天数减少，说明客户可能耗用量或销量增加。

33．【答案】ABD

【解析】CE 两项分别属于贷款合同存在不合规、不完备等缺陷和履行合同监管不力的问题。

34．【答案】AD

【解析】B 项有误，要对借款企业连续三年以及最近一期的资产负债表和利润表进行分析；C 项有误，要考察借款人过去和现在的收入水平、资产状况及其构成、所有者权益状况及其构成；E 项有误，要衡量借款人长期偿债能力的指标主要有资产负债比率和产权比率等。

35．【答案】ABCE

【解析】D 项有误。历史成本法的匹配原则、平均摊派成本不能反映特殊情况下资产和负债的变化，同时，这种方法主要记录账面价值或名义价值，不能对资产和负债给予区别处理。

36．【答案】ABCDE

【解析】除 ABCDE 五项外，商业银行接受企业法人作为保证人的，还要注意验证核实的情况有：核保必须双人同去，尤其是对于初次建立信贷关系的企业，更应强调双人实地核保的制度。

37．【答案】ACE

【解析】A 项有误，法律规定自登记之日起生效的合同，必须办理抵押登记，否则合同就无效。C 项有误,未经所有权人同意就擅自抵押的,不但抵押关系无效,而且构成侵权。E 项有误,重复抵押行为在理论上能给银行贷款带来风险,而在质押担保中,由于质押合同是从质物移交给质权人占有之日起生效,因此在实际中不可能存在重复质押行为。

38. 【答案】BCD

【解析】根据我国现行税制,进入产品成本的有土地使用税、房产税、车船牌照使用税。设备进口环节所交关税应计入项目总投资,增值税要从销售收入中扣除。

39. 【答案】ABCDE

【解析】财务预测审查是对项目可行性研究报告财务评价的基础数据进行审查,审查的内容主要有:①项目总投资、建设投资、流动资金的估算;②项目固定资产、无形资产、递延资产原值的确定及其折旧和摊销办法;③成本;④销售收入;⑤税金;⑥利润。

40. 【答案】ABCDE

【解析】制约一个项目规模大小的因素主要有以下几个:①国民经济发展规划、战略布局和有关政策;②项目所处行业的技术经济特点;③生产技术和设备、设施状况;④资金和基本投入物;⑤其他生产建设条件(土地使用权的取得、交通运输、环境保护、人员编制、设备供应等)。

三、判断题(共 20 题,每小题 1 分,共 20 分,正确的选 A,错误的选 B;不选、错选均不得分。)

1. 【答案】B

【解析】实贷实付原则的关键是让借款人按照贷款合同的约定用途使用贷款资金,减少贷款挪用的风险。

2. 【答案】B

【解析】投资回收期(静态、动态)、净现值、净现值率、内部收益率等是通过现金流量表计算的评价指标。

3. 【答案】B

【解析】项目融资贷前调查报告内容分为非财务分析、财务分析、风险评价三大部分。

4. 【答案】A

【解析】抵押权与其担保的债权同时存在,债权消失的,抵押权也消失。抵押贷款到期,若借款人能足额按时归还本息,则抵押自动消失;若借款人不能按时归还贷款本息,或银行同意展期后仍不能履行,抵押权才真正得以实现。

5. 【答案】B

【解析】从理论上看,最佳资金结构是指企业权益资本净利润率最高,企业价值最大而综合成本最低时的资金结构。

6. 【答案】B

【解析】无形资产与递延资产根据其原值采用平均年限法分期摊销,无形资产规定有效期限的,按规定期限平均摊销;没有规定使用期限的,按预计使用期限或者不少于 10 年的期限平均摊销。

7. 【答案】B

【解析】除事前有书面约定外,银行对借款人有关合同方面的修改,都应取得保证人的书面意见，否则保证可能由此落空。

8.【答案】A

【解析】借款人自主支付方式下，贷款发放后应要求借款人定期汇总报告贷款资金支付情况。贷款人可要求借款人提交实际支付清单，必要时还应要求借款人提供与实际支付事项相关的交易资料，通过账户分析、凭证查验、现场调查等方式核查贷款支付情况。

9.【答案】B

【解析】与传统的定性分析方法相比，违约概率模型能够直接估计客户的违约概率，因此对历史数据的要求更高，需要商业银行建立一致的、明确的违约定义，并且在此基础上积累至少五年的数据。

10.【答案】A

【解析】经营活动现金流量的计算方法有直接法和间接法。直接法又称为"自上而下"法，即从销售收入出发，将利润表中的项目与资产负债表有关项目逐一对应，逐项调整为以现金为基础的项目；间接法以利润表中最末一项净收益为出发点，加上没有现金流出的费用和引起现金流入的资产负债表项目的变动值，减去没有现金流入的收入和引起现金流出的资产负债表项目的变动值。

11.【答案】B

【解析】流动比率是衡量短期偿债能力的指标，是流动资产与流动负债的比率，它表明借款人每元流动负债有多少流动资产作为偿还的保证。

12.【答案】A

【解析】净现值率即项目的净现值与总投资现值之比，其计算公式为：FNPVR=FNPV/PVI，其中，FNPVR 为净现值率，FNPV 为财务净现值，PVI 为总投资现值。净现值率主要用于投资额不等的项目的比较，净现值率越大，表明项目单位投资能获得的净现值就越大，项目的效益就越好。

13.【答案】A

【解析】保证人与商业银行可以就单个主合同分别订立保证合同，也可以协商在最高贷款限额内就一定期间连续发生的贷款订立一个保证合同，后者大大简化了保证手续。

14.【答案】B

【解析】银行流动资金贷前调查报告中，应包含数额较大或账龄较长的国内外应收账款情况。

15.【答案】B

【解析】流动比率是流动资产与流动负债的比率，速动比率是借款人速动资产与流动负债的比率，其中流动资产与速动资产之间的区别可以用以下公式来表示：速动资产=流动资产-存货-预付账款-待摊费用。当企业流动比率较高，但速动比率较低时说明流动资产中易于变现、具有即时支付能力的资产较少，存货、预付账款、待摊费用较多，此时企业的短期偿债能力仍然较差。

16.【答案】B

【解析】商业银行对企业进行信用分析时，使用最为广泛的定性分析系统是 5C 系统。除 5C 系统外，使用较为广泛的专家系统还有针对企业信用分析的 5P 系统和针对商业银行等金融机构的骆驼(CAMEL)分析系统。

17．【答案】A

【解析】计算现金流量时，以利润表为基础，根据资产负债表期初期末的变动数进行调整。具体步骤如下：①计算资产负债表各科目期初数和期末数的变动情况；②确定项目变动数是现金流出还是现金流入；③计算现金流量。

18．【答案】B

【解析】存货周转率是一定时期内借款人销货成本与平均存货余额的比率；应收账款周转率是反映应收账款周转速度的指标，它是一定时期内赊销收入净额与应收账款平均余额的比率。

19．【答案】B

【解析】企业税后利润必须先用于法定盈余公积金和公益金，然后才能用于还贷。评估中在测算项目的还贷资金来源时不能把所有的税后利润都用于还贷。

20．【答案】B

【解析】银行须审查建设项目的资本金是否已足额到位。即使因特殊原因不能按时足额到位，贷款支取的比例也应同步低于借款人资本金到位的比例。此外，贷款原则上不能用于借款人的资本金、股本金和企业其他需自筹资金的融资。

银行业专业人员职业资格考试
《公司信贷(初级)》考前预测(二)

一、单选题(共 80 题，每小题 0.5 分，共 40 分，下列选项中只有一项最符合题目要求，不选、错选均不得分。)

1. 在互联网金融的趋势下，我国商业银行相对于外资银行的优势不包括(　　)。
   A. 广泛的营业网点　　　　　　　B. 相对稳定的客户群体
   C. 雄厚的资本实力　　　　　　　D. 先进的营销理念

2. 根据我国《商业银行服务价格管理办法》有关费率的相关规定，下列表述错误的是(　　)。
   A. 商业银行服务应当以商业银行为中心，利用商业银行服务价格，提高竞争力
   B. 商业银行制定服务价格应遵守国家相关法律法规，遵守合理、公开、诚信、信用的原则
   C. 商业银行办理收付类业务实行"谁委托，谁付款"的原则
   D. 对客户普遍使用、与国民经济发展和人民生活关系重大的银行基础服务，实行政府指导价或政府定价

3. (　　)是指由非政府部门的民间金融组织确定的利率。
   A. 法定利率　　　　　　　　　　B. 基准利率
   C. 行业公定利率　　　　　　　　D. 市场利率

4. 某人贷款 10000 元，日利率万分之二，如银行按复利计息，每年应还利息(　　)元。
   A. 732　　　　B. 740　　　　C. 746　　　　D. 755

5. 实务操作中，判断贷款申请是否受理时，业务人员应坚持将(　　)放在第一位。
   A. 维持客户　　B. 客户信用　　C. 贷款收益　　D. 贷款安全性

6. 在商业银行受理贷款申请时，调查人员主要通过借款人的(　　)及其与本行及他行业务状况考察借款人与银行的关系。
   A. 熟悉程度　　B. 存款余额　　C. 信用记录　　D. 贷款余额

7. 下列关于贷款意向书和贷款承诺的说法中，错误的是(　　)。
   A. 两者的信贷审查标准不同
   B. 两者均常见于中长期贷款
   C. 贷款意向书表明该文件为要约邀请
   D. 贷款承诺基本不具备法律效力

8. 贷款发放的第一道关口为(　　)。
   A. 贷前调查　　　　　　　　　　B. 信贷营销
   C. 贷款项目评估　　　　　　　　D. 不良贷款管理

9. 面谈结束时,如经了解客户的贷款申请可以考虑,但不确定是否可受理,调查人员应( )。

    A. 申报贷款   B. 先做必要承诺,留住客户

    C. 不作表态   D. 准备后续调查

10. ( )是贷款发放后能否如数按期收回的关键。

    A. 贷前调查   B. 贷款审核   C. 贷款发放   D. 贷款担保

11. 对于( ),银行确立贷款意向后,除提供一般资料外,还应出具进口方银行开立的信用证。

    A. 出口贷款   B. 出口打包贷款

    C. 进口打包贷款   D. 外贸打包贷款

12. 对于信贷经营,( )是对区域风险影响最大、最直接的因素。

    A. 区域自然条件   B. 区域产业结构

    C. 区域经济发展水平   D. 区域市场化程度和法制框架

13. 2009 年,政治风险服务集团(PRS 集团)发布了年度风险评估指南(ICRG),其中某国的得分为 86 分,则该国的国家风险( )。

    A. 非常高,无法投资   B. 中等偏高

    C. 中等   D. 非常低

14. ( )是对区域信贷风险状况的直接反映。

    A. 区域经济发展水平   B. 区域信贷资产质量

    C. 区域信贷资产营利性   D. 区域信贷资产流动性

15. 资产、销售等处于行业中游的某企业产品的销售价格为 25 元,单位变动成本为 10 元,固定成本总额为 7500 万元,则不考虑其他因素时,该企业的盈亏平衡点销售量为( )万件。

    A. 229   B. 334   C. 500   D. 634

16. 银行信贷专员小赵在研究可否对 T 行业授信时,运用波特五力模型对 T 行业风险进行了分析,如下图所示。

行业内公司在产品生产、销售网络方面具有成本优势,产品品牌忠诚度高   市场上尚无替代产品

T行业

原料供应商及产品买方的议价能力较弱   市场竞争的公司较少,行业为少数大公司控制

则根据以上信息,可判断( )。

    A. T 行业风险较小,可以授信

    B. T 行业风险较大,不适合授信

    C. T 行业进入壁垒较高、但替代品威胁较大,因而行业风险无法判断

    D. T 行业进入壁垒较低、但替代品威胁较小,因而行业风险无法判断

17. 小张通过对 A、B 两省进行信贷调研发现：A 省 2013 年国内生产总值 3 亿元，劳动生产率 3 万元；B 省 2013 年国内生产总值 1.5 亿元，劳动生产率 5000 元，如果仅以此两项指标来看(　　)。

    A．A 省区域经济发展水平高于 B 省

    B．A 省区域市场化程度较高

    C．A 省政府信用较高

    D．A 省产业结构较合理

18. (　　)综合反映了商业银行经营管理的水平。

    A．贷款安全性　　B．贷款发放额　　C．存款吸收额　　D．贷款效益性

19. 测算固定资产贷款需求量时，当年借款的建设期利息(　　)。

    A．按年中支用考虑，计算半年利息

    B．按年中支用考虑，计算全年利息

    C．按年末支用考虑，计算半年利息

    D．按年末支用考虑，计算全年利息

20. 银行在接到一笔新的贷款业务时，最需要重点关注的指标是(　　)。

    A．可持续增长率　　　　　　B．借款人规模

    C．利润率　　　　　　　　　D．周转率

21. 季节性资产增加中，应付账款、应计费用属于(　　)融资渠道。

    A．季节性负债　　B．季节性资产　　C．内部融资　　　D．银行贷款

22. 某企业向银行申请短期季节性融资，银行经借款需求分析，发现该企业比以往季节性融资时所持现金少很多，原因是该企业新近购买了一台长期设备，此时银行应向企业提供(　　)。

    A．短期贷款　　　　　　　　B．长期贷款

    C．固定资产贷款　　　　　　D．长、短期贷款相结合的贷款

23. 某公司资产负债表显示，机器设备原值 200 万元，办公设备原值 50 万元，土地使用权 300 万元，累计折旧 120 万元，则该公司的固定资产使用率为(　　)。

    A．22%　　　　　B．48%　　　　　C．60%　　　　　D．40%

24. 下列关于流动资金贷款管理的说法，不正确的是(　　)。

    A．与借款人新建立信贷业务关系且借款信用状况一般的流动资金贷款，原则上应采用贷款人受托支付方式

    B．贷款人应采取现场与非现场相结合的形式履行尽职调查，形成书面报告，并对其内容的真实性、完整性和有效性负责

    C．贷款人应根据贷审分离、分级审批的原则，建立规范的流动资金贷款评审制度和流程，确保风险评价和信贷审批的独立性

    D．贷款人可以根据内部绩效考核指标，制定期望的贷款规模指标，必要时可在季末突击放款

25. 企业一定时期内的收入、成本费用、利润应列入(　　)。

    A．利润表　　　　　　　　　B．财务状况说明书

    C．现金流量表　　　　　　　D．资产负债表

26. 关于资产负债表的分析，下列说法错误的是( )。

    A. 借款人的资金结构应与固定资产周转率相适应

    B. 在分析资产负债表时，一定要注意借款人的资产结构是否合理，是否与同行业的比例大致相同

    C. 借款人的长期资金在其资金构成中占有十分重要的地位

    D. 资金结构合理，借款人的经济基础就牢固，就能承担较大的风险，就有较强的偿债能力

27. 分析企业资产结构是否合理，通常是与( )的比率进行比较。

    A. 同收入规模企业   B. 同行业的企业

    C. 同负债规模企业   D. 同资产规模企业

28. 下列有关客户经营管理状况分析的表述，错误的是( )。

    A. 销售阶段的核心是市场   B. 生产阶段的核心是技术

    C. 供应阶段的核心是进货   D. 市场阶段的核心是管理

29. ( )通过计算资产的周转速度来反映公司控制和运用资产的能力，进而估算经营过程中所需的资金量。

    A. 杠杆比率   B. 效率比率

    C. 偿债能力比率   D. 盈利比率

30. 一个企业有 6 年的历史，其中前 2 年主要生产白酒，中间 2 年从事农副产品加工，后 2 年从事对外贸易，且股权完全发生变更，银行分析该客户的品质时，( )。

    A. 因主营业务和股权变更较大，应给予大力支持

    B. 由于贸易行业利润丰厚，应当给予适当支持

    C. 因主营业务和股权变更较大，应给予足够警觉

    D. 由于该企业敢于创新突破，应给予大力支持

31. 商业银行在对客户供应阶段分析中，错误的是( )。

    A. 进货渠道分析可以从四个方面着手：有无中间环节、供货地区的远近、运输方式、进货资质的取得

    B. 客户采购物品的质量主要取决于上游厂商的资质，知名供应商一般较为可靠

    C. 付款条件反映了客户的市场地位，如果客户通过预付款或现货交易采购，说明其资信较高

    D. 原材料价格除了受市场供求影响外，还取决于进货渠道、客户关系等多方面因素

32. 如果当期应收账款减少，即收回上一期的应收账款____本期产生的应收账款，销售所得现金就会____销售收入。( )

    A. 大于；小于   B. 小于；大于   C. 大于；大于   D. 小于；小于

33. 某公司年初流动比率为 2.2，速动比率为 1.0；年末流动比率为 2.5，速动比率为 0.8。在其他条件不变的情况下，下列各项中可以解释年初与年末差异的是( )。

    A. 存货增加，现金小幅减少   B. 应收账款的收回速度加快

    C. 相对于现金销售，赊销增加   D. 应付账款增加

34. 预收账款属于( )。

A．流动资产　　B．非流动资产　　C．长期负债　　D．流动负债

35．某企业 2013 年年末流动比率为 2，年末流动负债为 8000 元，年末流动资产占总资产的比例为 40%，年初与年末资产总额相同，其中无形资产 4000 元，年末资产负债率为 50%。则该企业年末负债与所有者权益比率和负债与有形净资产比率分别应为(　　)。

A．100%，80%　　　　　　　　B．200%，80%

C．100%，125%　　　　　　　　D．200%，125%

36．某啤酒生产企业 2013 年销售收入净额为 6000 万元，年初应收账款余额为 300 万元，年末应收账款余额为 500 万元，每年按 360 天计算，则该公司的应收账款周转天数为(　　)天。

A．17　　　　　B．24　　　　　C．15　　　　　D．22

37．借款需求分析中，通过了解借款企业在资本运作过程中导致(　　)的关键因素和事件，银行能够更有效地评估风险。

A．盈利　　　　B．资金短缺　　C．现金流入　　D．现金流出

38．某生产企业 2013 年年末的速动比率为 1.2，该企业流动资产包括存货、待摊费用、货币资金、交易性金融资产和应收账款五个部分，其中应收账款占整个企业流动负债的比例为 40%，该公司的现金比率为(　　)。

A．70%　　　　B．无法计算　　C．60%　　　　D．80%

39．项目投产初期，要根据(　　)估算各年达产率。

A．项目销售收入　　　　　　　B．项目实际产量

C．设计生产能力　　　　　　　D．市场产量水平

40．关于固定资产原值的确定，下列说法正确的是(　　)。

A．购入固定资产按合同协议确定的价值入账

B．融资租入的固定资产按缴纳各期租金的现值入账

C．构建固定资产缴纳的投资方向调节税、耕地占用税不计入固定资产原值

D．与构建固定资产有关的建设期支付的贷款利息和发生的汇兑损失应计入相应的固定资产原值

41．将各个生产环节的流动资金相加得到项目总流动资金需用额，再减去流动负债得到项目所需流动资金的方法为(　　)。

A．比例系数法　　　　　　　　B．资产负债表法

C．趋势分析法　　　　　　　　D．分项详细估算法

42．下列关于项目协作机构分析的说法，错误的是(　　)。

A．与项目有关的协作机构主要包含国家计划部门和主管部门、地方政府机构、业务往来单位三个层次

B．分析与项目有关的国家机构时，应着重对国家机构制定有关政策的能力及政策的正确与否、各部门机构在政策上的协调性进行分析

C．应根据需要设置和调整地方机构，加强对项目的基层管理

D．应考察与项目有关的协作单位机构是否健全，规章制度是否完整以及工作能力如何

43．设备的技术寿命是指设备从开始使用至(　　)所经历的时间。

A．设备因物理、化学作用报废　　　B．设备因技术落后而被淘汰

C．设备使用费超过预算　　　D．设备完全折旧

44．银行通过分析项目的生产规模，可了解项目是否实现了(　　)，进而了解项目的经济效益状况，为贷款决策提供依据。

A．规模经济　　　B．市场主导地位

C．批量化生产　　　D．垄断优势

45．1986年，美国著名市场营销学家菲利浦·科特勒教授在原4P组合的基础上提出了6P营销策略，增加的两个P为(　　)。

A．权力(Power)、渠道(Place)

B．权力(Power)、公共关系(Public Relations)

C．促销(Promotion)、权力(Power)

D．渠道(Place)、公共关系(Public Relations)

46．(　　)是衡量项目经济效益统一的标准和尺度。

A．方法规范化原则　　　B．指标统一性原则

C．效益性原则　　　D．价值尺度的合理性原则

47．投资者、决策机构和金融机构实施项目、决策项目和提供贷款的主要依据是(　　)。

A．项目可行性研究报告　　　B．项目评估

C．项目财务评估　　　D．项目效益

48．企业外购一项固定资产，购买价格100万元，支付的运输费5万元，保险费3万元，发生的安装成本2万元，并缴纳税金5万元。则该固定资产的入账原值为(　　)。

A．115万元　　　B．110万元　　　C．108万元　　　D．100万元

49．贷款项目评估的出发点为(　　)。

A．借款人利益　　　B．担保人利益

C．贷款银行利益　　　D．国家利益

50．决定贷款能否偿还的最主要因素是(　　)。

A．贷款人的信用等级　　　B．贷款人的现金流情况正常

C．贷款人的还款能力　　　D．担保人资金实力

51．融资性担保公司注册资本的最低限额不得低于人民币(　　)万元。

A．100　　　B．200　　　C．300　　　D．500

52．股票、债券、保单担保贷款属于(　　)。

A．抵押担保贷款　　　B．动产担保贷款

C．不动产担保贷款　　　D．权利财产担保贷款

53．由作为第三人的自然人或法人向银行提供的，许诺借款人按期偿还贷款的保证属于(　　)。

A．人的担保　　　B．财产担保　　　C．抵押担保　　　D．质押担保

54．某公司以上市公司法人股权质押作为贷款担保，则应该以下列哪种价格作为质押品的公允价格？(　　)

A．公司最近一期经审计的财务报告中所写明的上市公司法人股权的净资产价格2500万元

    B. 以公司最近的财务报告为基础，测算公司未来现金流入的现值，所估算的上市公司法人股权的价值 3000 万元

    C. 公司正处于重组过程中，交易双方关于上市公司法人股权最新的谈判价格为 2800 万元

    D. 贷款日该上市公司法人股权市值 2600 万元

55. 下列关于贷款的质押与抵押的区别，错误的是(   )。

    A. 标的物的占有权是否发生转移不同：抵押权的设立不转移抵押物的标的物的占有，而质权的设立必须转移质押标的物的占有。因而对标的物的保管义务不同

    B. 对标的物孳息的收取权不同：在质押期间，质权人依法有权收取质物所生的天然孳息和法定孳息，而抵押权人无权收取

    C. 标的物的范围不同：质权的标的物为动产和财产权，抵押权的标的物一般是动产和不动产，以不动产最常见

    D. 受偿顺序不同：抵押权无受偿顺序，而质押权有

56. 商业银行应兼顾信贷风险控制和提高审批效率方面的要求，合理确定授权金额及行权方式，以实现集权与分权的平衡。这是信贷授权应遵循的(   )原则。

    A. 权责一致   B. 差别授权   C. 动态调整   D. 授权适度

57. 审贷分离的核心是将负责贷款调查的____与负责贷款审查的____相分离，以达到相互制约的目的。(   )

    A. 业务部门；监控部门   B. 业务部门；管理部门

    C. 调配部门；稽核部门   D. 管理部门；调配部门

58. 某企业的资产负债表如下：

资产负债表

单位：万元

银行存款	300	应付账款	500
存货	1000	短期借款	1500
应收账款	700	长期负债	1000
固定资产	3000	所有者权益	2000
资产	5000	负债及所有者权益	5000

该企业的速动比率为(   )。

    A. 1   B. 1.33   C. 0.33   D. 0.5

59. 固定资产贷款中，对单笔金额超过项目总投资 5%或超过(   )万元人民币的贷款资金交付，应采用贷款人受托支付方式。

    A. 300   B. 800   C. 200   D. 500

60. 商业银行负责审核贷款审批日至放款核准日期间借款人重大风险变化情况的部门是(   )。

    A. 授信审批部门   B. 信贷营销部门

    C. 风险管理部门   D. 放款执行部门

61. ( )中必备的条款包括贷款种类、贷款利率、还款方式、还款期限等。

 A. 保证合同　　　B. 质押合同　　　C. 借款合同　　　D. 抵押合同

62. 下列有关商业银行流动资金贷款受托支付的表述，错误的是( )。

 A. 商业银行应制定完善的贷款人受托支付的操作制度，明确放款执行部门内部的资料流转要求和审核规则

 B. 贷款支付后因借款人交易对手原因导致退款的，贷款人应及时通知借款人重新付款并审核

 C. 商业银行应要求借款人提交贷款用途证明材料，但借款人无须逐笔提交能够反映所提款项用途的详细证明材料

 D. 贷款人受托支付是实贷实付的主要体现方式，最能体现实贷实付的核心要求

63. 下列不属于客户信用分析的5P分析系统的是( )。

 A. 定量模型因素　　　　　　　　　B. 保障因素

 C. 资金用途因素　　　　　　　　　D. 还款来源因素

64. 下列做法中，不符合信贷档案管理原则和要求的是( )。

 A. 将一个信贷项目形成的文件资料划分为信贷文件和信贷档案，分别管理

 B. 任命直接经办贷款的信贷人员担任信贷档案员

 C. 业务人员将信贷执行过程续生的文件随时移交信贷档案员

 D. 将信贷档案的检查列入年度绩效考核中

65. 预警处置是一个( )的过程。

 A. 借助预警操作工具对银行贷款全过程进行监控考核

 B. 接收风险信号、评估、衡量风险

 C. 在前期预警基础上提出有无风险、风险大小、风险危害程度

 D. 在接收风险信号、评估、衡量风险基础上提出有无风险、风险大小、风险危害程度及风险处置、化解方案

66. 对于项目融资业务还款账户的监控，贷款人应要求借款人指定专门的( )，并约定所有项目的资金收入均须进入此账户。

 A. 项目支出账户　　　　　　　　　B. 项目收入账户

 C. 还款账户　　　　　　　　　　　D. 融资账户

67. 财产保全可以在起诉前申请，也可以在起诉后判决前申请，起诉前申请财产保全被人民法院采纳后，应该在人民法院采取保全措施( )天内正式起诉。

 A. 15　　　　　B. 10　　　　　C. 30　　　　　D. 7

68. 贷款发放后，关于对保证人保证意愿的监控，做法错误的是( )。

 A. 应密切注意保证人的保证意愿是否出现改变迹象

 B. 如保证人与借款人的关系发生变化，要密切注意保证人是否愿意继续担保

 C. 主要关注保证人与借款人关系变化后的结果，不关注变化的原因

 D. 保证人与借款人关系发生变化后，应判断贷款的安全性是否受到实质影响

69. 还款能力的主要标志就是( )。

 A. 借款人的生产能力　　　　　　　B. 借款人的信用状况

 C. 借款人的现金流量是否充足　　　D. 担保人的担保条件是否良好

70. 下列资产中，无法使用市场价值法确定价值的是(　　)。

    A．股票　　　　　B．外汇　　　　　C．期货　　　　　D．贷款

71. 历史成本法坚持(　　)，即要把成本摊派到与其相关的创造收入的会计期间，从而无法反映特殊情况下资产负债的变化。

    A．匹配原则　　　B．审慎原则　　　C．及时原则　　　D．真实原则

72. 下列表述中，不符合贷款损失准备金计提方法的是(　　)。

    A．对于大额不良贷款汇总计提专项准备金

    B．对受突发事件影响的贷款组合，统一计提特别准备金

    C．对正常贷款计提普通准备金

    D．对金额小、数量多的非正常类贷款，采取批量处理的方法

73. 下列各项中，借款人偿还债务最具有保障的来源是(　　)。

    A．现金流量　　　　　　　　　B．资产销售

    C．抵押物的清偿　　　　　　　D．资产置换

74. (　　)是商业银行对客户偿债能力和偿债意愿的计量和评价。

    A．信用评级　　　B．信贷审查　　　C．征信报告　　　D．服务审计

75. 关于变更担保条件，以下说法正确的是(　　)。

    A．在变更担保条件过程中，担保人具有主动权

    B．变更担保条件可以将抵押转换成保证，但保证不允许转换为抵押或质押

    C．保证人的责任无法得到直接免除

    D．若担保条件有明显改善，则银行可以同意变更担保

76. 银行依法可向法院申请强制执行的法律文书不包括(　　)。

    A．生效的判决

    B．还本付息通知书

    C．仲裁机构的裁决

    D．公证机关依法赋予强制执行力的债权文书

77. 商业银行贷款重组方式不包括(　　)。

    A．以资抵债　　　　　　　　　B．债权转为资本

    C．破产清算　　　　　　　　　D．调整利率

78. 下列各项中，能作为呆账核销的是(　　)。

    A．借款人或者担保人有经济偿还能力，未按期偿还的银行债权

    B．银行未向借款人和担保人追偿的债权

    C．借款人不能偿还到期债务，银行依法取得抵债资产，抵债金额小于贷款本息的差额经追偿后无法收回的债权

    D．违反法律、法规的规定，以各种形式逃废或者悬空的银行债权

79. 对信贷运行过程的监测预警是通过(　　)实现的。

    A．建立科学的贷前调查体系，对申贷人系统调查

    B．建立严格贷前审批程序，对贷款申请逐一把关

    C．建立科学的贷后检查，对贷款人随时检查

    D．建立科学的监测预警指标体系，并观察其发展变化过程

80. 在贷款发放中，对借款合同审查应着重于(　　)的审查。

    A. 合同形式   B. 合同必备条款

    C. 合同附加条款   D. 合同生效条件

二、多选题(共 40 题，每小题 1 分，共 40 分，下列选项中有两项或两项以上符合题目的要求，多选、少选、错选均不得分。)

1. (　　)属于国内商业银行综合化服务的业务品种。

    A. 证券承销   B. 企业并购   C. 集合理财顾问

    D. 福利基金托管   E. 出口硬通货应收款证券化

2. 以下贷款方式中，银行不用承担贷款风险的有(　　)。

    A. 自营贷款   B. 委托贷款   C. 特定贷款

    D. 银团贷款   E. 辛迪加贷款

3. 下列关于贷款资料审查的表述正确的有(　　)。

    A. 借款人提供复印件时应在复印件上加盖公章，商业银行业务人员应在相应文件核实无误后签字确认其真实性

    B. 对于新建项目，对于提供财务报表可不作严格要求

    C. 认真阅读借款人公司章程，以确信该笔贷款是否必须提交董事会决议

    D. 对企业提供的经审计和未审计的财务报表应平等对待

    E. 对于新建项目，要及时获取借款人重要财务数据

4. 现场调研通常包括(　　)。

    A. 走访行业协会   B. 现场会谈   C. 实地考察

    D. 走访工商局   E. 查询官方资料

5. 根据贷款安全性调查的要求，良好的公司治理机制包括(　　)。

    A. 激励约束机制   B. 长远的发展战略   C. 保守的会计原则

    D. 健全负责的董事会   E. 严格的目标责任制

6. 分析一个特定区域的风险，关键是要判断(　　)。

    A. 信贷资金安全的影响因素   B. 最恰当的信贷结构

    C. 风险成本收益能否匹配   D. 区域经济水平

    E. 区域发展速度

7. 下列关于信贷资产质量指标的说法，正确的有(　　)。

    A. 加权平均期限用于衡量目标区域信贷资产的期限结构

    B. 信贷平均损失比率从静态上反映了目标区域信贷资产整体质量

    C. 利息实收率用于衡量目标区域信贷资产的收益实现情况

    D. 信贷资产相对不良率大于 1 时，说明目标区域信贷风险低于银行一般水平

    E. 信贷余额扩张系数小于 0 时，目标区域信贷增长相对较慢

8. 一般来讲，影响流动资金需求的关键因素为(　　)。

    A. 存货   B. 现金   C. 借款人所属行业

    D. 借款人经营规模   E. 应收账款和应付账款

9. 银行通过对(　　)的趋势比较，可做出合理的贷款决策。

    A．实际销售增长率   B．可持续增长率   C．利润率

    D．成本率   E．存货周转率

10．债项评级的结果可以有多种用途，主要包括(　　)。

    A．应用于一维评级体系   B．应用于授信审批

    C．应用于贷款定价   D．应用于不良资产处置与回收

    E．应用于风险监测和绩效考核

11．违约损失率的测算在《巴塞尔新资本协议》内部评级初级法和高级法中有所不同，以下描述正确的有(　　)。

    A．在内部评级初级法中，对于无担保的债项，若为优先级债务，则违约损失率为35%

    B．在内部评级初级法中，对于无担保的债项，若为优先级债务，则违约损失率为45%

    C．在内部评级初级法中，对于无担保的债项，若为非优先级债务，则违约损失率为75%

    D．在内部评级高级法中，对于有抵押、担保的债项，按抵押品的数量和种类，通过计算不同抵押品的折扣比例得到对应的违约损失率

    E．在内部评级高级法中，根据银行内部充分的风险和损失数据以及监管当局确认有效的信息来源，银行自主确定各敞口对应的违约损失率

12．下列关于5C系统的说法，错误的有(　　)。

    A．品德仅指借款企业负责人的品德

    B．资本是指借款人的财务杠杆状况及资本金情况，财务杠杆越低，意味着债务负担和违约概率越低

    C．还款能力主要从借款人未来现金流量的变动趋势方面衡量

    D．抵押贷款中，商业银行对抵押品的要求权级别越高，抵押品市场价值越小，贷款风险越低

    E．经营环境主要包括商业周期所处阶段、借款人所在行业状况、利率水平等因素

13．在分析客户财务状况时，银行所使用的效率比率指标主要包括(　　)。

    A．总资产周转率

    B．固定资产周转率

    C．应收账款回收期

    D．资产收益率

    E．所有者权益收益率

14．为准确评价借款人的偿债能力，信贷人员对借款人财务分析应侧重借款人的(　　)。

    A．盈利能力   B．营运能力   C．资本结构

    D．净现金流量   E．损益情况

15．对项目成本进行审查时，应(　　)。

    A．审查项目是否按企业财务通则与企业会计准则的有关规定核算项目生产经营成本

    B．重点审查成本计算中原辅材料、包装物、燃料动力的单耗、单价的取值是否有

理、有据

  C．审查外购投入物是否按照实际买价计算成本

  D．审查自制投入物是否按照制造过程中发生的实际支出计算成本

  E．审查外购投入物所支付的进项税是否单列

16．下列对环境保护方案的分析，做法正确的有(　　)。

  A．工业项目可不必进行环境保护方案分析

  B．应审查企业提交的环境影响报告，其间要特别注意企业对污染源的控制方案

  C．应审查对投入物、燃料和原材料的用后治理，审查治理技术是否先进

  D．应审查建设总投资与总设计中是否包含环保工程内容

  E．要分析环境保护带来的社会效益，暂不关注环保成本

17．对于资本充足、劳动力稀缺的发达地区，选择(　　)的工艺方案较经济合理。

  A．自动化水平高 B．机械化水平高 C．技术可靠性高

  D．实施可行性高 E．生态环保

18．经济指标是反映经济活动结果的一系列数据和比例关系，下列属于经济指标的是(　　)。

  A．货币供应量 B．股票价格指数 C．失业率

  D．国民生产总值 E．银行长期商业贷款利率

19．银行将项目融资业务的全部流程纳入规范化操作模式之中的好处有(　　)。

  A．提高综合收入

  B．全面了解各方面信息

  C．提高识别、评估、控制项目融资业务风险的能力

  D．提高尽职调查工作的效率，保证调查成果质量

  E．为项目融资业务的平稳较快发展提供更加有力的支持

20．下列关于主要工程设计方案的分析，正确的有(　　)。

  A．主要工程设计方案是指土建工程设计方案

  B．土建工程主要指地基、一般土建、工业管道、电气及照明等工程

  C．建筑工程方案分析主要对建筑物的平面布置和楼层高度是否适应工艺和设备的需要、建筑结构选择是否经济实用进行评估

  D．施工组织设计分析主要对施工方案、进度、顺序、产品原材料供应进行分析

  E．对工程量的分析应采用相应的行业标准

21．质押贷款中，为规避司法风险，银行可采取的措施有(　　)。

  A．将质押资金转为定期存单单独保管

  B．将质押资金转入银行名下保证金账户

  C．将质押资金存放在本行活期存款账户

  D．将质押资金封存

  E．将质押资金存放于借款人处

22．银行与借款人、其他第三人签订担保协议后，当(　　)时，可通过执行担保来收回贷款本息。

  A．借款人财务状况恶化 B．违反借款合同

C. 无法偿还本息　　　　　　D. 银行财务状况恶化

E. 贷款到期

23. 公司进行营运资本投资的主要方式有( )。

A. 季节性负债增加　　　B. 内部融资　　　　　　C. 银行短期贷款

D. 增发股票　　　　　　E. 商业信用

24. 下列关于担保方式的说法中正确的有( )。

A. 担保品必须是符合法律规定、真实存在的财产或权利

B. 担保品必须具备易变现性

C. 担保品应按法规要求在有权机构办理抵(质)押登记

D. 担保品必须具备可控性

E. 担保品必须具备足值性

25. 授信额度主要依照( )方式定义和监管。

A. 每一年贷款　　　　　B. 每半年贷款　　　　　C. 每一笔信用贷款

D. 单个公司借款企业　　E. 集团公司

26. 以下属于企业产品创新能力的重要指标的有( )。

A. 产品的销售价格

B. 能否在竞争对手之前推出新产品

C. 新产品、专利产品在销售中所占的比例

D. 企业的经营效益

E. 开发下一代新产品所需的时间

27. 对不能按借款合同约定期限还款的,银行有权( )。

A. 对应收未收的利息计收利息

B. 自行加罚利息

C. 对应收未收的罚息计收利息

D. 扣押企业资产

E. 申请企业破产清算

28. 借款人还清借款本息后,商业银行客户经理应对贷款项目和信贷工作进行全面的总结,便于其他客户经理借鉴参考。贷款总结评价的主要内容包括( )。

A. 贷款管理中出现的问题及解决措施

B. 客户的经营变化情况

C. 客户的管理优势

D. 贷款基本评价

E. 有助于提升贷后管理水平的经验

29. 推行实贷实付的现实意义包括( )。

A. 有利于将信贷资金引入实体经济

B. 有利于加强贷款使用的精细化管理

C. 有利于银行业金融机构管控信用风险和法律风险

D. 有利于杜绝信贷资金违规流入股票市场和房地产市场的恶性违规问题

E. 督促银行业金融机构有效提升信贷风险管理的能力

30. 在贷款发放时，对保证合同应着重审查的条款有(   )。
    A. 被保证的贷款数额   B. 借款人履行债务的期限
    C. 保证的方式   D. 保证担保的范围
    E. 保证期间

31. 下列关于贷款支付的表述，正确的有(   )。
    A. 银行应根据借款人的行业特征、经营规模、管理水平、信用状况等因素和贷款业务品种，合理约定贷款资金支付方式及贷款人受托支付的金额标准
    B. 对单笔资金支付超过项目总投资 5%或超过 500 万元人民币的固定资产贷款，应采用贷款人受托支付方式
    C. 与借款人新建立信贷业务关系且借款人信用状况一般的流动资金贷款，原则上应采用受托支付方式
    D. 支付对象明确且单笔支付金额较大的流动资金贷款，原则上应采取受托支付方式
    E. 对单笔资金支付超过项目总投 3%或超过 300 万元人民币的固定资产贷款，应采用贷款人受托支付方式

32. 对客户进行财务报表分析时，分析的重点有(   )。
    A. 资产的流动性
    B. 借款人的管理水平
    C. 借款人的偿债能力
    D. 行业现金流量
    E. 借款人除本银行之外获得其他资金的能力

33. 银行在对贷款项目的技术工艺流程分析中，对工艺技术方案的分析评估的内容包括(   )。
    A. 产业基础和生产技术水平的协调性
    B. 工艺技术的原材料适应性
    C. 设备的配套性
    D. 工艺技术的先进性和成熟性
    E. 技术来源的可靠性和经济性

34. 通过公允价值法判断贷款定价的依据有(   )。
    A. 期限   B. 利率   C. 贴现率
    D. 各等级类似贷款的市场价格
    E. 专门评级机构对类似贷款的评级

35. 贷款分类时，应该遵循的原则有(   )。
    A. 合法性原则   B. 真实性原则   C. 及时性原则
    D. 审慎性原则   E. 重要性原则

36. 银行对于取得的抵债资产可以采取以(   )方式保管。
    A. 信托保管   B. 就地保管   C. 以租代管
    D. 上收保管   E. 委托保管

37. 融资性担保公司可以以自有资金进行(   )。

A. 国债投资

B. 有价证券投资

C. 金融债券投资

D. 大型企业债务融资工具投资

E. 不存在利益冲突且总额不高于净资产 20%的其他投资

38. 下列属于商业银行防范贷款虚假质押风险的措施有(   )。

A. 对调查不清、认定不准所有权及使用权的财产或权利，不能盲目接受其质押

B. 银行查证质押票证时，有密押的应通过联行核对

C. 银行要将质押证件作为重要有价单证归类保管，一般不应出借

D. 银行要认真审查质押贷款当事人行为的合法性

E. 要切实核查质押动产在品种、数量、质量等方面是否与质押权证相符

39. 根据《项目融资业务指引》的规定，贷款人从事项目融资业务时，重点应从(   )等方面评估项目风险。

A. 财务可行性   B. 项目技术可行性

C. 还款来源可靠性   D. 股东支持项目的意愿及能力

E. 项目资金来源

40. 下列关于项目生产所需的燃料及动力供应条件分析的说法，正确的有(   )。

A. 所需燃料通常有煤炭、石油和天然气

B. 所需动力主要有电力和蒸汽

C. 要依据产品生产过程、成本、质量、区域环境来选择燃料种类

D. 要根据当地水源分布、水质情况分析用水量

E. 耗电量大又要求连续生产的工业项目，要分析估算项目最大用电量、高峰负荷、备用量、供电来源

三、判断题(共 20 题，每小题 1 分，共 20 分，正确的选 A，错误的选 B；不选、错选均不得分。)

1. 在计算现金流量时,折旧费支出、无形资产与递延资产摊销不能作为现金流出。(   )

A. 正确

B. 错误

2. 评估项目的还款来源时，必须先考虑将项目本身的税后利润全部用于还贷。(   )

A. 正确

B. 错误

3. 银行流动资金贷前调查报告中，应包含数额较大或账龄较短的国内外应收账款情况。(   )

A. 正确

B. 错误

4. 贷款的安全性是指银行应当尽量避免各种不确定因素对其资产和贷款等方面的影响，保证银行稳健经营和发展。(   )

A. 正确

B. 错误

5. 按贷款用途划分,公司贷款可分为固定资产贷款与流动资金贷款两种。( )

A. 正确

B. 错误

6. 在计算现金流量时,折旧费支出、无形资产与递延资产摊销不能作为现金流出。( )

A. 正确

B. 错误

7. 在对作为抵押物的机器设备进行估价时,只需考虑的因素是折旧。( )

A. 正确

B. 错误

8. 客户关系管理的核心是客户信用管理。( )

A. 正确

B. 错误

9. 如果贷款发放后马上计算其净现值,贷款净现值不可能超过贷款本金。( )

A. 正确

B. 错误

10. 提款期是指从借款合同生效之日开始,至合同规定贷款金额全部提款完毕之日为止的一段期限。( )

A. 正确

B. 错误

11. 按照《中华人民共和国担保法》的有关规定,担保方式包括定金、留置、保证、抵押、质押五种方式。( )

A. 正确

B. 错误

12. 对于与固定资产扩张有关的借款需求,银行必须与借款公司管理层进行详细的讨论,进而评估固定资产扩张可否成为合理的借款原因。( )

A. 正确

B. 错误

13. 银行依法申请财产保全,无须承担任何法律责任。( )

A. 正确

B. 错误

14. 波特五力模型主要考虑新进入者进入壁垒、买卖双方议价能力、成本结构、现有竞争者的竞争能力五种因素的影响。( )

A. 正确

B. 错误

15. 一般来说,处在启动阶段与处于衰退期的行业面临的风险都比较高,但银行仍可进行长期贷款,以获得高风险下的更高收益。( )

A. 正确

B. 错误

16. 交易结构的好坏影响客户评级，充足的担保或高信用等级保证人担保，一般会有助于改善客户评级等级。（   ）

    A．正确

    B．错误

17. 关于借款需求与负债结构，一个基本的信贷准则是长期资金需求要通过长期融资实现，短期资金可通过短期融资实现，也可通过长期融资实现。（   ）

    A．正确

    B．错误

18. 上市公司的可流通股票作为质押品时，其公允价值是该股票的市场价格。（   ）

    A．正确

    B．错误

19. 由于同一项目不同的现金流量分布可能得出相同的内部收益率，因此不能简单以内部收益率来判断项目能否按时还款，但可以借助净现金流量分析，把各年还本付息额与当年的净现金流量进行对比，就可以判断项目在还款期内能否按时还款。（   ）

    A．正确

    B．错误

20. 通过分析借款人的资金结构，可以计算负债在资金来源中所占的比重，有助于判断借款人偿债能力的强弱。（   ）

    A．正确

    B．错误

答案及详解

一、单选题(共 80 题，每小题 0.5 分，共 40 分，下列选项中只有一项最符合题目要求，不选、错选均不得分。)

1．【答案】D

【解析】D 项，由于我国商业银行营销只有很短的历史，现阶段营销意识落后，银行营销理念还没有真正深入人心，特别是在互联网金融领域的布局存在滞后。

2．【答案】A

【解析】A 项，商业银行服务应当以客户为中心，建立真正的以客户为中心、以市场为导向、以经济效益为目标、以风险控制为主线、市场反应灵敏、风险控制有力、运作协调高效、管理机制完善的组织架构，是提升我国商业银行整体实力的组织保障。

3．【答案】C

【解析】行业公定利率是指由非政府部门的民间金融组织，如银行协会等确定的利率，该利率对会员银行具有约束力。

4．【答案】C

【解析】如按复利计算，每年应还利息额为：$[(1+0.0002)\times 360-1]\times 10000\approx 746(元)$。

5. 【答案】D

【解析】作为风险防范的第一道关口，在贷款的派生收益与贷款本身安全性的权衡上，业务人员应坚持将贷款安全性放在第一位，对安全性较差的项目在受理阶段须持谨慎态度。

6. 【答案】C

【解析】在商业银行受理贷款申请时，调查人员进行的面谈中须了解的信息有：客户的公司状况、客户的贷款需求状况、客户的还贷能力、抵押品的可接受性、客户与银行关系等。其中，客户与银行关系包括客户与本行及他行的业务往来状况、信用履约记录等。

7. 【答案】D

【解析】D 项，贷款承诺是借贷双方就贷款的主要条件已经达成一致，银行同意在未来特定时间内向借款人提供融资的书面承诺，贷款承诺具有法律效力。

8. 【答案】A

【解析】贷前调查是贷款发放的第一道关口，其质量优劣直接关系到贷款决策正确与否。

9. 【答案】D

【解析】面谈结束时，调查人员应及时对客户的贷款申请做出必要反应，如客户的贷款申请可以考虑(但还不确定是否受理)，应向客户获取进一步的信息资料，并准备后续调查工作，注意不得超越权限做出有关承诺。

10. 【答案】A

【解析】贷前调查是银行受理借款人申请后，对借款人的信用等级以及借款的合法性、安全性、营利性等情况进行调查，核实抵(质)押物、保证人情况，测定贷款风险度的过程。贷前调查是银行发放贷款前最重要的一环，也是贷款发放后能否如数按期收回的关键。

11. 【答案】B

【解析】根据贷款类型不同，借款人申请贷款还需要提供一些其他材料，其中，对于出口打包贷款，银行确立贷款意向后，应出具进口方银行开立的信用证。

12. 【答案】C

【解析】对信贷经营来说，经济发展水平是对区域风险影响最大、最直接的因素。一般情况下，经济发展水平越高，区域信贷风险越低。

13. 【答案】D

【解析】在 PRS 衡量方法下，一国得分越高，表明其国家风险越低，越值得投资；其分值若在 0～50 分之间，代表风险非常高；若在 85～100 分则代表风险非常低。

14. 【答案】B

【解析】区域信贷资产质量是对区域信贷风险状况的直接反映，它是衡量内部风险最重要的指标。信贷资产质量好，则表明该区域信贷风险低。

15. 【答案】C

【解析】盈亏平衡点是某一企业销售收入与成本费用相等的那一点。盈亏平衡点产量是指总销售额中扣除企业变动成本，与企业固定资本总额相等的那一点。假设该企业盈亏平衡点销售量为 x 件，则有 $25x-10x=75000000$，则 $x=5000000$，即 500 万件。

16. 【答案】A

【解析】由于 T 行业公司具有成本优势，有忠实的顾客群，行业外竞争者难以进入该行业与原有公司进行竞争，因而该行业壁垒较高；该行业市场上尚无替代产品，则替代品威胁较小；该行业产品买方与原料供应方议价能力较弱，市场为少数大公司控制，因而市场现有竞争者竞争能力较强。根据波特五力模型，该行业的行业风险较小，可以授信。

17.【答案】A

【解析】国内生产总值及增长率、固定资产投资规模、劳动生产率、资金利润率及城市化水平等指标都可以反映一个区域的经济发展水平。区域国内生产总值越高、劳动生产率越高，该区域的经济发展水平越高。

18.【答案】D

【解析】贷款的效益性是指贷款经营的盈利状况，是商业银行经营管理活动的主要动力。贷款的盈利水平是商业银行经营管理水平的综合反映，同时也受外部环境众多因素的影响。

19.【答案】A

【解析】当年借款按年中支用考虑，计算半年利息；当年还款按年末偿还考虑，计算全年利息。

20.【答案】A

【解析】银行接到一笔新的贷款业务时，可持续增长率是需要重点关注的。当资产净值无法维持公司的高速增长时，公司必然会加大财务杠杆。在这种情况下，公司要想归还贷款，要么通过举债归还(即以新还旧)，要么等到高速增长期结束后再归还。因此，银行希望这样的公司尽快归还贷款是不现实的。

21.【答案】A

【解析】季节性资产增加的三个主要融资渠道分别是：①季节性负债增加，包括应付账款和应计费用；②内部融资，来自公司内部的现金和有价证券；③银行贷款。

22.【答案】D

【解析】题中该企业真正的资金需求应为购买新设备导致的需求，因而其除了短期季节性融资需求外，还需要长期的设备融资，相应地，银行应当使用短期贷款和长期贷款相结合的方式来满足该企业的不同需求。

23.【答案】B

【解析】该公司固定资产使用率=累计折旧/总折旧固定资产(不含土地)×100%=120/(200+50)×100%=48%。

24.【答案】D

【解析】D 项，根据《流动资金贷款管理暂行办法》第八条，贷款人应根据经济运行状况、行业发展规律和借款人的有效信贷需求等，合理确定内部绩效考核指标，不得制定不合理的贷款规模指标，不得恶性竞争和突击放贷。

25.【答案】A

【解析】利润表又称损益表，它是指通过列示借款人在一定时期内取得的收入，所发生的费用支出和所获得的利润来反映借款人一定时期内经营成果的报表。

26.【答案】A

【解析】A 项，借款人的资金结构应与资产转换周期相适应。借款人合理的资金结构指资金不仅要从总额上可以满足经营活动的需要，适应资产转换周期，并且资金的搭配即短期负债、长期负债及所有者权益三者的比例也要适当，这样才能以最小的资金成本取得最大的收益。

27．【答案】B

【解析】由于借款人行业和资产转换周期的长短不同，所以其资产结构也不同。因此，在分析资产负债表时，一定要注意借款人的资产结构是否合理，是否与同行业的比例大致相同。

28．【答案】D

【解析】信贷人员可以从客户的生产流程入手，通过供、产、销三个方面分析客户的经营状况，也可以通过客户经营业绩指标进行分析。其中，供应阶段的核心是进货；生产阶段的核心是技术；销售阶段的核心是市场。

29．【答案】B

【解析】效率比率通过计算资产的周转速度来反映管理部门控制和运用资产的能力，进而估算经营过程中所需的资金量。效率比率主要包括总资产周转率、固定资产周转率、应收账款回收期、存货持有天数等。

30．【答案】C

【解析】在分析贷款客户的品质时要注意客户经营范围特别是主营业务的演变，对于频繁改变经营业务的客户应当警觉。

31．【答案】C

【解析】C 项，付款条件主要取决于市场供求和商业信用两个因素。如果货品供不应求或者买方资信不高，供货商大多要求预付货款或现货交易；反之，供货商只接受银行承兑汇票甚至商业承兑汇票。

32．【答案】C

【解析】当期应收账款增加，销售所得现金就会小于销售收入。如果当期应收账款减少，即收回上一期的应收账款大于本期产生的应收账款，销售所得现金就会大于销售收入。

33．【答案】A

【解析】速动资产=流动资产-存货-预付账款-待摊费用。当存货增加，现金小幅减少时就会导致流动比率提高，速动比率降低。B 项，企业收回应收账款，会使应收账款减少，货币资金相应增加，因而不会改变流动比率和速动比率；C 项，赊销增加会使应收账款增加，因而会提高流动比率和速动比率；D 项，应付账款增加会使流动负债增加，导致流动比率和速动比率都减小。

34．【答案】D

【解析】流动负债是借款人在生产经营过程中应付给他人的资金，是借款人承担的应在一年或在一个营业周期内偿还的债务，包括短期借款、应付票据、应付账款、预收账款、应付工资、应交税费、应付利润、其他应付款和预提费用等。

35．【答案】C

【解析】由公式：流动比率=流动资产/流动负债，可得：流动资产=流动负债×流动比率=8000×2=16000(元)，又已知流动资产占总资产的比例为 40%，故总资产=流动资产/40%=16000/40%=40000(元)。由公式：资产负债率=负债/总资产，可得：负债=总资产×资产负债率=40000×50%=20000(元)，所有者权益=总资产-负债=40000-20000=20000(元)，有形净资产=所有者权益-无形资产-递延资产=20000-4000-0=16000(元)。因此，负债与所有者权益比率=

负债/所有者权益=20000/20000×100%=100%，负债与有形净资产比率=负债/有形净资产=20000/16000×100%=125%。

36. 【答案】B

【解析】应收账款周转次数=销售收入/平均应收账款余额，周转天数=360/周转次数。将题中数据代入，可得：平均应收账款余额=(500+300)/2=400(万元)，应收账款周转天数=360/(6000/400)=24(天)。

37. 【答案】B

【解析】借款需求分析中，通过了解借款企业在资本运作过程中导致资金短缺的关键因素和事件，银行能够更有效地评估风险，更合理地确定贷款期限，并为企业提供融资结构方面的建议。

38. 【答案】D

【解析】现金比率的计算公式为：现金比率=现金类资产/流动负债，其中现金类资产是速动资产扣除应收账款后的余额，又知速动比率=速动资产/流动负债。因此，现金比率=(速动资产-应收账款)/流动负债=速动资产/流动负债-应收账款/流动负债=速动比率-应收账款/流动负债=1.2-40%=80%。

39. 【答案】B

【解析】项目销售收入审查中，在项目达产年份里，一般以项目设计生产能力的产量作为计算项目销售收入的产量(扣除自用产品)；在投产初期，由于项目的实际产量往往低于设计生产能力，此时要根据项目的实际情况估算投产初期各年的达产率。

40. 【答案】D

【解析】A 项，购入固定资产应按照购买价加上支付的运输费、保险费、包装费、安装成本和缴纳的税金确定固定资产原值；B 项，融资租入的固定资产，按照租赁合同确定的价款加上运输费、保险费、安装调试费等确定固定资产原值；C 项，企业构建固定资产所缴纳的投资方向调节税、耕地占用税、进口设备增值税和关税应计入固定资产原值。

41. 【答案】D

【解析】分项详细估算法是先计算各个生产经营环节的流动资金需用额，然后把各个环节的流动资金需用额相加得到项目总的流动资金需用额，流动资金总需用额减去流动负债就是项目所需的流动资金，此法常通过"流动资金估算表"进行。

42. 【答案】C

【解析】C 项，在分析与项目有关的地方机构时，由地方开发的项目往往从地区角度出发，带有各自的地区性目标，因此分析时应根据需要设置和调整地方机构，加强对项目的中层管理。

43. 【答案】B

【解析】设备的技术寿命是指设备从开始使用，直至因技术落后而被淘汰为止所经历的时间；设备的物质寿命是指设备在使用过程中由于物理和化学的作用，导致设备报废而退出生产领域所经历的时间；设备的经济寿命是指设备在经济上的合理使用年限，它是由设备的使用费决定的。

44. 【答案】A

【解析】项目的生产规模分析是指对拟建项目生产规模的大小所做的审查、评价和分析。银行通过分析项目的生产规模，可了解项目是否实现了规模经济，进而了解该项目的经济效益状况，为项目贷款决策提供依据。

45．【答案】B

【解析】1960年，美国市场营销专家麦卡锡教授提出了著名的4P营销策略组合理论，将营销策略归纳为产品(Product)、价格(Price)、促销(Promotion)、渠道(Place)。1986年，美国著名市场营销学家菲利浦·科特勒教授在原4P组合的基础上提出了6P营销策略：增加两个P，即权力(Power)和公共关系(Public Relations)。

46．【答案】B

【解析】指标统一性原则，是指在项目评估中所使用的国家参数、效益指标的标准化，也就是衡量项目经济效益统一的标准和尺度。

47．【答案】B

【解析】项目评估是投资决策的重要手段，投资者、决策机构和金融机构以项目评估的结论作为实施项目、决策项目和提供贷款的主要依据。

48．【答案】A

【解析】购入的固定资产原值按照购买价加上支付的运输费、保险费、包装费、安装成本和缴纳的税金确定，则该固定资产的入账原值=100+5+3+2+5=115(万元)。

49．【答案】C

【解析】贷款项目评估是以项目可行性研究报告为基础，根据国家现行方针政策、财税制度以及银行信贷政策的有关规定，结合项目生产经营的信息材料，从技术、经济等方面对项目进行科学审查与评价的一种方法。它是以银行的立场为出发点，以提高银行的信贷经营效益为目的。

50．【答案】C

【解析】银行最关心的是借款企业的财务状况和项目的效益情况，并把贷款项目的还款能力作为评估重点。

51．【答案】D

【解析】监管部门根据当地实际情况规定融资性担保公司注册资本的最低限额，但不得低于人民币500万元。

52．【答案】D

【解析】股票、债券、保单担保贷款都是以权利财产为担保而申请的贷款，因而属于权利财产担保贷款。

53．【答案】A

【解析】贷款担保可分为人的担保和财产担保两种：前者是由作为第三人的自然人或法人向银行提供的，许诺借款人按期偿还贷款的保证；后者是以债务人或第三人的不动产、动产或权利财产为担保。

54．【答案】A

【解析】对于没有明确市场价格的质押品，如上市公司法人股权等，则应当在以下价格中选择较低者为质押品的公允价值：①公司最近一期经审计的财务报告或税务机关认可的财务报告中所写明的质押品的净资产价格；②以公司最近的财务报告为基础，测算公司未来现金流入量的现值，所估算的质押品的价值；③如果公司正处于重组、并购等股权变动过程中，可以交易双方最新的谈判价格作为确定质押品公允价值的参考。

55.【答案】D

【解析】D 项，在质权设立的情况下，一物只能设立一个质押权，因而没有受偿的顺序问题。而一物可设数个抵押权，当数个抵押权并存时，有受偿的先后顺序之分。

56.【答案】D

【解析】授权适度原则是指银行业金融机构应兼顾信贷风险控制和提高审批效率两方面的要求，合理确定授权金额及行权方式，以实现集权与分权的平衡。实行转授权的，在金额、种类和范围上均不得大于原授权。

57.【答案】B

【解析】审贷分离是指将信贷业务办理过程中的调查和审查环节进行分离，分别由不同层次机构和不同部门(岗位)承担，以实现相互制约并充分发挥信贷审查人员专业优势的信贷管理制度。审贷分离的核心是将负责贷款调查的业务部门(岗位)与负责贷款审查的管理部门(岗位)相分离，以达到相互制约的目的。

58.【答案】D

【解析】速动比率是借款人速动资产与流动负债的比率。其计算公式为：速动比率=速动资产/流动负债×100%，速动资产=流动资产-存货-预付账款-待摊费用。因此，该企业的速动比率=(300+700)/(500+1500)=0.5。

59.【答案】D

【解析】《固定资产贷款管理暂行办法》规定了固定资产贷款必须采用贷款人受托支付的刚性条件：对单笔金额超过项目总投资 5%或超过 500 万元人民币的贷款资金支付，应采用贷款人受托支付方式。在实际操作中，银行业金融机构应依据这些监管的法规要求审慎行使自主权。

60.【答案】D

【解析】放款执行部门的主要审核内容包括：①审核合规性要求的落实情况；②审核限制性条款的落实情况；③核实担保的落实情况；④审核审批日至放款核准日期间借款人重大风险变化情况；⑤审核资本金同比例到位的落实情况；⑥审核申请提款金额是否与项目进度相匹配；⑦审核提款申请是否与贷款约定用途一致。

61.【答案】C

【解析】借款合同中的必备条款有：①贷款种类；②借款用途；③借款金额；④贷款利率；⑤还款方式；⑥还款期限；⑦违约责任和双方认为需要约定的其他事项。

62.【答案】C

【解析】C 项，在受托支付方式下，银行业金融机构除须要求借款人提供提款通知书、借据外，还应要求借款人提交贷款用途证明材料。借款人应逐笔提交能够反映所提款项用途的详细证明材料，如交易合同、货物单据、共同签证单、付款文件等。

63.【答案】A

【解析】针对企业信用分析的 5P 分析系统包括：个人因素、资金用途因素、还款来源因素、保障因素、企业前景因素。

64.【答案】B

【解析】根据信贷档案管理的专人负责原则，银行各级行的风险管理部门和业务经办部门设立的专职或兼职人员担任信贷档案员，不得由直接经办信贷业务人员担任。

65．【答案】D

【解析】预警处置是借助预警操作工具对银行经营运作全过程进行全方位实时监控考核，在接收风险信号、评估、衡量风险基础上提出有无风险、风险大小、风险危害程度及风险处置、化解方案的过程。

66．【答案】B

【解析】对于项目融资业务还款账户的监控，贷款人应要求借款人指定专门的项目收入账户，并约定所有项目的资金收入均须进入此账户。该账户对外支付的条件和方式均须在合同中明确，以达到有效监控资金收支变化、提高贷款资金保障性的效果。贷款人应对项目收入账户进行监测，当账户资金流动出现异常时，应及时查明原因并采取相应措施。

67．【答案】A

【解析】如果银行贷款到期不能正常收回或银行与借款人之间发生纠纷，就应该依靠法律手段来强制收回。银行应及时申请财产保全。财产保全可以在起诉前申请，也可以在起诉后判决前申请，起诉前申请财产保全被人民法院采纳后，应该在人民法院采取保全措施15天内正式起诉。

68．【答案】C

【解析】贷款发放后，银行应密切关注保证人的保证意愿是否出现改变的迹象：如保证人和借款人的关系出现变化，保证人是否出现试图撤销和更改担保的情况。同时还应分析其中的原因，判断贷款的安全性是否受到实质影响并采取相关措施。

69．【答案】C

【解析】现金流量是偿还贷款的主要来源，还款能力的主要标志就是借款人的现金流量是否充足。在贷款分类中，分析借款人现金流量是否充足，其主要目的是分析借款人经营活动产生的现金流量是否足以偿还贷款本息，通过持续经营所获得的资金是偿还债务最有保障的来源。

70．【答案】D

【解析】原则上，有市场价格的资产，如有价证券、外汇等，可使用市场价值法确定价值，但是对于贷款等非市场性金融产品，只能使用其他方法确定价值。

71．【答案】A

【解析】历史成本法的重要依据是匹配原则，即把成本摊派到与其相关的创造收入的会计期间，从而无法反映特殊情况下资产负债的变化。这与审慎的会计准则相抵触，使历史成本法在贷款分类应用中存在很大缺陷。

72．【答案】A

【解析】商业银行计提贷款损失准备金的基本步骤为：①对大额不良贷款逐笔计提专项准备金；②按照分类结果对其他"非正常类贷款"计提专项准备金；③对"非正常类贷款"的同质贷款计提专项准备金，对于一些金额小、数量多的贷款，要采取批量处理的办法；④对正常贷款计提普通准备金；⑤针对具体的突发性事件计提特别准备金；⑥汇总各类准备金；⑦根据其他因素对贷款损失准备金总体水平进行调整。

73．【答案】A

【解析】现金流量是偿还贷款的主要还款来源，还款能力的主要标志就是借款人的现金流量是否充足。在贷款分类中，分析借款人现金流量是否充足，其主要目的是分析借款人经营活动产生的现金流量是否足以偿还贷款本息，通过持续经营所获得的资金是偿还债务最有保障的来源。

74．【答案】A

【解析】客户信用评级是商业银行对客户偿债能力和偿债意愿的计量和评价，反映客户违约风险的大小。客户评级的评价主体是商业银行，评价目标是客户违约风险，评价结果是信用等级。

75．【答案】D

【解析】变更担保条件包括：①将抵押或质押转换为保证；②将保证转换为抵押或质押，或变更保证人；③直接减轻或免除保证人的责任。银行同意变更担保的前提，通常都是担保条件的明显改善或担保人尽其所能替借款企业偿还一部分银行贷款。

76．【答案】B

【解析】对于下列法律文书，债务人必须履行，债务人拒绝履行的，银行可以向人民法院申请执行：①人民法院发生法律效力的判决、裁定和调解书；②依法设立的仲裁机构的裁决；③公证机关依法赋予强制执行效力的债权文书。此外债务人接到支付令后既不履行债务又不提出异议的，银行也可以向人民法院申请执行。

77．【答案】C

【解析】目前商业银行的贷款重组方式主要有六种：①变更担保条件；②调整还款期限；③调整利率；④借款企业变更；⑤债务转为资本；⑥以资抵债。但在实务中，贷款重组可以有多种方式，各种方式可以单独使用，也可以结合使用。

78．【答案】C

【解析】下列债权或者股权不得作为呆账核销：①借款人或者担保人有经济偿还能力，银行未按规定履行所有可能的措施和实施必要的程序追偿的债权；②违反法律、法规的规定，以各种形式逃废或者悬空的银行债权；③因行政干预造成逃废或者造成悬空的银行债权；④银行未向借款人和担保人追偿的债权；⑤其他不应当核销的银行债权或者股权。

79．【答案】D

【解析】对信贷运行过程的监测预警是通过建立科学的监测预警指标体系，并对其发展变化过程进行观察来实现的，合理地选择预警指标是建立预警体系的关键。

80．【答案】B

【解析】贷款发放中，借款合同条款的审查应着重于合同核心部分，即合同必备条款的审查。借款合同的必备条款主要有贷款种类、借款用途、借款金额、贷款利率、还款方式、还款期限、违约责任和双方认为需要约定的其他事项。

二、多选题(共40题，每小题1分，共40分，下列选项中有两项或两项以上符合题目的要求，多选、少选、错选均不得分。)

1．【答案】ABCDE

【解析】国内商业银行综合化服务的主要业务品种有：①财务顾问业务，包括证券承销、企业并购以及项目融资的咨询顾问业务、政府财务顾问、集合理财顾问；②杠杆融资业务；③基金托管和资产证券化业务，主要包括福利基金托管、企业年金托管、社保基金托管、银行不良资产证券化、基础设施资产证券化、出口硬通货应收款证券化等。

2. 【答案】BC

【解析】B 项，委托贷款是由委托人提供资金，银行作为受托人代委托人发放、监督使用并协助收回的贷款，其中银行只收手续费，不代垫资金也不承担贷款风险；C 项，特定贷款是由国务院批准并对贷款可能造成的损失采取相应补救措施后责成银行发放的贷款，因而银行无须承担贷款风险。

3. 【答案】ABCE

【解析】D 项，对企业提交的经审计和未审计的财务报表应区别对待，对企业财务状况的分析应以经权威部门审计的财务报表为主，其他财务资料为辅。

4. 【答案】BC

【解析】现场调研是贷前调查中最常用、最重要的一种方法，开展现场调研工作通常包括现场会谈和实地考察两个方面。

5. 【答案】ADE

【解析】进行贷款安全性调查，要考察借款人、保证人是否已建立良好的公司治理机制，主要包括是否制定清晰的发展战略、科学的决策系统、执行系统和监督系统、审慎的会计原则、严格的目标责任制及与之相适应的激励约束机制、健全的人才培养机制和健全负责的董事会。

6. 【答案】ABC

【解析】区域风险是指受特定区域的自然、社会、经济、文化和银行管理水平等因素影响，而使信贷资产遭受损失的可能性。分析一个特定区域的风险，关键是要判断信贷资金的安全会受到哪些因素影响，什么样的信贷结构最恰当，风险成本收益能否匹配等。

7. 【答案】ABCE

【解析】D 项，信贷资产相对不良率用于评价目标区域信贷资产质量水平在银行系统中所处的相对位置，通过系统内比较，反映出目标区域风险状况。指标越高，区域风险越高。该指标大于 1 时，说明目标区域信贷风险高于银行一般水平。

8. 【答案】ABE

【解析】流动资金贷款需求量应基于借款人日常生产经营所需营运资金与现有流动资金的差额(即流动资金缺口)确定。一般来讲，影响流动资金需求的关键因素为存货(原材料、半成品、产成品)、现金、应收账款和应付账款。同时，还会受到借款人所属行业、经营规模、发展阶段、谈判地位等重要因素的影响。

9. 【答案】AB

【解析】银行通过对实际销售增长率和可持续增长率的趋势比较，可做出合理的贷款决策：①如果实际增长率显著高于可持续增长率，此时公司确实需要贷款；②如果实际增长率低于可持续增长率，说明公司目前未能充分利用内部资源，银行不予受理贷款申请。

10. 【答案】BCDE

【解析】除 BCDE 四项外，债项评级的结果还可用于：①应用于二维评级体系；②应用于资本和拨备计量和管理。

11. 【答案】BCE

【解析】A 项，在内部评级初级法中，对于无担保的债项，若为优先级债务，则违约损失率为 45%；D 项，在内部评级初级法中，对于有抵押、担保的债项，按抵押品的数量和种类，通过计算不同抵押品的折扣比例得到对应的违约损失率。

12．【答案】ACD

【解析】A 项，品德是对借款人声誉的衡量，主要指企业负责人的品德、经营管理水平、资金运用状况、经营稳健性以及偿还愿望等；C 项，还款能力即对借款人未来现金流量的变动趋势及波动性、借款人管理水平的衡量；D 项，商业银行对抵押品的要求权级别越高，抵押品的市场价值越大，变现能力越强，则贷款的风险越低。

13．【答案】ABC

【解析】在客户财务分析中，效率比率指标是通过计算资产的周转速度来反映管理部门控制和运用资产的能力，进而估算经营过程中所需的资金量，主要包括总资产周转率、固定资产周转率、应收账款回收期、存货持有天数等。

14．【答案】ABCD

【解析】借款人的偿债能力与借款人的盈利能力、营运能力、资本结构和净现金流量等因素密切相关。因此为了准确计算和评价借款人的偿债能力，对贷款决策进行的财务分析应侧重这些内容。

15．【答案】ABDE

【解析】C 项，外购投入物要按照买价加上应由企业负担的运杂费、装卸保险费、途中合理损耗、入库前加工整理和挑选费用以及缴纳的税金等计算成本。

16．【答案】BD

【解析】A 项，对工业项目而言，必须要进行环境保护方案分析；C 项，应审查对投入物、燃料和原材料的使用是否安排了处理措施，是否采取了治理措施；E 项，应分析环境保护是否经济，即要在治理环境所付出的经济代价与不治理环境而造成的经济损失之间权衡。

17．【答案】AB

【解析】在分析工艺方案时，必须结合本地区经济发展水平和资源条件，对不同工艺方案的自动化水平和机械化程度所产生的经济合理性进行分析评估。对于资本充足、劳动力稀缺的发达地区，选择自动化和机械化程度高的高新技术方案具有经济上的合理性；相反，对于经济发展较为落后的地区来说，由于具有资本要素稀缺、劳动要素丰裕的特点，所以大量使用节省劳动要素的高新技术是不经济的。

18．【答案】ABCD

【解析】经济指标有三类：①先行指标，主要有货币供应量、股票价格指数等，这类指标对将来的经济状况提供预示性的信息；②同步指标，主要包括失业率、国民生产总值等，这类指标反映的是国民经济正在发生的情况，并不预示将来的变动；③滞后指标，主要有银行短期商业贷款利率、工商业未还贷款等。

19．【答案】ABCDE

【解析】由于尽职调查工作缺少系统性的计划组织，调查成果难以保证稳定的质量水平。银行应将项目融资业务的全部流程纳入规范化操作模式之中，按照项目评估报告模板等工具完成尽职调查、风险控制、客户服务等各项工作，不仅将提高综合收入，而且作为项目合作伙伴深入项目建设运营的整个流程中，全面了解各方面信息，提高识别、评估、控制项目融资业务风险的能力，也为项目融资业务的平稳较快发展提供更加有力的支持。

20. 【答案】ABC

【解析】D 项，施工组织设计分析主要对施工方案、进度、顺序、建设材料供应计划等进行分析，产品原材料的供应分析属于项目生产条件分析的内容；E 项，在施工方案分析中，对工程量的分析应以相应的额定标准为依据来进行。

21. 【答案】AB

【解析】银行如让质押存款的资金存放于借款人在本行的活期存款账户上，是有司法风险的。为规避这种风险，银行须将质押资金转为定期存单单独保管，或者采取更为妥当的方式，将其转入银行名下的保证金账户。

22. 【答案】ABC

【解析】银行与借款人及其他第三人签订担保协议后，当借款人财务状况恶化、违反借款合同、无法偿还本息时，银行可通过执行担保来收回贷款本息。担保为银行提供了一个可以影响或控制的潜在还款来源，从而增强了贷款最终偿还的可能性。

23. 【答案】BC

【解析】公司一般会尽可能通过内部资金来满足其营运资本的投资，如果内部融资无法满足全部融资需求，公司就会向银行申请短期贷款。

24. 【答案】ABCDE

【解析】担保方式的审定要点包括：①所采用的担保方式应满足合法合规性要求，担保人必须符合法律、规则规定的主体资格要求，担保品必须是符合法律规定、真实存在的财产或权利，担保人对其拥有相应的所有权和处置权，且担保行为获得了担保人有权机构的合法审批，并按法规要求在有权机构办理必要的抵(质)押登记；②担保应具备足值性；③所采用的担保还应具备可控性；④担保须具备可执行性及易变现性，并考虑可能的执行与变现成本。

25. 【答案】CDE

【解析】授信额度是指银行在客户授信限额以内，根据客户的还款能力和银行的客户政策最终决定给予客户的授信总额。授信额度依照每一笔信用贷款、单个公司借款企业、集团公司等方式进行定义和监管。

26. 【答案】BCE

【解析】一个企业要保持其产品的竞争力，必须不断地进行产品创新，产品的设计和开发是企业经营的起点。新产品、专利产品在销售中所占比例、开发下一代新产品所需时间、能否在竞争对手之前推出新产品等是企业产品创新能力的重要指标。

27. 【答案】AC

【解析】贷款逾期后，银行不仅对贷款本金计收利息，还要对应收未收的利息计收利息。同时，对不能按借款合同约定期限归还的贷款，应按规定加罚利息，加罚的利率应在贷款协议中明确规定；应收未收的罚息也要计复利。

28. 【答案】ADE

【解析】贷款总结评价的内容主要包括：①贷款基本评价，就贷款的基本情况进行分析和评价，重点从客户选择、贷款综合效益分析、贷款方式选择等方面进行总结；②贷款管理中出现的问题及解决措施；③其他有益经验，即对管理过程中其他有助于提升贷后管理水平的经验、心得和处理方法进行总结。

29. 【答案】ABCDE

【解析】推行实贷实付的现实意义有：①有利于将信贷资金引入实体经济，在满足有效信贷需求的同时严防信贷挪用，杜绝信贷资金违规流入股票市场和房地产市场的恶性违规问题；②有利于加强贷款使用的精细化管理，督促银行业金融机构有效提升信贷风险管理的能力，尤其是有效管控支付环节风险的能力；③有利于银行业金融机构管控信用风险和法律风险。

30. 【答案】ABCDE

【解析】贷款发放时，对保证合同的条款审查主要应注意以下条款：①被保证的贷款数额；②借款人履行债务的期限；③保证的方式；④保证担保的范围；⑤保证期间；⑥双方认为须约定的其他事项。

31. 【答案】ABCD

【解析】E项，《固定资产贷款管理暂行办法》规定了固定资产贷款必须采用贷款人受托支付的刚性条件为：对单笔金额超过项目总投资5%或超过500万元人民币的贷款资金支付，应采用贷款人受托支付方式。

32. 【答案】ACE

【解析】财务报表分析是评估未来现金流量是否充足和借款人偿债能力的中心环节。分析的重点是借款人的偿债能力、所占用的现金流量、资产的流动性以及借款人除本银行之外获得其他资金的能力。

33. 【答案】ABDE

【解析】除ABDE四项外，银行在进行工艺技术方案的分析评估时还需要考虑：①工艺技术方案是否能保证产品质量；②工艺技术的经济合理性；③工艺技术实施的可行性；④工艺技术实施对生态环境的影响。

34. 【答案】ABDE

【解析】运用公允价值法确定贷款价值时，如果贷款没有市场价格，应通过判断为贷款定价。判断的依据包括期限、利率和与各等级类似的贷款的市场价格、专门评级机构对类似贷款的评级，以及贷款证券化条件下确定的贷款价值。

35. 【答案】BCDE

【解析】贷款分类应遵循以下原则：①真实性原则，分类应真实客观地反映贷款的风险状况；②及时性原则，应及时、动态地根据借款人经营管理等状况的变化调整分类结果；③重要性原则，对影响贷款分类的诸多因素，要根据贷款分类的核心定义确定关键因素进行评估和分类；④审慎性原则，对难以准确判断借款人还款能力的贷款，应适度下调其分类等级。

36. 【答案】BDE

【解析】银行在办理抵债资产接收后应根据抵债资产的类别(包括不动产、动产和权利等)、特点等决定采取上收保管、就地保管、委托保管等方式。

37. 【答案】ACDE

【解析】融资性担保公司以自有资金进行投资，限于国债、金融债券及大型企业债务融资工具等信用等级较高的固定收益类金融产品，以及不存在利益冲突且总额不高于净资产20%的其他投资。

38. 【答案】ABDE

【解析】C 项是商业银行防范质押操作风险的措施。

39. 【答案】ABC

【解析】根据《项目融资业务指引》的规定，贷款人从事项目融资业务，应当以偿债能力分析为核心，重点从项目技术可行性、财务可行性和还款来源可靠性等方面评估项目风险，要充分考虑政策变化、市场波动等不确定因素对项目的影响，审慎预测项目的未来收益和现金流。

40. 【答案】ABCE

【解析】D 项，在项目评估时，要根据项目对水源、水质的要求，计算出项目用水量，再结合当地的供水价格，分析耗水费用对产品成本的影响。

三、判断题(共 20 题，每小题 1 分，共 20 分，正确的选 A，错误的选 B；不选、错选均不得分。)

1. 【答案】A

【解析】现金流量只计算实际的现金收支，不计算非实际的现金收支(如折旧等)，并要如实记录流入或流出的发生时间。题干所述三项费用只是项目内部的现金转移，固定资产投资、无形资产和递延资产投资已按其发生时间作为一次性支出计入项目的现金流出中，如果再将折旧等视为现金流出，就会出现重复计算。

2. 【答案】B

【解析】企业税后利润必须先用于法定盈余公积金和公益金，然后才能用于还贷。评估中在测算项目的还贷资金来源时不能把所有的税后利润都用于还贷。

3. 【答案】B

【解析】银行流动资金贷前调查报告中，应包含数额较大或账龄较长的国内外应收账款情况。

4. 【答案】A

【解析】贷前调查主要是对贷款合法合规性、安全性和效益性等方面进行调查。其中，贷款的安全性是指银行应当尽量避免各种不确定因素对其资产和贷款等方面的影响，保证银行稳健经营和发展。

5. 【答案】B

【解析】按贷款用途划分，公司贷款可分为：固定资产贷款、流动资金贷款、并购贷款、房地产贷款以及项目融资。

6. 【答案】A

【解析】现金流量只计算实际的现金收支，不计算非实际的现金收支(如折旧等)，并要如实记录流入或流出的发生时间。题干所述三项费用只是项目内部的现金转移，固定资产投资、无形资产和递延资产投资已按其发生时间作为一次性支出计入项目的现金流出中，如果再将折旧等视为现金流出，就会出现重复计算。

7. 【答案】B

【解析】由于我国的法律还未就抵押物估价问题做出具体规定，一般的做法是由抵押人与银行双方协商确定抵押物的价值，委托具有评估资格的中介机构给予评估或银行自行评估。其中,对于机器设备的估价,主要考虑的因素是无形损耗和折旧,估价时应扣除折旧。

8. 【答案】B

【解析】客户关系管理的核心是客户价值管理,通过一对一营销原则,满足不同价值客户的个性化需求,提高客户忠诚度和保有率,实现客户价值持续贡献,从而全面提升企业的盈利能力。

9. 【答案】B

【解析】按照净现值法,贷款价值的确定主要依据对未来净现金流量的贴现值,这样,贷款组合价值的确定将包括贷款的所有预期损失,贷款盈利的净现值也会得到确认。因此,如果一笔贷款发放以后马上计算其净现值,有可能该笔贷款产生的现金流量净现值会超过贷款的本金。

10. 【答案】B

【解析】提款期是指从借款合同生效之日开始,至合同规定贷款金额全部提款完毕之日为止,或最后一次提款之日为止,期间借款人可按照合同约定分次提款。

11. 【答案】A

【解析】按照我国《担保法》的有关规定,担保方式包括保证、抵押、质押、定金和留置五种方式。在信贷业务中经常运用的主要是前三种方式中的一种或几种。

12. 【答案】A

【解析】由于与固定资产扩张相关的借款需求,其关键的信息来自公司的管理层,因而,银行必须与公司管理层进行详细的讨论,了解公司的资本投资计划,进而评估固定资产扩张是否可以成为合理的借款原因。

13. 【答案】B

【解析】银行申请财产保全应谨慎,因为一旦申请错误,银行要赔偿被申请人固有财产保全所遭受的损失。

14. 【答案】B

【解析】波特五力模型认为行业中存在着决定竞争规模和程度的五种力量:新竞争者进入壁垒、替代品的威胁、买方讨价还价能力、卖方讨价还价能力以及现存竞争者之间的竞争。成本结构属于行业风险分析框架中应考虑的因素。

15. 【答案】B

【解析】对处在启动阶段的行业贷款,银行要承担与风险投资者相同的风险,最终却仅仅能获得来自贷款利率的低收益,因此本阶段对银行来说无任何吸引力。处在衰退期的行业面临着能否继续经营下去的风险,从长期来说不确定性较大,但从短期来说,衰退行业仍在创造利润和现金流,因此短期贷款对银行来说更容易把握,也更安全。

16. 【答案】A

【解析】交易结构的好坏影响客户评级,充足的担保一般会改善评级等级,特别是担保是现金或容易变现的资产(如国债)时。保证一般也会提高评级,但不会超过对担保人作为借款人时的评级。

17. 【答案】B

【解析】关于借款需求与负债结构,一个基本的信贷准则是短期资金需求要通过短期融资实现,长期资金需求要通过长期融资来实现。

18．【答案】A

【解析】对于有明确市场价格的质押品，如国债、上市公司流通股票、存款单、银行承兑汇票等，其公允价值即为该质押品的市场价格。

19．【答案】A

【解析】项目现金流量分析是根据项目在计算期(包括建设期和经营期)内各年的现金流入和流出，通过现金流量表计算各项静态和动态评价指标，以反映项目的获利能力和还款能力。由于同一项目不同的现金流量分布可以得出相同的内部收益率，因此不能简单以内部收益率来判断项目能否按时还款，但可以借助净现金流量分析，把各年的还本付息额与当年的净现金流量进行对比，就可以判断项目在还款期内能否按时还款。

20．【答案】A

【解析】资金结构是指借款人全部资金来源中负债和所有者权益所占的比重和相互间的比例关系。通过分析借款人的资金结构，可以准确计算负债在资金来源中所占的比重，进而判断出借款人偿债能力的强弱。

银行业专业人员职业资格考试辅导系列

- ❯❯ 银行业法律法规与综合能力（初级）过关必备（名师讲义+历年真题+考前预测）
- ❯❯ 银行业法律法规与综合能力（中级）过关必备（名师讲义+历年真题+考前预测）
- ❯❯ 风险管理（初级）过关必备（名师讲义+历年真题+考前预测）
- ❯❯ 个人理财（初级）过关必备（名师讲义+历年真题+考前预测）
- ❯❯ 个人理财（中级）过关必备（名师讲义+历年真题+考前预测）
- ❯❯ **公司信贷（初级）过关必备（名师讲义+历年真题+考前预测）**
- ❯❯ 个人贷款（初级）过关必备（名师讲义+历年真题+考前预测）

备考指南剖析考情解读命题规律，点拨高分应试技巧。
名师讲义浓缩教材覆盖所有考点，过关练习查漏补缺。
最新考试真题配有标准答案解析，深度解读考试重点。
考前预测紧扣大纲直击常考考点，提高考生解题能力。

清华大学出版社数字出版网站

www.wqbook.com

ISBN 978-7-302-46752-6

9 787302 467526

定价：39.80元

清